最寒冷的冬天

韓戰啟示錄（下）

David Halberstam
大衛·哈伯斯坦
王祖寧、劉寅龍——譯

THE COLDEST WINTER

America and the Korean War

普立茲獎得主——大衛·哈伯斯坦——傳世經典紀念版【下】

目次【下冊】

第7章　向北挺進：跨越三十八度線

第8章 中國猛攻：長津湖與軍隅里美軍潰退

第9章 反制中國：中央走廊兩軍激戰

第7章

向北挺進：跨越三十八度線

Crossing The Parallel and Heading North

這時，美國國內任何想阻止揮師北上的人都會被貼上「姑息者」的標籤，
雖然繼續北進是一個悲劇性的失誤，但還有什麼值得猶豫的呢？
鮮肉就擺在眼前……
仁川大捷後，麥帥罔顧中國警告，終究跨越了北緯三十八度線，
將戰火延燒至北韓境內。
在國內的紛擾聲中，在史達林失信的情況下，
毛澤東仍決定出兵，並啟用彭德懷擔任總司令；
此時美國國內麥卡錫主義興起，
而麥克阿瑟則把自己想像成剷除共產主義巨龍的劍客，
決意殺到鴨綠江畔，
渾然無視於那裡已經插滿了中國的紅色旗幟。

22 止步還是跨越

對美方來說，跨越三十八度線向北挺進，其實是他們唯一可以做的決策。文官原本以為，即使戰局發展到這一步，他們還是可以掌控事態，但到頭來，他們卻別無選擇。在北韓對南方發起勢如破竹的進攻時，無論是杜魯門，還是艾奇遜和他的國務院同事們根本就無法思考，如果戰局扭轉、北韓人被擊潰，自己該怎麼因應。事實上，在戰爭開始後的兩個月，內閣唯一想的就是怎樣保住美國大兵的性命。當時，構思他們在通向北方的大門洞開時該做什麼，肯定是還很遙遠的事情。但仁川登陸大捷後，這突然變成眼前最重要的事。「奪取更大勝利」這個念頭不斷敲擊他們的慾望之門。當更大的勝利似乎已擺在面前時，即使是那些六月底在布萊爾寓所（白宮整修期間杜魯門在華盛頓的臨時官邸）裡謹慎決策的官員也無法控制自己了。當北韓軍一度想攻占整個朝鮮半島時，高階文武官員和麥克阿瑟對戰局的判斷以及對華態度上的分歧幾乎都被壓了下去，現在這種對立開始浮出檯面。因為是北韓人先跨過美國人所認為的邊界並挑起這場戰爭，因為有那麼多美國人命喪韓國，因為戰區總司令一直夢想著反攻北方——所以，這是一個注定要做的決定。美國在南方的勝利越輝煌，阻礙其進軍北方也就越困難。

這時，任何想阻止揮師北上的人都會被貼上「姑息者」的標籤。事實上，中國遊說團在參議院最有份量的代言人、加州參議員諾蘭已經使用這個詞了。在冷戰最初幾年，整個世界似乎被斷然劃分為黑白分明、尖銳對峙的兩大陣營。這種劃分是為了凝聚國民意志，使他們意識到自己正面對一個危險的新世界。此時，雙方幾年口水戰所累積的威力有助於政府發布北進的命令，儘管這件事其實需要人們運用灰色思維來看待。現在唯一能讓美國人一洩心中憤怒的就是揮軍北上，讓美國大兵的腳踩在北韓的領土上。止步於眼前的局部勝利，維持讓人不滿的現狀顯然不能滿足人們的胃口。部分原因來自軍事形勢。因此，他們沒有理由止步於三十八度線，等待敵人重整旗鼓、大舉反攻。最合乎軍事邏輯的行動，也是參聯會拋在腦後的，就是稍微越過三十八度線，大量集結空軍的力量，尋找便於砲兵保護的合適地段，然後開挖壕溝，不給對手任何攻擊的機會，再伺機停火。否則的話，那就意味著美國人要在一場有限的戰爭中接受有限的勝利，與永遠無法為伍的敵人握手言和。事實上，堅持繼續北上、徹底制服敵人的絕對不止麥帥一人。儘管其他高階將領經常難與他合作，但在這個問題上大家卻能聯合起來（其實，軍人代代相傳的觀點就是：抓住任何能突破的機會）。

決定北上所引起的爭論根本就不算爭論，因為即將跨越三十八度線的這支軍隊實在太強大了。同時，國務院裡的諸多變化同樣重要，尤其是肯楠的影響力日漸式微——在決定是否跨越三十八度線時，他已經沒有什麼發言權了。他一直認為，如果美國想統一南北韓，蘇聯或中國的威脅會很大。在這個問題上深受肯楠影響的保羅．尼采深表贊同。在肯楠看來，繼續北上就是把美國人帶入災難性的危機，華府根本就控制不了麥克阿瑟，可怕的事即將來臨。對他來說，這樣的決策無異於夢魘。他認為，對這件不會改善美國地緣政治形勢的無關緊要的小事，美軍的手伸得太長了，而這麼做的風險也大得驚人。事到如今，他只能旁觀了。

被迫旁觀的不只肯楠一人。從擔任國務卿開始，艾奇遜就一直努力適應當時的政治局勢，並對遠東問題未雨綢繆。大多數「中國通」或中國事務負責人早就被清除出局了——儘管艾奇遜一直不願意承認。自負使他不願讓別人認為自己會因政治因素而在任何問題上妥協。而在北進問題上，他既須面對政治上的反對力量，又要煞有其事地告訴大家：中國共產黨和蘇聯共產黨是不一樣的。這的確讓艾奇遜筋疲力盡。

艾奇遜除掉的「中國通」馬上被保守派取代。於是，國務院的政策團隊，尤其是負責亞洲事務的官員就像走馬燈一樣換個不停。沉默寡言的溫和保守派官僚魯斯克成為政府裡亞洲事務的頭號人物。魯斯克與肯楠恰好相反：肯楠對中國和蘇聯瞭若指掌，但對國內政治要務卻幾乎一無所知；而魯斯克精通國內政治，對遠東則知之甚少，而且也不感興趣。艾奇遜在需要讓步時馬上就想到他。魯斯克曾主動要求從副次國務卿降為負責遠東事務的助理國務卿。當時，艾奇遜告訴他：「你之所以得到紫心勳章和國會榮譽勳章，就是因為這件事。」

事實證明，魯斯克對中國的態度絕對是最死板的。在後來的越戰期間，他成為對待亞洲共產黨國家眾所皆知的強硬派人物。但即使是早在一九五〇年夏季，他的強硬立場就已經開始在國務院裡顯現出來，這種立場使他不會遇到政治麻煩。他相信毛澤東的崛起是歷史性轉折，「均勢的變化正有利於蘇聯，而不利於美國」。與肯楠不同的是，魯斯克把共產黨陣營看成鐵板一塊。他是最早主張讓杜勒斯進入國務院的高層人物之一，杜勒斯一進國務院，兩人便在保衛臺灣問題上成為堅定的盟友。一九五〇年五月十八日，杜勒斯撰文指出，臺灣是劃定兩大陣營前線的首選地點；十二天後，魯斯克也提出相同的主張。他們都把臺灣描繪成最引人注目的堡壘，因為這裡正好處於美國海空力量的有效半徑範圍內，因此蘇聯（和中國）陸軍就只能望洋興嘆了。

杜勒斯再入國務院一事備受爭議足以說明，杜魯門和艾奇遜在面對越來越強大的共和黨反對力量時被迫處於守勢。身為共和黨影子內閣的國務卿和杜威的首席外交政策顧問，杜勒斯在人們心目中始終與東部國際主義的政治勢力連在一起。杜威一九四八年的落敗讓杜勒斯極為失望。後來，他獲得知名成為紐約州參議員，並聲稱永不再參與大選。但之後杜勒斯又決定為保住參議員的位子而參選，不料在一次特別選舉中輸給受人歡迎的前州長萊門（Herbert Lehman）。在全部近五百萬的有效選票中，他的票數還不到二十萬。儘管如此，不甘寂寞、一心想重返政壇的杜勒斯知道，一次失敗不代表永遠失敗。於是，他向民主黨人提議自己可以到國務院發揮作用。他告訴杜魯門政府官員，說自己可以幫他們壓制參議員布利吉斯和塔弗特等共和黨右派份子的勢力，但前提是「杜魯門允許（他）對『共產黨的威脅』制訂明確的行動計畫」。並非每個國務院官員都希望看到杜勒斯——儘管他一向以儀表堂堂、正直無私著稱。一向對杜勒斯不感興趣的艾奇遜，直到最後才有限度地表示：這是聰明的戰術行動。

艾奇遜第一次向杜魯門提及此事時，總統大發雷霆。事實上，早在一九四八年大選期間，杜勒斯曾對他的民主黨政策大放厥詞。但是在共和黨國際主義派領袖范登堡的鼓動下，艾奇遜再度向杜魯門提出此事，於是，杜勒斯最終銜命起草《舊金山和約》（Japanese Peace Treaty）。當時，他的同事還有約翰・艾利森。艾利森年輕時在日本擔任外交官，珍珠港事件後曾被日本人短期囚禁，後來成為東北亞辦公室主任——這是很幸運的事，因為這意味著他不會陷入有關中國問題的政治交鋒。

杜勒斯在高層會議上的出現立刻招來一陣反對聲浪。在肯楠看來，杜勒斯只能參加與《舊金山和約》有關的會議。肯楠認為，他的出現、甚至成為某些場合的主角，反映出國內政策的變化——外交辯論開始向強硬派傾斜，也反映出右派壓力的日益增加，而這種壓力進入了會場。到了七月初，肯楠開始意識到，形勢已擺脫政府的掌控。七月十日，美國收到印度方面提出的朝鮮半島和平方案，而中國也對這個方案感興趣。該方案要求雙方停止軍事衝突，重返三十八度線，以及北京政權加入聯合國。雖然中國方面看似順從，但蘇聯人無疑的，明顯不高興。肯楠覺得這個建議意義重大。他認為，中國進入聯合國對美國國家安全的影響並不大，因為蘇聯已經是聯合國成員並擁有否決權。但這項提議還是有特殊作用，那就是讓中國逐漸疏遠蘇聯，達到分裂兩個共產大國的作用。他說，他的主張很快就在會議上遭到強烈反駁，尤其是杜勒斯的反對，因為他和其他反對者認為，這將讓發動戰爭者得到好處。杜勒斯說：「我們的百姓會覺得被騙了，只有付出沒有收穫。」在肯楠看來，拒絕印度人停戰建議的政治原因是顯而易見的，他在七月十七日的日記裡寫道：「我希望，歷史有朝一日會證明，中國遊說團及其國會內盟友的不負責任做法和頑固的影響力將為我們的外交政策帶來巨大危害。」

在回憶這段歷史的自傳中，艾利森矢口否認自己曾參與制訂越過三十八度線的決策。不過，他這麼說顯然太謙虛了，因為他在那個重要時期顯然是杜勒斯和魯斯克最積極的先鋒，寫過很多強硬而訴諸情感的意見書，那兩人隨後再撰文表示支持。他們的備忘錄直指國務院政策計畫處的鴿派觀點，並大加貶抑，因為即使是在尼采的領導下，該處的多數高級官員都對蘇聯和中國的意圖憂心忡忡。早在七月一日從東京回到美國時，艾利森就在一封信中告訴魯斯克，美軍不但應該越過三十八度線，「最後還要繼續打到滿洲和西伯利亞邊境」，然後，在聯合國監督下在韓國全境舉行大選。當然，這麼做的首要前提是不被趕出去而是去征服整個半島。七月十三日，艾利森又對魯斯克寫了一份慷慨激昂的備忘錄，起因於一名美國軍官無意間告訴記者，美軍最後將止步於三十八度線。艾利森勃然大怒：「如果我是南韓士兵，聽到美軍發言人這麼說，我一定會扔下武器，回農村種田。」一天後，在給尼采的信裡，杜勒斯的言辭更為強烈：「三十八度線不應被認為，也不能成為政治分界線。」他指出，尊重這種分界線只會「為侵略者提供避難所，讓軍事摩擦永久化，慫恿敵人發動新的戰爭」。杜勒斯在信中寫道，拋棄這條線才「有利於該地區實現永久的和平安全」。

魯斯克是個重要角色，因為他既是參與者，也是政策決策者，還是民主黨政府在這個層次的亞洲問題上的第一強硬派，更是影響國務院、進而左右艾奇遜認識這個問題的重要人物。老派「中國通」們或許更擔心把中國拉進戰爭，但隨著他們的退出，艾奇遜對於繼續北進幾乎就毫無顧慮了。後來，當中共軍隊在朝鮮半島最北邊的地方對美軍發動攻擊時，魯斯克告訴他的高級同僚，中國人的進攻「不應使我們良心有愧。因為這是中國人策畫已久的事，不是我們的行動造成的」。著名歷史學家羅斯瑪麗・富特（Rosemary Foot）認為：「這只不過是自欺欺人的說法，無非是為了安慰絕望的杜魯門政府」。

所有這一切似乎都是有組織的，越來越多像魯斯克這樣的鷹派人士躍躍欲試，希望能主導政策計畫處的運作。肯楠及政策計畫處裡親近肯楠的人士一致認為，繼續北進是悲劇性的錯誤。他認為，從純粹理性的角度來說，在韓國打仗絕對是個錯誤，是不合邏輯的，因為有種種後勤上的困難。但基於外界壓力，包括為了穩定日本局勢，我們這麼做了。所以，這是一個無法避免的錯誤。用他的話來說，聯合國軍越是北上，潛伏在那裡的敵人——中國和蘇聯，帶來的威脅就越大，而且「軍事上的不合理性也越大」——朝鮮半島地形如蘑菇狀，美軍的後勤補給會變得困難，而對方集結兵力的能力很強。跨越「蘑菇的頸部」前進的想法讓他無比震驚，但劇本卻沒有按照他的意圖發展下去。

在七月十五日致魯斯克的一份備忘錄中，艾利森以「最強烈的爭論」駁斥了赫伯特・菲斯（Herbert Feis）的觀點。身為肯楠在政策計畫處的堅定盟友，菲斯曾指出，一旦美軍越過三十八度線，蘇聯或中國將極有可能加入戰爭。但艾利森在這份備忘錄中寫道：「三十八度線只不過是一條任意劃定的界線而已。只是由於蘇聯人的毫不妥協，這條線才得以保留。美國必須下定決心，絕不能允許侵略者免於懲罰。勇敢無畏的美國領袖的舉動將有益於世界其他地區的緊張局勢。世界其他地方的侵略者和隱藏在朝鮮半島的敵人一樣，如果只讓他們承擔有限的風險，也就是把他們趕回發動侵略的原點，那絕不會徹底摧毀他們的侵略野心。」這份備忘錄措辭尖銳、擲地有聲。一週後，肯楠的另一個盟友喬治・巴特勒（George Butler）起草政策研究草案，再度指出蘇聯或中國參戰的危險。巴特勒認為，共產國家絕不會容忍自己的國境線上存在著一個親西方的代理人國家。這又促使艾利森在七月二十四日向尼采提交一份措辭更激烈、更好戰的備忘錄。首先，艾利森認為，美軍止步三十八度線將是巨大的恥辱，如果接受以戰前狀態作為戰後分界線，美國在南韓人民眼中的高大形象將一掃而空。如果走到這一步，「南韓人將對美國勇敢、明智而富有正義的傳統失去信心。對此，我個人絕不會責怪他們」。

之後的情況更醜陋。艾利森竟然使用二戰以來最激烈、最具爆發力的話語，也是二戰以來始終盤旋在國家安全討論上的關鍵：原子彈。為了打擊政策計畫處的肯楠派，他甚至毫不留情地說：「（巴特勒的）文章認為我們可以通過『姑息政策』爭取更多時間——這也是這份文件的建議。這個膽小怕事、半推半就的政策，無非是不想把蘇聯拉入戰局。但我們應該了解到，從現在起，我們做什麼都極可能與蘇共、中共發生衝突。但是，如果我們向侵略者妥協，推卸懲罰侵略者的責任，不讓他們付出任何代價，我看不出這有什麼好處——違背人類正義原則的人一定要為他們的惡行付出代價。玩火者必自焚。」

這絕對是強硬派的主張。艾利森似乎不在乎引發一場更大的戰爭。「沒錯，這可能意味著一場世界大戰。應該告訴美國人民，告訴他們為什麼會這樣，這對他們到底意味著什麼。既然一切正義和道德都站在我們這邊，還有什麼值得猶豫的呢？」鮮肉就擺在面前。艾利森的觀點與官僚機構的動向不謀而合——他們開始迎合右派的反對聲音了。這表明，隨著國內政治局勢的變化，政府中的一些反對派也開始加入主戰陣營。國務卿想讓劇本走向何方似乎越來越明朗，而政策計畫處裡的反對派開始軟化了。就在艾利森寫下措辭強烈的備忘錄幾天之後，政策計畫處提出一個稍微溫和的方案，首次贊成在朝鮮半島建立一個統一而獨立的國家。大家終於有共識了。

不過，在政策制定者最高層之間的意見交流並沒有停止。戰局的惡化讓他們不得不考慮這個問題。事實上，就在北韓出兵後不久，艾奇遜不是很明確地提過，美國希望將南北邊界恢復到以前的位置。但是到了七月，他的態度出現一百八十度的轉變，「我們的軍隊不應止步於那條由測量員劃定的邊界」。整個七月和八月，人們似乎已經達成共識：不再公開討論這個問題。無論是杜魯門還是艾奇遜，只要被問起美軍抵達三十八度線時將會發生什麼事，他們都避而不談。但更為了解美國民眾情緒、又不需承擔直接責任的國會議員卻更為強硬。幾位議員談起了姑息政策，對政府可以說是幾近於奚落與嘲笑。有些人甚至認為，政府已經做出不越過三十八度線的決策。就在仁川登陸後不到一週，賓州眾議員休．史考特（Hugh Scott）說：「在揭開紅色姑息悲劇下一段演出的帷幕之前，國務院那些胸前配戴俄羅斯雅爾達式十字架，逃過一劫的希斯集團成員（源自阿爾傑．希斯。他是前國務院官員，一九五〇年一月因被控向蘇聯出賣情報而被判五年徒刑），正等著國會議員們閉嘴回家吃自己。」[1]諾蘭也承認，止步三十八度線顯然是一種姑息的表現。

看來，包括美國人民在內的每個人都希望獲得一場更大、更全面的勝利。十月中旬舉行的一次蓋洛普民意調查顯示，六成四的美國民眾希望越過三十八度線追擊北韓軍隊。後來的越戰表明，這類調查沒有任何理性基礎，毫無意義：只要事不關己，人們就會毫無顧忌地擁護更激進的政策。但是，這六成四的人是否想和中國一決雌雄，完全就是另一個問題了。假如艾奇遜試圖阻止北進，哪怕只是想放慢北上的腳步，也會讓他在政府高層中遭受圍攻，因為這件事已落入軍方的掌控中。

實際上，在麥克阿瑟的部隊遭遇中國或蘇聯部隊之前，參聯會一直傾向於「繼續追擊，至少再追擊一段距離」。在越過三十八度線時，戰地高階指揮官也體認到一種難以抑制的衝動，至少在開始時是這樣：既然已初步獲勝，那就應該繼續前進，至少在形勢變化或遇到另一個更強大的敵人之前，還是應該趁勝追擊。對他們來說，這個時刻非常奇妙，因為在經歷最初的羞辱後，他們終於反敗為勝。而且這不只是一般意義上的勝利，而是一種救贖，是一場痛快淋漓的復仇。

讓政客打官司去吧，軍人只管戰場上的事。軍人要做的就是不斷前進。後來，布萊德雷在重新審視巴特勒這份警告中國或蘇聯可能進行軍事干預的政策備忘錄時說：「三十年後重讀這份報告，才發現它有精準的眼光。」但布萊德雷也指出，最讓他的文職同僚不能認同的是，「艾奇遜和他的首席遠東顧問魯斯克及艾利森在越過三十八度線這個問題上始終立場強硬」。

但在當時，這卻是另一回事。勝利就在眼前——讓軍隊停下進攻腳步，並向尚未出現在戰場上的敵人表達敬畏之意，顯然是不合情理的事情。軍中的某些高層甚至認為，可以在打到中國邊境時再考慮這

1 譯註：阿爾傑・希斯（Alger Hiss），是前國務院官員，一九五〇年一月因被控向蘇聯出賣情報而被判五年徒刑。

個問題。但對總統來說，這個政治性的決策卻顯得異常困難。他知道，中國已在中韓邊境布陣，北韓並未被徹底擊敗，他們只是在戰場上逃跑而已。政府在追擊問題上的猶豫不決已被指責成在亞洲問題上過於軟弱，很可能帶來諸多負面的政治影響。新的戰爭呼聲不是要求鬆綁蔣介石，而是更尖銳、更政治性共鳴地要求鬆綁麥克阿瑟。

當時距離期中選舉只有一個月。事隔二十五年後，時任財政部長的約翰．史奈德（John Snyder）寫信給副國務卿詹姆斯．韋伯（James Webb，國務院影響力巨大的二號人物），信中說：「我記得，杜魯門總統在決定繼續北上、越過三十八度線時，他幾乎別無選擇。在某種程度上，這項決定只不過是對既有行動的追認。」事實上，華府給麥帥的命令非常含糊：越過三十八度線，但是避免任何可能導致美國及聯合國軍與蘇聯或中國發生大規模戰爭的行動。一旦遭遇蘇聯或中共軍隊，必須立刻脫離接觸；在接近中國邊境時，只能動用南韓軍隊，美軍不得進入與中國或蘇聯接壤的任何省分。當然，這只是一紙空文。曾參與起草這項政策的前國務院政策計畫處高層人物查爾斯．伯頓．馬歇爾（Charles Burton Marshall）後來說：「我非常清楚，我們只是用漂亮的措辭自欺欺人。」

多年後，艾奇遜也在回憶錄中指出，如果知道麥克阿瑟在越過三十八度線時想的是什麼，大家肯定會更謹慎。但這是虛偽的說法。用艾奇遜的話來說，大家都知道麥帥一向喜歡獨斷專行，這種含糊其辭的命令更讓他如魚得水。他們也強烈感覺到，麥帥的野心遠比他們大得多。但諸多事件的影響，這位將軍在仁川登陸成功後地位的高漲，加上國內政治環境的變化，以致敵對陣營實力與日俱增，讓他們的頭腦不再清醒。麥帥不僅是軍中反對派的領袖，也是公認的政治反對派領袖。儘管大家不願承認，但行政團隊對麥克阿瑟的畏懼始終是韓戰最大的祕密。他們怕麥克阿瑟打敗仗，但更怕他打勝仗。九月二十七日，他們最終做出繼續前進、越過三十八度線的正式決定時，艾奇遜的年輕助手盧修斯．巴特爾（Lucius Battle）把命令從五角大廈拿來給艾奇遜簽署。

血氣方剛的巴特爾指出，這樣的命令對麥克阿瑟來說實在太含糊了。他後來提到，艾奇遜簡直暴跳如雷，他從未看過艾奇遜發這麼大的脾氣。「巴特爾，看在老天份上，你到底多大了？」巴特爾回答三十二歲。「那你就敢和整個參聯會對抗？」艾奇遜隨後簽署了這道命令。巴特爾認為，國務卿屈服於外界壓力可是罕見的事。多年後，艾弗利爾．哈里曼說：「那時只有超人才敢說不。從心理上說，就此停止前進、不把工作給完成是不可能的。」像一些高級文官一樣，哈里曼知道仁川登陸對麥帥來說是雙重勝利，既打敗北韓人，也打敗他在華盛頓的敵人。「現在的麥克阿瑟已無法被阻擋了，」在仁川登陸後，艾奇遜對哈里曼說。當時還很年輕的《時代》雜誌戰地記者法蘭克．吉布尼（Frank Gibney）說：「仁川是至今為止我們取得代價最昂貴的勝利，因為它使我們把麥克阿瑟奉若神明，後來等到的卻是徹底的潰敗。」艾奇遜後來乾脆把麥克阿瑟稱為「仁川的魔法師」。

那時似乎沒有任何東西能阻擋麥克阿瑟的腳步。當他們急於宣稱已經奪回漢城，但在街道上還有戰火都還沒有平息呢。麥克阿瑟最後把這個首都的控制權還給李承晚時，後者說：「我們讚美你，我們熱愛你，你是我們民族的救星。」他是勝利者，也是預言家。這時，麥克阿瑟心中有更偉大的目標：建立一個非共產黨領導的統一韓國——也是他的終極目標。他認為自己的軍隊沒有受到挑戰和威脅。他確信整個韓國盡在他的掌握之中。

鷹派專欄作家約瑟夫．阿爾索普（Joseph Alsop）在仁川登陸後與麥克阿瑟同行，並覺得麥帥有幾分飄飄然。他對任何有關中國可能參戰的想法都嗤之以鼻。麥克阿瑟對他說：「阿爾索普，事實上，如果你還準備待在這裡，我覺得你是在浪費自己的寶貴時間。」正如李奇威後來所寫的：「現在，完全的勝利似乎就在眼前——那彷彿是象徵他輝煌無比的戎馬生涯的金蘋果。為了贏得這份榮譽，麥克阿瑟絕不會有絲毫懈怠，更不允許被任何人說服或拖延。相反的，他將義無反顧向北挺進，追擊早已消逝的敵人。為了加快前進的腳步，他幾乎每週都在修改作戰計畫，而對黑暗中隱約顯露的危機信號卻視若無睹。」李奇威說，如果仁川登陸之後，麥克阿瑟提議派一個營越過三十八度線去試試水溫就好了。「應該要有人來試一試的。」

不是每個人都像麥克阿瑟那麼想。隨著麥帥不斷下達進攻命令、加快前進速度，加上北上途中第一次出現中共軍隊即將大規模參戰的徵兆，以及美軍隨後遭遇中國士兵，華盛頓的文官們開始感到坐立不安，而後軍中也開始有一種不祥的預感。華府也擔心以麥帥目前的身體和心理狀態能否勝任如此大規模的作戰指揮任務。越來越多的消息告訴華府，麥帥指揮大軍的精力已不如從前，因為他從不在前線久待，而這對於一個嚴謹的指揮官來說是最基本的要求。五角大廈的一些軍官還從前線同儕那裡聽說，麥克阿瑟離韓國太遠。他們更擔心麥克阿瑟的思維能力，因為戰場傳來的訊息確實讓他們不安：麥克阿瑟的指揮調度經常前後不一，元山的兩棲登陸作戰更是混亂不堪。

他也許會在某幾天裡精神煥發，但在其他時間卻面露疲態、心不在焉。這些記者說，他的部下不得不經常為他提神，讓他更有精神。儘管從現場傳回的大多數照片來看，麥克阿瑟還顯得精力旺盛，但總會有幾張洩露出這個不可否認的事實：他已無力控制局勢，所以總是表現出信心不足的樣子。英國記者雷吉納德．湯普森至今還記得麥帥出席收復漢城儀式的情形。按國際慣例，他必須脫帽致敬，而當時看來「摘下帽子的麥帥出奇的慈祥、衰老，甚至有點可憐」。麥帥具有同情心的傳記作者克雷頓．詹姆斯（Clayton James）也有同感：「假如讓拿破崙審視一下麥帥在韓戰之前的軍旅生涯，他肯定會得出這樣的結論：他通過了司令官最關鍵的考試，他很幸運。」

仁川登陸之後，他的運氣終於消逝了。

23 中國發出警告

這是一個發出信號卻沒人接收的時刻。有關中共軍隊即將參戰的警告之所以沒有引起注意，部分原因是那些了解中國的表態所代表真正含義的人已經被排擠掉了，他們對決策已不再有影響力；另一部分的原因是，在這個極端關鍵的時刻，中國沒有找到合適的信差。代表中國向西方國家傳遞消息的是時任印度駐華大使的潘尼迦（K. M. Panikkar）。潘尼迦是一位經驗豐富、知識淵博的外交官，但他不喜歡華盛頓慣用的外交手段。杜魯門政府認為潘尼迦是一個讓人無法接受的極左人士。因此，他所傳遞的訊息自然也只能反映他的政治偏見，而不是事實（至少華盛頓更傾向於把他的觀點看成有偏見的）。潘尼迦是個認真的作家，寫過幾本書，其中包括《亞洲與西方的統治》（*Asia and Western Dominance*），連英國著名歷史學家李德哈特也對這本書讚譽有加。

但在外交界，潘尼迦是初出茅廬的新人，畢竟他所代表的國家是一個剛擺脫殖民統治、獲得獨立的新興亞洲國家。他認為西方世界的發展模式不同於印度這些發展中國家的觀點——這正好反映他的政治「偏見」。但是印度和中國不同，是一個非白人統治的民主國家，對西方世界在後殖民時代採取的任何侵擾都極為敏感。潘尼迦對歐洲國家的冷戰外交毫不關注，相反的，他只關心自己看來是更偉大的鬥爭：殖民者與殖民地以及第一世界與第三世界之間的鬥爭。對最傳統的西方外交家來說，冷戰是那個時代超越一切的歷史事件，而非白人社會推翻殖民主義只是主軸中的旁支而已；另一方面，對潘尼迦這樣的人來說，殖民主義的結束才是最偉大的歷史時刻，冷戰則是無足輕重的陪襯。潘尼迦認為，毛澤東在中國的勝利，就是全球反殖民鬥爭的一部分——這與華盛頓的看法截然不同。

潘尼迦在一九四八年四月抵達中國。期間，他目睹了毛澤東統一中國的最後幾個月，也為國民黨的極端腐敗所震驚。他寫道，由於無法控制的通貨膨脹，即使是買一點點東西，也得帶著滿滿一大箱鈔票。他對蔣介石有一份夾雜著傷感的同情。在他眼裡，蔣介石是一個擁有中世紀思維的智者，用他的話說，蔣是個「晚生一個世紀的偉人」。他不喜歡宋美齡，認為她「自命不凡……經常矯揉造作地效仿女王的言行舉止」。儘管蔣介石統治下的中國完全依賴美國援助，政府高官卻對美國人擺出一副「要人領情的恩賜態度」，這讓他感到很好笑。對於國民黨政府高官來說，「美國只是能給中國帶來急需的美元和武器的強大夷狄，他們的文化沒有任何值得敬仰之處」。

潘尼迦是那個時代典型的印度知識份子。他在印度和牛津大學接受教育，最初擔任記者，後來成為認真的歷史學家。他是印度第一任總理尼赫魯的好友，兩人在獨立鬥爭期間建立了友誼。他們倆都對毛澤東的激進空想不以為然。毛澤東認為尼赫魯是個過於妥協的人，以至於他不能成為真正的革命家，而當尼赫魯逐漸體認到毛澤東對生命的冷漠，也讓他感到困惑。潘尼迦後來在回憶錄中提到，他並不同情共產黨，因為他痛恨個人在共產社會中不受尊重。然而他覺得他知悉驅使中國革命的力量，他不喜歡這股力量，並設法阻止。一九五〇年七月底，中國總理周恩來在與潘尼迦就韓國問題進行的第一次談話中向他保證，中國沒有介入韓戰的想法。但是到了八月底，也就是仁川登陸後，北京的口氣開始轉變，許多高層領導人向潘尼迦發出越來越清晰的警告。在他們眼裡，仁川登陸之後，來自美國的潛在威脅發生了變化，因此，他們不干預韓國局勢的立場也在轉變。或許潘尼迦本來就不是華盛頓選擇的信差。由於整個世界都在變化，而隨著局勢的變化，華府的信差也要換人。

華府不信任潘尼迦，認為他是一個左派人士。早在九月二十三日，也就是仁川登陸的一週後，中共軍隊代總參謀長聶榮臻告訴潘尼迦，中國不會對南北韓局勢袖手旁觀，不能讓美國人輕鬆打到中國邊境。聶榮臻的話到底是什麼意思？潘尼迦也提出了這個問題。聶榮臻的回答很清楚：「儘管我們都知道這樣做會發生什麼事，但不管付出什麼代價，我們都必須阻止美國人的侵略。美國人可以轟炸我們，可以摧毀我們的工廠，但絕不可能在陸地上打敗我們。」

潘尼迦暗示，憑美國的軍事能力，他們可以把中國打回半個世紀前。聶榮臻回答：「我們已經算好了，美國人可能會動用原子彈，那又怎麼樣？他們可能會殺死幾百萬人。但如果沒有犧牲，就不可能保衛一個國家的獨立。」聶榮臻又說，美國人遇到的最大問題是，絕大多數中國人生活在農村，因此「原子彈又能發揮多大的威力呢？」聶榮臻就此已非常清晰地向潘尼迦表達了毛澤東的觀點。同時，在和其他西方國家駐華武官的交談中，潘尼迦還聽到有關中國正使用火車向滿洲運兵的消息。儘管西方國家半信半疑，但事實證明，潘尼迦的消息絕對準確。

但真正的警告是在十月二日深夜傳來的。那晚，潘尼迦剛睡了一個半小時就被叫醒，說是中國外交部亞洲司負責人在樓下等他。下樓後，對方告知他，周恩來馬上要與他面談。他猜想自己可能會被逮捕並驅逐出境，於是提出給自己十分鐘的準備時間。

會面在凌晨十二點二十分舉行，一小時後潘尼迦動身參加這次重大會晤。會見非常正式，中方的訊息簡單直接。在見到周恩來時，他發現對方臉色陰鬱。周恩來告訴潘尼迦，如果美國越過三十八度線，中國將被迫採取干預措施。潘尼迦問他是否已獲得美軍越線進攻的消息。周總理說是的，但尚未確定是在哪裡越過的。周恩來說：「如果越線的是南韓軍隊，那無關緊要；如果是美軍，那就另當別論了。」會談結束，潘尼迦在深夜十二點半抵達住所，馬上擬了一份報告，將中國政府的態度匯報給新德里的上司。隨後，新德里向各國外交使館通報。十月八日，潘尼迦透過收音機得知，聯合國已授權麥克阿瑟北進。當夜，潘尼迦在日記中寫道：「顯然，美國故意投票支持發動進攻，英國是支持者。這對美國人來說絕對是一個悲劇性的決定。英國人其實也知道，以武力解決南北韓問題肯定會遭到中國的干預，目前集結在鴨綠江邊的中共軍隊肯定會參戰。不過，或許這也是美國人、至少是某些美國人希望看到的結果。

他們可能會想，這也許是和中國攤牌的一次機會。不管怎麼說，麥克阿瑟的夢想實現了。我只希望，這不要變成一場噩夢。」

柯樂博（Edmund Clubb）是典型的老派「中國通」，是極度保守的人，時任國務院中國事務辦公室主任。他從英國方面得知周恩來對潘尼迦發表的聲明，認為美國政府應嚴肅看待這項聲明。但上司認為他向來喜歡大驚小怪，因此沒必要聽他的。其實，美國政府也試著與中國對話，並試圖安排美國駐印度大使亨德森（Loy Henderson）悄悄會晤中國駐印度大使，但中方認為不妥，拒絕了美方的提議。

再來說潘尼迦。雖然英國認真考慮了他的警告，但大體上，西方外交官還是對他半信半疑。美國駐荷蘭大使藉由電報，把荷蘭（另一個主要的前殖民國家，但現在也只能不情願地撤出原來的殖民地印尼）政府對潘尼迦的惡評傳回華盛頓。荷蘭人指出，潘尼迦強烈建議印度總理尼赫魯，反對聯合國把北韓稱為侵略者的宣言。中央情報局認為，潘尼迦是無辜的，是一個被中國利用的工具，但中國其實對自己發出的威脅並不當真。艾奇遜也不以為然，他認為潘尼迦只不過是中國的傳聲筒，並不是一個真正意義上的外交官。這個警告只是「惶恐不安的潘尼迦說的大話而已」。在艾奇遜看來，中國絕不可能想和美國及聯合國在戰場上交手。中國當前最重要的問題是和蘇聯的漫長邊界線上，並迫切希望能在聯合國安理會謀得一席之地。在這種情況下，參戰「純屬發瘋」。

當時，沒有人的思緒比艾奇遜更強大、更具邏輯，他的思緒能力可與偉大的律師相媲美。他相信自己知道中國最需要的是什麼，中國怎麼做對自己有利。他堅信，在這樣的歷史時刻，與美國這樣的敵人作戰毫無意義。儘管艾奇遜能力非凡，但還是缺乏正確了解中國革命是怎麼一回事的能力。

九月末，在北韓軍隊驚惶北撤後，中國人實施軍事干預的腳步也加快了。他們的下一步行動就是參戰——不管付出多大代價，也要阻止美軍和聯合國軍的前進步伐。他們是基於自己的理由，而不失為了與北韓的偉大情誼。中國認為，北韓立國的過程實在太輕鬆了，而中國則不一樣，在過去數十年與在數量、技術都比自己強大得多的敵人戰鬥，並最終獲勝。與此同時，毛澤東以及中國共產黨理的高層，依然為金日成的傲慢與莽撞無禮感到憤怒。

當中國警告美軍有可能在仁川登陸時，金日成毫無反應，這讓中國高層很是憤怒震驚。在中國，任何一個對如此有力的情報視而不見的指揮官，肯定會被撤職。八月初，當中共軍隊開始在鴨綠江北岸集結時，中國派出高階將領鄧華約見他的北韓對口。鄧華過江來到邊境的安東縣，發現他只能走到這裡為止，因為北韓不想讓他接近戰區。

中國人之所以出兵北韓，是因為毛澤東認為這有利於剛成立的新中國，也是國內鬥爭和國際革命形勢所需。但毛澤東也知道失敗意味著什麼——剛成立的新中國和解放前的舊中國，並無實質上的區別。面對西方敵人的軍隊，新中國依舊是虛弱無力的巨人。因此，幾乎從金日成的進攻行將失敗的那一刻起，毛澤東就開始盤算如何準備參戰了。七月初，當金日成的軍隊還能在戰場贏得輝煌勝利時，毛澤東就下令組建東北邊防軍，駐紮在中韓邊界，其中包括第四野戰軍所屬的至少三個軍，這也是當時中國的精銳部隊。東北邊防軍的規模最後達到三十六師，約七十萬人，後來又部署了七個砲兵師和部分防空部隊。

毛澤東意識到，中共軍隊加入這場戰爭已不可避免，他必須對參戰可能付出的代價做最確實的評估。八月三十一日，在周恩來主持的軍事會議上，與會高階將領不僅提出各自的作戰需求，也預測了對美作戰第一年的可能傷亡情況。會議認為，第一年可能會有六萬人陣亡、十四萬人受傷。

在仁川登陸後的幾週時間，中方的主要決策基本上出自毛澤東。他是那種篤信革命的典型人物。從手無寸鐵開始走上革命道路，到歷經長期內戰之後終於取得勝利，儘管充滿血腥和艱難，但他的大多數判斷還是正確的。毛澤東相信，他比任何人都了解中國的基層民眾：農民。他堅信中國擁有再度成為世界大國的權利，而力量的泉源就是他領導的革命。革命之所以勝利，就是因為它喚醒了中國農民的反抗意識，並把階級壓迫和政治啟蒙轉化成強大的軍事力量。正因為有信仰，他的軍隊才能比裝備精良的國民黨軍隊更強大。作為新中國最主要的設計師，他現在想的就是保持這場革命不變色。這種信仰在某一歷史時段，以及當它成為某些歷史人物心中的主要信念時，就具有強大的力量。

毛澤東非常了解自己需要了解的事，他非常了解中國農民和他們的疾苦，更深知舊社會的殘酷；然而對他不需要知道的事，便通常一無所知，也無力去學習。這種成功會讓人極度妄自尊大。史詩般的革命或許需要一個自視為至高無上、萬夫莫敵的人物，並認為自己的信念須由他人來付出代價。這就是為什麼毛澤東與史達林能夠合理化那些代價所造成的巨大苦難。但在這類人的心中，沒有任何止境，也沒有任何限制，因此，始於最初的那個強大遠景，最終將不可避免地成為一場巨大的噩夢；到時，駭人聽聞的惡行不只會發生在中國的外敵與國內的政敵身上，也會發生在忠誠的中國人民身上，甚至包括那些在內戰與韓戰中對毛澤東忠心耿耿的人身上。想要真正理解毛澤東在這個關鍵時刻的選擇，就不能僅僅再把他看成革命的設計師，他還是革命成果的保衛者。他相信，他的敵人（事實上有很多，既有國內的，也有國外的）注定不惜一切代價破壞他的革命成果。因此，他只能在敵人動手之前先發制人。

* * *

九月七日，也就是仁川登陸的前一週，中國外交部召回中國駐北韓大使館的政治參贊柴成文。周恩來問他，中國是否應該出兵，一旦出兵，將遇到何種困難？柴成文回答，最大的問題就是後勤補給。首先，要把物資從全國各地運到鴨綠江的基地，然後再從那裡運到戰場。柴成文離開北京時，認為中國高層已做出了參戰的決定。柴成文猜對了，但決策者不是中國高層，而是毛澤東本人。整個九月，中國只有兩項重要任務：一是向滿洲集結部隊，二是讓中南海中的其他人接受毛澤東的觀點。即使有反對的聲音，也主要來自解放軍，但解放軍通常服從於黨的政治需要。大多數中外人士都認為，假如中國介入韓戰，林彪元帥將擔任總司令。事實上，在韓戰絕大部分的時候，由於中共一直嚴格保密，而聯合國的情報來源又極為有限，因此美國高層一直以為對方的司令員就是林彪。

讓部下暴露在美軍的砲火之下，這種想法讓林彪很難接受。有一次，他問柴成文，北韓是否具備與敵人進行長期游擊戰的能力和意願。這個問題表示，他對中美正面對抗猶豫不決。其他部分將領也同樣懷疑，中共政治局內也有人私下這麼認為。假如他當時知道中共沒有蘇聯所承諾的空中掩護的話，他會激烈反對。對此我們只能憑空猜想了。在七月初到九月底的這三個月時間，毛澤東和其他領導人反覆與林彪對談，希望由他指揮作戰。但每次提到這個話題時，林彪都會說自己身體欠佳。就許多人看來，林彪沒有意願涉入這場他個人持保留態度的干預行動。

九月初，毛澤東在一次黨的重要會議上發表演說，表明他出兵的決心。他認為，美國人是紙老虎，沒有想像中的強大。美國發動的是不義的侵略戰爭，這是會嚴重影響美軍的士氣和在戰場上的表現。他指出，美國在政治和經濟上都處於困境，並自絕於其他國家，經常遭到世界輿論的批評。是的，美國能生產大量鋼鐵和武器，但這遠遠不夠。美國的運輸補給線延伸得太長（一舉延伸到柏林和韓國），也就是說，美國的地緣政治範圍跨越兩大洋。毛澤東對美國的看法大多源自於他的個人政治偏見。他認為，美國年輕人在韓戰初期的戰績這麼糟糕，並不是因為這個核武超級大國的傳統武器失靈，而是因為這些工人階級子弟不願為他們不信任的資本主義目標而戰，故心有雜念、動機不純，沒有中國士兵那種堅定不移的決心和勇氣。毛澤東指出，美國軍隊在韓戰初期的作戰能力，遠不如二戰時期的日本和德國。他說，他不怕美國的原子彈。如果美國敢用的話，「我就扔手榴彈」。

介入韓戰的決定，對毛澤東來說絕非易事。在這段日子裡，他經常徹夜難眠——一個人坐到天亮，一根接著一根地抽菸，眼睛盯著韓國和中國的地圖，似乎等待某個終極真理浮出地圖。但是，這項重大決定是很清楚的：中國別無選擇，必須參戰。臺灣是他心中的大患。對毛澤東和其他中國領導人來說，臺灣就是中國領土的一部分。現在，麥克阿瑟卻把臺灣說成是美國永不沉沒的航空母艦，讓它成為美國實際上的領土。因此，對毛澤東來說，這意味著作為中國合法領土一部分的臺灣變成死敵對付中國的致命武器，而拿下臺灣應當是中國內戰的最後一戰——這是美國當政者無法理解的。

憑藉一支裝備極為原始的軍隊，對由強大的美國第七艦隊所防衛的島嶼實施兩棲登陸，幾乎是無法想像的。由於缺乏海空作戰能力，中共對金門的兩棲攻擊以失敗收場。這場作戰發生在內戰即將結束之時，也是共產黨在內戰中最慘重的失敗之一。毛澤東一直催促蘇聯盡快提供飛機，催促蘇聯顧問幫忙組建空軍，但在當時他無法撼動臺灣。

這讓韓國更有吸引力。儘管美軍在日本設有補給基地，但由於北進後戰線拉得太長，再加上地形和氣候的不利影響，供給變得困難、甚至脆弱。中共軍隊在人數上占有絕對優勢——毛澤東可以隨時調遣四倍於美軍的兵力。他對自己軍隊的勇敢精神和嚴明紀律更深具信心。在毛澤東眼裡，南韓軍隊不堪一擊。如果美軍主動挑戰，他希望盡量避免正面衝突，等到敵軍最暴露、最脆弱時再加以攻擊。他認為，與美國人正面衝突實際上無法避免。一旦衝突發生，他希望能選擇最適合自己的地點。此外，毛澤東對政治形勢的判斷也在決策過程中發揮關鍵作用。他相信，如果能在韓國打敗美國人，那麼，經過長期艱苦內戰建立起來的新中國，在政治上將更穩固強大。但中共中央政治局的很多成員都認為，選擇參戰是再糟糕不過的事情，因為國家疲憊不堪、尚未統一、財政匱乏、經濟崩潰。和美國這樣一個經濟富裕、實力強大的國家對峙，只會給國內的敵人可乘之機。因此，類似這種野心勃勃的遠征行動應盡可能展延。當然，西方情報人員，甚至包括中情局高層官員都認為，中國人理應會是這麼樣想的——如果他們是中共領導人，他們也會這麼想。

但毛澤東在中央政治局的絕對權威極為重要。儘管各個成員在表面上是平等的同志，但毛澤東的地位是至高無上的。他就是新中國領導集體的化身——每個人都很清楚這一點，並服從他。他們認為，毛澤東是在戰爭和政治方面悟性極高的領導，具有超越常人的先見之明。正如維吉尼亞大學年輕的天才歷史學家陳兼所說，他就像一個偉大的棋手，總能比對手提前考慮未來的一兩步。在做出這個決策之後，毛澤東彰顯了偉大領袖的風采。在其他政治局委員眼中，毛澤東是一個遠見卓識、值得信賴的人，因為他更了解人民的心聲。

在思考如何因應韓國局勢時，毛澤東逐漸意識到，這場戰爭是一個難得的機遇——它將向中國人民證明中國是世界政治舞臺上新的革命力量，同時也是對內鞏固共產黨控制的途徑之一。他將透過這場戰爭來證明自己的正確性。儘管出兵韓國代價高昂，在財力和人力上蒙受巨大損失，但這個出乎西方分析家意料的決定，將證明毛澤東身為領導超乎常人的遠見卓識。他要向中國人民證明，美國一直是他們的敵人，中國與美國勢不兩立。親美和親西方的中國人是這個國家最富有的人，因此也是他的政敵。他相信，對抗美國將有助於孤立這些人。還有一點，這場戰爭將讓中國人更緊密地團結與他站在一起，有助於他對中國人民從事政治洗腦。他後來開玩笑地說，在中國，只有一個半的人支持出兵韓國，一個人是他自己，而半個人是周恩來。

中國介入韓戰還有其他原因。參戰可以證明，新中國已經不再是外國列強侮辱剝削的對象。毛澤東認為，把這種思想宣傳給大多數中國人並不困難——中國人民痛恨中國遭受被外國剝削的過去，對於這點毛澤東感同身受。事實上，他的反帝宣傳攻勢早已開始。一九四九年八月，美國國務院曾發表一份《中國白皮書》。這份白皮書主要是要緩解美國國內的壓力，表明美國政府已經認為拯救這個自我摧殘的國民黨政府傾盡全力。國民黨政府的垮臺，完全是蔣介石自己的問題。白皮書太長、太複雜了，一般美國人根本看不懂，卻引起批評家的憤怒。他們認為，美國政府在蔣介石危難時落井下石。白皮書發表之後，布利吉斯、諾蘭、麥卡倫和惠利發表一份聯合聲明，稱白皮書是「長達一千零五十四頁的粉飾無所作為政策之物」。

在中國，毛澤東馬上意識到白皮書獨一無二的宣傳價值。對他來說，艾奇遜和白皮書作者想說明的——也就是美國在中國內戰時期對蔣介石的巨大支持——恰好也是他想告訴中國人民的。這絕對是白紙黑字的證據、天賜的良機，它告訴全世界，美國人多麼陰險地為了本國利益而操縱、剝削蔣介石的國民政府。美國人從來就不是你的朋友——為此，他發動了一場聲勢浩大的反美宣傳運動。這讓華府震驚萬分，也預示這樣一個事實：中國新領導人並不急著和西方大國做朋友。毛澤東連續發表五篇文章駁斥白皮書，親自領導全國反美運動，這讓毛澤東成為全中國的風雲人物。

毛澤東堅信——後來顯得太過於相信——他的軍隊能勝過裝備先進的美軍。他對此毫不掩飾，一點也不憤世嫉俗。他不是說說而已，而是堅信如此。儘管在十月中旬時，中央政治局曾就是否與美軍對抗發生過激烈的爭論，但毛澤東不改初衷。當時史達林正準備違背向中共軍隊提供空中掩護的承諾。九月，中蘇之間就蘇方應提供多少援助展開意義重大的談判。史達林擔心蘇聯會因此陷入與美國的大規模對抗。美國對金日成進攻的反應如此迅速，讓史達林驚訝不已，也讓他比以前更謹慎。和中國人一樣，蘇聯也就美軍可能在仁川登陸警告過金日成。在滿洲邊境建立一個由美國支援的軍事基地，對史達林來說無異於噩夢，而這種情況似乎越來越可能成為戰爭的結局。

現在，當北韓軍隊潰敗，金日成開始對史達林施加壓力，請求蘇聯拯救他的軍隊和國家。雖然蘇聯人一開始就告訴金日成，他們不會派遣作戰部隊，但史達林或許曾告訴金日成，中國可能會出兵。九月二十一日，也就是在仁川登陸一週後，史達林在北韓的私人代表麥特維耶．扎哈羅夫將軍（Matvei Zakharov）督促金日成向中國求援。雖然北韓領導人擔心這會造成對中國的依賴，但隨著戰場上的壞消息一個接一個傳來，金日成開始清楚意識到，他別無選擇。一週後，朝鮮勞動黨政治局召開緊急會議。與會者一致認為，如果漢城失陷，敵軍越過三十八度線，那就急需外援。之後，金日成請蘇聯駐北韓大使特倫蒂．什特科夫（Terenti Shtykov）轉告史達林，北韓請求蘇聯出兵。什特科夫拒絕了這個要求，

圖十一　聯合國軍突破三八線進入北韓

於是，「驚慌失措、絕望無助」（什特科夫的原話）的金日成及其外相朴憲永親自向史達林發出求救信。十月一日，史達林回信指出，眼前唯一的希望就是說服中國參戰。當晚，金日成就找來中國大使，請求中國出兵援助。他還詢問，一旦出現最壞的情況，中國政府能否允許他在滿洲建立流亡政府。

一場微妙的遊戲在三個共產國家之間進行著。一向怠慢中國的北韓現在絕望地求助於中國。毛澤東的政治信仰促使中國決定參戰，但中國不想立刻攤牌，他們希望能在與蘇聯的博弈中獲得更大的利益，尤其是在空中掩護方面。九月下旬，蘇聯表示同意提供空中掩護。於是，一股最終促成中國與美國正面碰撞的力量全面啟動。九月三十日，即仁川登陸的兩週後，南韓第一師率先越過三十八度線。一週之後，即十月七日，美軍第一騎兵師緊隨其後跨越三十八度線，直逼平壤。十一月初，美軍在雲山與中共軍隊交戰，損失慘重。

24 史達林、毛澤東與彭德懷

隨後發生了最為諷刺的一件事，那就是美國國務院的「中國通」在一份報告中——該報告讓「中國遊說團」惱羞成怒——不僅認定蔣介石即將垮臺，而且質疑毛澤東對蘇聯的長期忠誠——而相信這一點的人正是史達林。作為從蔣介石垮臺到韓戰爆發之間共產黨陣營中最重要的人物，史達林一直巧妙操縱兩個共產陣營盟友的需求和顧慮。他更喜歡一個統一的朝鮮半島、一個對他感激萬分、完全依賴他的韓國，而不是分裂的韓國。他也希望利用這個更強大的韓國，去抗衡一個在歷史上一直讓蘇聯心存畏懼、而現在接受美國人為其武裝的敵人——日本。因為他不信任毛澤東，所以他也渴望擴大中美之間的緊張態勢，而一場讓中美雙方發現他們彼此對立的戰爭正是為了史達林的利益。

一九四九年，史達林成為整個共產陣營的統治人物。他對蘇聯的掌控已超過二十五年。在蘇聯革命的幾位設計師中，他堅持到最後。有些人可能比他更聰明、更有領袖魅力、更擅長演說、更有戰略天賦，但史達林是這些人中最偉大的。他更善於抓住這場革命最長久、最根本的精髓：掌握權力，確保敵人永遠無法在被你打垮之後還有一絲的反擊機會。只是這麼想並沒有意義，但把這種想法轉化為國家意志，那就不一樣了。在史達林的世界裡，你要嘛是獵人，不然就是獵物。

史達林之所以生存、成功，是因為他從不幻想（也許這也是最大的偏執狂），也因為他最清楚革命的第一階段何時結束、第二階段（也就是權力鞏固階段）何時開始。他把這個體系看得一清二楚，並深知它的根本之道：敵人無所不在，你要在他們張嘴咬你之前消滅他們——最好是在他們還沒意識到自己是敵人之前就消滅他們。這是史達林最為過人之處，他總是能比其他人更早理解這一點，並能更冷血地貫徹執行，毫不手軟。

二戰後，兩個超級強權之間不可避免地出現裂痕——兩個原本孤立的大國不自覺地被推到強國的地位，他們各自擁有截然不同的政治和經濟制度、都有各自長時間的偏執，而現在又共同處於核武時代的世界。然而，蘇聯的領導人是史達林，以及他把核武這個駭人的陰影投射到所有事物上——包括他自己的國家、東歐鄰國，當然還包括這個世界上剩下的其他國家——的這個事實，再增添多一點點的緊張感。他統御的是一部可怕的機器，你是否犯了罪並不重要，因為永遠都有合適的罪名恭候你；你是否是個忠心耿耿的共產黨員與史達林主義者也不重要，因為永遠有人在監視你，永遠準備要背叛你以拯救他自己。那是一個散佈恐懼，乃至於瘋狂的政權。

在一九三〇年代末期，史達林清洗並近乎摧毀了整個蘇聯紅軍的指揮階層。受害者包括五名元帥中的三名、十六名軍團司令中的十五名、六十七名軍長中的六十名、一百九十九名師長中的一百三十九名。大幅削弱了蘇聯的軍事指揮力量，實際上也為一九四一年德國的入侵創造了有利條件。他對俄國人民犯下的罪行簡直罄竹難書，究竟有多少人死去？是幾百萬、一千萬人，抑或是四千萬人？「他是個罕見的恐怖教條主義者，可以摧毀世上百分之九十的人類以取悅少數人。」前南斯拉夫副總統、狄托的繼承人吉拉斯（Milovan Djilas）曾如此寫道。吉拉斯後來與共產黨決裂，在獄中一針見血地描繪出他早期待在史達林身邊的情況。吉拉斯將史達林視為史上罪大惡極的罪犯：「所有罪他都有可能犯，因為沒有一樣罪行他不去施行。不論我們持何種標準……他的罪行都令史上其他暴君相形失色。他簡直是集卡利古拉與波吉亞的冷血，以及恐怖伊凡的殘忍於一身。」

史達林和毛澤東的關係可以追溯到中國內戰初期，他們是首屈一指的屠夫，是那異常暴力的年代殘忍體系的產物。兩人始終互不信任、彼此猜忌。這一點也不奇怪。在史達林這方面，可說是人性黑暗的獨一無二的化身，而毛澤東在一九二〇年代成為一個弱小政黨的頭頭——這個政黨幾乎注定要被更強大的敵人消滅，而他卻讓這個黨變成執政黨。這是二十世紀最輝煌的政治成就。然而他的領導技巧卻逐漸被殘忍與嚴苛所取代，最終，在他大權在握時則代之以日漸流露的瘋狂。毛澤東說：「革命不是請客吃飯。」他的所作所為證明了這一點，同時也證明了他個人的腐化及整個政權隨之而來的震盪。

他們兩人都認為自己是共產主義者，但同時又是民族主義者。他們也許偶爾會大談共產陣營的兄弟情，如何團結兩個大國、團結世界。但事實上，他們在對視時看到的是潛在敵人的身影。從毛澤東的角度來看，蘇聯始終是超然物外的保守力量——這個龐然大物只關心對自己有利的東西，而對於幫助尚未能奪權、有潛能的共產盟友卻興趣缺缺。早在一九二〇年代，毛澤東在對抗蔣介石軍隊時處於下風，當時他認為，蘇聯人更喜歡蔣介石。後來，在接近最後勝利時，蘇聯人對中共中央政治局委員、滿洲地區領導人高崗的支援，也曾讓毛澤東憤憤不平。他經常提到，在內戰期間，中國共產黨曾多次向蘇聯請求軍事援助，但是用毛澤東自己的話來說，「連個屁都沒得到」。在毛澤東看來，蘇聯人也許可以稱為共產主義者，但他們首先還是蘇聯人。毛澤東認為，史達林以前喜歡蔣介石，那是因為後者軟弱無力，肯定能主宰一個軟弱無力的中國。而在史達林眼中，毛澤東或許可以算是共產主義者，但更有可能還不算共產主義者，因為他缺乏與無產階級的連結，而中國本身也缺乏工人階級——他太像一個農民了，結果他不信任中國共產黨人。他在二戰期間曾說：「他們太像胡蘿蔔了：紅皮白心」。

毛澤東與史達林對彼此都抱有深厚的疑慮，他們之間的關係是當一方有所需時，而另一方恰好不便所予。然而在那些年裡，更需要幫助的人是毛。蘇聯在二戰期間沒有提供中國有價值的支援，美國人知道這一點。當時訪問延安的西方人、外交官、新聞記者、迪克西使團成員[2]、協助中共的戰略情報局

2 譯註：Dixie Mission，原名是美軍觀察組（United States Army Observation Group），是美國官方首次嘗試與當時在延安的中國共產黨及其八路軍建立關係的代表團。代表團從一九四四年七月二十二日開始，到一九四七年三月十一日結束。

人員，都聽過中共人員公開抱怨蘇聯不提供援助——他們希望蘇聯人能為中國的抗日戰爭多做點實質幫助（中共軍隊的作戰能力讓迪克西使團的成員留下深刻印象，他們私底下非常輕視國民黨軍隊）。冷戰結束以來，很多機密檔案公開了（在中蘇關係惡化時期擔任蘇共中央第一書記的布里茲涅夫（Leonid Brezhnev）親自下令進行多項研究，成果就在這些檔案當中）。解密檔案顯示，毛澤東和史達林之間的早期裂痕遠比人們想像的更大。至少從表面上看來，這對美國外交政策來說是一個千載難逢的機會——如果美國不把全部賭注都壓在蔣介石身上的話。

那麼是否可以說，在那個特定的歷史時刻，中美雙方失去了一次形塑和平的機會呢？如果兩國政府再多一點智慧，在地緣政治方面再多一點運氣，或許就能碰巧達成一項令人不自在、不穩定的協定——至少可以爭取一點時間，直到情勢緩和。或許最諷刺的是，美國外交圈當時竟然驚人一致地得出這樣的結論：共產陣營是鐵板一塊。更重要的是，雙方對局勢的誤判讓共產陣營更加像「鐵板一塊」。如果要為那段逝去的歷史鐫刻一段墓誌銘的話，那應該是：在某種程度上，美國和中國都被史達林耍弄至死。

隨著毛澤東越來越接近於接掌中國的大權，史達林與毛澤東及他們兩國的關係開始日趨緊張。史達林絕不會拿蘇聯的資源、蘇聯的國家利益或蘇聯人的鮮血，去追求所謂共產陣營大家庭的偉大事業。他只相信軍隊所征服的東西，一旦被武力征服，他就用祕密警察去控制它。身邊盤踞的這個幅員遼闊、歷史上與自己迥異的社會主義國家，執政者在沒有他的幫助之下上臺，因而對他毫無感恩戴德之心——一想到這裡，史達林就提不起精神。因此，早在兩人真正對立前，毛澤東就已經是史達林的潛在對手了。

史達林一直與毛澤東保持一定距離。史達林第一次邀請毛澤東訪蘇是在一九四七年七月。這絕非巧合。當時蔣介石的軍隊仍在全面進攻，而毛澤東的運氣似乎處在最低點——至少外人是這麼看的。毛澤東立即拒絕，他相信，史達林無非是想逼他讓步。到了一九四七年年底，隨著國內形勢逐漸開始對中共有利，史達林的態度也出現了一百八十度大轉變，開始公開支持毛澤東，但是在援助方面仍舊一毛不拔。

到了一九四八年一月，史達林對前南斯拉夫共產黨副主席吉拉斯表示，他以前試圖撮合毛澤東和蔣介石談和的做法是錯誤的。史達林認為，美國人只關心歐洲，因此永不希望希臘共產黨在即將來臨的內戰中獲勝，而亞洲的地位是次要的。他說，美國人不可能把自己的軍事力量投入亞洲大陸。

一九四八年五月，在確信勝利已成定局時，毛澤東寫信給史達林，說自己希望前往莫斯科與史達林會面。他的想法就是在蔣介石即將垮臺之際，能得到蘇維埃集團的承認。但史達林的答覆是：「中國的革命戰爭正處於最關鍵的時刻，毛主席作為軍事領導人最好不要離開戰鬥崗位。」他還滿懷希望地補充道：「毛主席肯定會重新考慮自己的想法。」岡察洛夫、路易斯、薛理泰在《不確定的夥伴：史達林、毛澤東與韓戰》一書中寫道：「對毛澤東來說，史達林這封彬彬有禮的回信是一種回絕。身為中國共產黨的軍事總指揮，他肯定比史達林更清楚，現在去莫斯科是否合適。在這個問題上，他不需要別人告訴他怎麼做。」

一九四八年年底，毛澤東又多次提出訪蘇要求，但每次都被史達林以各種理由回絕。但是到了一九四九年一月，史達林卻派自己的心腹米高揚祕密訪華。史達林仍擔心美國人可能會在最後一刻被激怒。當史達林提醒毛澤東在跨越長江後務必放慢腳步時，毛澤東感受到史達林的膽怯。

毛澤東那時非常清楚，史達林根本就不信任他。他曾私下開玩笑（如果這是玩笑的話）說，他不在乎史達林是否信任自己——他還被視為右傾機會主義份子。但是，毛澤東仍需要史達林的認可，仍希望能在莫斯科獲得某種形式的尊重。一九四九年四月，他向史達林駐華私人代表科瓦廖夫中將（Ivan Kovalev）表達了有意訪蘇的想法。這一次，儘管史達林再度拒絕毛澤東的請求，但莫斯科的反應似乎溫和得多——公開稱讚毛澤東是偉大的中國革命領導人。科瓦廖夫後來寫道，蘇聯人的熱情回覆讓毛澤東非常愜意。據科瓦廖夫指稱，毛澤東舉手高呼：「史達林同志萬歲！史達林同志萬歲！史達林同志萬歲！」一九四九年十二月，毛澤東終於得到他期盼已久的訪問邀請。但這次邀請並不是為了慶祝他在中國的勝利（雖然本應如此），而是以慶祝史達林七十歲生日為名，鞏固史達林對蘇聯乃至共產陣營的長期領導。毛澤東只是受邀的共產國家領導人之一而已。

部分問題在於，毛澤東根本就不是蘇聯領導人想要的那種人。他對自己的成就太驕傲，太以自己是一個中國人為榮，思想太獨立。藉由領導這場革命，他認為自己已經成為重要的歷史人物，而不是一個乞求者。和蘇聯一樣，毛澤東的勝利也是為了尋求獨立，但同樣的勝利卻讓莫斯科感到如坐針氈般的不安。隨著毛澤東最後勝利的日益逼近，兩個國家領導階級之間的矛盾日益升級。蘇聯人最想知道毛澤東如何看待南斯拉夫領導人狄托這個有可能因不同政見和獨立性而被驅逐出共產陣營大家庭的人。蘇聯人擔心毛澤東與已和莫斯科決裂的狄托是同一種人。事實上，莫斯科一直懷疑毛澤東是祕密的狄托份子，只要時機成熟，他就會變成最大的狄托份子。不管毛澤東在心裡如何看待史達林，有一點毋庸置疑，那就是中國迫切需要某種「國際承認」，需要有人承認他們的國際地位，而蘇聯就是它唯一的選擇。一九四九年十月二日，即中華人民共和國成立的第二天，蘇聯成為第一個正式承認中國合法地位的國家，但史達林私下仍不想給中國人除此以外的情誼。

* * *

諸多歷史力量阻礙著國與國之間真心建立同盟，而史達林的自大及這兩個人在各自國家的無上地位，又讓他們的結盟難上加難。到了一九四九年，史達林已經成為「偉大的史達林」，成為持續的全民個人崇拜的真正受益者。毛澤東在營造個人崇拜方面還不夠老練：蘇聯的個人崇拜文化畢竟已有二十年了。歷史學家拉科爾（Walter Laquer）指出，蘇聯的個人崇拜始於一九二九年十二月史達林的五十歲生日。俄羅斯著名作家列昂尼德・列昂諾夫（Leonid Leonov）對偉人的定義是：「終有一天，全人類都將對他頂禮膜拜，歷史將把他，而不是基督耶穌，視為時代的起點。」

但是毛澤東很快就在搞個人崇拜方面超越了史達林。儘管他最初可能還對個人崇拜抱持懷疑態度，但他很快就認識到個人至上的真諦。像很多領導者一樣，他也發現，有利於領導者的東西，往往也有利於革命。而且，隨著他日益顯著地成為中國的唯一領導人，他開始有唯我獨尊之感。據毛澤東的醫生李志綏說，他最喜歡的古代君王是周幽王，而這是一位因暴虐無道而遭到中國人厭棄的傳奇性暴君，他喜歡斫斷反對者的手足，以展示屍首來警告其他敵人。毛澤東對自己在歷史上扮演的特殊角色及重要性深信不疑，李志綏寫道，他經常這麼說，「他是中國歷史上最偉大的領導者或帝王，他統一了中國，繼而使之蛻化。他恢復了中國早期的榮光。」

事實證明，毛澤東在某些方面又非常像史達林。他越是懷疑周圍的人，就越相信這些人正在陰謀暗算他。於是，他開始不斷剷除周圍的潛在「敵人」。隨著個人崇拜的膨脹，隨著貧苦農民對他的崇敬與日俱增，他在生活方式上開始變化。拉科爾寫道：「他不僅是一切時代最偉大的馬克思主義者，也是有史以來最偉大的革命天才。他從不犯錯，他的話都是真理，而且一句話比別人的一萬句話還有價值。」中國有一首歌謠是這麼唱的：「爹親娘親沒有毛主席親」。那段向人伸手的日子對毛澤東來說相當難熬，因為蘇聯領導人對待他的態度，他逐漸對史達林懷恨在心。毛澤東不是那種被惡待還能微笑以對，也不是能輕易淡忘或原諒的那種人。然而他終究在史達林的繼承人赫魯雪夫身上扳回一城。毛澤東曾在私人泳池與赫魯雪夫舉行一場會議，強迫不會游泳的赫魯雪夫在會議期間全程抱著泳圈。「用針戳他的屁股」，毛澤東對李志綏說。這就是他的作風。

＊＊＊

一九四九年十二月，毛澤東終於踏上他第一次的莫斯科之行。《紐約時報》記者索茲柏瑞（Harrison Salisbury，後來因為他從莫斯科傳回的報導而獲得普立茲獎）還記得，在之前幾個月，史達林對毛澤東即將大獲全勝一事保持緘默，蘇聯的報刊也幾乎隻字不提此事。《真理報》在最後一版登過零星消息，《消息報》上有過幾小段報導。除此之外，很難看到「中國」一詞。即使是在毛澤東已踏上奔赴莫斯科的路上時，人們看到的依舊是蘇聯最高領導人的冷漠。史達林的七十歲大壽注定要成為社會主義陣營的一場盛大聚會，不容其他人或其他事沖淡其重要性。十二月六日，毛澤東登上前往莫斯科的火車。當時，內戰剛結束，他擔心遭到國內反動派的襲擊。他乘坐裝甲列車，沿線每一百公尺便設置一個哨兵。在抵達滿洲最大城市瀋陽時，他下車檢查是否有他的海報。結果，他只看到寥寥幾張，更多的卻是毛澤東眼中的親蘇份子高崗為史達林畫的畫像。毛澤東非常憤怒，下令卸下裝有高崗送給史達林禮物的車廂。

在十二月十六日抵達莫斯科時，毛澤東更為憤憤不平。他並沒有被當成把世界最大的國家帶上共產主義道路的領袖，而是像歷史學家烏蘭（Adam Ulam）所說的：「他似乎和保加利亞的領導人沒什麼差別」。只有兩名蘇共中央政治局委員莫洛托夫和布林加寧來到車站迎接毛澤東。毛澤東自備一桌豐盛的午餐，邀請這兩人與他共飲。他們以不符合外交慣例為由婉言謝絕。之後，毛澤東又請他們陪同前往原定的下榻酒店，再度遭到拒絕。當然，更沒有什麼大型歡迎儀式或慶祝典禮之類的事了。毛澤東此行的目的似乎就是來學習如何在史達林的世界，或者說共產陣營中找尋自己的位置。如果他是史達林的共產陣營兄弟，那就應該知道，在這個陣營裡，只有一位大哥，而且這個大哥的地位至高無上。赫魯雪夫的一名助理告訴上級：莫斯科來了一個叫「毛澤東」的人。「誰？」大惑不解的赫魯雪夫問。「你知道的，就是那個中國人。」助理回答。這就是莫斯科對毛澤東的說法：那個中國人。他們也是這麼對待這個中國人的。中國代表團的主要歡迎儀式並不在克里姆林宮舉行，而是安排在老舊的「大都會飯店」。用烏蘭的話來說：「這裡通常是招待那些無足輕重的資本主義國家達官貴人的地方。」

歡迎儀式之後，事情並沒有好轉。毛澤東連續幾天都被晾在一邊，等待史達林安排和他見面。任何人都不可能在史達林見他之前見他，而史達林似乎也在等待時機。在剛抵達莫斯科時，毛澤東曾宣布，中國期待與蘇聯合作，但同時強調，他希望獲得公平待遇。而現在，他似乎每天都在接受教訓。他討厭俄羅斯的食物。有一次，他的聯絡人科瓦廖夫來探望他，毛澤東指著窗外的莫斯科連聲說：「太差了，太差了！」這句話到底是什麼意思？毛澤東說，他對克里姆林宮很生氣。科瓦廖夫認為，毛澤東沒有權利批評自己的「老闆」，而他現在就上報此事。

當史達林終於和毛澤東會面時，他們之間自然表現得互不諒解。「你為什麼沒有迅速占領上海？」史達林問，因為解放軍進入上海前似乎有點浪費時間。「我們為什麼要那麼做？」毛澤東回答：「一旦占領這座城市，我們就要為六百萬居民的生計著想。」聽了這番話後，原本就擔心毛澤東關心農民勝過工人的史達林大為震驚。這就是證據，讓城市裡的工人受苦受難。

無論從哪個角度來看，毛澤東的莫斯科之行都是一場災難。他肯定會對這段恥辱的遭遇刻骨銘心。他的首次出訪幾乎沒有換來任何軍事和經濟援助——蘇聯答應五年內提供三億美元的武器裝備，或一年六千萬美元。更糟的是，他還要在領土問題上讓步。蘇聯人的吝嗇讓中國人憤憤不平，毛澤東在多年之後說過這麼一句話：「就像是虎口奪食。」毛澤東深知他的偉大勝利的等級及其對中國歷史的意義，因此，蘇聯人給他的待遇絕對是一種侮辱，而他只能不加抱怨地接受。「無疑的，毛澤東從此對蘇聯懷有持久的恨意。」烏蘭寫道。

* * *

一九五〇年九月三十日，正在為南方戰局焦慮不安的金日成，參加了中國駐北韓大使館所舉辦的慶祝中華人民共和國成立一週年的酒會。之前，他剛因為要求蘇聯出兵援助一事遭到蘇聯人的警告。會中，他向中方代表提出派第十三兵團赴韓作戰的請求。第二天，金日成和朴憲永（南方的共產黨領導人）聯名向毛澤東寫了一封求援信。為了彰示事態的嚴重，朴憲永親自攜帶此信飛到北京。[3]這封信特別指出，要是沒有美國的干預，北韓會贏得這場戰爭。而現在他們的形勢「極為嚴重」。信中寫道：「我們依靠自身的力量很難對付這場危機」，信末提出要中國出兵援助的緊急要求。

十月二日，毛澤東召開中央政治局常委會。他認為現在拖延一天都可能影響整個局勢的發展。當前的問題並不是出不出兵，而是何時出兵、由誰來領兵。第四野戰軍的林彪顯然是最適合的總司令人選，他最熟悉這裡的地形。但是，林彪當時正在蘇聯治病，他的確有病需要治療，但這也是他拒絕率軍出征的藉口。於是，毛澤東決定由彭德懷掛帥。和林彪一樣，彭德懷也是軍中資歷最老、最值得信任的元帥之一。他從一九二八年起就和毛澤東並肩作戰。毛澤東認為，彭德懷是最合適的人選，因為他與自己政見一致。儘管彭德懷心裡並不踏實，儘管前面有巨大的危險，但他立刻接受了這項職務。

毛澤東身邊的一些人認為，他對於這場戰爭所可能造成的人員傷亡並不在意，因為這是必須要付出的代價。中國有數億人口，而且也正增加當中，可以比其他國家犧牲更多的人。即使美國人動用原子彈，毛澤東也不為所動。有一次，他把原子彈比做「紙老虎」，這讓尼赫魯大驚失色。他對印度總理說：「原子彈沒什麼好怕的，中國有幾億人，原子彈炸不完我們。你打原子彈，我打手榴彈。死幾千萬人沒什麼可怕的。」如果說毛澤東這時已決心出兵的話，那麼下一個大問題就是：中國何時參戰？何時應完成部隊在滿洲邊境的集結呢？十月二日的中央政治局常委會把日期定為十月十五日，也就是兩週之後。巧的是，杜魯門和麥克阿瑟也選擇這一天在威克島進行兩人之間的第一次會面。

十月二日的會議之後，毛澤東發了一封冗長的電報給史達林，告訴蘇聯領導人中國即將出兵的決定。他在電報中聲稱，解放軍將採用「志願軍」的稱呼，這是為了避免與美國發生全面戰爭。他告訴史達林，中國一開始將派遣十二個師，在戰場上與敵人形成四比一的人數優勢，以抵消美軍的火力優勢。此外，由於中共軍隊沒有重型火砲，因此他還希望蘇聯提供迫擊砲，使中方占據一點五比一甚至是二比一的數量優勢。投入戰場後，中共軍隊將採取以防守為主的作戰策略，以便了解與新的敵人作戰的方法。毛澤東在電報中告訴史達林，他認為這場戰爭不會持續太久，而且美國人不會侵略中國。毛澤東還正式要求蘇聯提供之前承諾的空中掩護。

在此同時，毛澤東也持續向中央政治局的其他成員解釋他的計畫，傾聽他們不同的意見，逐步統整他們的想法。十月四日，毛澤東召開中央政治局全體會議，要求與會者討論出兵干預的主要弊端。很多成員對此持保留意見。他們認為，目前國力很弱，無力再打一場大戰，而且美國的武器優勢很難克服。毛澤東聽完與會者的各種意見，沒有直接反駁他們。他最後總結說：「你們說的都有道理，但是別人處於國家危急時刻，我們站在旁邊看，不論怎麼說，心裡也難過。」他們決定次日再議。

為了在第二輪會議有個結果，毛澤東從西安召回彭德懷。十月五日早上，毛澤東會見了彭德懷及他的另一名老同志鄧小平。鄧小平也是毛澤東最信賴的老戰友、長征時的老戰士，曾指揮國共內戰於一九四九年十二月一日在重慶的最後一場戰役。在這次不公開的會面中，毛澤東提到了北韓的深切危機。他說，現在時間是最重要的。美軍正一路快速挺進，幾乎沒有遇到任何抵抗。因此，在美軍抵達鴨綠江之前採取行動最為重要。他說，他自己也清楚這個決定的危險性。事實上，他的這番話完全是說給彭德懷聽的。作為一位久經沙場的老將，彭德懷一直備受眾人敬仰。他是一名天生的戰士，而不是政治人物。毛澤東把他從西安召回，並安排他住在北京最好的飯店，但是彭德懷卻很不習慣飯店裡的軟床，

3 譯註：實際上是由內務相朴一禹前往北京面交毛澤東。

乾脆就躺在地板上睡覺。他已經習慣了這樣的生活——這也是長期在艱苦的作戰環境中養成的習慣。他的同僚經常開玩笑地說，他只和革命結婚。

彭德懷是毛澤東的人馬，出身農民。在政治方面他總是跟從毛澤東，「首先是兄長，然後是老師，最後是上級」。毛澤東稱他「老彭」，彭德懷喜歡稱毛澤東為「老毛」，在統治集團中只有他這麼叫。有時候，如果毛澤東在軍事問題上的想法過於理論，彭德懷私下可能會把他稱為「教員」。不過，彭德懷並非對毛澤東百依百順，他最後也為自己的主見付出了沉痛代價：就在韓戰結束的幾年之後，彭德懷就幾個政治問題批評毛澤東。在他人生的最後階段，彭德懷被安上毛主席的敵人、人民公敵等罪名，並因此被捕入獄、受盡凌辱，最後被折磨至死。

彭德懷是農民出身，童年時期所吃的苦遠甚於毛澤東。他在戰術上既精明又實際，知道共軍作為一支新生的軍事力量，如果按傳統打仗，在武器和人數方面都會處於下風。一九三四年，莫斯科曾派死板的普魯士人李德（Otto Braun）到中國指揮作戰，李德的失敗戰略導致中國紅軍蒙受巨大損失，彭德懷直接提出意見。他認為，李德的傳統打法毫無勝利的希望，根本就不適合中國共產黨面臨的軍事局勢。可以說，是長征緊緊團結了毛澤東和彭德懷。這是一次極度艱難的考驗，在幾乎毫無計畫的情況下，紅軍一邊撤退，一邊還要與國民黨軍隊和地方軍閥作戰、突破重重天險、克服極端惡劣的地形和氣候條件、跋山涉水、忍飢挨餓，行程超過六千英里。「長征」從中國東南地區開始時，一開始紅軍大約有八萬人，但是最後抵達地瘠民貧的西北地方時，僅剩四千人左右。在長征即將抵達終點時，紅軍在吳起鎮遭到國軍五個騎兵團近五千人的進攻。毛澤東命令彭德懷擊退追兵、守住根據地。在彭德懷率領紅軍打退敵人騎兵的追擊後，毛主席為他寫了一首詩：「山高路遠坑深，大軍縱橫馳奔。誰敢橫刀立馬？唯我彭大將軍！」（彭德懷說他後來把最後一句改成「唯我英勇紅軍」，又還給了毛澤東。）

要理解彭德懷以及他何以如此英勇善戰，那就要理解一般中國士兵，理解驅使他們戰鬥的人生苦難，進而理解到共軍的勝利。他的信仰源自最艱難的生活，因而也很簡單：他相信為富不仁的道理，窮人不僅要忍受貧窮的痛苦，還要遭受富人的剝削和壓榨。中國百姓的生活中只有淒慘，因此，為了這場改變人們生活的鬥爭，即使犧牲生命也在所不惜。一八九八年，彭德懷出生於一個赤貧的農民家庭。當他還是孩童時，母親就離開了人世。重病在身的父親也無力養活全家。一家八口全靠幾畝山地勉強維持生活。由於需要貼補家用，彭德懷很小就輟學了。他對社會的不平等、生活的殘酷和深有體會——四個兄弟中最小的一個在六個月時便活活餓死。他小時候和奶奶一起出外討飯，因為不想當乞丐，他去了一次就不願再去了。他寧願上山砍柴，然後用賣柴的錢貼補家用。多年以後，彭德懷滿懷辛酸地說，七十歲的奶奶準備在一個寒冬臘月的下雪天再去討飯。她拄著一根木棍，帶著兩個弟弟，其中一個還不到四歲。彭德懷後來回憶，他寧可餓肚子也不吃奶奶討來的殘羹剩飯。

他還是孩子時就為了一點微薄收入而受盡凌辱、吃盡苦頭——他砍過柴、捕過魚、背過煤。在十一、二歲時——他自己都不確定那時到底多大——他還替一家富農放過牛。他回憶，他十三歲就到礦坑當童工，用推水輪機把井裡的水抽上來。他還背過煤，每天只能拿到幾毛錢，這對一個孩子來說可是累斷腰的工作。但礦坑破產了，他一年的工錢也泡了湯。彭德懷後來說，童年時背煤的經歷讓他有點駝背。當他光著腳（因為他買不起草鞋），拿著一半的工錢回到家時，父親對他說：「你現在又髒又瘦，簡直不成人形了！白替這些狗東西幹了兩年。」說完後，父親哭了。

十幾歲時他的生活更艱難。他回憶，有一年當地大旱，地主和商人囤積糧食，以便在漲價後高價賣出。彭德懷由於參加飢民鬧糶，被官府通緝，於是被迫逃離村莊。最後在一九一六年三月，也就是接近十八歲生日時，彭德懷加入湘軍。作為一個小兵，他每個月掙六塊大洋，其中三塊要寄回家裡，恰好足夠家人勉強維持生活。正是這次參軍改變了他的一生（也成為他的終生事業），一開始是在蔣介石手下當正規軍，並參與了軍閥混戰。在此同時，他的政治思想日漸成熟——尤其當看到官兵經常拿不到軍餉時。最初，他一直認為，只有蔣介石才是真正的革命者，他的理想就是建立更公平的新中國。但是，這個想法逐漸消退，他逐漸成為一名共產主義者。他後來寫道，在那段時間，他和很多像他一樣的人，一心嚮往革命：推翻軍閥、清除腐敗官僚、打倒土豪劣紳、實現減租減息。但是現在，既沒有革命，也沒有軍餉，更沒有人再提減租減息。我們的任務就是「鎮壓共產黨、摧毀農會。誰讓我們做的呢？蔣介石！一個士兵每個月只能拿到六塊半大洋的軍餉，支付三塊三的雜費之後，就只剩下三塊二，而且就這麼一點還要被剋扣。我們的命也太苦了！我們甚至連草鞋都穿不上，抽不上土菸，更不用說養活父母、老婆和孩子了」。升遷後，他曾經率領手下士兵打擊地主的剝削，因此遭到逮捕，但後來在一些士兵的幫助下逃跑了。

他的一生充滿激進的經歷。一九二八年二月中旬，他經人介紹加入中國共產黨。儘管沒有受過任何教育，他還是很快就理解了紅軍的作戰方法。到了一九三四年，他的軍事思想已和毛澤東極為相似。因此，他和毛澤東共同制訂了紅軍的軍事戰略：以游擊戰為主，不與國民黨軍隊正面對抗，採取「敵進我退、敵駐我擾、敵疲我打、敵退我追」的作戰方針。

＊＊＊

當毛澤東詢問彭德懷是否願意到北韓指揮作戰時，這實際上是正式要求。之後，毛澤東又要求彭德懷在下午的中央政治局會議上贊成出兵，彭德懷這麼做了。事實上，彭德懷一直關注著韓戰的局勢，也一直在考慮共軍該用何種戰略與裝備先進的美軍對抗。他對政治局委員說，如果美軍打到鴨綠江，就有可能會過江入侵中國，這對整個中國都非常危險。因此，中方出兵阻擊美軍是完全必要的，也是中國義不容辭的責任。他的一席話讓會議氣氛開始轉向支持出兵。彭德懷在關鍵時刻為毛澤東帶來他最需要的東西，即掛帥出征者的支持。

現在，毛澤東的想法似乎已成為在場每個人的想法：南北韓並不是一個孤立的問題，而是共產主義世界與資本主義世界緊張對立的交會點。中國出兵並不只是為了解救北韓，而是為了促成世界革命，尤其是亞洲的革命。中國絕不容許美國人在自己的邊境上有一大塊軍事集結地。儘管美軍擁有先進的武器裝備，但憑藉人數上的巨大優勢和高昂士氣，中國最後一定會勝利。儘管沒有明確提及，但這次會議沒有忽略臺灣問題。事實上，由於美國已公開表示支持臺灣，因此在中國領導人的心裡，中國已經和美國開戰了。中國尚無力跨海進攻臺灣，那麼，打擊進入共軍攻擊範圍——北韓——之內的美軍，顯然是中國的另一種選擇。

十月八日，毛澤東通知金日成，中國將出兵支援他。當天，毛澤東以中國人民革命軍事委員會主席的名義簽署組建中國人民志願軍的命令。命令指出：「為了援助北韓人民解放戰爭，反對美帝國主義及其走狗們的進攻，藉以保衛北韓人民、中國人民及東方各國人民的利益，特將東北邊防軍改為中國人民志願軍，迅即向北韓境內出動，協同北韓同志向侵略者作戰並爭取光榮的勝利。」出兵日期仍是原定的十月十五日。

得到命令的彭德懷立刻前往位於滿洲邊境的前線指揮部，視察戰前準備情況。根據情報，他認為目前駐紮在韓國的聯合國軍約四十萬人，其中包括正在前線作戰的十個師，約十三萬人。因此，彭德懷認為，既然人數是制勝的關鍵，那麼想要在人數上取得壓倒性優勢，就必須增加兵力。於是，他放棄了以兩個集團軍和兩個砲兵師先行過江的想法，而是準備以四個集團軍和三個砲兵師渡江，這就意味著，他至少還需要七百輛卡車和六百名駕駛兵。

蘇聯的空中掩護是共軍作戰計畫的核心部分，儘管出兵之日已近在眼前，但蘇聯人的援助計畫仍未具體落實。十月九日，彭德懷召開部隊幹部會議。與會者對蘇聯的援助都非常關心，都詢問彭德懷他們何時能得到明確答覆。他們的問題非常尖銳，也非常具體，但無論是彭德懷，還是和他一起工作的高崗，都無法回答這些問題。由於問題過於尖銳，他們在會議中途就電詢毛澤東：「我軍出國作戰時，他們能派出多少架轟炸機？空軍何時能出動並由何人負責指揮？」不僅是師長和團長在想這些問題，幾乎每個連長甚至排長都在關心這些問題。實際上，中國領導人自己也正在尋找問題的答案。

共軍已準備就緒，等待過江，但蘇聯人仍然沒有做出正面的答覆。之後，蘇聯人竟然食言了。幾乎就在彭德懷的下屬向他尋求答案的同時，他的外交官同志也在催促蘇聯人回答這個問題。周恩來與師哲飛赴莫斯科，與蘇聯人商討軍事援助事宜。他們在十月十日抵達莫斯科，代表團成員還包括正在蘇聯養病的林彪。一到蘇聯，他們就趕往史達林的家鄉。史達林此時正在黑海之濱休假。周恩來馬上面見了史達林、馬林科夫、貝利亞、卡岡諾維奇、布林加甯、米高揚和莫洛托夫等蘇聯高層。

於是，這場至為重要、已持續數週之久的賭局再度升級。中蘇之間隨即在檯面下展開一場異常複雜的對戰。雙方都不相信對方說的是真話。例如，中方告訴史達林，他們並不是真的想出兵，因為中國的內戰剛結束、百廢待興。而史達林認為這番話得反過來說才是，也就是中方已經向金日成承諾出兵。史達林的開場白是北韓的情勢極度危險。他問周恩來，中國同志是怎麼看的（最清楚毛澤東承諾的可信度的人莫過於周恩來）？他回答，如果中國能不管，那當然最好不管。內戰已經讓中國付出了沉重的代價，中國尚在恢復之中。

史達林馬上回應，如果北韓人不能馬上得到援助，他們很可能撐不過一週。中國應該想想，一旦美國人控制北韓，那將給中國的國家安全帶來多大的威脅（他似乎是說，中國人在這幾個月裡從未想過這個問題）。之後，他告訴客人，蘇聯不會出兵，也不可能出兵，最主要的原因就是他們不想和美國發生正面衝突。然後，史達林又指出，中方可以出兵，而且也應該出兵。蘇聯可以把二戰期間剩下的大部分物資送給中國，並為滿洲地區、沿海地區和駐紮在鴨綠江北岸的共軍提供空中掩護。不過，這根本不是中國人希望聽到的答覆，因為戰爭即將在鴨綠江南岸開打。在談到向鴨綠江以南地區派出空軍時，史達林說，蘇聯需要更多的時間準備。這場馬拉松式的會議從晚上七點一直持續到次日凌晨五點，這不是一次成功的會議。中國人永遠不會忘記，蘇聯人在關鍵時刻背棄了自己的諾言。因此，從賭局一開始，同志間的友誼就是有限的。

雙方的立場都確定了，但史達林占了上風。他早就知道中國準備出兵，這並非基於對北韓人民的熱愛，而是為了中國的利益。他知道中國攻打臺灣時還需要依賴蘇聯的海、空軍技術援助。毛澤東對蘇聯人的出爾反爾非常憤怒。十月十二日，也就是距離共軍渡江之日還有三天之時，毛澤東電告彭德懷，暫不執行作戰命令，各部隊原地待命。他和其他領導人需要重新考慮。毛澤東認為，在失去原定空中掩護的情況下，要做出參戰的決定太難了。儘管他相信部隊能度過這一關，但肯定會遭受更大的傷亡。

彭德懷也對蘇聯的決定怒不可遏，因為這將使他的部隊暴露在危險中。據說，他曾威脅不再擔任共軍司令員的職務。但這一切都無法影響毛澤東的想法。其實，他很可能早就懷疑蘇聯是否會兌現承諾。當然，他之所以對出兵的決定堅定不移，也有他自己的理由，不是為了蘇聯人或北韓人，而是為了中國的利益。他會派兵參戰，是因為不這麼做，就意味著新中國軟弱無能，無力保衛自己的國界。因此，無論有沒有蘇聯的援助，他都要出兵。他再次在同志面前說要出兵。畢竟他們可以得到蘇聯的武器裝備，至少蘇聯答應保護中國的領土主權。毛澤東請彭德懷不要辭職，他相信，即使沒有蘇聯的空中掩護，他們還是能打敗美國人。他們高昂的士氣將成為戰爭勝負的決定性因素。

在會議行將結束時，中國領導人再度做出了相同的決定：出兵北韓。毛澤東電告周恩來，他們首先將攻擊李承晚的軍隊。「總之，我們認為應當參戰，必須參戰。參戰利益極大，不參戰損害更大。」同時，毛澤東要求周恩來繼續留在蘇聯進行談判，盡量爭取更多援助。共軍首先在北韓最北部的山區構築防禦工事。軍隊跨過鴨綠江的日期最後定為十月十九日。

十月十六日，彭德懷召集師級以上幹部商議作戰計畫，替他們打氣。他是這麼說的：如果不去北韓和美國人作戰，那以後就得在中國的領土上和他們作戰。但是在提到沒有蘇聯的空中掩護時，他看到這些指揮員的臉上閃現焦慮不安的神情。一些高級幹部曾發電報給他，表示反對在沒有空中掩護的情況下與美軍作戰。電報上說：「敵人肯定會集中大批飛機、大砲和戰車，毫不猶豫地對我軍發起大規模進攻。」地形也不利於構築有效的防禦工事，因為「當地的氣候非常寒冷，到處都是凍土。一旦敵人展開全面進攻，我們根本無法守住陣地」。他們想至少等到春天以後再出兵。這些指揮員還在電報中指出，他們的意見也是絕大多數指揮員的心聲。

由於存在諸多分歧，彭德懷於十月十八日飛赴北京。聽了彭德懷的匯報後，毛澤東意識到高階將領當中存在著很大的不安和顧慮。但是，他認為任何事都不能改變這項決定，也不能改變原定計畫。也就是說，這個決定就是最後的決定：部隊將於十九日晚上開始渡江。部隊每天在黃昏之後渡江，次日拂曉之前停止前進。為了累積經驗，第一天晚上只會先派二到三個師過江。彭德懷馬上飛回安東，轉告毛澤東的指示。任何人對這個決定提出異議，即可視為不服從命令。至此，中美兩國的碰撞已無法避免了。十月十九日晚上，共軍開始渡江。儘管並非所有人都鬥志昂揚，但整個過程還是相當順利。有些曾在國民黨軍隊服役的中國戰士，把鴨綠江上的大橋稱之為「地獄之門」。

此時還有一個問題尚待解決：由誰來指揮作戰。毛澤東已經決定由彭德懷掛帥。但金日成認為，應該讓他來指揮共軍。他顯然還需要重新了解現實：北韓領導人怎麼可能去指揮中共軍隊。彭德懷也看不起北韓軍的戰術。他曾在一份報告中寫道：「誰都能看得出來，這是冒險主義！他們的軍事指揮太小兒科了！十九日，金日成曾下令死守平壤。結果造成三萬名北韓軍落入聯合國軍之手。」中方曾一度不讓金日成知道，他不能再指揮作戰了——現在指揮作戰的是彭德懷。

25 威克島會晤與威洛比的誤判

十月十五日，在上任五年半之後，杜魯門終於見到麥克阿瑟。此時，麥帥正朝鴨綠江挺進，而共軍則在四天後跨過鴨綠江。自擔任美國總統以來，杜魯門就一直想見見麥克阿瑟。但高傲的麥帥卻兩度拒絕了總統的邀請──實際上是命令他返國。現在，白宮認為，仁川登陸之後也許是兩人見面的最佳時機。因為這次會面有足夠的政治動機：國會期中選舉即將在十一月初開始。仁川一役取得大勝，在經過戰爭初期飽受指責之後，杜魯門和他身邊的人都認為，有必要分享一點圍繞在麥克阿瑟周圍的光環和榮耀。

杜魯門是一個懂得人情世故的人，他一直以為，只要坐下來談一談，他就能和人打成一片。杜魯門堅信，只要面對面接觸，他就能憑藉自己的技巧讀懂別人的一舉一動，人們就會發現他是一個坦率的人，一個不喜歡浪費別人時間的人，更是一個開誠布公的人。他已經和艾森豪及布萊德雷成為好朋友，但唯獨麥克阿瑟不行。他對這位將軍最深刻的印象，恐怕就是他的堂堂風度。這次會面的兩天前，在去威克島的路上，他在寫給表兄尼利．諾蘭（Nellie Noland）的留言中說：「我明天就要與上帝的得力助手交談了。」

最終，他們的談話還是沒有離開政治這個話題。杜魯門最信賴的私人助理兼講稿撰稿人艾爾西（George Elsey）一直極力促成這次會面。早在九月底，即美軍收復漢城之後，他在和杜魯門一起暢遊波托馬克河時就提出了這個建議。這並不是沒有先例。在二戰後期，羅斯福就曾親赴檀香山，調解尼米茲和麥克阿瑟之間的矛盾。一開始，杜魯門也不確定自己是否該去，但最後還是去了。用他的特別顧問查爾斯．墨菲（Charles Murphy）的話來說，杜魯門是在幕僚的壓力下這麼做的。當然，兩個人都沒有公開提到政治問題，但話裡話外都沒有離開這個話題。有些白宮人士，尤其是負責總統行程的祕書麥特．康奈利（Matt Connelly）認為此行是個錯誤，並直言勸告總統。當杜魯門問及理由時，康奈利回答：「國王什麼時候會去探望王子呢？」一直把麥克阿瑟當作敵對力量的艾奇遜也認為，此行把政治和戰略混在一起，絕對是一個糟糕的決定。他後來稱「這整個想法都是一場巨大的災難」，他自己一點也不想參與其中。當杜魯門請他同行，他的回答很乾脆：「雖然麥克阿瑟將軍身上有許多外國君主的特徵……但我要說，儘管說出來很困難，把他當作君主來看待似乎不太明智。」在各軍種參謀長中，只有布萊德雷同行。就連國防部長馬歇爾將軍也拒絕前往，部分原因是他與麥克阿瑟的個人關係很緊張，但更重要的原因在於，他一直反對把政治和國家安全混為一談。

最初，檀香山似乎是最合理的會面地點，但麥克阿瑟堅持認為，離司令部太遠對他來說是危險的。於是，威克島就成為最後的選擇。威克島距離華府四千七百英里，距離東京一千九百英里（麥克阿瑟不想到很遠的地方的另一個理由是，他不喜歡在晚上搭飛機）。不過，即使是離他這麼近的威克島，麥克阿瑟似乎也懶得去。在離開東京前往威克島的路上，將軍的情緒低落。他一直向同行的美國駐南韓大使馬其奧抱怨，他完全是迫不得已才去的。他說，為了政治因素而跑這麼遠的路，完全是浪費時間。他們難道不知道，「他還在帶兵打仗嗎？」像麥帥這樣的主角，當然不想見另一個從華府來的主角，尤其又是一個來自其他黨派的人物，來瓜分自己的榮譽和掌聲。坐飛機跑到這裡來見總統，顯然不符合他對基本階級制度的個人理解：人們應該主動拜訪他才對。

但這次會面還是在一九五〇年十月十五日如期舉行了，而麥克阿瑟公開表現出他的不滿。關於這次會面還有很多傳聞，有些是不正確的——其中一個最著名的例子，就是麥帥故意讓自己的飛機遲到，這麼一來，杜魯門的飛機就會先著陸，等候將軍的到來。當然也有正確的，將軍沒有對美國三軍統帥敬禮。麥帥對總統的不禮貌行為令許多人大吃一驚，其中包括年輕軍官、天才的翻譯華特斯（Vernon Walters，他後來與包括尼克森在內的很多共和黨人成為密友）。華特斯認為，另一種失禮行為是，麥克阿瑟不相信任何職位在自己之上的政府官員，例如，他對陸軍部長法蘭克．培斯（Frank Pace）就不屑一顧。華特斯後來寫道：「我們的教範裡，陸軍部長是所有軍人（無論其軍階高低）的頂頭上司。」但是對華特斯來說，麥克阿瑟最怠慢的舉動就是不向總統敬禮。這違背了最基本的禮儀。華特斯注意到，杜魯門對此並不在意。總統這麼做是明智的：如果你老是想著什麼事，那麼它一定會發生，如果你不去想，那麼它就不會發生。

毫無疑問，會談是在互不信任的氣氛中展開的。但會談至少在表面上進行得還算順利，不過也只是就表面而言，因為這畢竟是至今為止整個戰爭期間最大快人心的時刻。他們的議程上還有一個非常嚴肅的問題，這個問題尤其讓華府官員感到不安，那就是中國的意圖。北京發出即將參戰的聲音——現在已經不是讓潘尼迦傳口信了——讓華府非常擔心。這些訊息到底有多大的可信度呢？杜魯門和他周圍的人都在揣測。華特斯後來回憶，杜魯門的第一句話就是：「根據我們的情報顯示，中國可能會出兵。」

白宮在控制媒體對會議的報導方面有它的手腕。杜魯門隨行帶著白宮記者團，他們知道該報導什麼，不該報導什麼。但白宮不允許麥帥帶他最喜歡的駐日本記者，尤其是美聯社、合眾社和國際新聞通訊社的記者。其他駐東京的記者戲稱他們為「宮廷衛士」，即他們的報導很可能出自麥帥的幕僚，甚至是將軍本人之手。把這些「宮廷衛士」留在日本，只會讓麥克阿瑟更憤怒，因為這麼一來，他就無法控制報導內容了。這顯然無法提振他的精神。

會議地點是一個再荒涼不過的小島。但兩個人似乎很談得來，更準確地說，兩個人都努力保持自己的紳士形象。在第一次會談中，麥克阿瑟問總統是否介意他抽菸，杜魯門說可以，又補充說：「我是這個世界上被煙霧噴得最多的人了。」他們在威克島上進行了兩次會議：一次是杜魯門和麥克阿瑟之間的私人談話，話題主要是中國的反應；另一次是所有隨行人員都參與的會議，時間較長，主要的話題依然是中國，以及這場戰爭還會持續多久。

當時留下的完整會議紀錄表明，他們的會談主要是圍繞在中國上。在第二次會議時，國務院高級官員菲力浦・傑賽普（Philip Jessup）的資深祕書弗尼斯・安德森（Vernice Anderson）當時就坐在會議室外面。由於會議室的門是敞開的，所以她能進行記錄。她以出色的速記能力，完整記錄了當時會議的談話內容。幾個月後，隨著戰事變得異常艱苦，麥帥又拒絕對錯判中國出兵一事承擔責任時，這些紀錄就成了非常重要的證據。

會議裡，麥克阿瑟向杜魯門保證：「我們將在韓國贏得勝利。」在簡單討論戰後統一南北韓的未來後，杜魯門向麥克阿瑟提出此行最關鍵的問題：中國和蘇聯出兵干預的可能性有多大？麥克阿瑟不假思索地回答：「可能性非常小。如果他們在頭一、兩個月干涉的話，那將是決定性的；可惜他們錯過了這個時機。現在用不著再擔心他們參戰了，我們也不必再對他們畢恭畢敬了。」他接著說，中國人在滿洲有三十萬軍隊，在這些部隊中，很可能有十萬到十二萬五千人部署在鴨綠江畔，只有五、六萬人可以渡江作戰。「他們沒有空軍。現在我們的空軍在朝鮮半島已經有基地了，如果中國人試圖推進到平壤，他們一定會遭受人類歷史上最慘重的傷亡。」

魯斯克記得，在提到來自北京的威脅時，麥帥極為輕蔑。他說，他「一點也不明白，他們（中國）為什麼要管這件次要的事，他們現在肯定會後悔」。接著，麥帥談到第十軍即將在元山登陸，並在一週內拿下平壤，北韓人將在感恩節之前徹底放棄抵抗等。他希望能在耶誕節之前撤回第八軍團。布萊德雷說，是否能從正在韓國作戰的部隊中抽出一個師派到歐洲。麥帥回答，沒有問題，並建議抽調第二步兵師，因為他們英勇善戰，曾在釜山保衛戰中重創敵軍。於是，很快就有人草擬了讓第二師撤出韓國的命令。

無論是杜魯門還是他的隨行人員，都沒有人要求麥帥做更詳細的說明，特別是在最敏感的問題上，也就是督促麥克阿瑟關注邊界地區形勢以及萬一遭遇中國人或蘇聯人時應做何種反應等問題，同樣令人遺憾地帶過就算了。一切消息似乎都是那麼的好，因此也就沒什麼好多問的了，就好像沒有提出的問題和不知道的事都不會傷害到他們一樣。萬一中國人真的參戰並躲過麥帥的空中偵察，情勢會怎麼發展？這個問題兩人從未探討過。會談的每項宗旨，無論基於禮貌還是政治理由，都是避免提出深層的問題。麥克阿瑟也一直讓自己顯得風度翩翩，儘管從東京到威克島的途中，他一直抱怨華盛頓為了政治原因而利用他，但是在和總統的會晤中，他卻表現出自己最好的一面，舉止優雅，言談得體。他對杜魯門說，自己是歷史上從總統那裡得到最多支持的指揮官。

杜魯門本人對當前最艱難、最危險的一些問題，尤其是中國可能參戰而引發的危險，也是閃爍其詞。沒有人提醒麥克阿瑟，不要把聯合國軍派駐到與滿州接壤的地區。會議都是不慌不忙、從容地進行著。期間，會議進行得似乎過於迅速。魯斯克試圖放慢節奏，他擔心疑神疑鬼的記者團會抓住這一點，把會議說成是搞公關。他遞給杜魯門一張紙條，提醒總統放慢會議速度。杜魯門回答：「不，我希望在我們陷入麻煩之前，盡快離開這裡。」最後，在杜魯門和麥克阿瑟即將分手時，總統頒發一枚「傑出服役勳章」（這是麥帥的第五座了）給麥克阿瑟，以表彰他的「英勇無畏、恪盡職守以及傑出的外交才能」。在前往機場的路上，麥帥問杜魯門是否會再次競選總統，總統則反問麥克阿瑟在政治上有何打算。麥帥回答：「沒有。如果說有哪位將軍當您對手的話，那肯定是艾森豪，絕不會是麥克阿瑟。」杜魯門說，艾森豪對政治一竅不通：「如果他當總統的話，那格蘭將軍的執政團隊就算得上是楷模了。」

無論從哪個角度來看，這次會議都是虛妄的。他們把聯合國軍可能遭受的威脅最小化，至於如何因應這些威脅，則隻字未提。對於這次會議的目的，麥帥比誰都還要清楚：這是為了在期中選舉之前分享仁川登陸的榮耀。當兩隊人馬即將分道揚鑣離開威克島時，人們聽到的是樂觀積極的總結。杜魯門當天稍晚對記者說：「自上任以來，我還從未開過如此令人滿意的會議。」雙方起草並發布了聯合公報，一位現場記者就此寫道：「他們就像是兩國政府的首腦。」約翰．甘瑟（John Gunther）寫道，將軍有點不耐煩了，急匆匆地準備離開。他掏出懷錶看了一下，細心擦拭一下錶面，然後又放回口袋。他拒絕了記者的提問。麥克阿瑟對他們說：「所有評論將由總統的公共事務官員通報各位。」甘瑟認為，這句話似乎帶點諷刺，因為大家都知道，總統只有白宮發言人，沒有負責公共事務的官員。艾奇遜後來寫道：「每個人都以為對問題已經達成共識，但每個人又都有自己的想法。」

其中的一個問題就是，中國出兵參戰到底是好是壞，各方有著不同的觀點。幾週後，當讓他們心痛不已的事實擺在眼前時，李奇威正在華府憂鬱地關注事態的發展。此時，他不禁想起一九五〇年八月初和哈里曼拜訪麥克阿瑟的情形。在提到臺灣這個話題時，麥克阿瑟語氣激昂起來。他說，如果中國人蠢到膽敢進攻臺灣的話，他會馬上趕到臺灣，親自指揮作戰。「徹底打垮他們，讓這一戰成為震驚世界的決定性戰役，一場震撼亞洲的災難，而且或許能阻擋共產主義。」然後，他停頓了一下，接著說，他懷疑中國人是否會那麼愚蠢，「我每天晚上都祈禱中國會這麼做——我常常跪下來祈禱」。李奇威認為，鮮有美國士兵想和一個擁有六億人口的亞洲大陸國家開戰。最初，李奇威還以為麥克阿瑟的想法只是出自他的好大喜功，只是一個老人想在歷史上寫下更輝煌的一頁。後來，在試圖挖掘麥帥北上的動機時，李奇威寫道：「他把自己想像成一個剷除共產主義巨龍的劍客，這個幻想是不是促使他最後做出挺進中韓邊境這個魯莽的決定，我們到現在還不得而知。但是我猜這個想法至少會讓他的勝利夢想更具誘惑。」

在即將於戰場上兵戎相見的兩支軍隊中，只有中國人知道將會發生什麼事。而美國人，無論是軍人還是政治人物，還在滿心歡喜，對即將來臨的血戰幾乎一無所知。戰況的發展別提多順利了。很快的，杜魯門發現，麥克阿瑟還是像以前那樣，對自己充滿敵意和猜忌。麥帥後來也寫道，威克島會議讓他確信，華府的態度已經出現了「古怪而危險」的變化，政府方面越來越不想與共產黨鬥爭了。在一九五四年接受斯克里普斯——霍華德新聞社（Scripps Howard）記者吉姆．盧卡斯（Jim Lucas）專訪時，麥克阿瑟說：「這個小雜種（杜魯門）肯定覺得自己是個愛國者。」

＊＊＊

美國對這場戰爭缺乏明確的目標，從一開始，華盛頓和東京（麥克阿瑟）對戰爭的態度就迥然不同。早在七月十三日柯林斯和范登堡到東京拜訪麥克阿瑟時，他就公開聲稱，他的第一目標是徹底摧毀北韓軍隊，然後「調停並統一韓國」。「也許有必要占領韓國全境，」他接著說：「儘管這在現在看來有點不切實際。」現在這就是他的目標了，連華府的人都要大老遠地跑來和他分享榮耀，這讓麥帥確信，他比以往任何時候更強大，反過來說，這又讓他更加難以自抑。

美國在二十世紀有過很多軍事誤判，但麥克阿瑟決定一路打到鴨綠江邊這項錯誤絕對無人能及（越戰屬於政治失誤，因為決策者是文官）。那裡已經插滿中共軍隊的紅旗，只不過他對這些紅旗視而不見。當他的軍隊一路北上時，各部隊各自為政，通聯不佳，天氣狀況也越來越差。同時，共軍則躲在山上耐心地等待他們，隨時準備切斷他們撤退（或說逃命）的羊腸小徑。正是這位因北韓人的補給線過於脆弱而決定在仁川登陸的將軍，讓自己部隊的補給線也在他無法控制的地域裡越拉越長、越來越不堪一擊；正是這位為了迅速結束戰爭、避免讓自己的部隊在韓國的寒冬裡作戰而選擇仁川登陸的將軍，在滿洲的嚴冬即將來臨時，決定把自己的部隊派往北方。李奇威在四十年後感慨的說：「作為一名戰地指揮官，我最難理解的事情之一就是，東京司令部怎能這麼健忘，讓我們的部隊在如此惡劣的條件下作戰。」

＊＊＊

那時麥克阿瑟犯了許多專業上的錯誤，包括狂妄自大，愛慕虛榮，但最大的過錯莫過於他徹底低估了對手。儘管他一直待在亞洲，但他從來沒去過中國。他滿心認為中國還是十九世紀的中國。韓戰史學家康明思指出，麥克阿瑟對亞洲人的印象就是「百依百順，俯首貼耳，天真爛漫，絕對服從」。一九四〇年代末期的日本人就是這樣，因為輸掉了二戰，日本人正急於從勝利者身上汲取經驗教訓。但其他大多數地區則是剛體驗到新興革命的勝利，而中國內戰所發生的一切，恰好是這種變化最有代表性的體現。但麥克阿瑟從不去理解這種變化。部分原因在於他剛愎自用的性格，也正是這種性格造就了他的神話。他從不請教別人，好像他無所不知。他是神的使者，別人只能聽他的。巴大維少將在共軍參戰後，已經在韓國戰區擔任美軍的師長。儘管他比其他美國軍官都清楚為什麼共產黨能在中國取得勝利，畢竟他是最後一任大陸時期美國駐華軍事顧問團團長。他曾親眼目睹毛澤東的崛起，對共產黨軍隊的戰術也瞭若指掌，但是，麥克阿瑟從未想過讓他傳授經驗給其他團長和師長。

麥克阿瑟心目中的中國，還是那個內戰之前的中國。對於毛澤東如何統一中國和為什麼能成為這個國家的領袖，麥克阿瑟似乎一點也不關心，對革命造就出來的解放軍，他更是一點也不感興趣。他對敵人到底是誰，對這個敵人過去何以獲勝一點好奇心也沒有，這真令人不可思議。儘管在共軍攻擊之前已掌握大量情報，儘管已從戰俘口中挖出了這些消息，但情報處長威洛比卻對敵人在十二月底的作戰動向幾乎一無所知。儘管這時已是共軍發動攻擊一個月之後了，但麥帥仍以為，共軍司令員是林彪，而不是彭德懷。麥帥似乎更願意相信，中共在內戰中的勝利沒有多大的意義。一九四九年九月，也就是毛澤東宣布建國前的一個月，他曾對國會議員說，中共的軍隊被「大大高估了」。他那時還說，打敗他們的方法，就是「打擊他們最脆弱的地方，也就是空中和海上」。他補充道，你只需要「出動五百架戰鬥機，再派出像陳納德這樣的老將出馬指揮就夠了」。他曾在太平洋上巧妙利用空中優勢擊敗了日本人，還以為同樣的方法也適用於中國。

事實將證明，對美國空軍力量的過度依賴和渲染，將導致軍事上的重大失誤。這項失誤很快將縈繞在麥克阿瑟部下的頭上。他似乎以為中國人會在白天以傳統作戰隊形走到美軍陣前，等著美國飛機消滅他們。柯林斯後來曾寫道，二戰空戰的勝利蒙蔽了麥克阿瑟的眼睛。那些適合對付機械化程度較高但機動能力較差的日本人的作戰方式，並不適用於出現在這場戰爭裡的中國人。柯林斯認為，包括麥克阿瑟的司令部也對戰場形勢缺乏第一手的認識，這點的確令人遺憾。

麥克阿瑟對作戰雙方的判斷有自己的一套理論。他一向以了解東方哲理（也就是他不只一次說過的「東方人的思維」）而自傲。每次提到這個問題，他都會說，亞洲人尊敬堅定不移的強人。麥克・林區在華克去世之後擔任李奇威的飛行員，曾經近距離接觸了很多關鍵人物。林區認為，韓戰中最大的謎團之一就是「麥克阿瑟所說的東方人的思維。我們也許已經了解馬尼拉的富商、蔣介石軍中那些膽小如鼠的腐敗軍官、東京街頭卑躬屈膝的日本人，但我們對飽經戰爭洗禮的北韓人和剛擊敗蔣介石、願意獻身犧牲的中國人，卻一無所知。這違背了一個軍事指揮家所應遵守的最基本準則——了解你的敵人。」

事實上，麥克阿瑟對亞洲的了解很有限。自一九〇五年以來，他就未曾踏上亞洲大陸，他對自己不喜歡的事更是漠不關心。在某種程度上可以說，他只了解菲律賓這個亞洲國家，但菲律賓和大多數亞洲國家之間的區別，就如同紐約和達拉斯一樣，相去甚遠。在菲律賓，他被視為國家英雄，和這個國家的上層人士結下了非比尋常的關係，得到了非比尋常的回報。實際上，從一九四二年初開始，他和手下的幾名主要軍官就一直從菲律賓總統奎松那裡拿著天價俸祿，以保證他們在未來繼續成為菲律賓人最有影響力的朋友。甚至就在他們即將動身離開菲律賓前往澳洲時，奎松還做出戰時令人感到莫名其妙的酬勞給付，分別支付麥克阿瑟及其幾名參謀六十四萬美元。談到這筆交易，卡羅爾・莫里斯・佩特洛（Carol Morris Petillo）冷冷地寫道：「還沒有哪個美國軍官享受過如此崇高的尊重和如此高貴的待遇。」在這筆錢中，麥克阿瑟獨享五十萬美元（按現在的購買力計算，可能相當於一千萬美元，而且免稅）；他最看不起的參謀長理查・薩瑟蘭拿到七萬五千美元，薩瑟蘭的副手理查・馬歇爾（Richard Marshall）拿到四萬五千美元；麥克阿瑟的侍從官席德・哈弗（Sid Huff）得到兩萬美元。美國戰爭部知道這件事，也就是說，馬歇爾和羅斯福肯定知道這筆金錢往來，但沒人試圖出面阻止。不久，奎松也提供艾森豪一筆金額不相上下的資助。此時艾森豪是華府的高級軍官，至於這筆資助的理由，可能是表彰他在一九三五到一九三九年間在菲律賓的工作吧。不過艾森豪明智地婉言謝絕了奎松的厚禮，並以備忘錄的形式在官方檔案中說明此事。

和之前的很多將軍一樣，麥克阿瑟也相信，即使面對完全不同的敵人，但每一場戰爭都和下一場戰爭沒什麼區別。因此，他自然無法區分這兩個出現在不同戰爭中的完全不同的亞洲敵人。在二戰中，日本派出的是傳統的正規軍，打的也是傳統的正規戰，他們的失敗不是因為個別戰士的能力有限，而是因為這個國家的工業基礎薄弱。從軍事角度來說，他們懼怕硬碰硬的傳統軍事力量，尤其是空中打擊力量。相較之下，中國不是一個工業化大國，他們非常清楚自己的弱點，並據此調整了自己的戰術。因此，他們的作戰方法基本反映出中國原始的工業經濟現狀。而他們能在敵人面前神不知鬼不覺地大規模轉移兵力——夜裡行軍十五英里，士兵不准吸菸，白天蜷伏在手工挖掘的洞穴中，這種能力讓麥克阿瑟和他手下的指揮官大驚失色。

於是，當麥克阿瑟的部隊大踏步地向鴨綠江邊挺進時，中國人已精心準備好一場當代戰爭史上最大規模的伏擊戰。現在，中國人需要的就是讓麥克阿瑟向北深入，讓他的補給線越拉越長，直到變得不堪一擊為止。八月底，當雷英夫向毛澤東報告麥克阿瑟可能進攻仁川時，毛澤東就向他提出了一大堆問題，既有麥帥以往的戰術風格，也有他的性格等等。雷英夫告訴毛澤東，他「以高傲狂妄和剛愎自用著稱」。毛澤東頓時有了興趣，連聲說：「好，好。越狂妄越好，越固執越好。」他接著說：「一個高傲自大的敵人是最容易打敗的。」

現在，麥克阿瑟的部下將他的自負性格發揚光大，讓他以為他想看到的事一定會發生，而他懷疑的東西，就會被最大程度地縮小。通訊社記者克拉克·李（Clark Lee），以及曾在二戰期間一直隨同麥克阿瑟的戰地攝影記者理查·亨謝爾（Richard Henschel）曾寫道，他的手下反映出他身上最糟糕的東西，因為他們毫無偏差地放大了他最惡劣的本性，卻無法有任何彌補。他們寫道：「有些人對麥克阿瑟奉若神明，他們的行動就像是把被馬歇爾、金和霍浦金斯（這三位都是當時在華盛頓有影響力的人物）陰謀釘在十字架上的麥克阿瑟小心翼翼地抬下來，生怕他再受一點傷害。」事情一直就是這樣。幾年前，有一次，麥克阿瑟對馬歇爾談論一個觀點。他剛開口說：「我的幕僚……」馬歇爾便打斷他：「將軍，你沒有幕僚。你有的是宮廷。」一向以善解人意著稱的專欄作家艾爾索普認為，在東京的那些年，麥克阿瑟的幕僚就像是路易十四宮廷裡的大臣。位於日本第一大廈裡的麥克阿瑟司令部「驗證了戰時軍隊的基本法則：離前線越遠，你遇到的畏縮不前者、馬屁精和傻子就越多」。但麥帥身邊的馬屁精和獻媚者比任何人都多，他們在和麥帥說話時，語調「幾乎只有顫抖和敬畏，我一直認為，這些獻媚行為終將絆倒他」。

到了一九五〇年秋天，他們的圈子越來越小，越來越反覆無常。如果麥帥笑，他們就跟著笑，如果麥帥皺眉，他們也跟著皺眉。如果事情順利，那是因為他們的上司是個偉人；如果不順利，那是因為華府那幫不共戴天的死敵所致。歷史學家斯圖克（William Stueck）一針見血地評價說，那時在麥克阿瑟身邊的都是一些「不敢打擾他自導自演、自我欣賞之夢」的人。但是在韓國，幕僚的這些毛病卻從來沒有讓麥帥煩心過，而他也很少把失敗的責任歸咎於他的情報處長威洛比。在麥帥司令部裡，職位要求的必備才幹與任職者現有的能力及其獲得的評價之間反差最大的，莫過於威洛比。馬尼拉的巴丹幫之外的一些軍官有時稱他查爾斯爵士、威洛比勳爵、馮·威洛比男爵或漂亮的查爾斯親王。迪克西使團團長巴大維認為他是最能顛倒是非的人。他私下把威洛比稱做「皮爾森王子」。前戰略情報局情報官卡萊頓·韋斯特（Carleton West）說，威洛比這個名字的第一個字母「W」改成「V」，這麼一來，發音就更像德語了，因為他的專權傲慢更像普魯士人。有一次，威洛比問麥帥的醫官羅格．艾格伯格醫生（Dr. Roger Egeberg）：「羅格，你覺得我有普魯士人的血統嗎？」艾格伯格回答，你可以這麼說。威洛比對此感到非常驕傲。麥帥有一次甚至稱他「我親愛的法西斯份子」。

威洛比不僅是麥克阿瑟主要的情報官，在韓戰期間，他更是唯一能影響麥帥的情報官。大多數指揮官都希望盡可能有更多好的情報來源，但麥帥只關心自己能控制的有限情報。他不希望自己身邊出現不同甚至反面的聲音。對他來說，最重要的就是軍情報告首先必須和他想做的事天衣無縫地接軌。這就意味著，威洛比餵給麥帥的情報都是他有意預製的。而顯示中國人已經出現的那些高度專業的情報評估，可能妨礙麥克阿瑟做他最想做的事：繼續北上，直達鴨綠江。直到威洛比犯下未能偵察出中共軍隊的位置和意圖的災難性大錯時，中情局終於獲准進入這個地區。

威洛比是生於普魯士的極右派份子，用中情局政策協調處處長魏斯納（Frank Wisner）的話來說，他「滿腦子意識形態，不注重任何事實」。威洛比似乎一直未能融入美國文化，他曾對二戰期間為《時代》雜誌工作的羅伯特．謝羅德（Robert Sherrod）說，美國應該和一個不同的敵人作戰。他說：「華盛頓的政策不可靠，我們應當把英國交給德國人，我們的戰爭應該在這裡（亞洲）結束。」他心目中最大的英雄並不是麥克阿瑟，而是西班牙獨裁者佛朗哥，一個純粹的法西斯份子，曾在一九三〇年代在納粹支持下奪權，並在二戰期間傾向德國。即使是在擔任麥克阿瑟的情報處長時，他還是忙著寫佛朗哥的傳記。在二戰期間的某次晚宴上，威洛比對美國的軍政高層橫加指責，甚至突然舉杯高呼：「向世界第二偉大的軍事指揮家，還不是我們的盟友，或者說美國的好朋友佛朗哥致敬！」這話讓當時在場的約翰．根室非常震驚。曾採訪威洛比的《時代》雜誌年輕記者法蘭克．吉布尼（Frank Gibney）提到，他「經常談論兩個偉大的將軍，無論何時，你的第一項工作就是猜他說的到底是麥克阿瑟還是佛朗哥。他總是喜歡說自己剛從將軍那裡拿到一批上好的紅酒，你能猜到他說的很可能是佛朗哥，因為西班牙人比東京司令部的人更會做紅酒買賣。」

在其他美軍司令部裡，威洛比都不可能占據如此重要的職位。他的職位升得越高，他身上的普魯士人味道就越濃。有的時候，他甚至戴一副單片眼鏡，正像他的一位同事所說的，他更像電影導演艾利馮史托洛海姆（Erich von Stroheim），而不像二戰時期的德國總參謀長倫德斯特。吉布尼認為，威洛比的言談舉止多少讓人覺得可悲。他總想讓自己顯得更有貴族風範。「他經常離開司令部，帶著捧自己場的上校們去東京的俱樂部打網球。在大熱天打網球時，他會留心觀察，看著你說：『吉布尼，打得好，今天能在球場上看到你真是高興啊。嗨，吉布尼，他們說只有瘋狗和英國人才會在中午的大太陽底下出來，但現在我也一樣。』然後，最無聊的就是那群上校，他們會假惺惺地開懷大笑，好像威洛比的話很幽默似的。這時，你會突然為東京司令部能收到多少情報感到憂心。」

威洛比的出身一直備受爭議。他聲稱父親是德國貴族，母親是美國人，但大多數人認為他在撒謊，他的貴族身分完全是他杜撰出來的。當然，他自己也並未澄清出身的謎團。在《美國名人錄》以及他提交給軍方的自傳裡，威洛比說自己在一八九二年三月八日出生於德國海德堡，是弗里歇．馮．特謝普－威登巴赫男爵之子，母親的閨名叫艾瑪．威洛比，來自巴爾的摩。但海德堡戶籍記錄當日當地出生的只有阿道夫．奧古斯特．威登巴赫，其父的名字是奧古斯特．威登巴赫，職業為製繩工人，其母為艾瑪．朗格豪瑟，也是德國人。《記者》雜誌的法蘭克．克拉克豪恩（Frank Kluckhohn）指出，德國方面的檔案表明，威洛比家族沒有人在名字中加上「馮」這個貴族稱號。威洛比早年的一名朋友證實，他的父母都是德國人，威洛比這個名字實際上就是威登巴赫（Weidenbach）的英語音譯，在德語中的意思是「柳樹溪」。克拉克豪恩曾就這個問題詢問威洛比，後者說，自己是個孤兒，不知道父親是誰，這和《美國名人錄》的說法一致。唯一沒有疑問的是，他在一九一〇年來到美國，時年十八歲，參軍時的名字是阿道夫．查爾斯．威登巴赫。他花了三年的時間熬到中士，退伍後進入蓋茨堡學院升學，並在堪薩斯大學當了一段時間的研究生，之後在中西部的幾所女子中學任教。一九一六年，他再度從軍，在美墨邊境服役，最後雖然去了法國，但並未真正上過戰場。一戰後，他在委內瑞拉、哥倫比亞和厄瓜多擔任美國大使館的武官。據比爾．麥卡弗雷回憶，內德．阿爾蒙德從第一眼見到威洛比就討厭他。此後，他自封為軍事史學家，後來又成為情報官。一九三〇年代中期，他在堪薩斯州的李文沃斯堡（該地培訓美國最有前途的中級軍官）任教時，不知怎麼的和麥克阿瑟拉上了關係。一九四〇年，他來到菲律賓，很快就成為麥克阿瑟的頭號情報專家。從那時起，他的主要工作之一，就是放大麥克阿瑟的神話。在二戰期間以及在東京和韓國的那些年裡，他一直孜孜不倦地創作一部有關將軍軍旅生涯的專著，據說這紀念性著作原有三千多頁，但出版時只和一般書籍的篇幅差不多。

即使麥克阿瑟的幕僚通常會聯合起來抵制外界的挑戰，但他們內部也分成許多派系，並為博取麥克阿瑟的歡心而爭鬥。威洛比和麥克阿瑟的另一個心腹考特尼．惠特尼（Courtney Whitney）一直在爭取做麥克阿瑟的乖寶貝。律師出身的惠特尼通常幫麥克阿瑟處理法律的工作。由於和菲律賓高層人士交往甚深，惠特尼在馬尼拉的那幾年幫了麥帥的大忙。威洛比的優勢則是深諳麥帥的喜好，不僅了解將軍最想聽什麼，更把他捧成歷史大人物。一九四七年，他是這樣描繪麥克阿瑟的：「在這個時代，您無人能及……一提到偉大的領袖，我是指偉大的人而不是偉大的思想，人們總會想到馬爾博羅公爵，想到拿破崙，想到羅伯特．李。不管怎麼說，過去這些古老的王朝聯盟……一個紳士可以效力於大公。我的事業也可能終結於此……環顧當今世界，大公們正離開世界舞臺，同時還激烈抵抗著野蠻人，就是那些被俄國人的鞭子所驅使的不知名的暴民。」

對華府的很多高官來說，威洛比的存在恰好證明麥克阿瑟的軍隊就是他自己的軍隊，根本不受參聯會的指揮。在他們看來，威洛比就是一戰中的敵人所留下的遺物。用麥克阿瑟的傳記作家克雷頓．詹姆斯的話來說，「他太像普魯士人了，只差一個德式尖頂盔」。威洛比的意識形態偏見之深甚至令麥帥的其他部下很不舒服。在建構日本民主未來的過程中，威洛比表現出異乎尋常的熱情，甚至大力宣揚清除「新政」自由派人士的大本營，在他的眼裡，這些人不是共產黨的同情者，就是共產黨人。他還自封為新聞審查員，隨時豎起耳朵，尋找任何違反麥帥意志的聲音。

《美國新聞與世界報導》的約瑟夫·佛羅姆（Joseph Fromm）認為：「當時，我們很多人報導了政府機構的這些內部鬥爭，這些嚴肅而饒富趣味的報導內容是關於決定日本未來走向的鬥爭，也反映了麥克阿瑟司令部裡的兩股基本勢力，即改革派和傳統派。」「我對這種勢力的劃分進行了深入的客觀研究，更重要的是，這些報導既不是他喜歡的，也不是麥克阿瑟喜歡的，因此，威洛比認定我是共產主義者。我還記得，有一天，他打電話給我，要和我進行一次面對面的談話。那次會面簡直可以用瘋狂來形容。他只想談列寧和馬克思，就好像我們兩人都知道這場遊戲到底是要做什麼。他想表達的意思就是，他是徹底的反共產主義者，是法律的化身，而在他的心目中，我是共產黨人，因此是違法者。而且他表明我和他在這場對抗中是平等的，他沒有以勢壓人，最後他是用自己對共產主義的觀點戰勝了我的觀點。」多年後，佛羅姆依據《資訊自由法》找到了自己的安全檔案。令他大吃一驚的是，檔案裡充斥著毫無意義的垃圾內容，這些都是威洛比及情報處官員一手捏造的，很多內容極為卑劣，毫無根據。「如果把這些東西當真的話，那足以毀掉一個人的職業生涯。但這也讓我們看到一個負責為國家收集情報的人，到底是一個怎樣的人，他無非是在浪費時間。而那個司令部對事實視而不見，更是讓人難以置信。」

威洛比是個陰謀論者。在他看來，在中國所發生的一切，絕不是什麼長期受壓迫者以當代政治手段去尋求解放和表達自己意願的歷史事件，而是陰謀家的詭計。在韓戰開戰前的一九五〇年五月，威洛比在寫給眾議院反美國活動調查委員會的信中聲稱：「中國的共產化是美國共產黨人的預謀。」他在信中寫道，這些人是道地的親共者，他們「對異己的事業，對以征服西方世界為目標的泛斯拉夫主義式的共產主義聖戰，有著莫名的狂熱」。他還與國內的反政府極端人士關係密切。早在一九四七年，他就開始對駐日美軍部隊展開調查，正如布魯斯・康明思所說，這些調查和麥卡錫在三年後進行的調查沒什麼不同。威洛比一直與眾議院反美國活動調查委員會和阿佛瑞德・科爾伯格（他通常被視為「中國遊說團」的關鍵人物，也是聯邦調查局的核心成員）密切來往，向他們提供在他看來是危險的左派份子的情報，其中就包括國務院中那些認為蔣介石勝算極低的人。麥卡錫在調查二戰時的「中國通」時，就採用了他收集的一部分情報。在麥帥被解職後，威洛比與美國極右派勢力過從甚密，並撰寫了一些惡毒攻擊他人的文章，文中充滿種族主義和反猶太主義色彩。一九五二年，在艾森豪即將獲得共和黨總統候選人提名時，威洛比告訴麥克阿瑟，這證明共和黨人是「狡猾的陰謀份子，準備讓羅斯福和杜魯門的吸血鬼式統治永久化」。

由此可見，所有傳到東京司令部的重要情報，都要通過威洛比的眼睛進行一番過濾。威洛比的重要性不在於他有顯而易見的能力缺陷，而在於他反映出麥帥的心理弱點。麥克阿瑟雖然才華洋溢，但有性格缺陷，他時時刻刻需要有人服從、奉承。絕大多數軍官對威洛比鄙夷不屑。比爾・麥卡弗雷曾說：「我一直擔心有一天他會被謀殺，萬一他被殺了，我相信他們肯定會來逮捕我，因為我恨死他了，還講過很多關於他的真話。」第十軍作戰處長約翰・柴爾斯中校（John Chiles，軍長阿爾蒙德最信賴的副手之一）說：「麥克阿瑟並不希望中國參戰。只要是麥克阿瑟想看的，威洛比就能找到讓將軍對自己的判斷信心百倍的情報……他真應該進監獄。」

威洛比的作用在十月末達到巔峰。當時，越來越多的情報顯示，共軍已經進入北韓與中國接壤的北部。也正是在這個時候，威洛比開始著手證明，他們根本就沒有出現在那裡，即使有，也只是少數志願者。儘管在十月底和十一月初，南韓軍和美軍第八騎兵團在元山遭遇共軍伏擊，但威洛比極力弱化這些鐵證。當時很多參戰人員後來認為，雖然首批中國戰俘供出了許多情報，但威洛比拒絕就此採取迅速行動。他沒有在情報簡報中加入明確的警告，所以應當對第八騎兵團在元山全軍覆沒，日後第八軍團遭到重創，大批官兵陣亡和長期關押在中國和北韓的集中營負最大的責任。對這些人來說，威洛比無異於惡魔：他一方面對共產主義和中國瘋狂叫囂，但另一方面，又把聯合國軍引入中國人的大規模伏擊當中，使得對方輕而易舉就達成攻擊聯合國軍的目標。一位聰明、年輕的作戰官比爾．特雷恩（Bill Train）認為，威洛比「想讓人覺得他了解自己正在做的事——但最後他拿出來的東西毫無價值，一點用也沒有。他所做的一切都是錯的！沒有一點正確的東西！在那段時間，他唯一做的事就是和真理與事實作對，竭盡全力地阻止事實從基層傳到高層，阻止高層據此採取相應的行動。」

在戰爭期間，情報官必須保持正直、客觀的重要性，無論怎麼強調都不為過。一位傑出的情報官會研究那些隱藏在黑暗中的線索，想辦法勾勒出未來事態的輪廓。他們要在成見或文化偏見與事實混雜之處發現敏感的東西，借助微不足道的一線光影，尋求事情的真相。他必須和事實站在一起，即使站在大多數人的對立面也在所不惜。對一位真正傑出的情報官來說，他的職業或許充滿了壓抑和誤解，因為他必須直言不諱地傳達上司不願聽到的東西。一位傑出的情報官應竭盡所能，盡量從未知的狀況發現可知的線索。他必須努力讓自己像敵人那樣去思考，必須認真傾聽反對者的聲音。他必須知道，只有勇於挑戰自己的價值體系，才能真正理解敵人的本性和動機。

不管從哪個角度來看，威洛比不僅無法發揮這樣的作用，還起了反作用。一位退休的老上校對其他老頭不無悔恨地抱怨說，他害了我們。他後來不像年輕時那麼好了，不像剛參軍時那麼勇敢了。當了三十一年情報官的卡萊頓．史威夫特（Carleton Swift）認為，如果威洛比的行為不是那麼要命的話，你肯定會覺得，他就是一個小丑。史威夫特出身戰略情報局，後來進入中情局，以美國駐漢城總領事一職來掩護身分，因此不受威洛比管轄。「威洛比表現出的那種剛愎自用，讓你無論如何也無法將他和一個合格的情報官聯繫在一起。在他身上，你絲毫看不到情報官應有的懷疑精神和謹慎。他似乎總是正確的，從來就不會犯錯。他左一個確認無疑，右一個確認無疑，每句話的結尾好像都有一個驚嘆號。他說哪件事不會發生時，那件事就不會發生——而且根本就不可能發生。他經常會這麼說：『我們知道，對方會這麼做，我們也知道，他們不會那麼做。』更糟的是，你不能挑戰威洛比。因為他經常清楚地向你表示，他的話代表麥克阿瑟，你挑戰他就等於挑戰麥克阿瑟，這顯然是不被允許的。因此，戰地情報人員很難讓自己的情報原封不動地傳達給上級司令部。」

史威夫特年輕時曾任職於戰略情報局，二戰期間曾在越南和胡志明打過交道，美國那時還與胡志明保持著良好的關係。中國內戰期間，他派駐昆明，離開時則對中共的軍事能力讚譽有加。史威夫特在中國一直有可靠的情報來源，因此對共軍在滿洲的大規模調度瞭若指掌。他認為，那時對待情報來源要完全依賴直覺和信賴。他知道，共軍正沿著鴨綠江邊境線大量集結，中國領導人也一再公開表示要介入韓戰。敵後人員傳來的所有資訊都表明，中國人正按照計畫走向戰爭，在這種情況下，最好還是認真看待中國人的諾言。

到了十月中下旬，史威夫特又陸續接到敵後人員的報告，指稱共軍正進入北韓。這些敵後人員都是中國人，用當時充滿種族主義氣息的行話來說，他們是「斜眼兒」。儘管這些情報的品質良莠不齊，但其內容足以引起任何一個情報人員的重視。史威夫特還從軍情界的很多朋友那裡聽說類似的消息，因此他後來認為，這表明在元山地區被俘並接受白善燁將軍和美軍司令部審訊的是中國軍人。但史威夫特還知道另一些事，「所有這一切都影響不了威洛比。中國人不會來。他知道這個，他從來不會錯！」

＊＊＊

事實上，威洛比不僅阻止戰地情報部門向韓國戰場上的高階指揮官傳送最寶貴、最重要的資訊，他還切斷其他情報來源，緊盯著中情局東京站那少得可憐的幾個人。根據與美國海軍的事先安排，中情局在第七艦隊內設立工作小組，其基地位於日本的橫須賀，由威廉．杜根（William Duggan）負責。杜根是戰略情報局前工作人員，以前派駐在歐洲。從九月底到十月，杜根從臺灣同事那裡獲得很多有關共軍動向的特別情報。加入共軍的部分國民黨人仍保有無線電。他們有時會想辦法在夜間溜出來向臺灣發送情報，報告自己的位置及所在部隊的下一步動向。這些資訊只有一個主軸：大隊人馬已經集結在滿洲邊境，前線指揮人員確認，上級已決定要渡過鴨綠江。

到了十月底，所有無線電臺突然都變得悄然無聲，也許是因為他們已進入北韓，必須實施無線電管制。但這也從另一方面驗證了先前警報的真實性。當時，在臺灣有一個名叫鮑勃．梅爾斯（Bob Myers）的中情局年輕工作人員從國民黨同行手中得到這些報告，並立刻轉交給上級。他知道這些情報已經轉送到日本的杜根手中。但他當時不知道，威洛比知道此事後就威脅說，除非杜根停止將這類情報繼續往上呈，否則他就會把杜根的工作小組趕出日本。

在此同時，在第八軍團內部，人們也在情報問題上發生了激烈爭論。最倒楣的就是第八軍團情報處長克林特．塔肯頓（Clint Tarkenton），他夾在疑心漸生的韓國野戰情報官和威洛比之間左右為難。「他是威洛比的人，不是華克的人，這層關係很重要。你得記住威洛比在整個指揮體系中權力很大。」年輕的特雷恩時任第一騎兵師的作戰官，他認為，共軍已經進入北韓，悲劇即將上演。「這是麥克阿瑟的司令部，不是美國陸軍的司令部。如果你要繞過威洛比，得到的懲罰可不只是被調離現職，很可能是斷送軍中前程。」因此，塔肯頓接受了東京的命令，就像威洛比在十月二十八日（也就是在元山地區擄獲三名中國士兵的三天之後）的一份情報評估報告中所說的那樣，「實施此類軍事干預的最佳時機早已過去；考慮到北韓殘部已基本喪失戰力，很難想像中國會採取軍事干預行動，即使他們曾有過類似計畫」。

然而特雷恩對雲山地區發生的事件相當焦慮。由於情報處缺乏人手，他被拉入該處工作。隨著對事態的日益關注，他掌握的情報可以很準確的說明，共軍已大規模參戰，不可能像威洛比的情報機構那樣對這些情報嗤之以鼻了。這些情報讓你不寒而慄，迫使你想要去獲取更多的情報。儘管從技術面來講，收集情報不是特雷恩的份內工作，但如果你不知道敵人是誰和敵人在哪裡的話，那你怎麼制訂作戰計畫呢？就在共軍進攻元山之前，他覺得自己還在拼湊各方資訊。他發現，每一個新情報都讓即將發生的戰事更清晰地顯現在眼前。北進的美軍士兵正走進一個輪廓越來越清晰的伏擊圈。上級情報機關有系統地縮小這些情報的意義，甚至是公開詆毀這些情報的行為，讓特雷恩極度震驚。在如此危急的時刻，他們至少應該要求情報人員收集更多資訊。但事實正好相反，他們正在悍然縮小敵軍的規模，並清楚表示，他們不想得到更準確的情報。只要特雷恩和師部作戰官約翰・達布尼（John Dabney）注意到有中國人出現的跡象時，威洛比的手下就會不遺餘力地貶損其代表的意義。

讓這場鬥爭變得更不公平的是，塔肯頓不是自己的盟友。他倒也不算自己的對手，他被夾在固執己見、專橫獨斷的上司和令人不安、無法接受的現實之間而動彈不得。特雷恩在多年之後認為：「塔肯頓處在一個無所作為的境地。威洛比是他的頂頭上司，還喜歡仗勢欺人，他知道自己的權力有多大，也喜歡弄權。他控制著東京的情報機構，而塔肯頓又是他的人，所以他又控制了第八軍團的情報處。於是，他可以做出任何他想要的情報評估報告。至於塔肯頓，無論他的真實想法是什麼，都只能處在威洛比的陰影之下。」達布尼後來也說，塔肯頓受到威洛比的影響太大。他們一提出看到中共軍隊的說法，威洛比就能找到否認的理由。如果南韓軍報告在一場作戰中打死三十六名中國士兵，而且屍體還留在戰場上，威洛比馬上就會解釋，這是東方人講求面子的一貫做法。因為南韓軍隊的作戰能力太差了，所以能打死幾個中國士兵，在他們看來是一種極大的驕傲。如果證據顯示有五、六個中國師出現在某個地區，威洛比肯定會解釋說，他們不是來自你所說的那些中共部隊，而是另一小股編入北韓軍的中國軍人。

軍中有些人正在玩火。他們穩坐東京司令部，而付出代價的則是那些必須在極端惡劣環境下與最危險的敵人交戰的前線官兵。例如，十月三十日在雲山遭受第一次攻擊後，美國駐南韓大使館的莊萊德認為情報部門的觀點非常正確，於是就電告國務院，兩個團、約三千人的中共軍隊已進入北韓。他如實回答了上級提出的十萬火急的問題。但是在第二天的電報裡，他就把這個數字減少到兩千人。到了十一月一日，戰俘審訊的結果已經表示，這些戰俘來自好幾個不同的軍團。但塔肯頓仍根據威洛比的邏輯說，這些是來自各個不同軍團的作戰小編制單位，並非完整編制的軍團。

十一月三日，隨著雲山的態勢日益明朗，威洛比也只是略微調高敵人的兵力：共軍已進入北韓，最少一萬六千五百人，最多不超過三萬四千人。十一月六日，塔肯頓又把與第八軍團和第十軍作戰的共軍總人數提升為兩萬七千人，實際上的數目已接近二十五萬人，而且還在增加當中。十一月十七日，麥克阿瑟告訴美國駐南韓大使馬其奧，在北韓的中共軍隊不超過三萬人，而第二天，塔肯頓就把這個數字增加到四萬八千人。十一月二十四日，也就是聯合國軍挺進鴨綠江、發動總攻擊的那一天，他們覺得中共軍隊仍不強大，沒有堅固的防禦陣地。威洛比估計中國兵力最少四萬人，最多七萬一千人。實際上當時有三十萬中國大軍正耐心等待聯合國軍一步步走進他們的陷阱。

情報部門內部也出現巨大分歧。不僅許多戰地情報官現在開始堅信，威洛比的錯誤不可原諒，連名義上級別高於塔肯頓、原本應執掌情報處的鮑勃・佛格森中校（Bob Fergusson）也對威洛比的判斷表示懷疑。佛格森是在塔肯頓上任後來到韓國的，他試圖改變塔肯頓的想法，但終究還是失敗。不幸的是，他的對手不是某個人，而是一整個體系，而佛格森又恰好是這個體系的局外人。正如特雷恩所言：「這也許是我遇到最糟糕的事，因為你幾乎是眼睜睜地看著它到來，並知道已經發生的將繼續發生，無奈地看著這些無辜的年輕人一步步走進可怕的陷阱。」

對第八軍團司令華克來說，儘管他明知感覺不對，但又不得不服從上級命令。最初，他一直阻止戰地記者報導共軍是否已經進入北韓的消息。在南韓軍第一次捕獲幾名戰俘時，美聯社的湯姆・蘭伯特

（Tom Lambert）和《時代》雜誌的休·墨菲特（Hugh Moffett）聽說這些戰俘至少有一個是中國人。於是，他們馬上驅車二十英里趕到韓軍的一個團部，一名會說英語和中國話的南韓軍官正在審問戰俘。這名戰俘身穿棉襖軍服完全不同於他們先前看到的敵人。這名戰俘的確是中國人，他自己也毫不隱瞞——他說，外界都以為他們不是中國兵，但實際上是。第二天，蘭伯特和墨菲特乘吉普車趕到華克的司令部，但讓他們意外的是，第八軍團司令仍不承認這一點。華克說：「當然，他們可能是中國人，但不要忘了，洛杉磯也有很多墨西哥人，不能因此就認為洛杉磯是墨西哥的城市。」事實上，從第一次擄獲中國軍人的那一刻起，華克就進入極端緊張的狀態。十一月六日，也就是在第八騎兵團遭受重創後，威洛比曾飛到平壤參加一場會議，華克找到他說：「威洛比，我們都知道，這裡已經有中國人了。你總得告訴我，他們來這裡幹什麼。」根據華克的傳記作者威爾遜·希弗納（Wilson Heefner）的說法，威洛比的回答根本就不算回答。

當時，華克覺得自己是局外人。在慶祝收復漢城時，他就告訴侍從官喬·泰納和飛行員麥克·林區，這是個偉大的日子，因為他終於要知道未來的計畫是什麼了。當天稍晚，他一臉迷茫地回來了。沒人去問華克下一步的計畫是什麼。在跨越三十八度線後，他打算沿著朝鮮半島的狹長頸部，也就是從平壤到元山修築一百多英里長的野戰工事，而不是占領北韓國土約三分之二的荒蕪之地。只占據這塊地區就易於掩護、保衛和補給，並讓意圖來襲的中國人或北韓人暴露在聯合國軍的空中攻擊之下。深入三百英里直到鴨綠江就大錯特錯了。但上級並沒有考慮這些。事實上，華克不再是第八軍團的司令了，只算是半個司令，因為所有的重大決策都繞過他。他清楚意識到，自己正在參加一場比賽，終點是鴨綠江，他必須趕在阿爾蒙德和他的第十軍之前抵達。

李奇威認為，這一切絕非偶然。華盛頓雖然可能偏向做守勢，但麥克阿瑟知道，來自東京司令部的三個詞就能讓他們警醒，也就是「中國全力介入」。一旦出現新敵人參戰的證據，無論是軍人（包括馬歐爾和各軍參謀長），還是政治人物，都會立刻由被動轉為主動，都會對麥克阿瑟施加嚴格的限制，而不會像現在一樣放手不管了。因此，在雲山之役後，北上的第二場戰事是一場關於中共軍隊有多少人的政治鬥爭。

26 麥卡錫主義與衝向鴨綠江

在後方，還有一股平行的力量正在運作，這就是美國的國內政治。杜魯門透過威克島之行分享仁川登陸之榮耀的企圖失敗了。十一月七日，也就是在中共軍隊攻克雲山的三天之後，當第一騎兵師的高階軍官還在反省這場戰鬥對自己的摧毀性打擊時，美國的期中選舉開始了。這場不受民眾支持的戰爭一直讓民主黨人飽受抨擊，他們在這次選舉中的結果自然很差，總共失去了五個參議院席位和二十八個眾議院席位。

開戰之後的第一次選舉使來自威斯康辛州的參議員麥卡錫異軍突起。在一九五〇年二月的第一次競選演說中，麥卡錫就聲稱共產黨即將顛覆美國。很多美國人認為，目前的戰局似乎可以印證他對現今政府的指責，而對其他人來說，演說驗證了他們對民主黨的厭倦。這一切最直接的受益者是麥卡錫。在選前三年，麥卡錫幾乎上演了一場駭人聽聞的政治狂奔。當他的攻擊在民眾之間掀起一波又一波的漣漪時，他則悠哉地享受這股浪潮帶來的快感。整個國家都在擁護他，媒體同樣隨聲附和，認為無須查證。「麥卡錫聲稱共產黨人主宰國務院，參議員認為政府袒護紅色勢力」，這類報導隨處可見。只要是他說的，就是新聞。他對證據根本就不感興趣，因此也沒有對共產黨人在美國的所作所為認真研究。這絕非好事，因為長遠來看，他的做法導致人們對戰後蘇聯在美國國內的影響缺乏嚴肅認真的研究。蘇聯人在美國的成功到底是來自大蕭條期間因對民主制度喪失信心而聯合起來的那些人，抑或來自成為蘇聯間諜的一小部分男男女女。認真研究共產主義或間諜活動不是麥卡錫的專長。曾經採訪過麥卡錫的喬治・李迪（George Reedy）有一次說：「即使到了莫斯科紅場，麥卡錫也看不出誰是共產黨員，他根本就分不清卡爾．馬克思和電影演員格羅克．馬克思是不是同一個人。」

他是那個時代最大的政治流氓，一個喜歡搬弄核武時代的恐慌而譁眾取寵的民粹主義者。他一直把自己看成美國精神的化身，並引以為榮。他在一次臨時記者會上對兩名記者說：「小夥子，如果你反對麥卡錫，你要不是共匪就是渾球。」麥卡錫儼然成為右派勢力的最佳打手，對沉穩的共和黨人價值非凡。用作家莫雷．坎普頓（Murray Kempton）的話說：「他就是共和黨放在地雷區裡的一頭豬。」麥卡錫曾說：「只有透過『扒糞』，我們才能勝利，只有扒糞者才知道怎麼扒糞。」令人敬重的參議員塔弗特告訴他，不要因為某些指控無效就感到氣餒，他需要「不停地說，如果一件事不成，就去做下一件事」。

一九五〇年的選舉，麥卡錫獲得了兩場重大勝利。他的對手是參議員泰丁斯（Millard Tydings），一個老派、有貴族風度的馬里蘭州民主黨人。羅斯福以前就因為他過於保守而多次想替換他。泰丁斯對麥卡錫魯莽而偏狹的指控感到震驚。一九五〇年夏天，他曾組織一個調查委員會，對麥卡錫的這些指責進行調查，用當時的話來說，就是對調查者進行調查。最後，該委員會批評麥卡錫的行徑，認為遭他指控者大多無罪。委員會的調查結果認為，麥卡錫的指控「不是半真半假，就是純屬虛構，恐怕是我國歷史上最惡毒的政治攻擊」。

一九五〇年泰丁斯決定再度競選參議員，麥卡錫對他窮追猛打。麥卡錫多次離開華盛頓造訪臨近的馬里蘭州，他使用一張泰丁斯與美國共產黨領袖白勞德（Earl Browder）一起共事的假照片。泰丁斯最後在選舉中慘敗，得票數竟然比對手少了四萬張，真正的勝利者並不是他的競選對手約翰．馬歇爾．巴特勒，而是麥卡錫。麥卡錫的另一個主要對手是伊利諾州的史考特．盧卡斯，時任國會民主黨多數派領袖。麥卡錫的時機好得不能再好了。民主黨的芝加哥競選總部因各種原因而聲名不佳，盧卡斯比他想像的更不堪一擊。在競選期間，麥卡錫八次造訪伊利諾州，對盧卡斯大肆攻擊，例如攻擊盧卡斯和艾奇遜的關係，而艾奇遜恰好是中西部各州最不受歡迎的人。伊利諾州和威斯康辛州的農村地區對赤色勢力也很擔心，所以麥卡錫在這裡每到一處，必能吸引大批熱情洋溢的支持者。麥卡錫告訴這些民眾，盧卡斯的競選對手艾維特．麥克林．德克森（Everett McKinley Dirksen）是「為美國祈福的人」。盧卡斯也敗倒在麥卡錫腳下。於是，麥卡錫便成了全美家喻戶曉的知名人物。由於這些事影響重大，因此這次選舉帶給杜魯門政府及支持杜魯門的國會同盟沉重的打擊。麥卡錫一夜之間就成為這個國家最大的恐嚇者。阿肯色州參議員傅爾布萊特（William Fulbright）說：「你根本無法想像，回到華盛頓後，他（麥卡錫）的地位一下子就發生了天翻地覆的變化，共和黨人把他奉為救世主，民主黨人則嚇得半死。他還是那個老麥卡錫，還像以前一樣面目可憎。天哪，這個世界怎麼變得這麼快啊！」

美國國內發生的這一系列重大政治事件，給韓國和日本帶來了深遠影響。它意味著，就在韓戰具決定性的最關鍵時刻，國內政治氣候的巨變削弱了總統的權力，而坐在東京第一大廈裡的麥克阿瑟也敏銳地聞到這些變化。這場戰爭的政治局勢原本就已經夠難的了，現在就更難了。

十一月八日，也就是期中選舉的第二天，由於對中國參戰的憂慮愈發強烈以及對威洛比的報告完全不信任，參聯會致電麥克阿瑟，再度建議他最好根據雲山發生的事，重新考慮作戰目標。但是第二天，麥克阿瑟斷然拒絕了華盛頓的要求。他不願像參聯會希望的那樣，在這個半島的狹長頸部畫一條分界線。他知道，英國人和法國人希望出現這樣的局面，美軍的前線高階指揮官也希望這樣，其中就包括華克。他說那是姑息，「慕尼黑就是歷史先例」。他堅信自己的空中力量完全能阻止中國向戰場運兵（但他沒想到，敵人的主力部隊已進入北韓，等他的空軍阻斷敵人的來路時，早就為時已晚）。然後，他還作了一番補充：「放棄北韓的任何一吋土地，把它拱手讓給中國共產黨的侵略軍，都是自由世界在當代的最大失敗。實際上，屈服於如此邪惡的念頭，不僅會摧毀我們在亞洲的領導地位和影響力，也會嚴重削弱我們的政治和軍事地位。那麼做，我們就是緊隨在英國人的腳步，他們搞姑息政策，承認紅色中國，結果不但沒有保住在中國的利益，也失去了其他亞洲國家的尊重。」

這是一個決定命運的時刻。雲山伏擊以及第八騎兵團遭受重創原本應該是轉捩點，讓所有的人重新審視自己的計畫，尤其是東京司令部，他們應該比華盛頓更緊張，因為前線官兵正處在水深火熱之中。這是美國人在中共軍隊發動全面進攻之前最後一次重新審視這場戰爭的機會。就軍事角度而言，麥克阿瑟的部隊正走出安全區。元山戰鬥以及第八騎兵團的慘敗，不僅是整場戰爭的重要時刻，也是華盛頓與麥克阿瑟之戰中的一次大敗。艾奇遜和布萊德雷都認為，總統顧問們當時怠忽職守。他們被前線的將軍脅迫，任憑自己感情用事。事實上，他們是在默許美軍繼續北上，只要麥克阿瑟還能獲勝，而且不要與中國人發生戰爭就可以了。麥克阿瑟最後一次大規模攻勢將如期舉行。

＊＊＊

在東京第一大廈的最高幾層樓裡，瀰漫著一股歡欣的氣氛。在雲山戰鬥開始前，司令部正著手準備十月末的最後衝刺。敵人已逃離戰場。十月二十三日，《時代》雜誌以內德．阿爾蒙德為封面人物，封面的標題是「抓住他們，內德」，意思是北韓人正在潰敗逃竄，聯合國軍正在趁勝追擊。不僅阿爾蒙德成為國人心目中出類拔萃的戰鬥英雄，而且每個戰士的背後看來都有一段神奇的經歷（你叫什麼名字？你是哪裡人？你當兵多久了？）。更重要的是，這則封面主題報導也替阿爾蒙德創造了一個大肆吹捧麥克阿瑟的機會。他最信賴的副手麥卡弗雷還記得，以前，阿爾蒙德最敬重的兩位軍事家是馬歇爾將軍和羅伯特．李將軍，而在遇到麥克阿瑟之後，能進入他心中那個「名人堂」的就只有麥帥了。除了麥帥以外，其他人都有重大瑕疵。現在，他稱頌麥帥是二十世紀最偉大的軍事天才。他對《時代》雜誌的記者說，遺憾的是，他還不能稱麥帥是歷史上最偉大的軍事家，「因為我們很難拿現在去和拿破崙、凱撒或漢尼拔的時代相比」。他在提到拿破崙這個名字的時候沒有任何嘲諷意味，但似乎被他不幸言中：因為他們即將在最惡劣的天氣裡，迎戰世界上人口最多的國家。

麥卡弗雷認為，那時和阿爾蒙德打交道，簡直就像是和一個墜入情網的人打交道一樣。麥卡弗雷可以說比任何人都更接近阿爾蒙德。在整個二戰期間，他一直是阿爾蒙德的頭號副手，在麥卡弗雷的記憶中，除了他，阿爾蒙德不允許任何下級軍官和他爭論，彷彿麥卡弗雷就是他的愛子。即使如此，繼續北上還是讓麥卡弗雷極度悲觀。但此時的阿爾蒙德根本就聽不進任何忠告。前方的危險已清晰可見。在高級司令部的各個巨幅地圖上，到處都標示著小紅旗，每一面紅旗都代表共軍的一個師級單位，似乎有幾十萬中國士兵已集結在鴨綠江畔。

就在仁川登陸前一週，麥卡弗雷抵達東京，成為阿爾蒙德的副手。他每次抬頭看到司令部的巨幅地圖時，都會看到彎彎曲曲的鴨綠江，以及沿江標示的小紅旗，它們代表不計其數的共軍，或許有三十個師，或許更多。當麥卡弗雷第一次看到這樣的地圖時，馬上就意識到其中的危險：共軍埋伏在高山上，而聯合國軍的補給線正變得越來越脆弱。「如果共軍來了怎麼辦？」他問情報處的鮑勃．格拉斯（Bob Glass）。「阿爾蒙德告訴我們不必擔心，」格拉斯回答說：「麥克阿瑟已全面做過分析，他們來了沒好處，所以肯定不會來。」但麥卡弗雷認為，危機就在眼前，而且極為嚴重。越過三十八度線之後，朝鮮半島的地形呈蘑菇狀展開，寬度明顯增大，到山區時寬度就更大，而且山區沒幾條像樣的公路。有些山脈的海拔高達七千到八千呎。後來晉升為中將的麥卡弗雷說：「每向北走一英里，似乎都會覺得前方寬了一英里；每向北走一英里，天氣就更寒冷；每向北走一英里，路況就更糟糕；每向北走一英里，我們這支靠裝備取勝的軍隊的基本力量就被削弱。危險一天天地加劇。」不祥之兆一天天地顯現，而東京司令部的軍官們也越來越焦慮，當然麥克阿瑟的親信除外。但他們無法說服固執的阿爾蒙德。當麥卡弗雷想提出自己的想法時，馬上就被冠上缺乏信心的罪名。阿爾蒙德肯定會說：「你是在詆毀仁川登陸。」然後，還不忘加上一句：「麥卡弗雷，你不斷地在看衰麥帥。」

十二月初，也就是在共軍開始進攻之後，麥卡弗雷遇見柯林斯的副官及摯友史韋德．拉爾森（Swede Larsen）。「天啊，史韋德，你們這些在華盛頓的人都在做什麼？難道沒有人注意到，我軍在北韓分散開來了嗎？難道真的沒有人注意到嗎？」拉爾森回答：「麥卡弗雷，你就沒有想過，如果你對麥克阿瑟說，他對戰略的想法在仁川登陸後就變得古怪異常，會是什麼情況呢？哪有人敢說這樣的話？」

＊　＊　＊

的確，麥克阿瑟很少這麼沉浸其中。第一軍參謀約翰．奧斯丁中校（John Austin）對麥帥視察他所在的司令部時的情形記憶猶新，「器宇軒昂，充滿自信，絕對是他的最佳狀態。」奧斯丁後來說，當時的場面宛如在觀看「一名歷史見證人」。很少會有指揮官像他一樣的自信。他對排列整齊的軍官說：「先生們，戰爭已經結束，中國人不會來了。不到兩週，第八軍團就會占領鴨綠江沿線，第三師可以回到本寧堡過耶誕節，吃耶誕晚餐了。」此時此刻，沒有人會質疑他，奧斯丁對作家羅伯特．史密斯（Robert Smith）說：「懷疑他就是在懷疑上帝的旨意。」

首次攻擊的日期定在十一月十五日，但華克認為自己的部隊推進得太遠，便以補給不足為藉口而設法拖延。第一軍軍長米爾本也指出，自己的部隊只有一天的彈藥，一天半的汽油和三到四天的口糧。此時華克確信，在自己的戰區內，至少有三個中國師。從抵達平壤那天起，每北上一英里，他的恐懼焦慮就增加無數倍。華克後來向一名記者承認，他一直故意放慢前進速度。在渡過清川江時，由於行軍速度太慢，他曾受到上司的嚴厲批評。他還試圖建立防禦陣地，以便在遭到突襲時，可以作為部隊撤退時的掩護。後來，他認為自己的這項措施的確挽救很多美軍官兵的性命。他還告訴一名要好的記者朋友，他認為自己會因行軍緩慢和違抗軍令而被解職。

進攻日期第一次延遲到十一月二十日，之後又改為十一月二十四日。那天早上，華克陪同麥克阿瑟參觀第八軍團的各級指揮部。麥帥站在一大群戰地記者面前，發表那個「耶誕節前回家」演說，但華克沒有絲毫樂觀之情。最令人難忘的是在第九軍司令部，當時軍長約翰．庫爾特（John Coulter）向麥帥報告，他在進軍途中幾乎沒遇到任何抵抗。麥帥則回答：「你可以告訴他們，趕到鴨綠江，就全都可以回家了。我保證說話算數，他們能和家人共進聖誕晚餐。」飛機起飛後，麥帥命令飛行員飛到中韓邊境，他要視察當地的地形。

麥帥離開後，華克一個人留在停機坪。對第八軍團司令來說，此時此刻並不好受。他的部隊還要繼續前進，他一點也高興不起來——他們和東線的第十軍分隔開來，兵力配置過於分散，而且越往北走，軍力就分散得越薄。只有南韓的一個軍在保護他們的右翼。在這種情況下，華克不可能不緊張。他目送麥克阿瑟的飛機離去，然後走到泰納和林區面前，只說了一句：「放屁！」兩人嚇了一跳，首先是因為華克從來沒有質疑過麥克阿瑟，其次是因為華克從來不說髒話。就在他們兩人準備飛回平壤時，華克突然決定拜訪臨近的第二十四師師部。在那裡，他找到師長丘奇少將，把他拉到一旁，說有消息帶給第二十一團（該團是全師的前鋒部隊）團長迪克．史提芬（Dick Stephens）上校：「馬上告訴史提芬，一旦發現中共軍隊，立即撤退。」

只有東京的歡樂氣氛越來越濃。十一月二十一日，當第七師第十七團抵達鴨綠江畔時，慶祝時刻開始了——簡直是無知與天真。包括阿爾蒙德和第七師師長、當年的駐華顧問巴大維在內的所有高階將領都站在江邊開始尿尿。眼看勝利已盡在掌握，麥帥向阿爾蒙德發出一封熱情洋溢的電報：「阿爾蒙德，我在此向你致上最誠摯的祝賀，請轉告巴大維，第七師務必奪得頭彩。」然而，對於正在鴨綠江邊，在攝氏零下三十五度的氣溫裡度過第一夜的第十七團官兵來說，這簡直是一場噩夢。對於部隊匆匆趕往鴨綠江，陸軍參謀長柯林斯後來寫道：「麥克阿瑟就像一個悲壯的古希臘英雄，走向冷酷無情的命運陷阱。」而李奇威的評價則是所有美軍軍官用過的最具悲劇色彩的說法：「就像小大角戰役中的卡斯特一樣，麥克阿瑟的目標就是徹底摧毀北韓軍隊，解放這座半島，對任何可能阻擋這個目標的消息，他都不聞不問。」對麥帥的傳記作家高佛瑞．皮特來說，仁川登陸不過是這位天才將軍的靈光一現，而其他都是純粹的悲劇。「麥帥的一生，最恰當不過的結論就是，仁川登陸是他職業生涯的巔峰，他本應在仁川像真正的鬥士一樣死去，只有這樣，他的傳奇經歷才完美無瑕，他的偉大形象才能永留人間。而巔峰之後就只有下坡路可走了。」

* * *

東京指揮部的人員開始著手炮製情報，以便讓麥克阿瑟的軍隊可以直達目的地：鴨綠江畔。過程中，他們也為後人開了最危險的先例。首先，軍人在玩情報遊戲，確切地說，是一群軍中流氓刻意操縱呈送給高階將領和政府官員的情報。這樣的事在後來至少又重演了兩次，而這兩次都是文職人員操縱軍事情報，導致高階將領未能進行有效的防禦，使部隊在戰鬥中陷入令人無法接受的窘境。越戰中此類情形再度出現，才華洋溢的年輕軍官麥馬斯特（H. R. McMaster）在名為《怠忽職守》（*Dereliction of Duty*）的書中，就研究了美軍高階軍官如何在越戰中受到政府高階文官的欺騙。[4]

就像肯楠警告的那樣，這一切都表示，國內政治是國家安全應該考慮的一部分。它表示，為了實現國內政治目標，美國政府會憑藉極為有限的事實和徹底錯誤的情報去制訂重大決策，而根本不考慮是否

4 譯註：二〇一七年，麥馬斯特官拜美國陸軍中將，並擔任川普的國家安全顧問。

可行。一九六五年，詹森政府再度扭曲事實，操縱美國出兵越南的合理性，誇大越南對美國的威脅，有意淡化出兵後果，以及北越會如何迅速有效地因應的情報警告，從而讓美國陷入一場毫無希望、不可能打贏的後殖民戰爭。到了二〇〇三年，小布希又誤解了蘇聯解體對中東的影響，徹底誤判了當地人的可能反應，忽略了老布希政府國家安全團隊中最有才幹的史考科夫特（Brent Scowcroft）的警告。然後，他又以私人的理由推翻海珊政府，並不惜操縱國會、媒體和民眾。最可怕的是，他用嚴重錯誤、業經竄改的情報，把美軍送往伊拉克城市的中心地帶，並造成災難性的後果。

第8章

中國猛攻：長津湖與軍隅里美軍潰退
The Chinese Strike

梅斯一直以為，德國的冬天是最寒冷的冬天，但事實證明北韓的冬天更可怕；
在德國，你經常會覺得，只要挺過這一天，寒冷就會過去，
但在北韓，寒冷似乎永遠如影隨形，你能感到的只有絕望……
此外，北上途中的寧靜，是一種完全不屬於這個世界的寧靜，
讓人毛骨悚然，似乎走入敵人編寫的劇本中。
不顧一切地兵分兩路冒進使美軍陷入共軍在長津湖和軍隅里設下的埋伏，
浴血苦戰後，只能倉皇突圍撤退。
爾後，李奇威接替因車禍身亡的華克，
出任第八軍團司令，力圖重整旗鼓。

27 待君入甕

吉姆・辛頓上尉（Jim Hinton）是第二師第三十八戰車連連長，該連擁有二十二輛戰車。從一開始，他就非常擔心戰況。隨著第二師繼續北上，東京總部的想像與他所見所聞之間的巨大反差讓他震驚。在遠東司令部官員眼中，北韓是一個遙遠的國家，那裡秩序井然，基本上算是容易馴服的地方。從掛在牆上的地圖來看，韓國到日本的距離也不過半吋或一吋。但對於踏上這片土地的第二師來說，他們越逼近清川江，呈現在眼前的景象就越像是戰爭的煉獄。這裡層巒疊嶂，狂風怒吼，氣溫一直在下降，唯一可以預見的是，明天會比今天更冷，這不禁讓你懷念起昨天。

在如此惡劣的天氣裡，就連確保戰車克以正常行駛也變成異常艱難的工作。辛頓非常擔心寒冷的天氣會「凍死」自己的戰車，擔心在最需要它們的時候，引擎突然無法開車。辛頓這個連有一台被大家稱為「小喬」的東西，其實是一台替戰車充電的小型發電機。但這台機器的工作噪音非常大，且從不停止，因此只要有別的辦法，辛頓就絕不使用。最後，他還是決定讓手下每隔一小時啟動一次引擎，以保證戰車隨時處於電能充足的狀態。天啊，真冷！有時，即使引擎啟動了，戰車依舊無法發動，因為履帶會直接凍結在地面上。然後，你只能用後面的戰車輕輕推一下前面的戰車。他思緒萬千：「把這群小夥子送到這裡而自己卻端坐在東京的軍官們是否還在想：『那裡冬暖夏涼，氣候宜人，孩子們應該過得輕鬆愉快吧？』」

毫無疑問，他們的總司令根本就不了解這些大兵過的是什麼日子，他們的環境有多麼艱苦，心情是多麼沮喪。麥克阿瑟從未在韓國待過一晚。辛頓認為，東京司令部的那些人看到的只有地圖，而戰士們則是在另一個完全不同的地方，打著另一場與司令部那些人所想像的完全不同的戰爭。地圖的確會扭曲失真，總是對看著自己的那些人仁慈親切，讓主人的決策總是顯得那麼可圈可點，而且看起來總會比真實情況漂亮得多，合理得多。身處前線的人會說，任何部隊的行軍速度，都趕不上東京司令部的鉛筆在韓國地圖上比畫的速度。東京司令部與師部的通訊聯絡似乎暢通無阻，讓這支世界上技術最先進的軍隊更加幹練有序，但實際情況遠沒有這麼好，基層部隊的通訊器材依然是最陽春的，性能極不可靠，經常讓戰場上的各部隊之間通訊不暢。

辛頓覺得，前進過程太平靜了。偶爾出現幾次小規模的槍戰，但隨之而來的便是死一般的寧靜，那種寧靜讓人毛骨悚然——那幾乎是一種完全不屬於這個世界的寧靜。作為一名經驗豐富的裝甲兵，辛頓連續幾天出動一架小型L-19偵察機，尋找敵人的蹤跡，但一無所獲。這種不尋常的寧靜逐漸讓他無法忍受，就像第八騎兵團在元山遭遇襲擊前，這種恐懼也曾讓很多比他更有經驗的人無法入睡。他至今仍記得，就在共軍發動總攻擊的前一夜，最重要的問題就是睡覺時到底要穿靴子還是不穿靴子，最後，他決定穿著靴子睡覺。「我們每一天都越來越孤立，離其他部隊越來越遠，」辛頓回憶當時的情形說：「因此，我們也變得越來越脆弱。隨著部隊持續向北深入，各部隊之間的距離也越拉越大。更糟的是，我們不僅離原來能為我們提供側翼掩護的其他師越來越遠，就連我們自己師的其他部隊，每個團之間，每個營之間，甚至每個排之間都被分隔開來了，每個人似乎都在孤軍奮戰。我們知道，自己已經被別人控制了，我們現在唯一的希望就是中國人不要來。那是一種陰森恐怖的感覺，周圍的群山似乎像獅子的血盆大口，想一口吞噬我們。我們整個師似乎即將消失在這茫茫無際的山野中。」事實上，辛頓和其他很多人都已經意識到，一旦敵人進攻，各部隊之間根本無法收攏成嚴密的防線。他後來說，那其實是一場攻擊行動，中國人為美國人規劃好的攻擊。

* * *

保羅・奧多中尉（Paul O'Dowd）是第十五野戰砲兵團的前進觀測員。但是，他大多數時間只是在各部隊之間跑來跑去。奧多最初在第二步兵師第九團。他是清楚元山戰役過程的少數幾名軍官之一，在那場戰役，共軍幾乎全數殲滅美軍最精銳的一個團。現在，隨著美國人離平壤越來越遠，奧多只能經常搭乘一架小型偵察機去尋找中國人的下落，因為他要告訴大家，這些中國人在元山戰役後躲到哪裡去了。他們往往在給美軍一次迎頭痛擊後，便消失得無影無蹤。奧多的眼力是有名的，他也一直以此自豪。對砲兵觀測員來說，出色的眼力是必備條件。但他的同伴、駕駛偵察機的瓦德斯上尉（Valdez）在這方面更出色，他擁有鷹隼一般的眼力。瓦德斯的天賦確實與眾不同：如果在偵察途中遭遇地面火力，回到基地後，他會先在機身上尋找彈孔，每發現一個，他就會在旁邊畫一個紫色的心。瓦德斯能在奧多什麼都還看不到的遙遠距離，辨識出地面上的中共軍隊。元山戰役之後，儘管他們每天都在山林來回偵察，卻找不到絲毫蹤跡。他們想看得更清楚，就得經常打開艙門，但小飛機裡沒有暖氣，因此，他們經常被凍得渾身發抖，四肢僵硬，但依然無功而返。奧多對此迷惑不解：那麼多的人怎麼會突然人間蒸發？有一次，瓦德斯注意到雪地裡似乎有腳印，於是他們作超低空飛行，發現那確實是腳印，腳印好像一直延伸到一間小茅屋。他們向茅屋開火，可是裡面沒有任何反應。後來，他們從情報人員那裡得知，中國軍人身穿白色外套，在雪地裡，你根本無法察覺到他們的存在。其實，他們偶爾也會從中國人的頭頂飛過，這時，他們馬上趴在地上，一動也不動，以致飛機裡的偵察員無法注意到他們，這和眼力好壞無關。當時，第九團團長查爾斯・史隆上校（Charles "Chin" Sloane）一直非常關注空中偵察，他深知眼前的處境非常危險。每一次，偵察機在完成三、四個小時的偵察任務返回之後，史隆都會為他們準備熱咖啡，焦急地等待有關中國人的消息。奧多堅信，中共軍隊就在附近，躲在某個地方。這讓史隆這樣的前線指揮官異常緊張：他們把美國最精銳的部隊打得落花流水，然後突然從地面上消失得無影無蹤。

第二師師部同樣也膽戰心驚。師部作戰官，年輕上尉約翰．卡雷（John Carley）從西點軍校畢業五年了，不巧的是畢業時間太晚，未能趕上二戰。現在，他終於有機會參加這場表面上似乎比不上「二戰」慘烈，但不比任何一場戰爭輕鬆的戰爭。雖然第二師一直沒遇到共軍，但越來越多的消息傳到師部情報科：已有部隊與共軍接觸。此時，他和很多情報官都在猜測：他們到底躲在哪裡？既然他們之前曾突然大批出現，那麼，他們以後是否還會再次出現呢？有消息指出，他們正開進當地一個被稱作「老虎村」的地方，或許是因為這裡曾出現過老虎吧。整個村莊被群山環抱。十一月底，嚴寒凍裂了小偵察機的擋風玻璃。更糟的是，十一月二十日左右，一場藍色的大霧讓地面變得一片模糊，而且幾天不散。儘管不是氣象專家，但卡雷小時候曾在密西西比州的里奇頓見過一次這樣的霧霾天氣。當時是一個寒冷的清晨，他和朋友到戶外打獵，於是，他們生了一堆火來取暖，正是火的濃煙讓霧氣變成藍色。他後來認為，那肯定是中國人在整個地區故意引燃大火，以降低美國空中偵察機的能見度。他和情報科以及作戰科的其他年輕軍官都痛苦地知道，他們的補給線已脆弱不堪。整個師就在一條狹窄的小路上前進，路面崎嶇不平，蜿蜒曲折，到處是急轉彎。這樣的路面絕對是設伏的極佳位置。「你根本就想像不到我們當時的處境有多危險，根本就不堪一擊，」他在多年之後說：「我們彷彿就像騎著一隻小羊走路，每前進一天，這隻小羊就變得更疲憊，更無力支撐我們的重擔。」

＊＊＊

和他一樣焦慮不安的還有一位高級軍官：第二師情報科科長瑞夫．佛斯特中校（Ralph Foster）。佛斯特是一個非常謹慎的人，從不屈服於上司的壓力。和卡雷一樣，佛斯特的焦慮也在與日俱增。他的擔心始於十一月初，到中旬時，他似乎已經是第二師最自尋煩惱的人，因為在他的地圖上，鴨綠江北岸已經插滿了代表中共軍隊的小紅旗。之後不久，中國人便攻克了元山。但師長凱斯准將卻不像他那麼擔心害怕。佛斯特手下的一名年輕軍官麥爾坎．麥克唐納少尉（Malcolm MacDonald）發現，由於無法找到有效的情報說服凱斯，佛斯特變得越來越失望，情緒越來越壓抑。情報科的人明顯感受到，上級單位不斷催促佛斯特繼續前進。但佛斯特總覺得身邊好像有人緊盯著自己，等待適當的時機給他們重重一擊。「你能感覺到師部的緊張情緒，」他說：「我們總覺得即將發生什麼可怕的事，但沒有任何人採取任何措施。」

＊＊＊

山姆．梅斯少尉（Sam Mace）是第二師第三十八戰車連第四排的排長，也是吉姆．辛頓的部下。十一月初，梅斯少尉率領弟兄，外加幾輛戰車和一些步兵，外出進行長距離巡邏。這時，他們已進入平壤以北。梅斯喜歡把這一天以一首音樂來看待。他們像往常一樣出發，途中只和一些北韓士兵短暫交火，戰車的強大火力輕易壓制了敵人。他們擄獲八名北韓人，己方只有一人受傷。在包紮傷患之後，梅斯留下幾個人在茅屋裡照顧傷患，其他人則按原定計畫，繼續北進。到此為止，一切都和平常一樣平安無事。但隨後的兩件事幾乎讓梅斯驚慌失措，也讓所有人更加小心謹慎。梅斯一直認為，謹慎是讓他活到現在的重要原因。

在他的連長辛頓眼中，梅斯可以說是他見過最優秀的戰士。他幾乎無所不能，能搞定所有事情，能應付各種情況。他體力過人、精力充沛，從不知疲倦，這一點很重要，因為在戰鬥中，你不可能因為體力不支而休息。最關鍵的是，他不僅體力過人，而且頭腦靈活，反應敏捷。梅斯是天生的職業軍人，多年以來，辛頓一直想提拔他當軍官，但每次都被梅斯拒絕。辛頓相信，梅斯肯定是擔心和周圍這些大學生一較高下，他只念到小學四年級而已。梅斯曾在洛東江戰役中身受重傷，被送到醫院後，醫生在他背上發現七十八塊砲彈碎片。砲彈碎片太多了，以致護士們竟然打賭：最後的數字到底會是多少。當梅斯還在住院，辛頓就已經為他寫好了晉升報告。梅斯回到部隊時，發現自己成了少尉。他接受了，因為他早已厭倦和那些對軍事一竅不通、但總是拿職位壓人的軍官打交道——當軍官總是有好處的，而當大兵就只能在夢裡享受這些好處了。十一月二十五日，當梅斯的部隊遭到共軍襲擊時，他升任軍官的時間才過了三十六小時。

梅斯認為自己過慣苦日子了。他出生於西維吉尼亞州，適逢大蕭條時期。毫無疑問的，那個時期是美國人最艱困的時期，而那個地方又是美國最貧窮、最困苦的地方。他的父親沒上過學，似乎生下來就身負詛咒、不曾走運，更糟的是，因罹患幽閉恐懼症，他連礦工都當不成，而這也是貧窮的西維吉尼亞人唯一能找到的工作。他的一生幾乎就是在找工作當中度過的，於是，他只能帶著全家不停地從一個小鎮流浪到另一個小鎮，從事收入最微薄的工作。事實上，他根本就沒有選擇，只要有工作，他就會毫不猶豫地接受。這也是梅斯只讀過四年書的原因；他們曾在很多小鎮居住過，不過，這些地方太小了，所以根本就沒有學校可讀。因此，梅斯在一九三九年（年僅十五歲）有機會入伍從軍時欣喜若狂。他說，當時部隊對來者是不拒的。

入伍後，梅斯正好趕上成立戰車連的時機，於是他成為一名裝甲兵。從一開始，他就顯現出身為士兵的天賦，這顯然也是他最擅長的職業。但是在剛開始參軍時，梅斯還有點放蕩不羈，自由散漫。由於他在執勤時間以外的表現差強人意，這就讓他的軍階始終在下士和中士之間徘徊。梅斯總喜歡說自己是最了解伏擊戰術的美國人之一，因為他曾親身經歷三場驚心動魄的伏擊戰：軍隅里可能是其中最老式的伏擊戰，但二戰期間的阿登戰役，則是伏擊戰的經典之作，他也親身參與了。然而，一九五一年二月中旬，在一個被美國人稱為「殺戮谷」（Massacre Valley）的地方，將發生一場更恐怖的伏擊戰。阿登戰役至今讓他記憶猶新：一九四四年十二月，他是美國一支裝甲部隊的士兵。之前，這支部隊一直所向披靡，在抵達距比利時小鎮巴斯通西北約二十英里的地方時，梅斯周圍的人幾乎都認為戰鬥已經結束。就在這時，德國人突然反擊。他記得，那一天的霧非常濃。當時，他因行為不檢剛被降職為下士。他們迎頭碰上了德國人的戰車。

他的部隊在作戰的第一天有十七輛戰車，當天交戰結束時，只剩下兩輛。梅斯在自己乘坐的戰車被擊中後，設法脫身，變成一名步兵，又繼續作戰了數天。當時的場面就如同人間地獄：雙方砲火異常猛烈，持續不斷，每一顆威力無窮的砲彈似乎都想奪走幾條生命。當時的嚴寒也令人無法忍受，即使到了韓國，他還經常會想起當時的情景。因為他一直以為，德國的冬天是最寒冷的冬天，但事實證明，韓國的冬天更可怕，持續時間更長，對人的折磨也絕非阿登所能比擬。在阿登，你經常會覺得，只要撐過這一天，寒冷就會消散。但是在韓國，寒冷似乎永遠不會離去，你所能感受到的只有絕望。一九五〇年十一月初，梅斯率領部下走在第二師的最前面，依然保持他在阿登戰役中學會的謹慎。他從不相信沒有親眼驗證過的任何東西，而且還得隨時提醒那些漫不經心的軍官。他周圍的每個人可能都會覺得，這只不過是一件易如反掌的事。但是在梅斯看來，他們仍身處險境，戰爭中從來就沒有易如反掌的事。

在替北韓戰俘做了簡單的包紮後，梅斯的部隊繼續翻過幾座山，最後，他們來到一座建在乾涸河床上的橋樑。依原定計畫，他們必須在這裡沿原路返回。他命令弟兄轉換成分散隊形，但是，梅斯依舊很緊張，因為他們現在無疑是敵人最好的伏擊目標。他不知道即將發生什麼事，一種不祥的預感始終揮之不去。他們每前進一步，似乎都是向未知的深淵走近一步。上橋後，梅斯發現，他們正處於一個開闊的深谷，峽谷中密密麻麻生長著一種當地的松樹，而地面植被的高度，似乎就是為了隱藏敵人的伏兵而生長的，不高不矮，既能輕鬆備戰，又不會暴露自己，一個絕佳的伏擊戰場。

就在這時，山間響起一種奇特的音樂。梅斯回憶：「這是我所聽過最奇怪的音樂。」他命令所有的戰車駕駛兵關閉發動機，這樣就可以更清楚地聆聽縈繞於整座山谷的這種異樣聲音。「太奇怪了，它似乎就是唱給我和我的士兵聽的。好像敵人一直盯著我們，為我們哼唱一首悲淒的小夜曲，嘲笑愚弄著我們。整座山谷彷彿都在應合著這首悲涼的小夜曲，」梅斯說：「這首音樂似乎來自天外，或許是這些松樹發出來的，讓我毛骨悚然。」後來，當中共軍隊在前方狹長道路的兩側對第八軍團發動進攻時，他們恍然大悟，才知道中國人是用音樂來發布命令的。梅斯終於意識到，共軍的指揮官當時就在山頂，儘管梅斯的戰車和部隊已進入他們的包圍圈，但指揮官告訴他的部隊，進攻時間尚未到來。

當梅斯和他的部下回到關押俘虜的茅屋時，一名沒有受傷的戰俘脫身逃走，他們當場開槍擊斃了這個人。他們對這個俘虜試圖逃走的想法大為困惑——他們一直優待這些戰俘，盡可能提供他們必要的緊急治療。他們來到屍體旁邊搜查，看看他身上是否攜帶文件，結果一無所獲。這種事也很少見，因為大多數北韓人喜歡隨身攜帶大量書信並緊握不放。但他們發現，這個人的北韓軍服底下，竟然還有一套中國軍服，而且從上衣來看是一名軍官的制服。在搜查、審問其他俘虜時，他們異口同聲地說，那個被打死的人是中國人。首先是莫名其妙的音樂，然後是這個極可能是中國軍官的俘虜；梅斯認為，這一切都令人不安。當天稍晚，梅斯告訴情報科，他認為那個被擊斃的是中國軍人。但是，似乎沒有人對他的情報感興趣。

此後，部隊繼續北進，梅斯也變得更加小心。當時，第二師已和第八軍團完全分離，雙方相距甚遠。他們的東面是太白山脈，太白山的東邊才是第十軍。儘管理論上還存在著遇到危險時向第十軍求援的可能性，但實際上，一旦遭受攻擊，根本就不可能指望第十軍趕來救援（太白山另一側的第十軍，情況完全相同，第一陸戰師的史密斯少將同樣心急如焚，因為他的左翼門戶洞開）。

十一月末，第三十八團第三營在梅斯和五輛戰車的掩護下，在第二師右翼行進。他們來到一個只有十五間茅屋的小村子。梅斯把戰車布置在最有利的位置，可以隨時掩護第三營的三個連。但讓他困惑的是，營部竟然設在緊靠步兵連的位置。雙方的距離太近，近到你可以把石頭扔到營部。但是，當時沒人想到會有麻煩。

事實上，中國人一直耐心等待他們進入包圍圈。他們對聯合國軍的一舉一動瞭若指掌──哪支部隊布置在什麼位置，承擔側翼掩護任務的是哪個南韓部隊。他們在僅僅一個月的時間裡，就神不知鬼不覺地把三十萬大軍開進北韓，而在前面西側迎接美軍（華克的第一軍和第九軍）的就多達十八萬人。另外，有十二萬人埋伏在太白山以東，擺好陣勢，靜待阿爾蒙德北上的第十軍步入包圍圈。大批重型武器讓聯合國軍步履維艱，毫無疑問，他們已經變成最明顯的活靶子了。中國三十個師組成的伏擊大軍埋伏得天衣無縫，敵人根本就不知道他們的存在。軍事史學家史拉姆．馬歇爾對此形容得再恰當不過了：「猶如沒有身影的幽靈」。

＊＊＊

那些不歸麥克阿瑟指揮的人已經預感到大禍臨頭，而其他人還在向前移動。感恩節當天，格魯將軍（Alfred Gruenther）來到哥倫比亞大學，拜訪自己在歐洲戰場的老長官艾森豪。格魯的長子迪克是西點軍校一九四六年班的畢業校友，時任第七師的連長。當時，第七師一部已深入北韓北部，正逼近鴨綠江。十一月十七日，也就是他的長官趕到鴨綠江畔撒尿的四天前，迪克．格魯在共軍發動總攻擊前的一次小規模戰役中身受重傷。身為艾森豪在歐洲戰場時的參謀長，格魯剛率領一支由一百人組成的參聯會代表團巡視歸來，也就是說，他非常清楚每一個麥克阿瑟視而不見的警報。

最初，艾森豪的兒子約翰對格魯在感恩節來訪感到有點意外，因為照理來說，他應該和家人一起過節的。後來艾森豪才明白，格魯節日來訪是因為自己在他心目中的地位如昔，依然是格魯最值得信賴的上司，因此在軍方高層出現如此嚴重的錯誤時，他自然會想到自己。約翰・艾森豪記得，感恩節的晚餐似乎籠罩著一層烏雲，他不清楚為什麼。迪克・格魯告訴他父親：美軍完全暴露在敵人的槍口下，隨時可能遭到攻擊。格魯離開後，艾森豪對兒子說：「我一生對戰爭從未像今天這麼悲觀。」約翰當時正在西點軍校任教，在離開父親的住宅驅車回校時，他打開收音機，聽到麥帥慷慨激昂地承諾：戰爭將在耶誕節結束。然而，共軍在隔天便發起潮水般的攻勢了。

十一月二十五日晚上，共軍終於進攻了。在歷史上，很少有軍隊能在動用如此規模兵力的情況下，向對手發動出其不意的攻擊。中國人已經掌握了美軍動向的精確情報。在精明的史密斯將軍率領下，東線一路故意拖延的海軍陸戰隊似乎還算處變不驚，而西線美軍已經不知不覺地踏入敵人挖好的陷阱。當共軍進攻時，大家才恍然大悟，會讓麥克阿瑟的軍隊遭受如此重創的，只是因為他一廂情願地認為中國人不會來。但賭局已經開始，現在，其他人必須為他那不可一世的狂妄自大和無可救藥的浮躁付出代價。但更糟糕的是，虛榮又和不自量力的吹噓混在一起，而且是絕大多數高階軍官都不相信的謊言：南韓軍具有值得信賴的戰鬥力，足以獨自應付中國人。事實上，只要看到中國人，南韓軍就會心驚肉跳，驚慌失措，第一輪攻擊剛開始，南韓軍逃得無影無蹤。史拉姆・馬歇爾提到，南韓軍的其中一個團，裡約五百人攜帶全部武器逃跑，可是卻有軍官竟能回到漢城，還把一個裝滿鴨綠江水的瓶子送給李承晚。美軍前線指揮官很清楚，一旦中國參戰，根本就不能指望南韓軍隊，他們從沒想到要和中國人交手。但是對東京司令部的那些老爺來說，由於自己的軍隊已形成高度分散的隊形，因此，插入幾支南韓部隊湊數，會讓他們的作戰地圖漂亮一點。作為美軍和其他聯合國軍側翼的主要兵力，他們的撤退意味著，中國人可以不費吹灰之力直搗聯合國軍陣地的心臟。這些地圖無疑是在自欺欺人。

東京司令部的人從未想到中國人會以這樣的方式進攻——不以正面進攻為主，而是夜間步行繞到美軍的側翼，尋找最薄弱的環節加以打擊，並在後方構築陣地，切斷退路。沒有人研究過，中國人的行軍到底有多出色、多迅速，即使在夜間，在沒有道路的情況下，他們一樣做得完美無缺。他們沒有重型武器，彈藥和食物的配給也少於美國人，輕便、快速是他們的最大優勢（但最後也成為他們的最大劣勢）。東京司令部的人始終有一個錯誤的認知：共軍只會成為美軍轟炸機的活靶。他們沒有考慮到，中國人能讓自己在白天消失於崇山峻嶺中。事實證明，中國人非常清楚自己的弱點，他們不會做很多事，但一旦做了，就一定要做好。就在美國人還沒想出如何應付他們之前，中國人就已經把美國的最大優勢——因依賴重型武器而需要良好的路況——轉為劣勢。但是，任何關注中共在二戰後的戰術的人們，絕不會對此感到驚訝。

28 謹慎的費里曼

第二十三團團長費里曼上校確信，他的部隊一過順天就與共軍接觸了。到中國人攻擊時，他就完全肯定，自己在敵人的包圍圈裡至少待了兩週。中國人緊盯著他們，但沒有採取行動。他的偵察巡邏隊也多次報告與中國人的不尋常接觸——他們總是時隱時現，來無影去無蹤。大約十天前，一名非常有作戰經驗的連長薛曼．普拉特上尉（Sherman Pratt）率領一連士兵前往北部的江界偵察。在朝西北方走了約五英里後，他們發現遠方地平線有人影晃動，但距離非常遠。從他們的軍服來看，普拉特和部分士兵肯定，那一定是中國人。於是，他下令停止偵察，不得開槍，並立刻掉頭返回，而沒有繼續北進。回到營部後，他馬上向營長克萊爾．哈欽以及費里曼匯報他發現的情況。第二天，費里曼又派出另一支巡邏隊。這一次，美國士兵似乎越過中國人眼中的分界線，於是中國人開火了。幾名士兵受傷，其他人被迫撤退。第三天，費里曼第三次派巡邏隊，但這一次的目的是找回上次受傷的士兵。他們發現傷兵躺在路邊，全部被裹在毯子裡。

隨著感恩節的來臨，中國人出現的跡象越來越多。費里曼相信，這裡到處都有中國人緊盯著他。他的情報官對此也深信不疑。但是，就像他後來所說的：「遠東司令部的人顯然不相信這些。」費里曼在二戰期間曾在中國任職多年，深知毛澤東的戰略，並始終認為中國參戰對美國的威脅巨大。此時，情緒極度低落的他認為，越過三十八度線絕對是災難性的錯誤，美國政府正把整個第八軍團扔到水深火熱的危險之中，美國官方已將主動權拱手讓給蘇聯。當美國人在亞洲打一場不可能贏的戰爭時，蘇聯人正在一旁隔山觀虎鬥。諷刺的是，從這個意義來說，他的預感竟然和肯楠不謀而合。隨著第三十八團及其所在的第二師繼續北進，費里曼的情緒也日漸壓抑，這種情緒反映在他寫給妻子的信中，以及他對麾下各營長的提醒：每晚都要做好戰鬥準備，隨時迎接最惡劣的情況。

費里曼的家書不僅記錄一個戰地指揮官在極度危險情況下的所見所感，也再一次證實：他的長官正犯下一個歷史性的大錯，而自己對此卻無能為力。九月二十五日，就在每個人都在為順利突破洛東江防線而歡欣鼓舞時，費里曼依舊心事重重。「我還是有點擔心中國人會越過邊境，南下作戰。」他在當天的信中寫道。越過三十八度線之後，面對這個被他視為可怕的錯誤戰略，費里曼更加謹慎，因為北上成功與否並不取決於美國人的優勢——這種優勢的局限是顯而易見的，而是取決於中國人的意圖。中國已經表明，他們不會坐視不管，正準備參戰。

在他看來，以前所有的疑慮，都在元山找到了答案。他的書信明顯反映出他對未來越來越悲觀的情緒。他在十一月七日寫給妻子的信中說，他的身體狀況還不錯，只是北韓的冬天寒冷嚴酷，不過這還可以忍受，但他的精力幾乎已消耗殆盡。「我們的軍隊正處在惡魔般的困境之中，我根本就看不到任何出路。當然，肯定會有人找到辦法，我希望發生奇蹟，把我們從這個噩夢中拯救出來。我們的長官怎麼能在毫無計畫的情況下，就踏進這個無法自拔的泥淖，他們竟然認為中國人不會干預，這太讓人難以置信了。在這裡，我覺得毫無希望可言。」

第二十三團本應在十一月十一日趕到會師地點，然後再從那裡出發，直撲鴨綠江。費里曼相信，他們的做法已遠離理性，缺乏明確方向。「對於美國來說，這絕對是我所能想像到的離地獄最近的地方。我們似乎正落入蘇聯人的手掌，一步步走進亞洲泥淖。我一點也不喜歡這種感覺。」他在信中寫道。最悲觀的一封信寫於十一月十三日，也就是美國人發動冬季攻勢的十一天前，中國人發動攻擊的十二天前。他認為，在兵力有限、危險重重的情況下，最大的失算就是越過三十八度線，而不是在三十八度線附近試圖解決問題。「即使是在洛東江那段為生存而戰的最黑暗的日子裡，我也一直能看到一線希望，一條出路。當我們跨越三十八度線時，那種感覺很奇妙，我們竟然為了莫名的原因，承受如此大的風險。現在，我們的處境就好像是第二次十字軍東征、拿破崙討伐莫斯科與巴丹戰役的混合體。我們看不到任何希望，唯一的可能就是第三次世界大戰的發生。為了這個莫名的緣故而大動干戈，絕對是不可饒恕的錯誤。即使付出沉重代價打到鴨綠江，就像當年打通中緬公路那樣掌握了補給線，我們依舊沒有脫身的機會。總之，一切都非常糟，我看不到任何希望。」

在聯合國軍攻擊的前一晚，費里曼和第一營營長哈欽、師長凱瑟在師部共進晚餐。凱瑟是費里曼的老朋友。哈欽和費里曼都認為，他們無法判斷目前的戰局。所有情報都表明，中國人就在附近，隨時可能進攻。更糟的是，聯合國軍所能做的，就是繼續進攻。費里曼認為，在如此巨大的威脅面前，進攻的唯一理由就是像麥帥所說的，他掌握了「非常、非常機密的消息，這些中國人根本不打算抵抗，而是打算讓我們把他們打回鴨綠江對岸。」麥克阿瑟可能還進一步指出，這些所謂的機密情報認為，中國人雖然來到這裡，但並不想待在這裡，他們希望美國人把他們趕回對岸。費里曼在多年之後不無傷感地嘆息，事實證明，這些說法「根本不是那麼回事」。

費里曼基於謹慎，一直讓本團士兵盡可能保持集中，並告訴所有營級幹部睡覺時不要脫衣。在中國人進攻的第一天晚上，第二十三團一直堅守陣地，並重創敵軍，擄獲約一百人。他記得這是他們抓獲俘虜最多的一仗。會說中國話的費里曼直接審訊這些戰俘，發現大多數人操北方口音。在當天剩餘的時間，他一直在集中本團兵力。當晚，敵軍再度進攻，並搶走一批軍械。第二天，該團又奪回了這些裝備。最讓費里曼震驚的是，接受審訊的很多人非常懼怕美國的武器裝備。費里曼認為，這樣的恐懼馬上就消失了，因為在最初的幾天，美國士兵還不太會操作這些武器——事實上，如果真能在共軍進攻時備妥這些武器，它們的威力不容小覷。

29 兵潰清川江

亞倫．瓊斯上尉（Alan Jones）是第九步兵團情報參謀。在中國人發動攻勢時，第九團正在第二師東側。十一月二十五日之前幾天，儘管該團只遭到零星抵抗，但越來越多的小規模交戰讓人懷疑附近有共軍存在。瓊斯說：「我的作戰地圖上已布滿紅色標記。」他認為，情報部門的擔憂已經成真，他懷疑整個第八軍團都已經處在敵人的攻擊範圍內。

身為一九四三年班的西點軍校畢業生，這不是瓊斯第一次在嚴寒中遭遇敵人的襲擊了。和梅斯一樣，他也參加了阿登戰役，那時他還是第一〇六步兵師的年輕軍官。他父親就是第一〇六師的師長老亞倫．瓊斯少將（Alan Jones, Sr.）。老瓊斯一直對與兒子同屬一個單位感到不自在，而瓊斯不想留在非戰鬥部隊，於是選擇到前線作戰。這讓他獲益匪淺。在阿登戰役前夕，老瓊斯就對分散的部隊感到憂心忡忡。他猜對了，德國的裝甲車直插第一〇六師兩翼。事實上，上級指揮部已經指示老瓊斯撤退，卻因要發的電報過多而耽擱。小亞倫．瓊斯所在的第四二三團遭受沉重打擊。他們奮起反擊，終因彈盡而被俘。瓊斯被德國人囚禁了四個半月，他發誓永遠不再做戰俘。當他一踏上韓國土地，聽到北韓人對美國人和南韓人的種種暴行時，他又義憤填膺地重申了誓言。

瓊斯認為，第九團團長史隆上校已經合理部署了有限的兵力。全團三個營均占據高地，而且還不算分散，一旦出現緊急情況，各部隊可以互相掩護。但當晚發生的事非常詭異。東翼的南韓軍瞬間就潰不成軍。之後，敵軍開始對美國人發起一波又一波猛攻。瓊斯後來說，他們突然置身於一種新型戰爭，而這場戰爭的序幕，就是對第一營的進攻。午夜時分，作戰高潮終於來臨。中國人攻擊時，瓊斯正在團部。當時，三個營相繼傳來遭到攻擊的無線電報告，一個接一個，讓他有點應接不暇。儘管還沒有徹底驚慌失措，但報告裡的每個詞語無不透露出刺骨的寒氣和恐懼：「他們正在攻擊我們……」、「噢，我的天哪，到處都是中國人……」、「我們還堅守著陣地，但中國人無所不在……」、「每打退一波攻擊，就會招來更多敵人，對方的兵力太多了……」、「我們已經有點守不住了，敵人太多了……」、「這也許是我對您發出的最後報告……」。話筒裡傳來的不是一個人的聲音，而是好幾個人的聲音，而且聲音一直在轉換——當一個通信兵被子彈擊中時，馬上有另一個士兵接過話筒。所有的聲音終究說明同一件事：在共軍的強大攻勢下，美國的一個團已經被打得四分五裂。團部根本沒有辦法確定戰事到底如何——他們唯一能確定的就是，戰局已無法控制。瓊斯認為，史隆上校在最初幾小時還表現得非常出色。他一直保持冷靜，絲毫不驚慌，竭盡全力指揮剩餘部隊朝軍隅里的師部靠攏。他們以為那裡才是更安全的地方。

這是一場極為可怕的軍事災難，但幸好轉瞬

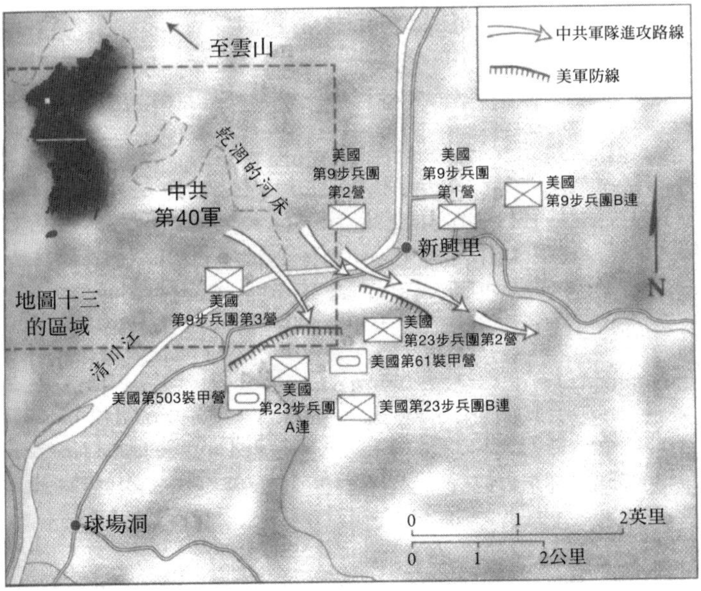

圖十二　中共軍隊在清川江對第二師的攻擊　一九五〇年十一月二十五至二十六日

即逝。美軍以前也曾因位置不佳或指揮失誤而重創，個別部隊因此傷亡慘重。但美國陸軍在轉移兵力及防禦方面的能力，總能讓他們逢凶化吉。但這次是另一種災難。每小時的形勢都在惡化，讓美國人越陷越深，似乎無人能擋。實際上，僅在最初的幾個小時，第三十八團和第九團的幾個營就已經被徹底摧毀。這時，相鄰的部隊也承受著無法抵擋的巨大壓力，整個第二師已潰不成軍。儘管這並不是玩骨牌，但以此來形容當時的情況是再恰當也不過了。

＊＊＊

在第二師最前方開路的是第九團，第九團的前鋒部隊則是第二營麾下的L連，而走在L連最前面的就是第二排，排長是來自俄亥俄州克里夫蘭的基恩．高橋中尉（Gene Takahashi）。高橋是日裔美國人，曾在加州的集中營度過少年時光。二戰期間，全部由二世日裔美國人組成的第四四二步兵團揚名歐洲戰場，也給高橋留下了深刻印象。像其他日裔美國人一樣，他也希望能為國效勞。一九四五年，十七歲的高橋自願加入陸軍。在徵詢父親的意見時，父親唯一的要求就是不要做任何有損高橋家族名譽的事。他是位非比尋常的指揮官，指揮一支同樣獨特的部隊——由一名日裔美國人指揮一支全部由黑人組成的部隊。儘管陸軍在名義上早已廢除種族隔離政策，但在韓戰最初的幾個月，還存在著一些全部由黑人組成的部隊。這些黑人部隊的作戰表現也高低有別，取決於它們的指揮官是誰，是不是白人，以及是否願意嚴格要求士兵等因素。高橋認為自己的士兵都是好人，都是優秀的戰士。確實有一些戰士對他的命令不以為然，但下命令時的語調很重要，指揮這些官兵讓他感受到一些差異，尤其有些命令確實需要經過解釋，不過，他相信這會讓他成為一名更出色的指揮官。

談到當時的偏見問題，高橋早就有所體會，這種體驗不僅來自他在集中營的經歷，更來自他早先的南韓之旅。一九四七年，高橋還是第六師的年輕軍官，那時經歷到的種族偏見讓他終生難忘。他的長官畢業於西點軍校，被派到南韓讓這名上尉感到非常不滿。他痛恨待在南韓，痛恨韓國人，實際上，他不喜歡任何長得像亞洲人的人。為了發洩他的憤怒與偏見，上尉把每一項最無聊、最沒有意義的工作分配給高橋。假如連裡有吃力不討好的差事，那麼這肯定屬於高橋。對這個上尉來說，二世日裔美國人依舊是日本人。奇怪的是，高橋後來認為，正是這段經歷把他鍛煉成更出色的軍官。他必須巧妙規畫自己的時間。他工作得越努力、表現得越出色，他的上司就越生氣，於是就會分配更多、更繁重的工作給他。結果，高橋發現自己是無法被打倒的。他越來越有自信，也覺得，在陸軍裡，沒有一項任務是他不能完成的，不管這項任務有多艱難、多令人無法忍受，他都能得心應手。高橋認為，壓力和打擊的激勵作用是不可低估的。

高橋認為，經過洛東江，L連已經成為一支訓練有素、經過戰爭洗禮的堅強部隊。在正常情況下，他們完全能做得很出色。但前提是弟兄們已做好戰鬥準備，了解即將發生的戰鬥，而不是在毫無準備的情況下倉促應戰。高橋認為，和一般的白人士兵相比，這些有色人種的士兵更有可能互相猜疑、顧慮未知的事件。他相信，在某種程度上，這也是那個時代的縮影之一，當時的美國陸軍還存在著相當嚴重的種族歧視。很多有色人種參軍是為了向這個國家證明點什麼，而且又能逃避國內更令人窒息的種族歧視。在高橋看來，為了證明這些歧視的不公平而參軍，但在入伍之後發現，偏見在陸軍的指揮體系裡同樣根深柢固，這肯定會讓某些人難以理解，無法接受。

在一定程度上，一個連隊就是連長的性格寫照。麥斯威爾・威爾斯上尉（Maxwell Vails）絕對是一名非常正直的軍官。威爾斯身材魁梧、相貌樸實，對手下士兵的情緒很有研究，士兵也喜歡他、尊重他，這在軍隊裡可不是常見的事。至於他是不是真正喜歡打仗，尤其是在自己挨打的時候（在這場戰爭中，倒楣挨打一直是家常便飯），那就完全是另一回事了。而這正好也是讓優秀軍官有別於普通軍官甚至好軍官最重要的一點。有些人私下認為，只要是難啃的任務，例如偵察北韓人是不是在某個山頭挖了地道，或是拿棍子捅馬蜂窩之類的事，上級多半會選擇L連。高橋自己也這麼認為。

十一月中旬以前，L連大部分士兵都覺得，戰爭似乎消失在他們眼前了。甚至在中國人進攻的那一天，他們都還無憂無慮。由於行軍速度較快，在渡過清川江的第一天，他們來到一個名叫古薑洞的小鎮。那天，他們並沒有攜帶行軍床、備用彈藥及手榴彈等大部分補給。崎嶇不平的地形使卡車和吉普車很難及時跟進。高橋到後來還因為沒有讓士兵多帶一些手榴彈而埋怨自己——如果讓每個人都攜帶手榴彈，當中國人進攻時，他們肯定不會一直挨打了。他們甚至連外套也沒有穿，全都扔到指揮所。他們原本並沒有打算走這麼遠。冬季的清川江並不深，水深只有及腰，可是冰冷刺骨。渡江對他們來說並不難，但他們犯了一個嚴重的錯誤：穿著褲子過江，而中國人卻比他們精明、專業得多——他們在長征中學到很多寶貴的東西——渡江時脫掉內褲，上岸之後再穿上，這麼一來，冰冷的江水就不會浸濕上衣，可以讓體溫慢慢烘乾濕冷的衣物。於是，在渡清川江之後還走了一英里半的路程去登高時，L連士兵只好穿著濕漉漉的衣服裡，在寒風刺骨的山上繼續跋涉幾小時。一路上，引起高橋警覺的是很多非常有規律布置的散兵坑，每個坑的深度都在三呎左右，排列得整齊有序，幾乎是一模一樣的正方形，就像是專業景觀設計師留下的作品。這些作品的主人肯定是善於把小事做得精細的人，美國士兵在挖散兵坑時非常隨意，信手拈來，因為他們對自己的超強火力非常有自信。北韓軍也不會做得這麼漂亮。這些散兵坑清楚表明，新的對手已經加入了這場對戰。二十四日下午，L連開始在清川江以東構築防禦陣地。

他們當時的位置是在古薑洞以北約三英里的一個高地上，這個地方也許只能在地圖上找到，這個小鎮真的很難被發現。直到後來，他們還一直在想，中國人到底是從哪裡冒出來的，那麼多的戰友到底是死在什麼地方了，至少應該在地圖上找到那個鬼地方才對。高橋一直對目前的兵力部署有意見，並與威爾斯上尉簡單討論過這個問題。他認為防線過於筆直，面對敵人進攻時無法集中火力。迪克．雷伯德中尉（Dick Raybould）是第三十七野戰砲兵團年輕的前進觀測員，該團的任務就是支援L連。他贊成高橋的說法，認為威爾斯的排兵布陣有點隨意。對該連情況還不太熟悉的雷伯德也很意外，威爾斯竟然把連部設在小山的背面，這裡幾乎沒有任何能作為掩護的天然屏障。雷伯德認為，最糟的是，威爾斯還把三個排部署在不同的防區裡，而且防線與山勢幾乎格格不入。因此，雷伯德認為，由於彼此不能形成交叉火力，他們很可能會遭到來自側翼的攻擊。高橋也同意這樣的看法；他希望防線更緊湊一點，這樣就可以形成與周圍山勢相吻合的半圓形，但他們無法改變威爾斯的想法。

士兵們生火也讓雷伯德不安，這無疑是為敵人點亮照明燈，讓他們精確鎖定你的位置。雷伯德在臨近傍晚時注意到這些營火，於是他馬上前往連部反映意見，但一走進指揮部才發現，原來最大的一堆火正是在連部，是用來給連長取暖的。一個剛上任的中尉自然沒有權力去抱怨上尉，但是他後來堅信，這些取暖用的營火絕對幫了中國人大忙。至於點火取暖是不是合適，高橋則既不反對，也不贊成。隨著夜幕低垂，他的士兵還穿著濕冷的衣服，於是他讓士兵輪番分批從陣地返回點著小火堆的地方去烤火，這樣可以讓他們的衣服乾一點。

他們幾乎是整個第八軍團最東側的部隊了，除了K連以外。K連在他們以東一點五英里處。在遭到襲擊時，L連約有一百七十人，其中的四十五人隸屬高橋的排。K連的人數也在一百七十人左右。再往東有一個南韓軍級部隊負責掩護八軍團。在出發前的最後一次簡報上，高橋和其他尉官被告知韓軍將擔任他們的右翼，很多人聽到這個消息時只能抬頭望向天花板了。這些登陸朝鮮半島三個月的美國人對韓軍的第一印象就是：遇敵即潰，實際上是直接跑回本部，幾乎從不反抗。這也是東京司令部那些制訂作戰計畫的人和前線作戰人員之間最大的分歧之一。

那天晚上，很多事讓高橋忐忑不安。首先，他們與K連失去聯絡。他們應該就在不遠的位置，駐紮在空曠、荒涼、漆黑的某個地方，然而用無線電卻聯繫不到他們，派出去的巡邏隊也杳無音信。這就足以讓人心驚膽戰了；這意味著一個強大而恐怖的敵人將隨時把他們一分為二——當然，出現這種情況的前提是K連還存在於這個世界上。後來，雷伯德聽說，中國人就是從K連的一個前哨上衝下來的。當時，那個前哨只有三名士兵。他從別人那裡聽說，幾個哨兵看到不計其數的中國人朝自己過來，嚇得魂不附體，由於擔心自己會被馬上打死，因此沒有開槍。這也是最初沒有人聽到鳴槍警報的原因。

晚上八點左右，兩個亞洲人高舉雙手，匆匆忙忙地跑進高橋的營地。驚慌失措的他們蹦出幾個生硬的英語單字，意思大概是說，大批敵人正朝這個方向殺來，而且還有一些騎兵。史拉姆．馬歇爾後來寫道，這兩個人是南韓人，但高橋不這麼認為。這兩個人的棉制服是他以前從未見過的，他們的語言也有問題；由於殖民的緣故，大多數韓國人都能說一口流利的日語，這也讓高橋和韓國人很容易交流；但是這幾個人沒有說日語。他們似乎是用一種國際化的方式和他們溝通。他們勸告高橋的士兵趕快離開，否則都會喪命。這讓人極為不安，高橋後來覺得，他們鐵定是中國士兵，目的就是想擾亂他的軍心。

此時，高橋已經確定，他們將會遭到襲擊，而且敵人最有可能從左側進攻。於是，他命令士兵架好機槍。攻勢在晚上十一點左右終於來臨了。在經過第一輪猛烈的火力之後，高橋聽到有人在向他們喊話，問他們是不是K連。高橋從對方說的英語確信對方是中國人。很明顯的，他們把這兩個連搞混了。之後，大規模的進攻開始了。他從一開始就意識到，一旦交火，自己的部隊將寡不敵眾。他後來覺得，襲擊自己的共軍的兵力至少有一個營，或甚至是一個團。進攻的位置恰好就是第二排駐守的陣地。敵軍很快就占領了他們的陣地。讓他們恐懼的不僅是迎面撲來的共軍，他們的身後傳來更多人的聲音。高橋知道自己的後路被切斷了。當高橋左邊的機槍手布萊向他大喊「我守不住了，敵人太多了」時，高橋明白，他們沒有希望了。

從戰鬥開始的那一刻起，高橋就沒有和L連的其他軍官說過一句話。高橋知道，現在他只能靠自己了。他認為，即使他們能趕過來，也只能合併在一起作戰。就在一天前，高橋和迪克．雷伯德在這裡僅見過一次，今天，他們則是在這裡並肩作戰。迪克給高橋留下了深刻印象：一個堅強、勇敢的指揮官，臨危不亂，在近乎絕望的時刻，仍指揮若定。高橋的鎮定同樣也讓雷伯德震撼不已。事實上，他們兩人都不知道威爾斯上尉是否遭到襲擊，或者說，是否還活著。雷伯德所能看到的，是這名瘦小的亞裔指揮官，還在拚命集中已被敵人打得支離破碎的部隊。「撤到我這裡！向我靠攏！」他一直聲嘶力竭地喊著：「集中在一起！向我這裡靠攏！」雷伯德認為，這絕對是一名天才指揮官在危急時刻的真正表現。高橋的排實際上已被打垮了，但不可思議的是，幾乎沒幾個人脫隊，反倒是有一部分其他排的士兵加入其中。他們撤到山上更高的位置上。高橋很清楚，每分鐘都有他的弟兄喪命，但至少他們守住了。他們在陣地上只堅守一個小時，之後就不得不撤到更高的位置。他們將和第一排的士兵在這裡為最後一線希望而戰鬥。

他們似乎不是來這裡打仗的，而是來接受命運的考驗。想要抵擋中國人的進攻，他們就必須有更多的手榴彈、信號彈和彈藥。第二排的亞瑟・李上

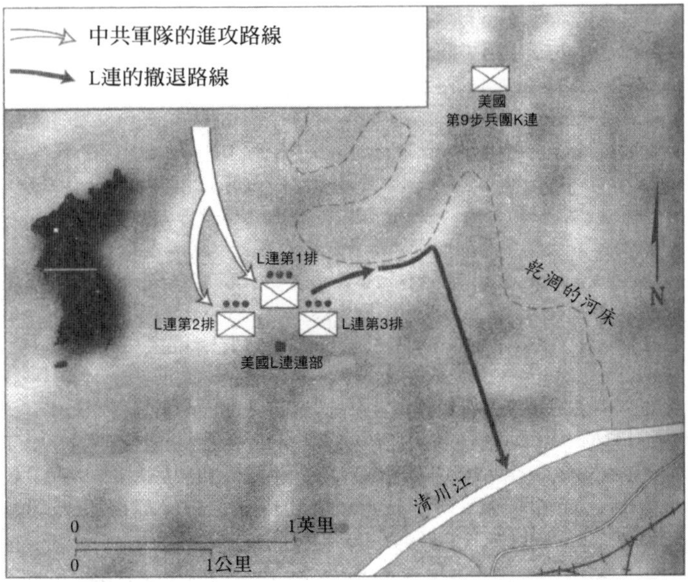

圖十三　中共軍隊對L連的攻擊，一九五〇年十一月二十五至二十六日

士（Arthur Lee）一直是高橋手下最得力的排附，當時他就是高橋左邊的機槍手。假如高橋即將死在一整個共軍面前，他會高興死在李的旁邊。他們相互點點頭，這個動作蘊涵著深刻的含義：他們準備戰死沙場，至少是像戰士一樣死去。他們一直大聲喊叫，提醒對方中國人的精確位置。突然間，李不說話了，從他身上傳出的唯一聲音是汩汩的血流聲。子彈擊中了李的咽喉，他已經完全浸在自己的鮮血中。其他人還在戰鬥，中國人的進攻一波接著一波，不給他們任何喘息的機會，越來越逼近他們防守的小山頭，最後把他們給趕下山。這時，幾乎所有人都陣亡了。在如此惡劣的條件下，他們已經抵抗了好幾個小時。前一天還表現出眾、堅不可摧的L連不存在了。於是，高橋告訴剩下的幾個人，可以的話，一定要盡力突圍。他試圖背起李，但李已經死了。

後來，高橋和雷伯德才知道，L連和K連正處於全師或全軍、甚至是全軍團的關鍵點上，幾乎承受了中國此次攻勢最強大的攻擊。事實上，在當時的條件下，他們能堅守幾個小時已經是奇蹟了，至於說能活下來，那就遠非奇蹟二字可以概括的了。但這樣的領悟來得太晚了，留下來的只有傷感。

雷伯德最後向山上瞥了一眼，看到中國兵抓住剩下的幾名美軍。雷伯德試圖讓幾個士兵和他一起走，但他們大多想沿著好一點的路下山。雷伯德堅信，中國人肯定已經等在那裡了，於是他找了個坡度較陡的地方向下滑。他一直提醒自己，想要活下去，就一定要保持冷靜，千萬不能慌張，慢慢向下滑，絕對不能讓敵人看到自己的身影。最後，他遇到K連的幾個掉隊的士兵，大家設法逃回了清川江。

高橋原本想設法跑下山，但最後還是被四、五名中國兵給包圍、俘虜。他們先拿走高橋的手錶和香菸。他想要回自己的手錶，因為這是他大學畢業時，母親送給他的禮物，但一名中國兵用槍頂住他的頭，他只好放棄了。他們示意高橋，要他命令其他人繳械投降。高橋確實喊話了，他用日語告訴其他人不要靠近。之後，幾個中國兵把高橋押回他們的營部。那裡的每個人都對這樣一個穿著美軍軍服的亞洲人感到吃驚。高橋似乎讓他們緊張：是不是日本也參戰了？之前，他們已經擄獲了克萊米・西姆斯（Clemmie

Simms），一名非常強壯、非常專業的連士官長。高橋記得，西姆斯只剩三個月就可以退伍了。

後來，連高橋自己都覺得不可思議，竟然能在戰爭中先後被世界上最大的兩個國家——美國和中國給關押，儘管被中國人囚禁的時間很短。他們押著西姆斯，準備把他送到北部。俘虜們擔心中國人會在山腳槍斃自己，於是，他們開始傳遞逃跑的信號。西姆斯開始唱新兵入伍歌，不過歌詞換成了逃脫看守的方法和時間。當約定的時間一到，西姆斯看準機會，迅速解決守衛，大家趁機脫逃。逃跑途中，高橋聽到一聲槍響，那正是西姆斯剛才的位置。高橋再也沒有見過西姆斯。直到韓戰結束多年後，西姆斯的名字才再度出現——那是死於一九五一年三月中國戰俘營的戰俘名單。

高橋既困惑又害怕，因為他們當時已在敵軍的後方——但他仍自責不已，因為他把很多弟兄丟在那裡，讓他們成為戰俘。他一路上小心翼翼，晝伏夜出。兩天後，他終於在軍隅里遇到美軍，並找到人員所剩無幾的所屬單位。

* * *

那幾天，布魯斯・里特（Bruce Ritter）唯一記得的就是共軍帶給他們的極度驚恐，以及人在遭遇意外時的內心世界。它就像窺探另一個人的靈魂：所有的浮華虛榮和矯揉造作蕩然無存，大多數人喜歡隱藏在內心深處的本性也表露無遺。在那種極度危急的時刻，有些人展現出無法想像的勇敢和尊嚴，例如有人冒著生命危險，搶救素不相識的傷患；也有一些人展現出讓人鄙夷的懦弱和虛偽，一個平日耀武揚威的排長，竟然在開戰時嚇得癱軟下去。

里特是第二師第三團第一營A連的通信兵。他的工作艱難而危險。北韓的狙擊手最喜歡獵殺美軍的通信兵：他的部隊在短短幾天裡就有三名通信兵被狙殺。里特認為，無線電長長的天線就是敵人尋找他們的燈塔，是敵人集中火力攻擊的焦點。里特一直認為，自己並不適合天天背著一台SCR-300型的無線電。他的身高只有五呎十吋，體重只有一百二十磅，而無線電對他來說似乎太重了。大家常說，每天開始前進時，無線電的重量是三十八磅，到後來就好像變成六十磅。當時里特二十三歲，幾週前，他才在洛東江度過自己的生日，現在還是一個動作不太俐落的士兵；他總覺得自己的晉升速度太慢與他長得太瘦有關，因為他看起來不像戰士。他以前曾來過韓國，會說一點點韓國話，本可勉強做個翻譯。但是，每當某個連長發現他的這項專長時，不是陣亡就是升官了，而他也只好繼續當自己的通訊兵。

在中國人進攻的第一天，大多數部隊還留在軍隅里。他所屬的A連（加強連，兩百三十人）是在距離北方約二十五英里的位置。敵人在一個名叫雲峰洞的小村子對他們發動攻擊。他們原本應該在兩天之內前進六英里，抵達一二二九高地，卻在第一天就遭到襲擊，延緩了前進的進度。部隊嚴重缺乏步槍兵，里特於是也拿起了步槍，這讓他的生存機會增加了好幾倍。在距離目的地三分之二的路程時，由於敵人火力太猛，他們只好停止前進，在三〇〇高地構築防禦工事。由於凍土異常堅硬，他們的散兵坑挖得不深，形狀也不規整。起初，他們採取輪班制，作戰一小時，休息一小時。如果幸運的話，你執勤的那個小時或許只須放哨。他們當時位於整個師的最北端，身後約三英里左右有一個營。

中國人在半夜進攻，衝殺之聲震耳欲聾，無數敵人瞬間出現。他們堅持了約二十五分鐘後只好撤退。撤退過程異常艱困，那也是戰爭中最糟的情況——夜半時分，伸手不見五指，還要帶著大批傷患。里特還記得，他們設法跑到另一座山上，想在那裡構築防禦陣地，但中國人太多了，他們只能繼續撤退。里特記得，大概又過了四十五分鐘，整個部隊已經傷亡慘重，所剩無幾。

他們開始四散奔逃，向想像中的營部所在地撤退。當時，里特混進一個臨時拼湊的小部隊，大概有二十或二十五人左右，都來自不同的連隊，里特一個也不認識。事實上，那一夜，整個八軍團幾乎都處於這種混亂的情況。他們在黑暗裡慌忙撤退，而中國人追殺的聲音似乎越來越近。里特發現，自己身邊的戰友正逐漸變少，只有四個美國兵和兩個美軍附編韓軍，還有一個用毯子裹著的傷患。在如此嚴寒的天氣裡，根本無法抬好擔架，傷患因此時常摔到地上。

里特對那一夜的恐怖經歷記憶猶新，最讓他刻骨銘心的，就是親眼目睹戰友的膽怯和自私。里特至今還記得那個傷患的名字——維拉德．史密斯（Willard Smith），來自田納西州的安德森。史密斯傷勢嚴重但還活著，里特認為只要能把他帶出來，他肯定能活下去。撤退的速度因史密斯而大大減慢，但是扶攜受傷戰友也是軍人那時該做的事。當時，他們只有一個年輕的中尉，但他並不是這些人原本的長官，事實上大家已群龍無首了。他們早已筋疲力盡，畢竟只能睡一小時，也沒有吃過任何東西。這時，他們已無暇顧及體面和尊嚴了。他們能清楚聽見遠處中國人的聲音，槍聲離自己越來越近。

最後，在拂曉時分，他們逃到一條河邊。那個中尉終於說話了：「我們只能把他留在這裡了，明天可以派一架直升機來找他。」一個名義上的領導者，毫不掩飾地說出了自己的想法。這對他來說也是極為痛苦的抉擇。其他四個抬傷患的士兵面面相覷，看著中尉，他們知道這個中尉在說謊，因為根本就沒有直升機，更不用說到一個沒人知道的地方去找一具被凍僵的屍體了。他真正的意思無非是想盡快撤退，把史密斯留在那裡等死。但沒有人願意那麼想，他們自己早已筋疲力竭、近乎崩潰，但每個人也都知道，他的提議是可恥的，為了保住自己的性命，而放棄另一個生命，這對軍人來說是不可饒恕的。里特說：「你的意思是，把他留在這裡等死嗎？」中尉沒有回答，他也沒有必要回答。事實上，他為其他人提供了保命的機會。

在里特的記憶裡，那真是地獄般的經歷。每個人都想做正確的事，即使已毫無希望，即使要犧牲自己的生命，你也會在所不惜。此時此刻，他的腦中沒有什麼比這更清晰的：彷彿你是在向這個世界聲明，你是個怎樣的人。於是，四個人最後一致同意繼續帶著史密斯，而這根本就不是什麼命令。兩個南韓人也跟隨他們保護傷患。多年以後，在回憶當年的情況時，里特仍感到不可思議：他們竟然那麼容易就接受自己的建議。里特經常思考這個問題。其實，每個人都知道，自己可能會因此喪命，因此，這個決定似乎帶有一點審判的味道，也許是人生最後的審判，用你對世界的回應去定義自己的人生。於是，中尉留下里特和其他三名士兵保護史密斯。

里特逐漸體會到，戰爭的奇妙之處就是能讓人回歸本性，把最真實的一面暴露在陽光下。有些人平時看起來強勢而堅定，言談中更是讓你對他們敬畏有加，但是身處戰火之中時，一切都變了。有些人根本就不像他們平常所表現的那麼堅強。相較之下，有些孱弱而溫和的人，則轉眼間成為真正的勇士，他們的堅定勇敢存在於內心，而不是外表。誰能事先知道誰才是真正勇敢的人？這個問題里特永遠也無法解答，因為答案總是不一樣。

因為史密斯，他們的撤退非常緩慢。每個人都疲憊不堪、飢餓難耐。途中，里特悄悄潛入一個小村莊，希望能找到一點吃的，恰好碰到一個年輕的北韓女孩走出茅屋。他向女孩要一點米飯，女孩卻給他不少熱騰騰的玉米和其他食物。他認為，這頓飯或許救了他們。在撤退途中，他們不斷遭受共軍小部隊的襲擊，也有可能是他們的先鋒部隊。在一處山腳下，共軍小部隊首先向他們開火。抬擔架的喬治·懷特（George White）腳部中彈。懷特的受傷讓他們的撤退速度更慢。於是，南韓兵幫忙抬擔架，里特則拿著唯一的一挺BAR白朗寧輕機槍斷後，這種武器的火力很猛，也很實用。他覺得當時的情況太糟了，因為他必須拿著從來沒用過的武器抵擋整個敵軍。

他懷疑有哪支部隊的行軍速度像他們一樣慢。最後，他們穿過一道山谷，發現一名美軍醫護兵，才總算救了史密斯和懷特。此後，里特和懷特一直持續通信，懷特每次都在信的最後寫上「感謝你一路上的照顧」。里特也試圖聯絡史密斯，寫過兩封信給他，但始終沒有回音。那個拋下他們不管的中尉也沒有好下場。兩天後，他被中國人俘虜，後來死在戰俘營。

和里特同行的士兵都來自其他被打散的部隊。他們邊撤退邊戰鬥，堅持了兩天多，最後才與同樣被打散的營部倖存人員會合。身邊的人沒有一個是他認識的。他還記得，在一個正遭到中國迫擊砲轟擊的小村莊裡，停著幾輛戰車。全體人員準備撤離村莊，指揮官命令步兵爬到戰車上。里特爬上其中一輛，那輛戰車感覺上不錯，因為引擎還沒有熄火，戰車表面還有點溫度。這時，敵人的迫擊砲彈離他們越來越近，里特覺得躲在戰車裡很安全，迫擊砲對自己似乎沒有什麼威脅。就在他探出頭向遠處張望時，一顆砲彈落在身邊，一塊砲彈的碎片擊中他的前額，他血流滿面，擋住視線，什麼都看不到。他後來才覺得，他被這顆砲彈打成了腦震盪。由於視線阻隔，他開始有點慌張，覺得自己肯定沒命了。就在這時，他的朋友賽爾頓．莫納漢（Seldon Monaghan）出現了。賽爾頓對他說：「天哪，我看你是還沒學會藏好自己的腦袋，是吧？」在這種時刻，這樣的話比什麼都強，因為這讓他恢復冷靜。然後，莫納漢替里特做了簡單的包紮，這至少能讓他看到一點東西，幫助他重新登上戰車、回到營地。他原本以為會被送去平壤治療，但飛機沒有在那裡著陸，而是把他們送到日本的一家醫院，所以他沒有經歷軍隅里那場驚心動魄的大撤退。他後來認為，在那段短暫的日子裡，幸運一直伴隨著自己。後來，里特因搶救懷特而獲得銀星勳章。

＊　＊　＊

在中國人發動攻擊的那一夜，經驗豐富的裝甲軍官山姆．梅斯卻脫下了戰靴。在那時、那種情形下，即使是穿靴子脫靴子這麼簡單的事，往往也會決定生死。他脫下夾克，把手槍包在裡面，想清除槍裡的濕氣；然後鑽進軍用毛毯裹成的自製睡袋，沒有棉花，更別提羽毛，因此既談不上舒服，更談不上溫暖（後來，有人寫美國士兵死在睡袋裡時，梅斯對此耿耿於懷——「我們當時根本就沒有什麼睡袋」）。就在這時，共軍的第一波砲擊開始了。落在他們身邊的是一種白磷彈。梅斯看了一下手錶：當時是十一月二十六日零點十分。他的第一個想法是，為什麼美國軍隊還用四點二吋的迫擊砲呢，而且還這麼不小心，竟然打到自己的陣地上。但他突然意識到，這是敵人的砲彈。他一把抓起靴子，穿著襪子跳進自己的戰車。即使在黑暗中，他仍然能看到村裡四散奔跑的人；然後，他聽到村子另一端的兩輛戰車和營部的其他車輛紛紛啟動，向南行駛。

砲擊持續了一個小時左右。他躲在戰車砲塔裡，用潛望鏡掃視著前面的山巒，尤其是附近的一座小山，因為約翰・巴貝中尉（John Barbey）的L連一排就駐紮在那座山上。這時，射手拍一下他的膝蓋。他望向遠方，看到約五十人正沿著山脊的一條小路下行，山路極為狹窄，宛如一條羊腸小徑，非常陡峭，因此，這些人只能排成一列，有時甚至要互相攙扶才能保持平衡。當這些人走過三分之二的路程時，梅斯大聲喊話：「是美國兵嗎？如果是，就回話！」對方沒有應答。於是，他告訴射手，等他們接近山腳時，用七十六公厘主砲射擊他們。在射手向對方開砲時，梅斯同時用五〇機槍向他們掃射。戰鬥結束時，他們發現山腳下躺著大批的敵人屍體。

梅斯讓射手用主砲封鎖那條小路。大約半個小時後，射手踢了他的腿一下，小聲說：「看，敵人又上來了。」於是，他們等著對方靠近，直到看清對方是中國人，在敵人再度接近山腳時，他們開始射擊，再度打退敵人的進攻。之後，他們第三次打退了敵人。在這個過程中，梅斯突然注意到，好像有一個士兵夾著炸藥包向戰車爬過來，梅斯對準這個中國人開火。直到第二天他還在琢磨，為什麼沒聽到巴貝的陣地上傳來任何槍聲呢？這至少會警告自己，中國人已經來了。後來，梅斯才知道，中國人悄悄進入他們在山上的陣地，用刺刀捅死了還在熟睡的美國士兵。

破曉時，梅斯檢查了屍體。這些人和韓國人不一樣，身材略為魁梧，膚色較黑，身高平均六呎。有人告訴他，這是中國東北人。他們手裡一律持美式武器，而且都保養得很好；背包也整齊，是用稻草繩捆在身上。他還記得這些人下山的情形，給人的感覺是紀律嚴明，步伐一致，好像已經演練了很多次。

他很清楚，美國人正在和一支非常出色、非常專業的軍隊作戰。他的三輛戰車中有一輛已被摧毀。於是，梅斯把手下召集起來，大部分的人都受傷了。他把這些傷患放在吉普車上，剩下的人則繼續向西撤退。在接下來的兩天，他一直在和共軍交戰。

第二天結束時，梅斯已經準備讓其餘的兩輛戰車朝古薑洞村移動。有人告訴他，第三十八團一部已經抵達那裡。途中，他又撿到兩輛被遺棄的戰車。就在接近村莊的時候，他遇到六十五名神色失常的步兵，這些人大多來自第三十八團，但可能屬於不同的連，甚至是不同的營。在突然失去統一指揮和最起碼的生命保障時，似乎只有戰車才是安全的。其中一名軍官也是裝甲兵，他請求梅斯讓他躲在戰車裡，梅斯終究同意了，儘管裡面多一個人讓他感到很難受。

他們移動到古薑洞的速度很慢，平均時速只有兩英里。每輛戰車大約坐著十五人。他們原本以為這個村子是由美國人控制的，但事實並非如此。通常，梅斯不喜歡步兵坐在戰車上，尤其是在夜裡。因為這會限制他的視野及砲塔的轉動。如果轉動砲塔和機槍，坐在上面的人就會掉下去。但一般的做法不再適用了。當梅斯的戰車開進村莊時，村裡一片寂靜，這本身就是一種警告。突然間，槍聲四起，他們鑽進了敵人精心設計的陷阱。每棟房子似乎都有一、兩個中國兵用自動武器朝他們開火。那是噩夢般的時刻，也是生死抉擇的時刻。對一名戰鬥中的裝甲兵來說，最重要的準則就是保住自己的戰車。梅斯命令駕駛兵全速前進，拚命衝過去，然後，他不得不轉動砲塔，儘管他知道上面還有人。這時，他別無選擇，任何命令都無濟於事了，因為他知道上面的大多數人都不可能保住性命。戰車達到每小時十二英里的速度，幾乎是飛過村莊。到處都是死傷的美軍士兵。透過砲塔的潛望鏡，梅斯能聽到步兵被子彈擊中或跌落的慘叫聲，有些人沒被打死，但卻被後面跟上的戰車輾死。第二天清晨在檢查戰車時，梅斯發現，好像有人用血塗刷了戰車一樣，戰車上布滿鮮紅的泡狀物，還夾雜著碎肉和腦漿，在嚴寒中牢牢地凍結在一起。儘管伏擊只持續了兩、三分鐘，卻讓梅斯永生難忘。五十年後，那個場面還深深烙印在梅斯的腦海裡，那種撕心裂肺的慘叫還縈繞在他的耳邊，被鮮血染紅的戰車似乎還停在他的眼前。

在接下來的兩個晚上，梅斯一直和共軍不同的單位交戰。直到二十九日，他才接獲命令撤到軍隅里，與師部會合。他終於解脫了，他覺得自己帶著手下回到了人間天堂，因為在這裡，大部隊能提供他們一切保護。但軍隅里顯然不是天堂，那裡依舊一片狼藉，所有指揮官好像突然消失在人間。梅斯根本就沒有時間休息，他必須替自己的戰車加滿油，清理槍砲，為即將撤離軍隅里做好準備。他覺得自己有好幾個禮拜沒闔眼了。梅斯在師部見到第三十八團團長喬治・派普洛上校（George Peploe）悠閒地躺在舒適的行軍床上。一個團長睡在師部裡，沒有什麼比這更能說明，此時的美國戰爭機器是有多麼的殘破。和其他人一樣，梅斯也在挨餓受凍。當時的氣溫大約是零下二十度左右，根本就不用去在意風力了。之前的五天簡直就像在地獄裡，梅斯覺得，很多和他一樣的士兵，遠比他們的長官更了解戰局。對於這些從戰場倖存的士兵來說，在中國人進攻時，師部的反應簡直慢得讓人無法忍受。

* * *

在一些遭到沉重打擊的小部隊裡，大家都認為，堅持得越久，就越能為營和團爭取更多機會，最關鍵的是為師部著想。但師級和軍級指揮官是否能意識到這些呢？第三十八團團部連連長查理・希斯中尉（Charley Heath）至今還記得，就在中國人進攻的兩天之後，派普洛上校還在憤怒地和上級爭吵：「對，該死的，他們已經被中國人埋伏了。對，他肯定能分清中國人和北韓人，他親自審訊了戰俘，還帶回一名翻譯，因為他手裡也有幾個戰俘。他已經證實這些情報的準確性，還跑到那裡轉了一圈，就是為了證明他們是中國人。即使沒有翻譯，那些中國兵屍體，也能證明他是對的。」希斯從未見過哪個軍官發這麼大的火。放下電話時，派普洛說：「老天哪，師部那些渾蛋竟然因為我們認出中國人，就表揚了我。」

＊＊＊

很快的，梅斯就打消了把師部當做庇護所的念頭。師部已經被恐懼籠罩。梅斯認為，恐懼是戰場上最可怕的東西，不僅能讓膽小鬼心驚肉跳，也能讓勇士為之動搖。更糟的是，恐懼有傳染性，能讓一支部隊在開戰前軍心渙散，徹底喪失戰鬥力。因此，要成為一名合格的軍人，首先必須學會壓抑自己的恐懼。而傑出的指揮官則深諳恐懼的意義：戰場上的恐懼無所不在，無時不在，並把它轉換成你的資產。拙劣的指揮官則對恐懼恨之入骨。同一個人，在不同軍官指揮下的表現會截然不同：在指揮若定的指揮官面前，他會成為勇敢的鬥士，在驚恐慌張的指揮官面前，他會變成膽小的逃兵。優秀的指揮官不僅擅長運籌帷幄，還必須表現出不可摧毀的自信，這一點不僅是可以做到的，也是一名指揮官的職責。同樣的，勇氣和力量也是可以傳達的，但只能由上而下傳達。指揮官能將自己的信心和力量直接傳達給下屬，然後再透過命令逐層下達，從而讓整個部隊士氣高昂。

在軍隅里，似乎沒有人在指揮。那些本應指揮作戰的人顯得迷茫與迷失。梅斯的直屬上司辛頓還記得，師長凱瑟早已被中國人的進攻給癱瘓了。在此之前，凱瑟還像幽靈一般，只聞其聲，不見其人。他一直讓副師長史萊登．布萊德雷准將出面，大家還以為布萊德雷才是真正的師長。有些軍官認為，凱瑟把責任都交給布萊德雷是因為他覺得自己已經過氣了，年紀也太大了，所以在如此嚴寒刺骨的天氣裡，根本無力迎戰強敵。當整個師被毀潰時，他根本不知道該怎麼重整。

對於大部隊的指揮官來說，這實在是最大的噩夢：中國人正步步進逼，隨時可能消滅整個師。外界對第二師的整體看法是：面對中國人的猛攻，凱瑟和其他高階將領畢竟抵擋了三天，延緩了中國人的推進速度。但他和他的上級長官很久之後才反應過來：正是利用這段時間，二十個師的中國大軍可能正在西線集結，而這也是整場戰事最關鍵的。到了十一月二十九日，軍隅里的每個人都知道，更為逼近的中國人正把繩子纏繞在他們的脖子上，讓他們難以呼吸。時間同樣有利於中國人，因為他們在人數上明顯占優勢，而且完全切斷了美國人的退路。

之後，凱瑟做出也許是他軍旅生涯中最重要的決策。已經和中國人打了四天（還是五天），他們的思緒已經亂了，智慧已經耗盡。他們不知道共軍是從哪裡冒出來的，也不知道他們到底有多少人。更糟的是，沒人知道該走哪條路。

辛頓同意梅斯的說法——師部的混亂就像細菌一樣，具有傳染作用。師部有幾架輕型偵察機，但是照辛頓的說法，它們沒發揮任何作用。讓梅斯驚恐的是，整個師現在岌岌可危，他們只能靠自己。他相信，獲得救援的機會已經微乎其微。據說有英國援軍正在路上，但他已經不抱希望。他還清楚記得，在二戰期間的阿登戰役最激烈的時候——他們在巴斯通的寒冬中瑟縮發抖，而德軍的重砲對他們連番轟擊，但是他仍堅信有人正趕來營救自己。但是現在與那時的感覺完全不同，那時的後勤補給非常充分，防守火力也非常有效，因此即使出現錯誤，他們也能馬上修正。儘管凱瑟的指揮確實糟糕透頂，但梅斯相信真正的問題在更高層，麻痺是由上往下傳染的。從那時開始，梅斯再也不想提到麥克阿瑟這個名字。無論是在寫給老兵社團的信或文章裡，還是在日常談話中，梅斯一直稱他為「大吹牛家」。

在那生死攸關的幾小時，如果說有什麼刻骨銘心的東西，那只有兩件事：一是美國軍人在戰場上遭受重創；另一件便是東京的大員拒絕承認是他們把這些美國士兵引向災難。在戰場上，罪魁禍首就是師裡的高階軍官，他們沒有提示下屬即將來臨的威脅，只是一味迎合東京要員們的妄想和虛榮。無論凱瑟有多大的錯——他是徹底無能的領袖——可軍部犯下的錯誤更糟。

30 拙劣的指揮

十一月二十九日下午四點半，夜幕降臨時，凱瑟透過無線電告訴第九軍軍部，該師已危在旦夕。共軍現在的進攻更加猛烈，甚至在白天也會發動攻擊。但他的上級——也就是第九軍司令部的長官們，甚至還不如他鎮定。這幫人應該為這最關鍵的兩天裡所發生的一切負起主要責任，因為他們原本還有機會讓第二師免於遭受如此慘重的傷亡。軍長庫爾特嚇得呆若木雞，不知怎麼面對這場大災難，過了很久才決定讓軍部向南撤到平壤。這時，第九軍面臨損失整個第二師的危險，而軟弱無能的庫爾特，早就慌成一團，不知所措。他的情報來源一直很有限，他對戰場發生的事幾乎一無所知，他只對東京司令部發來的過時命令唯唯諾諾，言聽計從。他一直對東京的大員們畢恭畢敬，把他們的命令奉為聖旨。第九軍本應為上級提供更多的見解，為下級提供更多的指導和支援。但是在攸關生死的那幾個小時，他們的指導幾乎完全錯誤——不僅沒有幫助，更越幫越忙。

很多部下戲稱庫爾特少將為「膽小鬼約翰」，因為他也許是三位軍長中最膽小的一位。他根本無法勝任這個職位，這早就不是什麼祕密了。一個月後，當李奇威接管第八軍團司令時，庫爾特成為第一個被解職的軍長，儘管名義上是晉升。他得到自己的第三枚「傑出服役獎章」，因為軍長畢竟是高階指揮官，總要顧及面子。隨後，他得到了一份參謀的工作，負責李奇威與南韓及李承晚之間的協調工作。

庫爾特一直是麥帥的心腹。一九一一年，他畢業於聖安東尼奧的西德克薩斯軍校，也就是麥帥進入西點軍校之前就讀的學校。在一戰前，他成為潘興將軍駐墨西哥部隊的一員。在一戰期間，他進入麥帥的第四十二師，即「彩虹」師，在聖米耶勒擔任營長。二戰期間，他是第八十五師師長，與阿爾蒙德的第九十二師在義大利並肩作戰。一九四八年，麥帥帶著庫爾特來到遠東，任命他為第七師師長。接著，他又成為駐韓美軍副司令及駐日美軍第一軍軍長。他曾短暫回國任職，韓戰一爆發，麥帥又要他回來擔任第一軍軍長，名義上歸華克指揮，實際上卻是麥帥和阿爾蒙德的心腹。

在洛東江戰役中，儘管華克對庫爾特的第一軍毫無印象，然而要應對這樣一個自己不喜歡、卻是上級眼中紅人的部下，還是要費一番苦心。華克的處理方式就是在仁川登陸時，把第一軍交由米爾本指揮。這表示庫爾特將被留在北上時任用——實際上，在九月十六日以前，他接手的第九軍基本上沒有參戰，而在此之後，他的任務是清理戰場。

在軍隊裡，指揮官的職責就是隨時提醒有危險的下屬部隊。截至十一月三十日，在八軍團所有參加過西線戰鬥的部隊裡，只有第二師陷入極度危險之中。庫爾特有全力援救之責，也有向上級稟報實情之權。例如，只要他認為有必要，隨時可以向華克求援。

當共軍開始進攻時，軍部的態度一直很頑固：儘管情勢很嚴峻，但還不至於到致命的地步。他們認為，部隊遭遇困境的唯一原因就是南韓軍臨陣脫逃，於是部分美國部隊就暫時遇到危險。庫爾特說這只是「一個局部的問題」。十一月二十七日，也就是共軍進攻兩天後，軍部下達的「局部撤退」命令讓第二師感到洩氣。這項命令實際上不允許整團或整營撤退、重組，並在更有利的地形上集結。他們當時只能從一個容易受攻擊的地方跑到另一個更容易受攻擊的地方。三十日凌晨，凱瑟已經和軍部爭執了至少三天。他覺得庫爾特的命令不恰當，最好後撤四、五英里。他想讓這個師進一步後撤，然後再重新集結。例如，他一直和庫爾特討論先前發布的一道命令：要求部隊撤退到軍隅里以北一英里半的院里。凱瑟認為，如果不替他的師增加掩護，執行這樣的任務是非常危險的。否則即使到了院里，第二師同樣岌岌可危。

這個命令反映出戰場的殘酷現實與東京大員們的幻想有多麼大的距離。最初幾天，麥克阿瑟的命令仍舊是盡量大事化小，淡化戰況的影響——因為全面撤退將徹底擊碎他夢想中的最後一道彩虹。多年以後，雷伯德在談到整個第二師的混亂局面時說：「我們的失敗是因為我們已經為悲劇搭起了舞臺。」但是，如果有什麼需要特別指出的，那就是美國人是咎由自取。其實，當時的局勢已經非常清楚了，韓國戰場上的大多數高階軍官早已意識到這場巨大的災難，新聞記者也深有體會。此後不久，《紐約先驅論壇報》的霍莫爾．比加特（Homer Bigart）就因為報導韓戰而獲得普立茲獎。關於十一月二十八日發生的事，他寫道：「現在，聯合國軍正在為他們跨過朝鮮半島狹窄頸部的衝動而付出代價。這項舉動極不合情理，因為執行這道命令的軍隊過於弱小，面對北韓和中國以及蘇聯漫長的邊界線，他們無法確保自身安全。即使沒有紅色中國的干預，孱弱的聯合國軍也不可能沿著鴨綠江築起堅固的防線。」比加特還進一步指出，他們原本應守住半島狹窄頸部的那條線，因此，只要第二師能迅速南撤，他們就不會被打得這麼慘，「但整個場面極為殘酷」。

後來，凱瑟因第二師在十一月三十日的拙劣表現而受到指責，但更大的罪魁禍首應該是他的上級。不過，凱瑟畢竟是當時的指揮官，既然是指揮官，就必須為他們自己和他們的部隊著想。但他對顯而易見的危險置之不理，帶著部隊盲目北進。從一開始，他就低估了所面臨的危險，對那些不斷向他提出警告的人嗤之以鼻。剛到元山時，凱瑟對記者說，中國始終沒有把最好、最忠心的部隊派來北韓，那些出現在北韓的士兵，實際上「都是不願意打仗、被迫的志願者」，他們「並不比北韓軍隊凶悍多少」。談到他的部隊，凱瑟說，他們已經「磨利刺刀」，躍躍欲試，隨時可以戰鬥。不過，他很快就會為這些話後悔。

＊　＊　＊

要了解凱瑟的疏漏何在，以及一個優秀師長應做的事，只要看一下史密斯少將的做法就一目了然了。作為凱瑟的對照，他是阿爾蒙德第十軍旗下第一陸戰師師長。按作戰計畫，該師將在前線東段作戰，按計畫應前進到長津湖附近的中韓邊界，然後繼續西行，與第八軍團的其餘部隊會合。史密斯得到命令（命令來自一心只想前進、毫無顧忌的阿爾蒙德），加快速度，全速向長津湖和鴨綠江前進。阿普爾曼在記述海軍陸戰隊從長津湖突圍時寫道：「身為韓國戰場的高階指揮官，阿爾蒙德最大的缺陷在於，他堅信麥克阿瑟永不犯錯。」從來沒有人怪罪阿爾蒙德缺乏進取心。「該咄咄逼人的時候，阿爾蒙德一定會咄咄逼人，」第二師作戰參謀（參三，G3）莫里．霍爾登（Maury Holden）說：「該謹慎的時候，阿爾蒙德還是咄咄逼人。」沒有任何事物能阻擋他的前進步伐。

於是，不可調和的衝突就此爆發：在戰場東翼，是代表東京旨意的阿爾蒙德，而史密斯代表的則是戰場上的殘酷現實。即使兩人就「在長津湖－鴨綠江地區如何使用海軍陸戰隊」這個問題發生分歧之前，史密斯就已經對阿爾蒙德心存敵意，而且根本不信任阿爾蒙德。當然，這兩個人的恩怨是有歷史淵源的。早在仁川登陸前，阿爾蒙德就在史密斯面前耀武揚威，儼然一副兩棲作戰專家的架勢。事實上，他從未做過登陸作戰。登陸當天，阿爾蒙德一直站在麥克阿瑟的「麥金利山」號旗艦甲板上，與陸戰隊高階軍官維克多．克魯拉克（Victor Krulak）一起看著體型龐大的 LVT 兩棲登陸車駛出母艦。LVT 是巨大的履帶式兩棲登陸車，對於運送部隊與裝備上岸來說是非常有用的裝備。就在克魯拉克向阿爾蒙德說明這種裝備的好處時，阿爾蒙德問到說：「是啊？那它能夠浮在水面上嗎？」「我馬上出去把這句話告訴了十個人，」克魯拉克說，「因為我可不想忘記這麼令人汗顏的事，一個在仁川指揮登陸部隊的人居然問我：『它能夠浮在水面上嗎？』」

曾參與韓戰並寫過兩本好書的馬丁．拉斯（Martin Russ）提到，在北上之前，阿爾蒙德就成了「（陸戰隊）黑名單上的頭號人物」。在陸戰隊中，與官兵同甘共苦是一種驕傲。幹部沒有特殊待遇，不會比阿兵哥穿得更暖、吃得更好。但阿爾蒙德代表一種完全不同、完全不合時宜的軍旅文化。他自己的宿營車裡應有盡有，盡顯安逸舒適的本色。最重要的是，其他人在嚴寒中瑟縮發抖時，他的指揮車裡還熱氣撲臉。物質享受對他來說非常重要。在戰場上，他的生活算是極度奢侈了，宿營車裡竟然還有浴缸，而且熱水幾乎不斷（事實上，上級也曾為史密斯提供這種裝備著生活設施的宿營車，但被史密斯拒絕了）。此外，阿爾蒙德還有一個單獨的帳篷，裡面還附有裝了暖氣的盥洗室。他的伙食通常也非常講究——東京方面會定期送來上好的牛排、新鮮蔬菜和上等美酒。他的部下當然也知道這些，所以對他怨聲載道。

對一群在地獄般環境中跋涉的步兵來說，傳得最快的消息莫過於上司奢侈浮華的生活方式了。這就像是一戰時將軍的待遇。十月九日，阿爾蒙德的晚餐令人難忘。當時，他邀請史密斯及其麾下的三個團長。豐盛的宴會讓四個陸戰隊軍官目瞪口呆：每個人都有身穿白色制服的小兵侍奉，桌上鋪著亞麻桌布，擺著瓷器和銀質餐具。第十軍的傳奇人物之一路易斯．普勒（Lewis "Chesty" Puller）團長認為：「這在前線絕對是毫無人性的浪費。」普勒說，陸戰隊軍官應帶頭吃冰冷的口糧，讓卡車去運輸更寶貴的彈藥。普勒估計，在第十軍司令部裡服務上層的軍人有三千人，足以編成一個團了。陸戰隊軍官絕對不能做這樣的事，否則，就不可能得到士兵的尊重愛戴。

用瘋狂這個詞來形容麥帥的最後進攻似乎再恰當也不過了，這種瘋狂在東線比西線表現得更淋漓盡致。西線的將軍們或許不像史密斯那麼優秀，但華克心裡很明白，他一直不願讓自己的部隊全速前進。儘管華克也對手下的將軍下達了前進命令，但同時也一直在提醒他們注意危險。阿爾蒙德是麥帥的好孩子，是他最忠實的擁護者，剛愎自用、驕傲自大，這一切，讓他決定用韓國戰場的現實，去兌現麥帥東京司令部的夢想。由此可見，阿爾蒙德與史密斯往後的對立實際上就是麥帥與史密斯的對立。阿爾蒙德是一個自以為是、毫無耐心的中間人，他唯一的想法就是執行這些近乎瘋狂的命令，而史密斯則是在扮演下屬的不幸角色，隨時掌握戰場局勢，想辦法保護部下的生命。

史密斯接獲的命令是以最快速度趕到鴨綠江（有人說，最初的命令是「飛速前進」），但他有意放慢了行軍速度。他的第一陸戰師即將占領的地區大約有一千平方英里。這裡山巒起伏，嚴寒難耐。他認為，這裡絕對埋伏著大批共軍。他不想按照阿爾蒙德告訴他的那樣，把部隊分散開來。中國人一定會襲擊他們，史密斯不希望自己的部隊因為過度分散而無法互相照應。他一直設法說服阿爾蒙德，第一陸戰師的強大就在於它的整體作戰能力，但他也知道，不管阿爾蒙德在其他方面的能力如何，但聽取下屬的意見肯定不是他的優點。因此，史密斯只能盡力執行他的命令：一直前進，但只要可以的話，就放慢前進的速度；他的底限就是絕不讓暴躁的上級為自己加上堅決不服從命令的罪名。假如他是陸軍軍官而不是陸戰隊軍官，阿爾蒙德肯定早就開除他了。結局是，史密斯的謹慎和頑強不屈，不僅讓第一陸戰師逃離全軍覆沒的命運，也拯救了阿爾蒙德的官位。

事實上，史密斯少將是韓戰的偉大無名英雄。其他陸戰隊軍官都認為，史密斯理應得到「國會榮譽勳章」。但是和普勒不同的是，史密斯的英雄事蹟不那麼耀眼奪目。在陸戰隊裡，沒幾個人知道他的名字。史密斯是非常專業的軍人，一向謹言慎行，從不自以為是，甚至刻意低調行事。最重要的是，他善於尊重敵人。就像魯斯所寫的那樣，他就像是「業餘演出中扮演藥劑師的小人物，如果能再增加一點體重，老女人們也許會說他是個美男子」。他的職業生涯非比尋常，晉升速度慢得出奇——他當了十七年的上尉。在一九四四年九月太平洋戰爭的貝里琉戰役，史密斯擔任第一陸戰師副師長。貝里琉是帛琉群島的一個小島，本身並沒有什麼戰略價值，但這場戰役的代價卻極為慘重。貝里琉南北長四英里左右，東西寬約兩英里，島上幾乎全被珊瑚礁所覆蓋，因此，要挖出一個像樣的散兵坑幾乎是不可能的。但是這裡卻發生太平洋戰爭中最慘烈的悲劇之一，甚至在很多陸戰隊員眼裡，它就是太平洋戰爭中最悲壯的戰鬥。「它是戰爭史上最黑暗的戰鬥，遠比硫磺島之役或其他戰役更驚心動魄。」哈洛德．迪金上校（Harold Deakin）是這麼評論貝里琉之役的。他當時隸屬第一陸戰師，師長是威廉．魯普特斯少將

（William Rupertus）。島上守衛的日本人抵擋了美軍轟炸機和艦砲長達十幾天的轟炸。美軍登陸後，他們爬出地下掩體，以極致的勇猛凶殘，和美軍展開了一場肉搏戰。

魯普特斯和阿爾蒙德在性格上有很多相似之處——目中無人，魯莽衝動，從不把對手看在眼裡。他在作戰之前曾說，攻克貝里琉可能會有一些人員傷亡，但「這樣的情況不會持續很久，這將是一場快刀斬亂麻的戰鬥。我們將在三天之內解決貝里琉的敵人，也許是兩天」。實際上，這場慘絕人寰的戰役持續了整整一個月，雙方寸土必爭，在每一碼、每一個洞穴裡進行肉搏戰。據陸戰隊後來估計，守衛貝里琉島的日軍人數約為一萬人，每打死一名日軍，美軍就必須耗費一千六百發砲彈和子彈。因此，史密斯在和阿爾蒙德打交道時，就好像他又回到了貝里琉。

如果盲從這些在他看來與戰事毫無關聯的命令，很可能會讓第一陸戰師在這個寒氣逼人的荒山野嶺上敗給中國人，史密斯可不想這麼做。在陸戰隊的歷史裡，第一陸戰師在長津湖的成功突圍是一個奇蹟——而這項成功很大一部分歸功於史密斯沒有做的事，而不是他做了什麼事。在最後下令北進時，史密斯還命令部隊沿路留下一定數量的補給。該師的作戰官阿爾法．鮑澤（Alpha Bowser）認為，這些補給「最後拯救了幾千名弟兄的性命，甚至可以說，挽救了整個第一陸戰師」。

十一月二十七日，該師終於北上。這時，為了阻撓這個他徹底反對的作戰計畫，史密斯已經掙扎了將近三個禮拜。他認為東京司令部的人是一群笨蛋——他們先把第十軍和第八軍團分開，現在他們又想把自己的每一個團都分隔開來，讓各部隊之間無法互相掩護，也就讓每個部隊變得更加脆弱，更容易遭到攻擊，變成中國人嘴邊的一塊肉。陸戰隊的人一直認為，阿爾蒙德特別喜歡把大部隊切割成小部隊分頭作戰。鮑澤說，不管人數多少，他還是喜歡集中兵力，實施大規模作戰，這也是二戰時盟軍在歐洲戰場上的主要戰略。東京司令部向史密斯保證，共軍不可能繞過他西翼那些幾乎無法穿越的崇山峻嶺。但他的直覺是自己的部隊不能這麼作戰。「長津湖週邊地區不適合作戰，」史密斯在戰鬥結束後說：「即使是成吉思汗在這裡也沒辦法。」

不管怎麼說，史密斯還是要下達前進命令。他讓下級指揮官隨時知道可能發生的危險。事實上，他們已經不需要別的警告了，處處都存在著危險。此外，他還要求各部隊在夜間休息時要保持有利的防護陣形，他把每一夜都看成中國人即將進攻的時機。史密斯不僅懷疑自己眼前正在做的事，對麥帥的神話同樣感到不安。當麥帥做出勇往直前、直奔鴨綠江的決定時，史密斯就對一名同僚說：「哦，天哪，他在仁川僥倖地大賺了一筆，所以，他就以為在這裡還能再僥倖一次。」史密斯後來說，這一次他顯然沒那麼幸運。

沒有人能幫史密斯脫困。到十一月初，他更清楚地覺得，中國人很可能正在為美軍挖一個巨大的陷阱。十月二十九日，也就是美軍抵達元山時，史密斯防區內的南韓軍曾俘虜了十六名中國兵。這些人來自一個彈藥運送排，身材高於一般的中國人，皮膚略黑，身穿棉布軍服。這些兵沒有隱瞞所屬部隊的情況。他們聲稱自己屬於第九集團軍第四十二軍第一二四師三七〇團，於十月十六日進入北韓，該地區至少有第四十二軍團的三個師：一二四、一二五和一二六師。阿爾蒙德馬上跑來親自審問這些戰俘，並讓他們演練了一些制式教練，但結果表現普通。這些士兵衣衫襤褸，個個筋疲力盡，很久沒進食了。陸戰隊史學家約翰·霍夫曼說，阿爾蒙德用「中國洗衣工」來形容他們，這不是他第一次、也不是他最後一次使用這個詞。他對周圍的人說，這些人不是非常聰明。但是陸戰隊的人，就像霍夫曼所寫的那樣，並沒有因此而「喜形於色」。威洛比從東京趕來親自審訊這些俘虜，後來自以為是地斷定，他們來自一個兵力不大的部隊，大約有一萬人左右，只是象徵性的部隊，不屬於任何一個大兵力的中共部隊。

第一陸戰師第七團團長霍默爾·里茲伯格上校（Homer Litzenberg）是史密斯手下的三名團長之一，他接手擄獲中國兵的那個南韓部隊的防區，並且幾乎立刻在水洞遇到至少一整個師（或者更多）的中共主力部隊，這也是陸戰隊和中國人在東線的第一場激戰。這場戰鬥在十一月二日開始，四日結束。

「當時的情況真是太艱困了，我們一度以為我們會像小大角戰役中的卡斯特中校一樣全軍覆沒，毫無生還的機會。」詹姆斯．勞倫斯少校（James Lawrence）說。他當時是副營長，後來因此役獲得「海軍十字勳章」。戰鬥極為艱苦，該師最後雖然擊退共軍的攻勢，但也付出慘痛的代價——四十四人戰死，一六二人受傷，一人失蹤。

戰爭的慘烈無法讓東京司令部和阿爾蒙德放慢腳步，卻讓史密斯更加謹慎。他覺得自己的部隊正走進一個巨大的陷阱，因此他唯一的工作就是盡可能放慢腳步，就像他所說的：「千萬不能走得太遠，讓自己進退兩難。」但這也讓史密斯與阿爾蒙德的關係更緊張。「我們第一陸戰師是第十軍的先鋒部隊，」史密斯的參謀鮑澤上校提到，「但阿爾蒙德將軍已經注意到這個先鋒部隊沒有移動。我們其實是故意磨蹭不前。可以說，我們為了減緩前進速度，用盡了書上的所有伎倆，希望能在敵人伸手掐住我們之前，盡可能不讓軍隊過於分散。同時，我們還在沿途選擇適當的地點設置補給站。」

十一月五日，陸戰隊在一間茅屋裡抓到一名

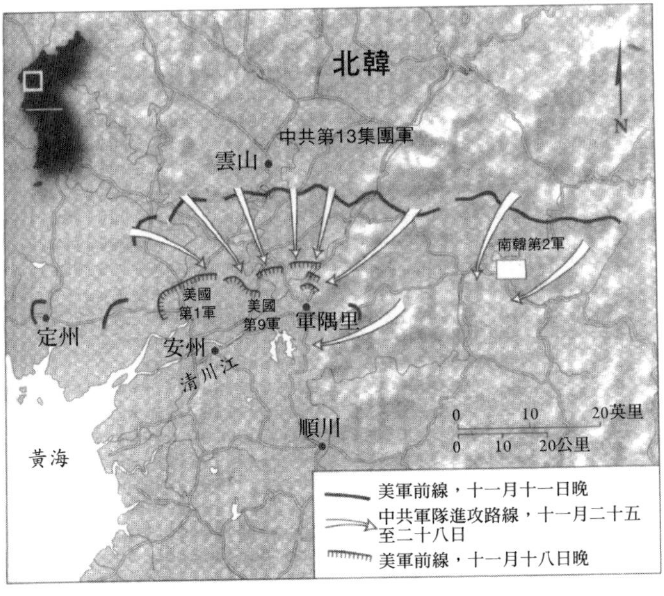

圖十四　共軍西線作戰要圖　十一月二十五至二十八日

正在睡覺的中國兵。這個兵屬於第一二六師，他知道的消息似乎也相當全面。共軍最大的不同之處就是，為了體現平等主義，普通士兵可以透過政委的演講了解大量的作戰命令。這名戰俘說，他們已經有二十四個師跨越了鴨綠江。十一月七日，阿爾蒙德從史密斯那裡得知了這項消息，元山的新情況和這個情報讓阿爾蒙德清醒了。他首度順從史密斯要求集中該師兵力的提議。然而當東京隨後傳來加速前進的命令時，阿爾蒙德再一次要求史密斯加速前進。

在此同時，在共軍司令部，彭德懷在西線部署了二十五萬人去伏擊華克的十三萬人，雙方兵力的比例為一點九比一；東線以十五萬人進攻聯合國軍的十萬人，雙方兵力的比例為一點五比一。這時，他們已經來到鴨綠江南岸，非常隱密地躲在叢林洞穴中。他們以前與美軍、聯合國軍的衝突，打了就跑，毫不戀戰，簡直就是在戲弄對手。共軍負責東線作戰的第九集團軍司令員宋時輪對參謀說：「釣魚的時候，你得先讓魚咬餌。」用一名共軍高級軍官的話來說，在十一月中旬，聯合國軍「離我們預定的殺戮區還很遠呢」。

十一月十五日，史密斯與阿爾蒙德會面，阿爾蒙德再度催促史密斯加速前進。實際上，陸戰隊當時已抵達長津湖南端的下碣隅里，但阿爾蒙德希望他們繼續開進到十四英里以外的柳潭里，另一個陸戰團繼續東行，第三個團則在五十英里以南。整個第一師仍嚴重分裂。「我們必須沿著那條路快速前進。」阿爾蒙德說。史密斯立刻反駁：「不行！」據陸戰隊准將艾德．克雷格回憶，阿爾蒙德假裝沒聽見，然後頭也不回地走了。阿爾蒙德離開後，史密斯說：「在整個師集中在一起、建立機場之前，我們哪裡也不去。」他想在海岸線到長津湖之間的路上修建一座機場，以便在遭到中國襲擊後空運傷患。阿爾蒙德對史密斯堅信即將到來的危險視而不見，堅持要把第一師拆開，這讓史密斯心煩意亂。這一天，他做出一個不尋常的決定，他寫了一封信給陸戰隊司令克利夫頓．凱茨（Clifton Cates），對阿爾蒙德的命令提出異議，並用事實指出其中隱含的危險：如果這麼做，很可能會毀掉整個第一陸戰師。

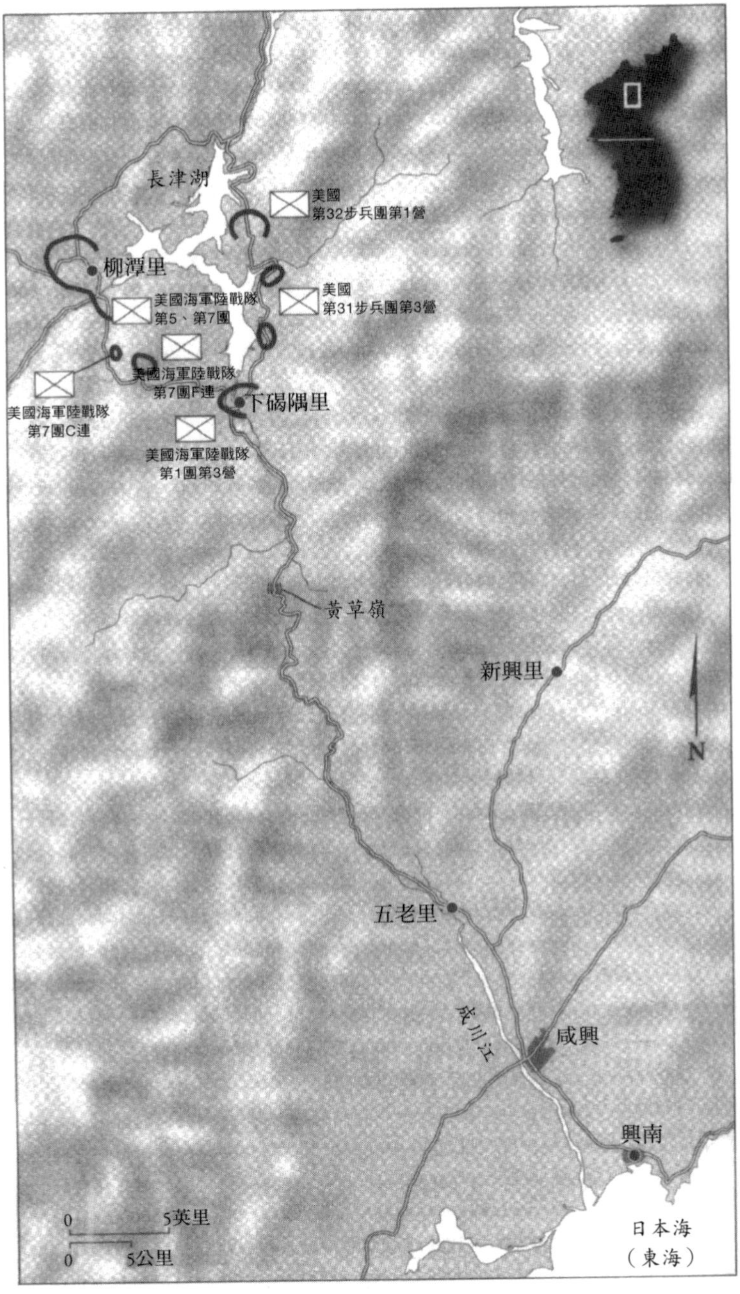

圖十五　陸戰隊作戰地域，十月至十一月二十七日

史密斯在信中寫道，襲擊他們的共軍已向北撤退，但他並沒有下令追擊，因為自己的左翼已經「洞開」，第八軍團離他最近的部隊也在八英里以外。他指揮的各個部隊無法相互支援。「整個第一陸戰師完全分散在從咸興到中韓邊境間一百二十英里的崎嶇山路上，我對這種情況感到很無奈。」而上級的命令又讓他更加焦慮。「我對第十軍的戰術判斷或他們的部署毫無信心。雖然以前一直很僥倖，但整個部隊正不斷分散，原定的作戰目標也變得越來越模糊。我一次又一次想告訴軍長，陸戰隊集中在一起會很強大，一分散就會喪失原有的戰鬥力。」最後，他提到了嚴寒和山地，對這樣的自然環境感到擔憂。「我相信在韓國的山地發動冬季攻勢，對美國陸軍士兵或陸戰隊來說是過多的要求。我對後勤單位在冬季提供補給及救護傷患的能力表示懷疑。」十一月中旬，他終於爭取到在下碣隅里修建一條小型臨時飛機跑道。這絕不是一件輕鬆的事，陸戰隊航空作戰部的菲爾德．哈里斯少將（Field Harris）幫他完成這項工作。有一天，阿爾蒙德問哈里斯最需要什麼，哈里斯回答一個小型機場，這樣他們就可以利用飛機把更多的補給直接送到戰場，同時帶走更多傷患、病患。阿爾蒙德問哈里斯：「什麼傷亡？」不久，哈里斯的兒子就在長津湖附近失蹤。他後來告訴陸戰隊史學家比米斯．法蘭克（Bemis Frank）：「這就是我要應對的事情，但他連作戰傷亡這種事都不願面對。我們在那場作戰中運出了四千五百名傷兵。」

史密斯堅信，中國人正拿著誘餌等他們跳進大陷阱。一個現成的證據證實了這一點：中國人未炸掉黃草嶺山口的一座橋樑。從陸戰隊最初登陸的興南港到柳潭里的公路全長七十八英里；從興南往北的最初一段比較平坦。從水洞（十一月二日，中國人首度在這裡進攻）到興南，全長約三十七英里。但是從水洞以北到古土里以南這段路變得越來越艱險，海拔直線上升，僅僅在八英里的距離便上升了兩百五十呎，最恐怖的一段路程位於黃草嶺山口，李奇威描述：「這是一條極為狹窄、令人膽戰心驚的羊腸小徑，一側是無法攀爬的懸崖峭壁，另一側是萬丈深淵。」在山口最險要的地方，唯一朝北的道路就是一座小水泥橋，橋下是四根巨大的水管，用來把長津湖的湖水輸送到水力發電站。由於山勢極陡峭，道路極狹窄，一旦炸毀位於黃草嶺山口的這座橋，險惡的地形和極為有限的補給能力將會讓依賴機械化裝備的美軍舉步維艱，但中國人卻沒有炸毀這座橋。對史密斯來說，這就像一隻不叫的狗。如此可怕而精明的敵人竟然不炸這座橋，這只能證明：中國人希望美國人跨過這座橋。這實際上和邀請沒什麼區別，但阿爾蒙德對此毫無警覺，因為他對敵人不屑一顧。在中國開始進攻時，勞倫斯少校（後來升為少將）是守水洞的美軍副營長，他說：「史密斯認為中國人希望我們過橋。在我們過橋後，他們再炸毀這座橋，徹底切斷我們的後路。史密斯很敏銳地察覺到這一點，但是阿爾蒙德對中國人的作戰能力毫無敬意，所以他毫不在意。」

十一月二十六日，史密斯已經贏得對他來說最重要的勝利。第一陸戰師的集中程度基本上令他滿意。阿爾蒙德以前敦促他把兵力部署到長津湖正西面的柳潭里，他按照命令在整個柳潭里區部署了兩個團，儘管彼此間的距離遠低於阿爾蒙德的要求，但還是被長津湖一分為二。雖然史密斯對整個部署不太滿意，但這還是比之前改善很多了。當克雷格向史密斯指出兵力分散的問題仍然存在時，史密斯只是淡淡地說：「陸軍想這麼做。」

在第七陸戰團駐紮的柳潭里以東的長津湖，就像一把銳利的尖刀從南面直插下碣隅里。柳潭里位於下碣隅里以西約十四英里處，第五陸戰團則位於這把尖刀的另一側。在下碣隅里，史密斯部署的是普勒的第一陸戰團的一個營。普勒的另一個營則駐紮在位於下碣隅里以南約十一英里的古土里，古土里的位置正處在美軍的主要補給線上。普勒的第三個營則位於真興里以南約十英里。普勒的部隊負責整條補給線的暢通。考慮到現有情報顯示該地區至少有六個師的中國兵力，因此這樣的部署遠非理想，但只要有一點喘息之機，全師還能進行有效的防衛。就像鮑澤所說的：「即使如此，我們現在還是處於白雪覆蓋的漫長戰線的最末端。這條戰線長達六十五到七十五英里，看你要什麼地方去測量。」和凱瑟以及其他陸軍將領不同，史密斯認為一旦中國人出現在眼前，情勢將不樂觀。

第十軍在東線進攻的時間點非常重要：攻勢始於十一月二十七日，就在共軍對八軍團發動大規模攻勢的兩天之後。陸戰隊接到一些初期戰報，但還不知道這場災難的可怕程度。東線的進攻計畫完全不可理喻——用麥卡弗雷的話來說，這是瘋子的做法。按照計畫，第十軍所屬的第一陸戰師應東進到四十至五十英里以外的武坪里，但是這段路基本上無法行走，甚至無路可走。武坪里是清川江上游的一個小村子，因而屬於八軍團的作戰範圍；如果能抵達這裡，他們與華克的部隊就算連接在一起了。理論上，這將對該地區的共軍形成一個包圍圈，切斷他們的退路，而在東京司令部眼裡，這也將徹底切斷中國人的補給線。但是考量美軍各部隊的分散程度和複雜多變的地形（某些山峰海拔高達七千呎），以及嚴酷的氣候（氣溫通常低於攝氏零下二十八度），這種想法無異於白日夢。東京司令部的官員根本不明白，真正被切斷退路的會是美軍自己，他們已被拋棄到這個國家最偏僻、最無法接近的地方。事實上，在這種崎嶇險峻的羊腸小徑上，攜帶大量輜重的陸戰隊員根本不可能抵達武坪里，而在這些冰雪覆蓋的險峰之上，他們顯然成為中國人襲擊的最佳目標。但是對麥帥來說，把第十軍和八軍團集結在一起是勝利的一種象徵，也是他軍旅生涯最輝煌的時刻，這將成為他最終征服這個國家和這些敵人的鐵證。即使陸戰隊歷盡千辛萬苦抵達武坪里，對他來說也沒有意義。這根本就沒有任何軍事意義，因為他們無法控制自己腳下的這片土地。

但沒有人能說服他。「這些計畫不符合這個國家的實情。這樣的命令在當時絕對是徹底的瘋狂，」麥卡弗雷在多年之後說：「從朝向鴨綠江開進的那一天起，我們就已經被關在瘋人院裡，指揮我們這群瘋子的還是瘋子。你只能當下處於北韓那個已經被中國人進駐的地區，同時又被大批共軍一波又一波的重擊的情況下，才能理解這種毫無理性的瘋狂。東京給我們的命令是不理智的，絕對是無法饒恕的瘋狂。真正值得思考的唯一問題，即是能否把我們的人帶離這裡，但上級的命令依舊是繼續前進。」他直言不諱地指出，麥帥在仁川登陸之後，「簡直就是瘋了」。

負責擔任前鋒部隊的是雷・莫瑞（Ray Murray）的第五陸戰團，但他們的位置太過於孤立了。提到計畫中的西線進攻，莫瑞後來說：「那絕對是難以置信。你越是細想，就越覺得這是不真實的。但不管怎麼說，這是命令，這就是我們應該做的事。」就像阿爾蒙德的參謀長尼克・拉夫納爾（Nick Ruffner）所說，這是「一個瘋狂的計畫」。布萊爾寫道，這絕對是「韓戰中最沒腦、最不幸的作戰部署」。

由於東京司令部始終不願放棄他們的悲劇性誤判，導致他們一直自欺欺人地假設，中國在朝鮮半島兩側海岸線發動進攻的規模和範圍都會是有限的。由於互相衝突的力量和情感的作用，華克沒對情勢及時反應，而當他意識到情勢不妙時，卻已無計可施了。最初幾天，華克還天真地以為自己還有時間拉回他的部隊，在平壤附近構築防線。相較之下，他在東海岸的同儕阿爾蒙德依舊對即將進行的冬季攻勢熱情不減。

在敵人強大的攻勢下，阿爾蒙德的指揮生涯行將終結，他最後的命令當然是他最不想下的命令。他終於慢慢意識到，眼前的局勢無法挽回。他告訴上司：失敗已成定局。實際上，直到中國人大規模進攻三天半之後的十一月二十八日，他還拒絕承認眼前的災難，仍拚命催促第十軍繼續前進。當天中午，他搭乘直升機，直接來到史密斯設在下碣隅里的師部，以他一貫的激情為史密斯做了一番戰前的鼓勵性談話。然而史密斯對他的話毫無興趣。他正忙著把走到陷阱邊緣的部隊重新集結在一起，現在最希望能集中兵力突圍南下。對陸戰隊而言，當時的阿爾蒙德身上總有幾近瘋狂的某種東西，就好像他還在指揮一支正在創造偉大勝利的陸軍，而實際上這支軍隊正面臨全數殲滅的危險。他們認為，這種結局的部分原因就是自傲與存在於他潛意識中的種族歧視，讓他對敵人的能力視而不見。「他們根本不把中國人當成戰士。他以為敵人一直在逃竄，因為他們除了逃竄之外別無選擇——儘管我們正在和他們作戰，而且是從十一月初開始就沒有停過。用『洗衣工』來形容中國兵也是阿爾蒙德那時杜撰出來的。在第十軍中，似乎唯一不知道中國兵有多出色以及我們的情勢有多危險的人，就是第十軍軍長。」副營長勞倫斯說。

之後，阿爾蒙德又直接飛到第七師第三十一團艾倫．麥克連上校（Allan MacLean）的團部，該團也是第十軍和共軍交戰的另一個主力部隊。阿爾蒙德之前的命令已經把第七師拆得七零八落，同時，他還在第七師和第一陸戰師之間造成了一個巨大的空隙。就像布萊爾說的，這些命令必將帶來悲劇性的結局。在阿爾蒙德造訪之前，麥克連上校的第三十一團已經在長津湖東邊遭到大批共軍的沉重打擊。如果有機會的話，他們本應撤退並與南面的陸戰隊會合，這才是最合理的戰術。然而阿爾蒙德卻要求他們正面迎擊。麥克連當時並不在團部，而是與處境最危險的「麥克連特遣隊」在一起。他在第二天率領第三十一團突圍時戰死。當時負責接待阿爾蒙德的是丹．卡洛斯．費斯中校（Don Carlos Faith），第三十一團的一名營長。阿爾蒙德似乎對麾下的部隊即將滅亡的命運並不在意。三天後，費斯中校也在率領已遭重創的「費斯特遣隊」撤離時陣亡，並因此被追授一枚「國會榮譽勳章」。當時，費斯一直向阿爾蒙德解釋，他們的陣地已毫無希望：兩個中國師正猛烈攻擊他們。「不可能，」阿爾蒙德說：「他們在整個北韓也沒有兩個師的兵力！」他說，進攻他們的部隊，最多也不過是逃到北韓北方的一些中國殘兵集結而成的。「我們還在進攻，我們準備一直打到鴨綠江。不要讓一群洗衣工似的烏合之眾擋住你的前進腳步！」然後，他命令費斯奪回前天夜裡失去的高地。

之後，阿爾蒙德拿出他屢試不爽的招數——現場授勳，準備在這裡發出三枚「銀星勳章」，一枚頒發給費斯中校，另外兩枚的得主由費斯決定。費斯中校十分震驚，立刻推薦另一名受傷的中尉，讓他來到團部立正接受勳章。就在這時，團部連的炊事班長喬治．史坦利（George Stanley）恰好經過。於是，費斯命令史坦利進來。就在少得可憐的士兵面前，阿爾蒙德導演了一場小小的授勳儀式。之後，阿爾蒙德乘直升機離開陣地。過了一會，費斯的作戰官衛斯理．寇帝斯少校（Wesley Curtis）走過來。他問費斯：「將軍說了什麼？」「你聽到了，是逃到北方的散兵，」費斯一邊扯下勳章扔到雪地裡，一邊憤怒地說：「真他媽的胡搞。」

當天稍晚，阿爾蒙德回到自己的司令部時，看到一份命令他趕回東京的電報。華克也接到了同樣的電報。在東京，他們馬上和麥帥進行了一次令人陰沉的會議，麥帥顯然已認清眼前的現實。用布萊爾的話來說：「慶祝成功的葡萄酒已變成酸澀的醋」。麥帥「在沒有掩護、沒有戰車而且幾乎沒有任何火砲、現代化通訊器材和補給設施的『一大群中國洗衣工』面前，一直覺得自己智慧超群，遊刃有餘」。布萊爾認為，麥帥在仁川登陸之後的指揮方式就是「驕傲、樂觀地走向災難」。在二十八日下午，他在發給參聯會的一份電報中說，我們目前面對的是「一場全新的戰爭」。他寫道：「本司令部已考慮到正常情況下可以預料的所有因素，但目前所面臨的情況已超出其控制範圍和能力範圍。」這些話所要表達的意思很清楚，也是華盛頓日後處置麥帥最有利的證據。在這封電報中，麥帥迴避了一個司令對戰場事態應承擔的全部責任，而把責任完全歸咎於運氣不佳和華府的官員。

* * *

即使是在形勢已基本明朗之時，阿爾蒙德依舊希望史密斯繼續開進武坪里。麥卡弗雷認為，這時的阿爾蒙德已經變成囚徒和奴隸，不僅對東京司令部的命令言聽計從，更將麥帥奉若神明。麥卡弗雷差點就因為這些愚蠢和瘋狂而喪命。就在中國人進攻之前，阿爾蒙德還命令他帶領幾個人建立一個所謂的「流動指揮部」，也就是在距離長津湖第一陸戰師師部兩百碼左右，設立一個小型臨時指揮所。阿爾蒙德一直要求麥卡弗雷把自己的指揮所與陸戰隊的指揮所分開，這樣他就可以透過這個臨時指揮所把軍部的命令直接傳達給第一陸戰師各部隊，以督促它們西進，因為師長史密斯堅決抵制他的命令——他認為這個命令無異於自殺。現在，麥卡弗雷變成軍部的代言人，向陸戰隊吶喊助威。麥卡弗雷一直認為，他的工作就是傳達這些瘋狂的命令，而接受命令的人也知道其瘋狂性。如果遵從這些命令，他們很可能就會喪命。

剛建立指揮所，麥卡弗雷就接到返回興南的命令。當他的吉普車離開駐地時，最後一個崗哨的陸戰隊員向他揮手示意，高喊：「長官，路上顧好自己的屁股，這些山裡到處都是中國人。」他回到興南，簡單吃了點東西，筋疲力盡地匆匆躺下休息。半夜，他被電話叫醒——電話另一頭是他留下來負責臨時指揮所的中校，當時他的聲音已近乎絕望：中國人正猛烈攻擊他們，臨時指揮所馬上就要被攻陷了……他們該怎麼辦？麥卡弗雷要求他們立刻向第一陸戰師師部靠攏，然而話聲未歇，電話就斷線了。從此以後，人們再也沒聽過駐紮在這個臨時指揮所士兵的消息。麥卡弗雷後來想，他也許是最後一個走出該處的人。

＊　＊　＊

十一月二十八日，在中國人進攻的三天後，東京司令部召開了一次高層會議。會議從晚上十點開始，持續了將近四小時，麥帥始終是會議的主角。布萊爾說，即使到了這個時候，麥帥依舊把共軍的數量低估為只有六萬人左右。他一直覺得只有六個師、約六萬人參與了對第十軍的戰鬥，事實上真正的數字是十二個師，約十二萬人，外加十八到二十個師、約二十萬人在西線作戰。華克遠比麥帥或阿爾蒙德實際得多。華克認為，我們必須撤退。運氣好的話，可以在朝鮮半島接近最狹窄處的平壤構築一道防線。早已被錯誤判斷蒙蔽的阿爾蒙德還想繼續進攻，但現在為時已晚。現在唯一能做的就是救出倖存者。東京司令部終於在二十九日下令撤退。但是已經太晚了，因為過去的每一天和每一個小時都對共軍越來越有利，而不利於美軍，特別是第二師。

最能體現東京司令部無視於戰場現實的，莫過於麥帥的作戰處長懷特（Pinky Wright）在會議中的一席話。懷特提議，剛到韓國、一直被阿爾蒙德用作預備隊的第三師應與華克的部隊會合。這是一項令人震驚的建議——一個來自高中預備軍官訓練團的高中學生都能提出比他更好的建議。連阿爾蒙德都認為這行不通，因為沒有西進的道路。任何一支穿越這些小路的美軍都會成為中國人垂手可得的獵物。

31 軍隅里與「鐵手套」

在朝鮮半島西側，聯合國軍的撤退命令終於讓第二師鬆了一口氣。凱瑟仍讓他的部隊待在最前方，這實際上是為其他部隊的撤退提供掩護，然而他們自己卻處在極度的危險之中。如果十一月三十日是凱瑟的悲劇上演之日，那麼十一月二十九日就是他在親手撰寫這齣悲劇的腳本——他的部隊被徹底摧毀，因為他白白浪費了一天的時間，儘管屬下紛紛要求撤離，可是他沒能讓上級庫爾特理解到自己已身陷絕境，應立刻突圍。二十九日凌晨，第九軍軍部終於下令，允許凱瑟向位於軍隅里以南約十英里的順天撤退。此外，庫爾特還向凱瑟保證這條路暢通無阻。他們說，擔任援軍的土耳其旅正沿著這條路北上，接應他們。

儘管對土耳其人的作戰能力一無所知，但庫爾特還是讚譽有加。土耳其人外形突出，尤其是他們的大鬍子，在他眼裡就是勇猛武士。於是，他毫不猶豫地把土耳其旅當作預備隊，編入第九軍。現在，他決定在戰爭最關鍵時刻派出這支奇兵。但事實證明，這是一支毫無作戰經驗、不堪一擊的部隊，他們的指揮官沒有受過任何正規訓練，與美國人和南韓人之間又存在著嚴重的語言溝通障礙。剛與共軍交手，他們便宣稱活捉了兩百名中國人，在當時那種極度令人沮喪的條件下，這無疑是振奮人心的消息，但是這兩百名戰俘事實上只是南韓逃兵。這一切更讓聯合國軍倍感羞辱，因為這些南韓士兵拋棄了自己的戰友，然後又在「勇猛」的土耳其人手中變成了俘虜。現在，需要他們做的就是向北移動，在第二師陣地的西南側守住撤退道路。然而他們顯然不是凱瑟所需要的部隊。早已在那裡等候的共軍立刻進攻土耳其旅，結果一擊即散。第二十三團的費里曼報告說：「土耳其人確實來了，但他們根本就無心戀戰；他們只是來看一眼戰況，然後便四處竄逃。」

這一切無助於凱瑟。二十九日一整天，他只做了一件事：分析眼前一大堆相互矛盾的資訊，研究撤退的道路是否真的暢通。二十九日下午四點半，隨著夜幕降臨，他電告軍部，他在軍隅里的部隊已危在旦夕。凱瑟告訴上級，原本計畫幫他防守右翼的土耳其旅被徹底擊潰，目前在東翼作戰的是他手下的第三十八團，而該團亦傷亡慘重，不可能堅守下去。更糟的是，他擔心自己的部隊無法沿著主要公路突圍，南下撤回順天，土耳其人的大敗足以顯示，中國人已經集結在那裡了。凱瑟請求放棄主要道路而改走其他道路。但是他等不到答覆，他的參謀人員只好勸他執行先前的命令。

直到三十日早上，庫爾特苦思了整整四天，對於第二師將面臨何種命運還心存一絲僥倖。事實上，越來越多的中國部隊正集結在他們的南側，退路已被徹底切斷，而他毫無辦法。他唯一能做的就是在二十九日忙著把自己的部隊轉移到更安全的地方，而這種地方對凱瑟來說更是遙不可及。這時，早已無計可施的參謀不得不應付凱瑟：他一直絕望地請求上司，而且越來越絕望（費里曼後來回憶，庫爾特乾脆「逃離了戰場」）。他的幕僚還煞有其事地安慰他，英軍密德薩斯營（Middlesex Battalion）正趕來增援。而就在美國人稱為「山口」以南的位置，英軍裹足不前，這裡正好是整個路段的瓶頸位置，位於軍隅里以南五英里半左右。最重要的是，在如此令人沮喪的情勢下，有限援軍的力量顯然是微不足道的，況且為時已晚。共軍六個師正步步逼近，逐漸縮小包圍圈，而庫爾特所能派來的援兵就只有毫無戰鬥經驗的土耳其人和一個英軍營。

到了二十九日晚上，凱瑟已清楚意識到整個前線正在崩潰，敵人正逼近自己。在他手下的三個團當中，第九團和第三十八團已無力應戰。這時，凱瑟有三種選擇：第一，他必須準確預見一旦中國人發難，他們該如何應對。此時，他必須集中全師的兵力，實際上就是把所有車輛集中起來，以優勢火力抵擋中國人的進攻，再利用飛機提供補給，直到拖垮敵人為止。這就表示他必須立刻把第二師轉變成空降師，雖然陷入敵人的包圍圈而暫時被切斷補給，仍可利用空中走廊來位置後勤補給。師屬砲兵司令約翰・海克特（John Hector）在幾個月後對他的部下瑞夫・霍克雷（Ralph Hockley）說，如果這麼做，他們完全可以成功突圍。這次作戰替美軍上了一堂生動的課程，由此汲取的教訓也成為未來美軍戰略的重要部分。兩個半月後，李奇威和費里曼正是利用這種戰術在武坪里大獲全勝。然而當中國人進攻時，沒有人想到這一點。十一月二十九日，事態的發展已讓他無法做出這種選擇。

於是，留給凱瑟的選擇只剩下兩個：按照軍部命令繼續南撤到順天，或沿著唯一一條向西的道路撤到安州，但沒人知道這條路是否暢通。諷刺的是，通往安州的路其實是美國人自己修建的，第一騎兵師的哈普・蓋伊中校最近率領手下，把一條山間小徑拓寬成公路。當該師北上經過元山時，蓋伊越來越擔心遭到中國人的伏擊。於是在十一月初，當該師駐守軍隅里時，他派出工兵修建通往安州的道路，以便在遭遇不測時讓自己多一條退路。他對傑克・墨菲中尉說：「多一條道路，就多一條生路，你怎麼知道哪條路幫得上你。一旦中國人進攻，一切都很難說。」然而第二師傳來的情報令人窒息。

二十九日清晨，凱瑟乘坐吉普車造訪西邊幾英里外的軍部，由於路上擁擠不堪而改搭一架輕型偵察機回來。這次的拜訪並沒有為他帶來什麼幫助，庫爾特恰好不在司令部。他從飛機上俯視，看到路上擠滿了向南行的人。最初，他以為那是難民，如果真是如此，他的部隊就有突圍的希望。後來他才意識到，那很可能是中國的主力。回到軍隅里，他更加焦急，因為共軍離他越來越近，而他接到多個相互矛盾的報告，對於哪條路更安全，或哪條路是他使用的完全搞不清楚。

到了三十日，軍部仍不允許凱瑟向西撤退。另一方面，凱瑟得到的資訊仍含混不清，既不知道正在南下的敵人到底有多少人，也不知道正竭力北上接應、代號「諾丁罕」的英國援兵在哪裡。沒有人告訴凱瑟，南下通道上到處散落著土耳其旅的廢棄車輛，使得原本就已經不寬敞的道路變成狹窄的小徑。而軍部所估計的中國人的位置，在其實際位置以南六英里，也就是說，中國人和他們的距離比想像中近了六英里。他們以為英國援軍正快馬加鞭地趕路，實際上他們完全停了下來。第二師也是如此。更糟的是，整個師都以為敵軍在三十日凌晨的包圍圈還沒有很堅固，這樣一來，他們就能強行通過。對於當時的策略，第九團的情報官亞倫．瓊斯上尉說：「我們希望中國人當時的位置離道路稍遠，這樣我們趕到那裡時，就能馬上以密集火力壓制敵人，擊退他們，或快速衝出去。」但無論是第九軍還是第二師，都不知道通往安州的路是否暢通。憲兵連連長亨利．貝克爾（Henry Becker）誤報這條路已經被封起來。但即使這條路可行，凱瑟也無法肯定上級是否允許他這麼走。

＊＊＊

二十九日晚上，中國人對第二師師部發動第一波攻擊。第二師的脆弱和不堪一擊盡顯無遺，留給他們的時間也所剩無幾。當晚稍早，該師幹部視察了聚集在師部（設在當地一所學校）周圍的幾個部隊，警告他們，中國人可能在入夜後攻擊。年輕的師助理情報官麥爾坎．麥克唐納上尉把電話和其他設備從學校搬到附近一座建築地基上。果然，到晚上八點左右，敵人的迫擊砲和機槍開火了，麥克唐納入迷地看著，甚至能清楚看到三百碼外武器發出的火光。在第一波攻擊中，一枚迫擊砲彈落在附近一個帳篷上，瞬間點燃了這個帳篷，這讓中國人更能清楚看到周圍的防禦工事。對方可能只有一個連的兵力——顯然，這只是試探性的進攻，美國人花了一小時左右擊退敵人。但這足以說明，第二師的情勢已岌岌可危，他們和敵人短兵相接，而且敵人的攻勢每小時都會增強。一想到這些，麥克唐納就不寒而慄。你完全可以想像，敵人會乘人不備鑽進某個團部。但要是鑽進師部會怎麼樣呢？他還從來沒聽過這種事。

二十九日下午，第一軍軍長米爾本少將打電話給凱瑟（他是凱瑟最好的朋友之一），問他需要什麼幫助。米爾本的陣地就在凱瑟的西邊。他聽說通往順天的道路被切斷了，就問凱瑟情況如何。

「非常糟糕，」凱瑟回答：「我的師部遭到襲擊。」

「天哪，先往這裡撤吧。」米爾本說，他的意思是向安州方向撤退。

這的確是一個誘人的建議，可惜還得經過第九軍的確認。二十九日下午稍早，經軍部同意，第二師把部分重型武器運往安州，以便與正在向南撤退的第一軍聯繫。但是，這和把整個第二師送上這條路是兩回事。在此同時，有關哪條路暢通、哪條路被封鎖的謠言紛起——第二師的指揮幹部全都手足無措。二十九日深夜，在共軍猛烈砲擊後，凱瑟再度打電話給軍部，請求撤往西邊的安州，但再次遭到拒絕。因此，十一月三十日凌晨一點，他召集全師高階軍官，告訴他們，庫爾特命令他在破曉時分向順天方向突圍。前一天下午，庫爾特趁機視察了這條路，覺得中國人的封鎖並不嚴密。他還補充，他非常有信心，第二師應該有能力突圍。有關到底向何方撤退的爭論也到此結束。南下的路很窄，兩邊都是高地，絕對是最適合突襲的地形；此外，這條路已經被美軍車輛塞得水泄不通，大大降低了行軍速度。這一切，都成了走向地獄的前奏——但他們別無選擇，只能服從命令。

＊＊＊

三十日早上，第二工兵營整裝待發，他們需要為全師開道。行軍速度慢得令人窒息，沒有一個高級軍官對南下的決定感到高興。身為軍人，他們都知道走上這條路就是一種危險，而且越往前走，危險就越大。前方傳回來的資訊也讓他們有愈發強烈的不祥預感，工兵很清楚他們的大型設備會成為敵人攻擊的主要目標。由於上司不信任原來的作戰官，賴瑞．法納姆上尉不得不兼任工兵營的情報官和作戰官。由於工兵必須攜帶笨重的大型設備，因此他一直積極勘察地形，希望能找到一條最好的退路。他認為通往安州的路依舊暢通，但南下的退路已被敵人徹底封鎖，因此把這麼一個行動緩慢的部隊帶到這樣的路上，勢必會遭遇災難性後果。他知道，之前幾次擊退共軍封鎖的努力均以失敗告終。他認為，情勢已完全失控。

三十日下午早些時候，法納姆跑到師部請求向西突圍，至少應該把重型武器送到西邊。然而第二師作戰科長霍爾登少校堅稱，他已接獲命令，不得更改。但法納姆還是不肯放棄，極力說服霍爾登，但是被公認為該師最能幹的霍爾登不為所動，始終重複一句話：「這是命令，命令就是命令。」

霍爾登告訴法納姆，問題在於東京。他說，和軍部談與和東京談沒什麼分別，因為他們都被嚇壞了。法納姆憶道：「但是我那時還是一個很有自信的年輕上尉，而且很多理由促使我這麼做。」所以，他還是要求霍爾登再試試看。於是，霍爾登無奈地聳聳肩，抓起電話。在接通電話前，霍爾登還補充一句：「你我都很清楚答案是什麼。」他簡短地向軍部做了匯報，然後無奈地搖搖頭，接著對法納姆說要出發了，師部馬上就要撤離了。他的吉普車已準備就緒，他和其他師部高階軍官將在防砲和戰車的簇擁下，向南開進。隨著師部的撤離，各部隊之間原本就已經很糟的通訊狀況更是雪上加霜。

於是，第二師開始全部撤離軍隅里。在啟程之前，他們就身心疲憊，事實上，很多部隊都潰不成軍。三個團中唯一在最初五天尚未垮掉的就是第二十三團。因此，他們奉命防守軍隅里北面集中的大批共軍。

就在凱瑟派出疲憊不堪的第九團工兵營清理向南的道路時，中國人前進到離他的師部不到半英里的地方，並在六、七英里的範圍內，構築起一張密不透風的火力網。他們占據高地，挖好了戰壕，即使再猛烈的砲火，也很難趕走他們。中國人可能沒有重型武器，只有迫擊砲和 PPSh-41 衝鋒鎗，但是他們能把迫擊砲的作用發揮到極致，他們的衝鋒鎗在近距離作戰過程，火力也很猛烈。很多美國軍官證明，這種衝鋒鎗是韓戰中最實用、最基本的步兵武器。儘管它沒有M-1步槍或卡賓槍那麼準，但能在短時間內形成猛烈的火力，的確是恐怖的武器。哈爾．穆爾上尉認為，它的聲音就像是「搖動裝著石子的鐵罐。

在全自動狀態下，它能射出大量子彈。在韓國造成最大傷亡的就是近距離作戰，時間非常短，而傷亡極慘重，是生是死全看誰反應更快。在這種情況下，敵人的戰鬥力和武器都讓我們自歎不如。通常巡邏遭遇戰很快就會結束，而我們往往是失敗的一方」。

三十日一早，凱瑟的第一項任務就是清理道路兩側的山脊。他命令第九團的兩個營執行這項任務，每個營負責一側。但是，他還是高估了傷痕累累的第九團。亞倫．瓊斯還記得，這兩個營都損失過半，每個營頂多只有三百人，而正常情況下每營不得少於八百到八百五十人。儘管沒有人確定他們到底有多少人，但有一點是可以肯定的：那天剛開始，就有一個中國師埋伏在路邊等著他們，而且隨著時間的發展，對方的人數還在源源不斷地增加當中。

第九團第二營由塞西迪奧．巴柏里斯（Cesidio "Butch" Barberis）指揮。該營自二十五日起多次遭到重創，損失也許是第二師各個營中最慘重的。在中國人第一天進攻即將結束時，正常情況下人數在兩百人左右的第二營G連便傷亡七十三人，而E連更只剩幾個人。巴柏里斯手下的每一個人都筋疲力盡。在戰鬥的前三天，該營四度跨過清川江。在中國人進攻前，上級配給該營大批威士忌。每次成功過江後，他就要求部下換掉短襪，然後獎勵士兵一大杯威士忌。在率領部隊抵達軍隅里時，負傷的巴柏里斯還在指揮作戰。第一次渡江時，該營有九百七十人，而這時有戰鬥力的只剩下一百五十人。現在這支傷亡慘重的小部隊，要把人數眾多、虎視眈眈的共軍抵擋在山脊的另一側。

這根本就不實際。在距離目的地很遠的地方，巴柏里斯看到遠處高地上有人影晃動。他拿起電話，詢問山脊上是什麼人，得到的回答是南韓部隊。巴柏里斯透過望遠鏡，發現兩挺機槍正「俯視著自己的喉嚨」。派巴柏里斯清理山脊的是團長史隆上校，他在當天稍早被告知，有兩個連的中國人在那裡活動。然而情報官麥克唐納認為，敵軍兵力至少是兩個團，人數約為六千人。於是，他打電話給史隆：「我距離集結點還有四千碼左右，我已經看到敵人的陣地，我有麻煩了。」之後，共軍的機槍開火了。巴柏里斯說：「一切都亂了。」他馬上打電話給史隆，史隆指示他撤退後再做商量。就在這時，中國人開始用迫擊砲轟炸，巴柏里斯再度受傷。向南撤退尚未開始，路上便已橫七豎八散落著屍體和被打爛的車輛。

＊＊＊

凱瑟師長親自命令辛頓率領第三十八戰車連向南突圍。辛頓把全部戰車集中到整個縱隊的最前面，凱瑟這時走過來對他說：「在前方大約有深兩百到四百碼的伏擊區，你覺得能通過嗎？」辛頓回答：「沒問題，將軍，我已經在路障上開了五天了，所以我覺得今天還能再來一次。」就在這句話脫口而出的一瞬間，這個三十五歲的老兵展現出狂妄自大的一面。辛頓私底下非常懷疑向南撤退的決定。他曾沿著通往安州的道路，向西偵察過兩、三英里的路段，認為這條路很暢通。很多軍官其實也想試試西行。在北韓，這樣的路況絕對不差，甚至比大多數所謂的公路還要寬一點。在諸多不確定當中，有一點是他了解的：下達這些命令的人根本就不知道他們在幹什麼。凱瑟向他提到的兩百到四百碼深的伏擊區，實際上有幾英里長。

辛頓決定讓梅斯開道。做出這個選擇並不難，因為梅斯是最佳人選。於是，他命令梅斯率領五輛戰車開通通往順天的路。梅斯的戰車走在最前方，辛頓乘坐的吉普車跟在兩三輛戰車之後，然後是更多的戰車，裝載步兵的大卡車則跟在最後。他們才沿著公路行駛幾百碼，中國人便同時在兩側開火。辛頓的手腕立刻中彈。他的副手無線電中說，他們已經成了活靶子。辛頓回答，對一個已經變成活靶子的人，你沒必要告訴他是活靶子。然後，他把指揮權交給梅斯。事實上，辛頓心裡在罵：「渾蛋，你不是說伏擊區最多只有四百碼嗎？」但是這條比登天還難的路似乎永無盡頭。他們遇上美國軍事史上最大的埋伏戰。

梅斯想的也一樣。他得到的命令是向南進發，殺出一條路，然後和一支正在北上接應的英軍裝甲部隊會合。沒問題，如果真的是一點點路障，他完全可以應付，可是這條路太窄了。他很快就發現，哪怕是一輛壞損的戰車或傾覆的重型卡車，都足以堵塞整條公路。而道路東側那道又高又長的路堤，似乎就是為了埋伏而精心設計的。梅斯率領五輛戰車開道，中間夾著幾輛卡車，一些步兵站在戰車的砲塔上協助控制路面情況，壓制高處的敵火。一開始，梅斯的戰車就承受著來自山頂的猛烈火力。他的戰車只能在走走停停之間緩慢移動，經常要讓步兵跳下戰車，壓制敵軍。梅斯有種預感：他和他的手下已經在敵人編寫的劇本中扮演某種角色。

這些步兵包括第三十八團的查理．希斯中尉。剛走了四分之一英里左右，梅斯就遇到一輛被遺棄的M39裝甲車堵在路中間，路上還橫七豎八躺滿了其他車輛。梅斯用戰車把它們推到一邊，可是M39裝甲車太重，而履帶又被鎖住了。梅斯正好是那種無所不能的人。他高聲叫喊，命人鬆開履帶，而查理突然應聲而起，此時的他立刻成為所有中國兵的目標。查理大聲告訴士兵如何搬動控制杆、鬆開履帶，梅斯因此非常欣賞他。恐怖的狹窄道路，道路兩旁中國人的猛烈火力，加上身邊屍橫遍野，反而讓兩人結下終生友誼。查理就像吸引中國人砲火的誘餌，最後成功地操作控制杆，鬆開履帶。梅斯馬上發動戰車，把這輛M39裝甲車擠到路邊。在跑回戰車時，美國轟炸機發射的火箭彈落在附近爆炸，他被震出了腦震盪，眼部受傷流血，幾乎什麼都看不見，但他還是活著回來了。至少在那個時刻，他會對自己說，你真是幸運的查理啊。

過了一會，梅斯駕駛的戰車拐過一個急轉彎，眼前的地形讓他嚇呆了。在前方大約三英里的地方，他可以看到被美國人稱為「山口」的那段路。這段大約五百碼的路橫貫一座巨大的山體，道路兩側是陡峭的山崖，山勢險峻，道路極為狹窄。越接近山口，他越有一種壓迫感，似乎埋伏在兩側山上的每個人伸手就能摸到他的戰車。梅斯認為只要中國人擊毀一、兩輛車，就能讓原本已步履維艱的美國人插翅難飛。當戰車駛入山口時，梅斯還在想：這會不會是自己一生中所做的最後一件事呢？然而讓他吃驚的是，他沒有聽到槍砲聲。

山口堆滿了土耳其人的廢棄車輛。一天前，土耳其人在這裡被打得落花流水，廢棄的吉普車、人員武器彈藥車和兩噸半卡車，幾乎堵塞了原本就不寬敞的公路。現在，這些毫無用處的廢鐵將成為中國人對付他們的幫手。那一刻，梅斯的心情無比複雜，不知道到底是恐懼還是憤怒，因為這些殘骸扔在這裡顯然已經很久了，卻沒有一個人提到這件事。梅斯困惑不解，他們到底有沒有進行空中偵察呢？軍裡有很多偵察機，師部為什麼不自己偵察一下呢？現在，他能做的就是盡量把這些廢物推到路邊。這是極危險、極艱苦的工作，可是梅斯後來覺得自己還算幸運。即使世界上真的有「運氣」，但是自從他踏上韓國後就沒遇過。中國人這時還沒進入道路兩側陣地，所以火力遠比當天晚些時候弱得多。梅斯率領另一輛戰車，順利清除了約莫三、四十輛軍車的路障。如果沒有他們的努力，那天的傷亡人數或許無法想像。在清理完道路後，梅斯又想起一件讓他無法理解的事，凱瑟為什麼不派他的兵和梅斯一起出發，利用自己的戰車先行探路呢？至少也應該派一架偵察機了解一下路況啊。最後通過山口時，梅斯和他的手下也許是第二師中唯一意識到南下之路有多麼凶險的人——大批共軍已經集結在那裡，他猜至少有四十挺機槍和不計其數的迫擊砲對準公路。他還知道，英國人幫不上什麼忙了，但他無法把資訊傳回凱瑟的師部，因為戰車裡的無線電無法聯絡到凱瑟。顯然，這一切都為一場淒慘的悲劇拉開了序幕。

剛行駛到山口南邊，梅斯就發現美國人和英國人的陣地。有些美國人覺得英軍沒有盡力打通道路，而英國人則認為美國人對他們的期望太高。一名美軍上校跑過來，告訴梅斯駕駛戰車回去，但梅斯拒絕了，因為道路很窄，沒有足夠的空間。他做了自己能做的事：清除路障，打通道路。後來，他注意到穿過山口的縱隊越來越緩慢，越來越稀疏，隨著越來越多的共軍進入山口上方的陣地，火力也越來越猛烈，戰場上傳來的聲音也越來越大。有些從山口方向活著衝出來的美國士兵，看來已徹底崩潰，與其說他們是活人，還不如說是活死人。他覺得，原本看起來只是小型的災難，現在證演變成大型的災難。

＊＊＊

第九團情報參謀瓊斯上尉親眼目睹了當天轉變成夢魘的戰況。隨著每一分鐘的流逝，美國人正滑向更深的地獄。情報已毫無意義。各部隊、各指揮官之間的通訊在這一天狀況更糟，尤其是在師部撤離向南進發時，大家彼此完全失去聯繫。美國人通常把路況非常差的山間公路稱為「山口」，至於從軍隅里到順天這段六英里長、凶險異常的路段，他們送給它一個特殊的名字：「鐵手套」（The Gauntlet），因為美軍不得不從中穿過。在穿過「鐵手套」的過程中，瓊斯印象最深的就是軍隊指揮體系和階級制度的徹底崩潰。階級結構在陸軍裡代表著一切，但是在那一天，階級結構的觀念早就被拋到九霄雲外了。一旦拋棄，便無法追回，於是很多部隊開始四散奔逃，潰不成軍，隨著事態的惡化，「命令」這個詞失去了它的意義。

此情此景就是一整個師在他面前瞬間解體，那一刻是他永遠無法忘懷的。一輛車被擊中之後，馬上會擋住其他車輛的路線，有些勇敢的士兵試圖移走這輛車，但敵軍的火力立刻就會落在他身上。屍體橫臥在道路中央——很明顯，有些人還沒死，但是路太窄了，後面跟上來的車輛別無選擇，只能輾過他們。有些駕駛兵可能會猶豫一下，但只要停下來，馬上就會成為下一個被敵人火力掩埋的目標，這又會減緩整個隊伍的行進速度。在這種時刻，人的意識已徹底麻木了。有時，瓊斯會看到一堆人堆在路邊，他很難判斷哪個已經死亡，哪個只是受傷，哪個只是暫時的癱瘓——雖然肢體還能活動，但精神已徹底崩潰。

瓊斯記得，他們是在下午兩點左右（儘管確切時間很難判斷了）走上這條路。他的任務很簡單。史隆上校告訴他，穿過這條路抵達順天，然後在那裡為本團建立一個集結點。瓊斯乘坐的吉普車最早中彈，他也不幸負傷。他讓駕駛兵上了另一輛車，自己則返回原來的車子。可是引擎已被打壞，無法啟動。於是他用力把這輛吉普車推到路旁，和士兵一起步行前進。這樣他就可以沿途把被打散的士兵集合成一支

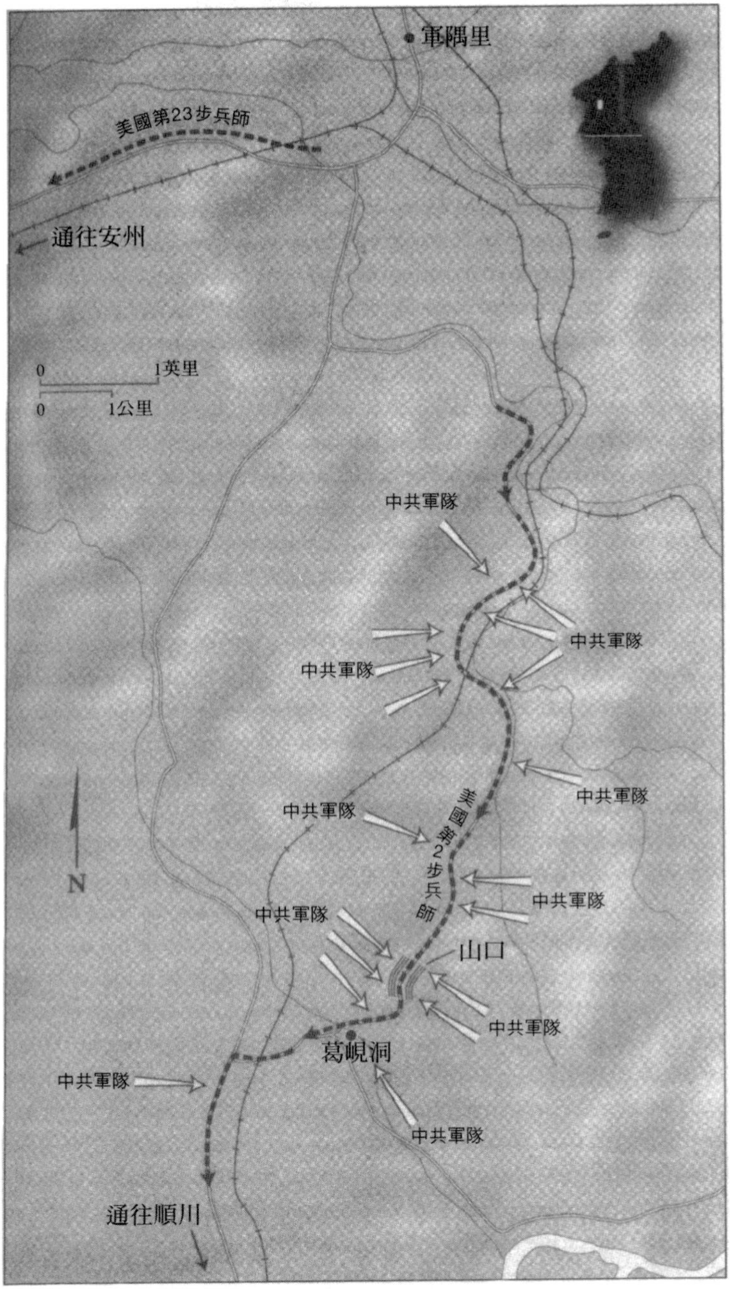

圖十六　「鐵手套」之戰，一九五〇年十一月三十日

臨時小分隊。偶爾，他們也會發瘋似的對山上還擊。在一片混亂之中，他的臨時小分隊隊員不斷變化，不斷被打散，又不斷增加新成員。這些筋疲力盡的士兵無論在體力上還是意志上都幾近耗竭，加上群龍無首，他們眼前的情勢毫無希望：雖然還有幾個人尚能還擊，但隨著指揮體系的渙散，他們的戰鬥精神也消失了。

這時，他所能想到的只有一件事：不是繼續前進，走出山口，再堅持戰鬥一天；就是被打死在這條路上。他不想成為俘虜。在步行前進了四英里左右，他猛一抬頭，突然看到一名手持機槍的中國兵，槍口正對著他。瞥見一個想殺死自己的人，那種感覺既陌生，又奇怪。毫無疑問，那是一個中國人，他手裡拿的是一挺美製的三〇機槍。對方在對面山腰距離瓊斯約一百碼。就在他跳進路邊壕溝的一瞬間，他似乎看到槍口噴出的火光，腳部中彈了。如果在平時，這也許不算重傷。他拿出止血帶，試圖對傷口進行緊急處理。他的意識正變得模糊。

瓊斯現在只有一隻腳可以移動，他認為自己必死無疑。就在這時，一輛吉普車朝他駛來，上面坐著的是魯西安·特拉斯科特三世上尉（Lucian Truscott III）、約翰·卡雷上尉（John Carley）和另一名軍官。他們發現正在路邊處理傷口的瓊斯。卡雷還記得，當時的瓊斯面色青紫。他們停下車，特拉斯科特把瓊斯背上吉普車，第三名軍官包紮他的腳。不管怎樣，他們還是設法抵達了順天，瓊斯對後來的事已經沒有任何記憶了。他一直不知道為他包紮的那名軍官叫什麼名字。之後，他馬上被飛機送到日本的醫院接受治療。五十多年後，瓊斯住在維吉尼亞州貝爾沃堡附近的一家陸軍榮民療養院裡。有一天，他注意到一個新入院的人似曾相識，就邀請對方共進晚餐。結果發現，他們都是韓戰的老兵，而且都在第二師。事實上，他們都經歷過「鐵手套」伏擊。談話之間，比爾·伍德（Bill “Hawk” Wood）盯著瓊斯說：「嘿，你該不會是那個在前往順天的路上，我幫忙包紮腳的人吧，是你嗎？」

32 向西突圍

二十九日晚上，麥克唐納目睹共軍襲擊第二師師部的猛烈火力。次日凌晨，他視察師部附近，發現一具屍體，正是和他一樣年輕的威廉・菲茨派翠克中尉（William Fitzpatrick），也是他最好的朋友，他在前一天晚上中彈身亡。在那些日子，麥克唐納目睹了太多死亡，人早就麻木了。但是，看到自己認識和喜歡的人死去，他那一整天還是處於悲傷之中。到了早上，麥克唐納正和一名年輕的照片判讀員約翰・麥克基奇（John McKitch）下士站在師部外，就在這時，中國狙擊手向他們開槍。麥克基奇上臂中彈。麥克唐納心想，如果風再小一點，也許這顆子彈就會射中他的頭部，如果風再大一點，也許就會擊中他的胸口。不管怎樣，狙擊手能準確射中他們，就足以表示是離開這裡的時候了。就在這時，上級下令馬上撤退，每個人只能攜帶自己的槍、彈藥、一個急救包和一壺水。至於大衣和防寒睡袋——事實上也只有極少數人才有——則必須留下。麥克唐納坐上師部情報科長瑞夫・佛斯特中校的吉普車，在持續不斷的槍林彈雨中走走停停。

＊　＊　＊

多年後，麥克唐納回想起當時的情形仍很痛苦：那絕對是令人心碎、充滿鮮血和眼淚的一天。有些人掉下了眼淚，其他人或許也應該流淚。剛進入山口路段時，部隊突然停了下來，麥克唐納走到縱隊前頭，查看停滯的原因。半路上，他看到第九團第二營營長巴柏里斯正在路邊。子彈在四周飛濺，巴柏里斯似乎已將生死置之度外，一點也不害怕，甚至文風不動。他和麥克唐納很早就是朋友了。戰前，他們在路易斯堡都是年紀相仿的年輕軍官。麥克唐納一直認為巴柏里斯是自己見過最勇敢的軍官。當時，他以為巴柏里斯是冒著身陷敵人砲火的危險指揮部隊。但是，他突然注意到巴柏里斯的眼裡含著淚水，巴柏里斯告訴他：「麥克，我的營全完了。」

在那次撤退中，每當想起自己度過最痛苦的歲月時，你就會發現前面還有更大的痛苦等著你。這種痛苦刻骨銘心，永生難忘。在接近山口時，整個縱隊開始加速前進，麥克唐納率領小部隊也在全速行進。這時，只有盡快離開才是最安全的，而每一次的停頓都可能喪命。在繞過一個急轉彎時，麥克唐納遇到讓他終生難忘的場面：一輛二點五噸重的卡車橫臥在路邊，車旁躺著一群美國大兵，向他乘坐的汽車招手，祈求他或縱隊的某個人能停下來幫他們一把。整個場面就像慢動作一樣，無比清晰、無比沉重。即使聽不清楚，麥克唐納也知道他們在說什麼。顯然，如果不幫他們，他們必死無疑。

麥克唐納始終覺得，那是他一生中最痛苦的時刻。他擔心，一旦停車，中國人就會摧毀他的車隊，再次阻斷道路。他畢竟有自己的任務——把坐滿吉普車的傷患帶出去，讓路給其他車輛。於是，他強忍悲痛，逼自己繼續開車。多年後，他還記得：「我一直在為沿途這些可憐的靈魂祈禱，祈求他們的寬恕。」在抵達山口末端的一座小山丘時，麥克唐納突然發現，中國人占領了這座山丘，一挺機槍已對準他們。他覺得自己不可能穿越山口了。就在這時，一架B-26轟炸機趕來，投下一串燃燒彈，也捲走了那挺機槍。最後，麥克唐納衝過了山口。即使在這個時候，他還是自問：我還活著嗎？但是有一件事是可以確定的——每個從這裡逃出來的人，自那天起就已經變得跟之前的自己不一樣了。

＊＊＊

中午過後，凱瑟離開師部。他知道第二師已完全陷入地獄之中。他和其他高階軍官不得不把車輛讓給傷患。凱瑟自己的情況也很糟。他感冒多日，只能用一件皮大衣裹住自己。這段旅程不僅對士兵來說異常艱苦，對將軍們也同樣如此。路上，第二師作戰科長霍爾登有一次跪在一輛吉普車後，對著離助理情報科長哈林頓少校（Bill Harrington）最近的中國陣地開火。突然，哈林頓撲倒在他面前，子彈正中他的心臟。

儘管對方的火力一直沒減弱，凱瑟還是率領部下順利地接近山口。就在這時，部隊停下了。於是，凱瑟和其他人跳出吉普車。呈現在他們面前的，也是很多人看到的情形：美國士兵在身體和精神上的雙重崩潰。此刻，凱瑟才首度意識到，自己的部隊徹底潰散了，士兵徹底喪失了戰鬥力——這一切，都是悲劇的基本要素。讓他無比震驚的是，已經沒幾個士兵還能還擊。他走入這群士兵，高喊：「誰是指揮官？……你們還能不能做點什麼？」最後，凱瑟決定親自到山口偵察，他直接走向山口，在路上還跨過一具屍體。由於體力不支，他實際上是拖著腳走路，以致不小心踩到屍體。突然，屍體說話了：「你他媽的渾蛋！」凱瑟大吃一驚，並表達一絲歉意：「很抱歉，朋友。」然後繼續向前走。這是充滿死亡的一天，四周圍都是死去的弟兄。他知道，軍部到底能提供多少幫助已經沒有意義。這不僅是第二師的毀滅，也是他的毀滅。他的貼身護衛傑克・索普（Jake Thorpe）下士為了保護他，已犧牲生命。那天下午，在吉普車上操作機槍的索普中彈身亡。最初，他們把索普的屍體放在吉普車後面，但後來由於沿路搭救的傷患太多，他們只好把索普的屍體放在路邊，給還沒死的人騰出一點空間。扔下為保護自己而犧牲的戰友屍體，是一件何等艱難的事啊！

＊　＊　＊

在高橋成功穿越「鐵手套」時，自己所屬的連、營和團的狀況讓他無法相信他的眼睛。儘管他知道情況很糟，但絕對沒想到會這麼糟。L連只剩下十幾個人，他記得自己是唯一倖存的指揮幹部，其他人不是被打死，就是受傷或失蹤。幾天後，當L連在漢城附近再度集結，原先的一百七十人只剩下十人。高橋所屬的營的六百人中，只有一百二十五到一百五十人成功突圍。在中國人發動襲擊時還是第二師主力部隊的L連和K連，已經不存在了，第二營也名存實亡。整個第九團的戰力已低於一半。

就在第二師的其他部隊在通往順天的路上遭到圍攻時，費里曼正想辦法保住自己的第二十三團。在中國人進攻前的幾天，他始終心煩意亂。他清楚感覺到危險即將來臨，然而上級對他的意見置之不理。他告訴倫敦《每日電訊報》記者雷吉納德・湯普森，儘管共軍的武器落後，作戰能力卻相當出色。「在這個鬼地方，即使沒有飛機和大砲，他們也能讓我們像傻子一樣。」三十日清晨，面對從北方直撲而來的中國主力部隊，他的第二十三團成為擋在第二師前面的最後一道屏障。他的任務就是盡可能堅守軍隅里防衛圈，然後尾隨第九團和第三十八團南下，向順天方向突圍。但費里曼也許已感受到，南下之路毫無希望。

費里曼花了很多時間和自己的砲兵官保羅・奧多（第十五野戰砲兵營的前進觀測官）在一起。費里曼經常過來查看情況，看大家有沒有聽到什麼。隨著戰局的發展，他這麼做有他的道理：即使其他通訊方式已不復存在，砲兵依然有最好的通訊。砲兵必須有不同於一般的通訊能力，否則他們可能會把砲彈投在自己的陣地上。他們有自己的偵察機。他們從戰場上獲得的情報也必須具備足夠的準確度，至少在通訊範圍上要非常準確。他們一開始就知道，向南突圍的路意味著死亡。非常了解費里曼的奧多馬上就察覺對方的意圖，判斷費里曼是個絕頂聰明的人。在其他師，指揮官通常把砲兵編成一隊，讓他們聽令而不是聽取他們的意見。根據情報，費里曼當天很早就決定向西突圍到安州，這也是米爾本向凱瑟推薦的路線。

* * *

三十日中午，費里曼的陣營近乎絕望，他知道自己的時間所剩無幾。實際上，他已經能看到大批共軍正渡過清川江。他馬上向師部報告：自己的處境越來越危險。很快的，費里曼與師部失去了聯繫。現在，他只能透過第九團團長史隆吉普車上的無線電與師部聯絡，由史隆向凱瑟轉達。但即使是這種最後的聯絡方式，不久後也中斷了。在下午過後不久，費里曼還在爭取向西突圍的命令。最後，他還是聯絡上師參謀長格里・艾普利上校（Gerry Epley），艾普利告訴他，絕不能改變上司的命令。之後，通訊情況變得更糟。

當天稍後，費里曼再度找到史隆，請他轉告師部，希望能讓副師長布萊德雷打電話給他——他迫切要求改變原來的命令。兩點半左右，布萊德雷終於回覆，費里曼說明了自己準備向西突圍的理由。他必須立刻做決定，他的部隊必須在天黑之前撤退：該團的砲火只能暫時壓制共軍。一旦到了晚上，敵人就能任意移動，那對費里曼的第二十三團來說就是末日。他希望能在天黑前兩小時撤往安州。下午四點左右，一直沒聯絡上凱瑟的布萊德雷再度回覆，同意費里曼採取最能保護部隊的策略。之後，費里曼徵求仍留在軍隅里的各部隊指揮官是否願意和他一起出發，有些人同意，有些人不願意。

薄暮漸漸來臨。每個人都意識到，整個局勢明顯不利於自己。這時，奧多正和整裝準備出發的砲兵在一起，為最後的行動作準備。大家都知道，向南的路也許是一條不歸路，因為他們的兩架偵察機剛巡視過這條路，得知人員損失和道路損壞的情況非常嚴重。對於奧多來說，這聽起來就像是一場大屠殺。但當時他只有一項任務：帶著他們的重型武器突圍。第十五野戰砲兵營的約翰・凱斯中校（John Keith）通知奧多把砲給架上卡車——他當時正在做這件事。他已經把最後一批砲彈給打出去了。就在這時，前進觀測員派屈克・麥克米蘭中尉（Patrick McMullan）出現在他面前，大聲尖叫：「快開砲！

他媽的，中國人來了！快開砲！到處都是中國人！開砲！」奧多從未見過麥克米蘭像現在一樣失控。一開始，他覺得麥克米蘭也許是喝醉了，因為那天其他部隊的很多人一直在喝酒。「快開砲！中國人越來越多！」

「我們已經接到關閉陣地的命令，準備撤退。」奧多告訴他，他的意思很清楚，他們已經收起大砲，準備離開這裡。但是，奧多逐漸得到更多資訊：中國人正步步逼近，白天就會對他們展開攻擊。對方的兵力顯然有幾千人。這時，費里曼上校走過來，問他發生什麼事。奧多說了麥克米蘭的發現。費里曼立刻命令「把所有大砲恢復成戰鬥狀態」。

正如麥克米蘭所說的，距離約五千碼左右，黑壓壓的中國人正朝他們的方向包圍上來。費里曼告訴部下，他們現在的任務就是拖延中國人的攻勢，即使他們無法撤離、突圍，也在所不惜。據費里曼後來回憶，全團士兵立刻卸下所有大砲、彈藥，一字排開。這也許就是他們的最後一戰，很可能會因此喪命。砲兵從卡車上卸下全部十八門一〇五公厘榴彈砲，瞄準同一個方向，這也是留在軍隅里的最後一批重型武器。奧多曾參與兩場戰爭，經歷過殘酷的洛東江戰役，可是他從未看過像今天這樣的場面。部隊裡的每個人，無論是廚師，還是文書，都忙著從卡車上卸下砲彈，然後再把砲彈搬到砲位上。在二十分鐘內，也許更久一點，他們幾乎打盡一切能打出去的東西。他們的彈藥很充足，因為其他兩個砲兵部隊在撤退前把全部的彈藥留給了他們。由於發射速度太快導致砲管過熱，砲身塗漆開始剝落，大面積的從砲管上脫離。奧多想說，這些火砲的後座力系統幾乎快要損壞了，可是他們沒時間擔心這個了。這時，他唯一擔心的就是彈膛過熱，可能要爆了。

砲聲震耳欲聾，十八門榴彈砲始終沒停過。在這麼短的時間裡，他們到底發射了多少枚砲彈？三千枚，四千枚，還是五千枚？誰知道？就在這時，砲聲戛然而止，他們終於打出最後一枚砲彈。在震耳欲聾的噪音之後，突如其來的寧靜令人窒息。之後，他們炸毀了所有火砲，防止敵軍利用這些重型武器。

事實上，他們徹底抵擋了中國人的進攻。費里曼認為更重要的是，在如此猛烈的砲火之後一般是步兵的進攻。中國人此時都已經全部躲進散兵坑內。費里曼給出的最後一道命令是：「立刻離開這裡，不要停！」通往安州的道路暢通無阻，第二十三團在途中幾乎沒遇到任何攻擊。

33 脫險南下

如果說第二師是八軍團南撤斷後的尾巴，那麼該師第二工兵營就是這個尾巴的最末端，是最後撤離陣地的部隊。吉諾．比阿乍隸屬第二工兵營D連，在洛東江戰役最激烈的階段表現英勇。他一直認為十一月三十日是他一生中最艱難的一天，生平第一次覺得自己即將死去。在他看來，很多比他高階的軍官都在各自保命。在第二工兵營，有些軍官開始集體撤離，可是年輕的約翰．薩利文少尉（John Sullivan）讓比阿乍留下特別好的印象。薩利文原本想留下來，因為他覺得這是一名軍官應該做的事，但是他已經接獲撤離的命令。薩利文向比阿乍道別時極為不捨。在比阿乍看來，那些所謂奉命率領第二工兵營與南撤大部隊會合的軍官，都是十足的膽小鬼，根本就沒有考慮自己的士兵。「在那個時刻，人們撕掉了一切假面具，但那也是你最需要這些軍官挺身而出的時刻，可是他們卻想把所有的軍官和士兵拆開，單獨把軍官弄出去──撤離這種事成了軍官的特權，變成讓他們優先享受安全感的俱樂部。」比阿乍說。

在撤離過程中，工兵可不是輕裝上陣，而是需要攜帶大量輜重，有些步兵指揮官卻經常忘記這一點。早在共軍進攻的一個多禮拜前，營長艾拉里奇，札切勒上校（Alarich Zacherle）就一直催促師裡盡早決定如何處理他們的重型建築設備、推土機和裝載架橋設備的重型卡車，這些大傢伙也是工兵最重要的武器。每一次轉移過程中，札切勒上校都要提醒他們，這些設備會讓他們成為移動最緩慢的部隊，也是最容易遭受攻擊的部隊。因此，札切勒希望能在共軍進攻前四、五天，允許他們提前運走這些重型設備。而且他們完全可以肯定：再往北就不需要修築任何東西了。在鴨綠江沿岸修建臨時機場完全沒有必要。

比阿乍每一次向札切勒問起是否已經決定如何處理重型設備時，札切勒只是搖搖頭——比阿乍很清楚他的意思，札切勒是在告訴自己，他認為上級不知道他們在做什麼。於是，他們只能硬著頭皮撐到現在。

在大撤退的前一晚，札切勒找到第二師參謀長艾普利上校，了解進度。艾普利邀請他和師部其他人員一同出發，艾普利的好意讓札切勒異常震驚。他拒絕了艾普利上校的邀請，決定和自己的弟兄們一起離開。他認為只有這才是正確的做法。他對第二工兵營的嚴重損失非常震驚，至少他的一些部下能體會他的感受。在敵軍最初七十二小時的攻勢中，該營的九百人減少到只剩兩百人。札切勒經常直接指揮下級，他最自豪的事就是能說出全營每個人的姓名。在大多數情況下，這將大幅提升部下的士氣。但是現在，他對手下的感情卻讓他更左右為難。

所以，工兵營出發得很晚，還得攜帶全部重型設備，等待出發的順序。在這支原本即已步履沉重的撤退大軍中，他們的位置接近最末端。各連依序列隊撤離，D連率先出發，隨後依次為營部連、A連、B連和C連。下午逐漸過去，夜幕開始低垂，絕望和無助的情緒愈發強烈。前方傳來的資訊讓正等待出發的隊伍惶惶不安。據說，車隊剛走了一、兩英里便遭到伏擊，被打得四分五裂。比阿乍的感覺是，他們正耐心地排隊，等待走向煉獄。當時，比阿乍坐在最前面的吉普車。他們接獲的命令是在下午四點左右上路，但整個車隊的移動速度越來越慢，出發的時間也一再延遲。很快的，黃昏到來，天色漸暗。第五〇三野戰砲兵營帶著重砲經過他們面前，工兵營緊隨在後。就在這時，五輛砲兵的兩噸半卡車切入他們車隊的前方。如果是在平時，比阿乍肯定會咬牙切齒，但這時他心裡反而很寬容大量。他想，我們就需要這些大傢伙，讓它們在前面擋子彈，那可真是求之不得。

過了一會，比阿乍乘坐吉普車率領工兵營出發了。每個人都嚇得半死。上路三十分鐘左右，砲兵就遇到襲擊。公路兩旁的山上槍聲大作，比阿乍看到，前面的運砲卡車突然間亂成一團。似乎中國人早已等候多時了，接著就是用迫擊砲準確射擊它們。

對方的火力極為猛烈，讓美國人根本無力還擊——毫無疑問，砲兵被趕進最深的陷阱，卡車一輛接一輛地炸毀。五輛車被徹底炸開，另外五輛正在燃燒。比阿乍多年以後還清楚記得當時的情形：所有的人也像卡車一樣被炸得粉身碎骨，剛才還是和他一樣的活人，轉眼間便消失無蹤。如果現在靜靜回憶最慘烈的一幕，也許這是唯一的印象：活生生的人突然離你而去，不見蹤影。他常想，在現實生活中，如果你從這樣的回憶中醒來，肯定會覺得這是一場噩夢，但這不是噩夢，你永遠無法忘記那一刻。你進退兩難；在你面前，上百名戰友瞬間便離開了人間。

＊＊＊

比阿乍覺得整個車隊停下來了。之後，他陸續接到一連串命令：「離開車輛，到路邊集合！離開車輛，到路邊集合！」沒有人知道這些命令從哪裡傳來，更不知道是誰發布這些命令。於是，第二工兵營的士兵紛紛跳出卡車，連滾帶爬地朝右側山上奔跑。比阿乍還想炸毀他們的車輛，因為通訊設備還留在車上，他擔心中國人會找到這些設備。但他馬上被告知，空軍明天將趕來炸毀這些東西。自從到韓國以來，他第一次體會到真正的絕望。比阿乍隱約覺得，讓他在洛東江戰役中堅持下來的求生慾望正一點一滴地消逝。他從來就不真正信教，可是現在他開始默默祈禱。他的願望很簡單、很具體：他祝福所有的靈魂獲得超脫，在天堂裡淨化。這份祈禱得追溯到他在布魯克林的童年，這也是他母親在不順利時唯一的願望。她的解釋也很簡單：只要你活得有意義，你的靈魂就會進入天堂。但如果你活得不夠完美——比阿乍認為自己就是這樣，缺點和罪過多得不計其數，那麼你就要為別人祈禱，祈禱他們的靈魂進入天堂。你為別人祈求越多，他們的苦難就越少。於是，無論你的靈魂走到哪裡，苦難也會減輕。

奇怪的是，比阿乍的祈禱似乎靈驗了，或說在那時見效了。祈禱最起碼讓他恢復冷靜。他知道，在這樣的混亂中，沒有人能救他，只能自救。他想，即使中國人想要他的命，他們也得先衝上山。那座小山已聚集了很多人，比阿乍覺得有幾百人，甚至上千人，可是沒有領隊。所以，他應該帶頭。他馬上組織大家，拼湊成一支臨時部隊，繼續朝山頂攀登。途中，越來越多人加入他們，他的隊伍也越來越龐大。這時，中國兵發現了他們，開始用機槍朝他們掃射。有幾個人掉頭往下跑。幾名一直協助比阿乍的士官攔住他們，因為一旦回到公路上，他們馬上就會變成活靶，但為時已晚。當中國人開槍時，有幾個人已經衝了出去。比阿乍一直在想，不知道他們能否逢凶化吉，保住性命。

＊＊＊

在札切勒的部隊大部分被中國人擄獲的那一天，他記得最清楚的就是他們糟糕透頂的通訊聯絡。似乎沒有人能聯繫別人。這並非無線電通信兵的錯——他們一直冒著生命危險守住崗位，而是因為他們的設備太差，組織更差。札切勒的後面只有第二十三團。但是，各部隊經常無法聯絡。在戰俘營關押了兩年半之後，札切勒回到美國。後來，他遇到費里曼。費里曼向他保證，當時曾多次試圖聯繫他，告訴他原計畫已經取消，他將率領第二十三團向西撤離，工兵營原本應該跟他們一起走。那是很尷尬的時刻，因為費里曼的部隊秋毫無損，而札切勒的部下不是被殺就是被俘。「該死的，是的，我們也很想和你們一起走。」札切勒向費里曼保證，絕不會因此而記恨。札切勒相信，那天所發生的事只是戰爭中的偶然所致。其實，當工兵營還在整裝待發時，札切勒就有預感，一切都要結束了。可以肯定的是道路不暢，更不適合重型機械。就在一切即將終結時，札切勒還在命令部下炸毀部分重型設備、卡車和推土機。於是，他們開始用燃燒彈燒毀車輛的傳動裝置。傍晚，共軍進逼，他們又燒了軍旗。他和其他軍官都不想被中國人活捉，成為敵人炫耀的工具。當時，這些軍旗全都放在一個木箱裡，札切勒下令在箱子上撒上汽油，然後一把火把這些軍旗付之一炬。現在是他們徒步突圍的時候了。工兵比其他部隊更脆弱，因為他們先是工程師，然後才是士兵，雖然可以作戰，卻沒有自動武器和迫擊砲。一旦與敵軍對打，他們的火力將明顯處於劣勢。

第二工兵營行政官鮑伯・內林（Bob Nehrling）也意識到一切即將結束。那天，他們被指定擔任師部的阻擊部隊，內林覺得這項任務就是犧牲自己，保衛師部。這一定是上級決定的，可是沒人知道到底是誰的決定。內林和營裡的三十五名參謀在一起，札切勒要求他們一定要想辦法衝出去。但內林認為，他們不可能有任何機會。他們從集結點剛出發，一走上路突然間就被中國人團團包圍了。他們驚訝於原來自己老早就被包圍了。擄獲他們的中國部隊正向南行進，他們只能跟著這些中國人一起南行。一路上，越來越多美國士兵加入這支戰俘行列，他們都是第九團和第三十八團失散的士兵。很快的，內林身邊便多了二十幾名步兵軍官和工兵軍官。這是悲慘經歷的開始，從此，他們的生活將暗無天日，實際上最後幾乎沒有人活著回來。

＊＊＊

比阿乍相信自己的直覺，因為他已經沒什麼可以相信了。這時，天色已晚，又沒有人攜帶指南針。比阿乍只有一個念頭：向南前進。他對這裡地形的了解勝過大多數人，因為他之前執行掃雷任務時曾偵察過這一帶。他盯住天上的兩顆星星，這樣就可以保證大方向不會偏離。很快的，他看到一條南北向的鐵路，於是他們沿著這條鐵路前進。他的隊伍在人數最多時可能有五百人左右，最少時可能只有兩百人。一路上，他們不斷遭到阻擊。比阿乍隨身攜帶一把卡賓槍和幾百枚子彈。到達目的地時，他發現自己只剩下幾顆子彈。這時比阿乍才意識到，他整夜幾乎都在射擊。

在他的隊伍中，有幾名軍官一直想向右轉——似乎有一種潮汐般的力量在拉著他們。事實上，這個方向將會把他們帶回出發地。但是冥冥之中有一股神奇力量讓比阿乍率領這支滿身污泥的部隊突出重圍。比阿乍是他們當中唯一有這種自信的人。後來，在一片空曠地，比阿乍偶遇另一支部隊，他們的指揮官準備在這裡挖散兵坑，就地宿營過夜。比阿乍和他發生了爭執。比阿乍堅決反對他們就地挖坑過夜，因為他們沒有抵擋中國人的武器，況且敵人就在身邊的山上。最後，他們還是聽從比阿乍的意見繼續前進。一度，他們在一處高地俯視，看到鐵軌下方有一條隧道。有些人想下山躲進隧道，他們覺得隧道是最佳的藏身之處。比阿乍警告他們不要去，但還是有一些人不顧他的反對鑽進隧道。比阿乍相信，中國人馬上就會發現他們，因為看似安全的地方往往並不安全，而看似不安全的地方往往更安全。不管怎麼說，總是能在某處找到安全的庇護所，但肯定不是在這裡。

最後，他們終於看到軍隅里到順天的主要公路。有些人想立刻下山，因為那裡更容易行走。比阿乍明白，美軍對這條公路非常熟悉，他們對熟悉的事物自然會感到放心。但是，他不僅要抑制自己的衝動，還要遏止其他人的衝動。有些人還是無視他的警告，擅自脫隊，逕自走向公路。中國人的火力立刻像狂風驟雨般落在他們身上。比阿乍一邊前進，一邊整頓這支隊伍。他和其他幾名士官分工，這麼一來，即使他中彈，也會有人接替指揮權。他的隊伍裡有一名軍官是第八十二防空砲兵連的威爾伯．韋伯斯特中尉（Wilbur Webster），不過他現在手裡拿的是步兵武器。比阿乍建議由韋伯斯特擔任指揮官，但韋伯斯特說：「不，比阿乍班長，你指揮得非常出色。」於是，他們沿著高地小心翼翼地前進，即使看到順暢的路，也不為所動。他們最後成功突圍，大約有三百人跟隨比阿乍走出了這條死亡之路。比阿乍認為，成功的祕訣就是他的祈禱，讓別人超脫，就是讓自己超脫。

＊＊＊

也許第二師裡遭受最沉重打擊的莫過於第二工兵營。大撤退結束後，該營在漢城附近再度集結，但已今非昔比，以前站滿一個排或一個班的地方，現在只有一個人。已經成為這支脫險部隊真正領導者的比阿乍還記得，最初北上時，他們是一個約有九百人的營，現在只剩下兩百六十六人。在一天之內，就有五、六百人從此不見蹤影。比阿乍認為，失蹤人數的具體數字無法考證，因為有些人回到了後方，他們並沒有被中國人打死。但那絕對是恐怖慘烈的一天。比阿乍後來回憶，第二工兵營承受了巨大的痛苦，他們為別人的愚蠢和武斷付出了慘痛的代價。

那天傍晚，費里曼指揮全團將士移往安州。突圍後，有些人暗地批評費里曼，因為他選擇了不同的路，因此沒有為前面的部隊提供掩護。但是大多數知情的人都認為他做得對——不管降臨在撤退大軍中其他部隊的命運有多麼恐怖，但費里曼的第二十三團秋毫無損。如果做出和別人一樣的選擇，他肯定會遭受同樣的命運，因為中國人並不是從後方尾擊，而是埋伏在撤退路線的兩旁。大多數觀察家認為，費里曼的選擇是正確的，在因應戰局變化方面展現出極為出色的應變能力，從而避免了與其他部隊相同的惡運。

＊＊＊

當第二十三團向西離開軍隅里時，夜幕已經低垂。他們不知道中國人何時會發動攻擊，切斷通往安州之路。一旦發生這樣的事，由於敵眾我寡，他們將被壓縮在這條大路上動彈不得。很幸運的是，安州公路上的一座重要橋樑還掌握在美國人手中。一個隸屬第一軍第五團戰鬥群的連奉命掩護全軍撤退。連長是年輕的亨利．愛默森上尉（Henry Emerson），他後來在越南，因作戰勇猛而聲名大噪，人們送他一個綽號：「神槍手」（The Gunfighter）。

當時的情況非常危急，大批共軍正向南開進，愛默森的任務就是守住這座橋，並堅持到傍晚。他只有一個連的兵力，有幾個中國師正朝他逼近。嚴寒也是殘酷的敵人，讓他們心驚肉跳（半個多世紀後，他對當時攝氏零下三十度的氣溫仍記憶猶新）。在等待的過程中，愛默森開始思考一個他終身都在思考的問題：如果一個連覺得上級為了全師的安危而放棄他們時，那會是何種情況？他們是否已成為一場聖戰中不幸的祭品呢？隨著黑夜的來臨，嚴寒愈發令人難以忍受。愛默森開始緊張了。就在他考慮是否該撤退時，一架美軍小型偵察機在附近被擊落，這表示中國人已近在咫尺。

就在愛默森率領手下營救被擊落的飛行員時，他抬頭發現一支美軍車隊正浩浩蕩蕩從東邊駛向他守護的大橋。上級從未告訴他將有美國軍隊從這個方向開來。無論是根據他掌握的情況，還是無線電聯繫的結果，至少第一軍沒人知道這支部隊從何而來。這好像是一支迷失方向的大型巡邏隊，儘管每個人都筋疲力盡、滿身污泥，卻鬥志昂揚、意志堅定。有些人還堅持步行，其他人則鑽進卡車或爬上戰車，有時甚至是一個人坐在另一個人的身上。這個縱隊長得一望無際。有人告訴愛默森，他們來自第二十三團。

關於那天，愛默森記得最清楚的不是他接到的電話——上級命令他把所有卡車交給第二十三團，這表示他自己的人只能坐在戰車上撤退，而在最後一輛車裡的是第二十三團團長，這是一輛架著機槍的吉普車。愛默森馬上明白其中的含義：團長親自斷後，一旦遭遇中國人的襲擊，他就是最容易遭到攻擊的目標。愛默森認為，讓自己最後走出地獄的指揮官，絕對是一名出色的指揮官，這也是指揮官應該做的。這位指揮官的名字是保羅．費里曼。他跳下吉普車，和愛默森簡單交談了幾句，留給愛默森深刻的印象：鎮定自若、指揮有方、極富領導力。率領自己的部隊突破中國三、四個師，看似他每天都在做的事。

「孩子，守護這座橋的是哪支部隊？」費里曼問他。愛默森想，他不知道我們是誰，就和我們不知道他是誰一樣。「長官，我們是第五團戰鬥群A連。」「太好了，願上帝保佑第五團戰鬥群A連。感謝你們，你們做了一件偉大的事。」之後，費里曼的吉普車繼續前進。過了一會兒，A連也撤離了這座橋。最後一支在朝鮮半島西部被中國人狠狠重擊的部隊，現在終於無後顧之憂地踏上南下之路，離開險境。

他們很幸運——如果說在韓國戰場還有這個詞的話，當太陽再度升起時，他們還可以繼續作戰。

這是美國軍事史上最糟的一天，更是第二步兵師歷史上最黑暗的一星期，傷亡之慘重讓人心碎。在十一月的最後幾天，第九團損失約一千四百七十四人（包括非戰鬥傷員，基本上都是凍傷），第三十八團傷亡五百四十五人，第二工兵營五百六十一人。一個步兵團通常有三千八百人，但是在重新集結時，第九團僅剩一千四百人左右，第三十八團只有一千七百人，第二十三團只有兩千兩百人。

＊ ＊ ＊

查理．希斯中尉幾乎不敢去想，自己竟然能活著走出來。由於他和第一批戰車同行，因此也是第一批抵達目的地的。在順天，他又見到很多和他一樣幸運的戰友。在這場大撤退中，沒有最悲慘的故事，只有更悲慘的故事。他聽說，那天，當出現在「鐵手套」兩側的中國人越來越多時，他的很多朋友均不幸遇難。但有一幕也許是他永生難忘的：他的團長喬治．派普洛上校站在路邊哭泣。在部下眼裡，他一直是驕傲自信的人，讓人無法接近。而當時的派普洛似乎變了一個人，他似乎受到極大的委屈，傷及深處，那是一種看不見的傷痛。他站在那裡哭泣，淚如雨下。

這時，他手下的一名營長吉姆．史凱頓中校（Jim Skeldon）走過來抱住他，努力地安慰他。這更是一種情感上的撫慰，因為身體上的痛苦不足以讓他流淚，然而派普洛還是止不住自己的淚水。史凱頓在最激烈的那些日子行將結束時，做出了最溫柔的舉動，他摘下頭盔，擋住派普洛的臉，這樣就沒人看到他在哭泣。派普洛活了下來，可是他的多名部下陣亡了，他雖生猶死。

34 逃離長津湖

第二師的領導統御狀況一直都很糟。相較之下，史密斯早就料到中國人打算做什麼，第一陸戰師的戰鬥力稍微好一點，但各團之間的聯繫並非暢通無阻，他們隨時會失去聯絡，距離興南港基地的距離也比史密斯預計的還要遠。柳潭里的前鋒部隊仍暴露在敵人的火力網之下，他們也許遠比史密斯想像的更虛弱，好在由於直接對阿爾蒙德負責，因此他們的通訊聯絡還不算太差。不過，他們的弱點讓人心急如焚，但至少不必像原計畫那樣快馬加鞭地向西趕路，急著和八軍團會師。隨後的興南之行成為一場壯烈的征途，運氣幾乎和他們毫無關係——更多的是倚賴個人超凡的勇氣和這支小部隊與眾不同的指揮——但是有兩次，確實得感謝幸運之神的眷顧。第一份運氣是受益於中國人進攻時間的選擇。如果再延遲一、兩天，那時雷．莫瑞的第五陸戰團可能已西行甚遠，這樣一來，他們與里茲伯格的第七團及第二師其他部隊之間的聯繫就有可能被徹底切斷；第二份運氣是中國人的通訊聯絡太差，很難及時因應戰局的變化。就像鮑澤後來說的，如果他們的通訊設備再先進一點，第一陸戰師也許就走不出長津湖了。

長津湖突圍是他們非凡歷史中最輝煌的篇章。一方面，它是指揮得當、運籌帷幄的傑作；另一方面，它源自普通士兵無畏的勇氣和堅忍的毅力，在最惡劣的山地環境中，在攝氏零下四十度極度嚴寒的氣候中，和兵力占壓倒性優勢的敵軍對壘。在韓戰的所有戰役中，它是最值得尊敬、被後人提及最多的戰役。消息傳到華盛頓，舉國上下都為第一陸戰師的命運擔憂。在已經被中國主力部隊團團包圍的情況下，人們普遍認為該師也許會就此消失。布萊德雷幾乎已經肯定，該師將徹底覆滅。在第一陸戰師開始突圍時，和他們對壘的是六個中國師，人數在六萬人左右。在經過兩個星期的鏖戰之後，該師終於成功撤回興南。

史密斯相信，他們的對手擁有七個滿編師、外加其他三個師的部分兵力。在這場戰役中，中國估計陣亡四萬人，受傷約兩萬人。從十一月二十七日到十二月十一日，在與共軍進行的主要戰鬥中，該師陣亡五百六十一人，失蹤一百八十二人，受傷兩千八百九十四人，非戰鬥傷員三千六百人，主要是凍傷。

該師失蹤人數少於傷亡人數說明該師紀律嚴明。早在韓戰之前，第一陸戰師就曾在太平洋戰爭中的很多島嶼爭奪戰裡以勇猛善戰而聲名鵲起。在洛東江戰役中，第一陸戰師再度證明了自己。他們幾度抵擋了北韓人對聯合國軍防線的突破，而在仁川登陸之後，他們在漢城同樣展現了自己的勇猛。這一次卻是前所未有的挑戰。如果換成其他美國師，能否跳出這個幾乎無法擺脫的陷阱，肯定令人懷疑。「這是世界上最強大的師，」該師的新聞官邁克爾・凱普拉羅上尉（Michael Capraro）說：「我覺得他們就是杜賓犬，即使被拴住也極度危險。它只想把自己的利齒插入敵人的肉體中。」

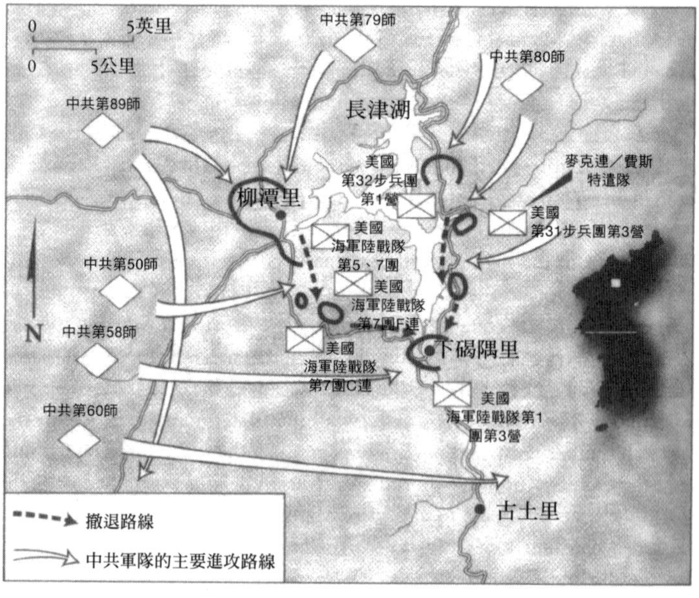

圖十七　長津湖突圍，十一月二十五日至十二月六日

在北進過程中，有些陸軍師的指揮官一直擔心遭到共軍埋伏，但大多數人和凱瑟一樣只是擔心而沒有採取行動。史密斯則及時應對、順勢調整。最關鍵的是，他讓師裡的每個指揮官都知道怎樣因應中國人的突襲。他們要占領高地進行還擊，必要時也會沿路突圍，但絕不會像中國人希望的那樣選擇主要公路；他們以大砲作為主要武器，以彌補己方人數上的不足；他們基本上在白天行軍，夜間則保持嚴密的防守狀態。這一切都表明，陸戰隊在心理上和戰術上作好迎接未來作戰的準備，而大多數其他部隊卻沒有這麼做。更重要的是，嚴寒也許是比中國人更致命的敵人。刺骨的寒流似乎永遠也不會停，儘管氣溫似乎還不算太低，但由於他們經常待在所謂的風口位置，因此寒風吹在身上就像一根根鋼針扎進皮膚。他們就像駕船接近北極圈的古代水手，每個人的鬍子上都布滿冰屑。寒流讓所有的人都想退縮放棄，讓每個人都不想打仗，唯一希望的就是撐過今天。但是，他們每天還是不得不打仗。多年後，一名當時的資深士官前往華盛頓郊區拜訪普勒。普勒迎接他的第一句話就是：「嘿，士官長，還沒解凍嗎？」

他們不想把這次經歷看成是撤退，而是視為因北面遇敵而回到南方。有一次，一個記者向史密斯問及陸戰隊撤離長津湖的情況，史密斯勃然大怒：「狗屁撤退！我們是朝另一個方向進攻。」在陸戰隊北進跨過黃草嶺山口的橋樑時，中國人隨即炸毀了這座橋。其實史密斯早已料到這一點，當時這就像是已經簽下了死亡證明書一樣。他們落入陷阱，但空軍發揮了關鍵作用，空中運輸在如此艱難的條件下竟然成功了；工兵利用他們空投的大量料件修復了橋樑，使陸戰隊能順利通過黃草嶺撤回南方。工兵所展現的創造力及功績絲毫不遜於戰鬥者的英勇。第一陸戰師始終處於完全被包圍的狀態，而這次成功脫險不僅極富戲劇性，更展現了他們強大的作戰能力。

韓戰有很多陰森黯淡的時刻，但不是這一次。二〇〇二年，在韓戰結束五十年之後，老兵艾德・西蒙斯（Ed Simmons）寫了一本關於長津湖突圍的回憶錄。他提到在陸戰隊一百四十年的歷史中總共獲得了兩百九十四枚「國會榮譽勳章」，其中有四十二枚來自韓戰，而在這四十二枚中，又有十四枚是為了表揚長津湖突圍的立功人員，其中七人是在陣亡後追授的。不過，史密斯的指揮能力以及他對戰局的預見力卻始終沒得到他所拯救的第十軍軍長賞識。阿爾蒙德對史密斯沒有任何表揚，這可以理解——承認史密斯的戰術正確，就等於承認自己誤判戰局。阿爾蒙德在多年之後說：「我對史密斯將軍的整體評價是，從仁川登陸和北進籌備階段開始，他就一直畏首畏尾，消極執行上級的命令。」

阿爾蒙德不顧一切的北進命令看似英勇，最後卻換來一場撤退——由於北進太遠而遭受敵方猛烈攻擊，被迫撤回後方。史密斯和他的陸戰隊員很清楚這一點，儘管是撤退，但他們有理由為此驕傲。唯一不承認這是災難性失誤的人就是麥克阿瑟。第一陸戰師後來擬了一份作戰報告提交給麥帥。這位高傲的將軍拒絕在報告中使用「撤退」這個詞。史密斯記得麥帥當時是這麼說的：「在我的戎馬生涯中，沒有哪一場作戰讓我這麼滿意。」史密斯將軍補了一句：「你可以這種人怎麼辦呢？」

＊　＊　＊

相較之下，西線的第二師面臨攻擊時的慘烈可謂空前絕後，極度的混亂和無能的指揮讓勇敢變得毫無意義。總之，當中國人對西線美國陸軍，特別是第十軍一部發動進攻的那幾天，美軍付出了慘痛代價。用艾奇遜（他並非旁觀者，當時他對麥帥恨之入骨）的話來說，這也是自「布爾朗戰役」（Battle of Bull Run）以來美國軍事史上最慘烈的敗仗。[5]

參與過韓戰的大多數老兵認為，經歷過那次突圍行動的第二師軍人確實有別於其他老兵。就像參與過韓戰的官兵回到美國後，會明顯有別於其他老兵。同樣的，在遭到中國人襲擊並穿越「鐵手套」的那一週，每個活著回來的老兵，注定有別於其他韓戰老兵。他們很少抱怨，很少發怒，很少提及自己的經歷，甚至是面對同在韓國服役的其他人，他們也沉默不語。他們似乎刻意迴避那些會稱讚他們或把他們稱作英雄的人。他們只把自己視為倖存者，因為他們的部隊被摧毀了，自己和很多戰友也遭到不同形式的傷害。他們失去了很多。在此之前他們是勇敢的戰士，有很多戰友，是常勝部隊的一份子，親身經歷一場他們大多數人都憎恨的戰爭，相信人生最艱難的一段路馬上就會過去，並為這段路加上勝利的註解。就在那一週，他們眼看很多戰友因無以名狀的命運而離去。他們當中的很多人不僅要承受倖存者的重擔，不安地想著為什麼他們活了下來，而很多更優秀、更出色的戰士卻失去了生命。這是一種他們永遠也不可能向別人傾訴的情感——在那不到一週的時間，很多人陣亡或被俘也許就是因為一念之差，哪怕他們稍微再勇敢一點，就不會遭受這樣的命運。成功突圍為他們帶來一種既現實又具體的解脫，那就是能多活一天。而當他們回想當時的情況，回想自己當時的所見所為時，就會產生無盡的自我懷疑。

＊＊＊

那一天結束之後，凱瑟意識到一定會有一隻代罪羔羊出來，而他顯然是最合適的人選。事實上，四天後凱瑟就被革職了。東京方面發布的解職令指出，凱瑟的身體狀況極差。幾天後，凱瑟與陸軍史學家史拉姆．馬歇爾通了電話，後者正在韓國採訪，為之後出版的《清川江與鐵手套》（*The River and the Gauntlet*）一書收集素材。凱瑟將內幕和盤托出：他已接到八軍團的通知，上面寫著：「貴官罹患肺炎，必須立刻前往東京的醫院報到。」凱瑟馬上就明白他們準備把戰敗的過錯推到他身上。他對馬歇爾說，他非常不情願「為麥克阿瑟的魯莽做代罪羔羊」。於是他驅車前往漢城，求見八軍團參謀長萊夫．艾倫

---

5 譯註：布爾朗是一條位於維吉尼亞東北部的小溪，靠近馬納薩斯，是南北戰爭期間馬納薩斯戰役中第一場戰鬥的發生地點。

（Lev Allen）。凱瑟說，他和艾倫的談話過程如下：

艾倫問：「你來這裡到底想幹嘛？你得肺炎了。」

「你們都知道，我根本就沒有肺炎，所以你們就不要再騙人了。」

「但你總得服從命令啊？」

「是的，因為這是命令，但我不想讓你們騙我。」

之後，凱瑟準備離開，而艾倫則唐突地補了一句：「順便告訴你，華克將軍說，他準備在他的司令部替你安排一個職位。」「你告訴華克將軍，把他的鬼職位扔到一邊吧。」凱瑟說。

在戰場上，指揮體系徹底崩潰。華克當初或許不贊成北上，但這樣的慘敗只能說明，一個戰地指揮官在應付上級時是軟弱無力的。他覺得自己很可能被革職，成為代罪羔羊。東京會保護阿爾蒙德，但華克沒有這樣的保護傘，儘管他的部隊並未全軍覆沒，但這只是因為史密斯沒有服從命令。在普勒率領他的第三十八團回到興南後，《時代》雜誌的一名記者問他，這場戰役最大的教訓是什麼。普勒不假思索地回答：「不要在第十軍服役。」幾週後，來到南韓擔任八軍團司令的李奇威遇到史密斯，史密斯請求他不要把陸戰隊交給阿爾蒙德指揮，李奇威很爽快地答應了史密斯的請求。

＊＊＊

從軍隅里突圍抵達安州路幾週後，費里曼偶遇《芝加哥日報》記者凱斯·比奇。費里曼的經歷引起了比奇的興趣：他年輕時曾在中國擔任武官，和中國軍隊並肩作戰。現在，他的對手變成了中國人。比奇想知道費里曼是怎麼想的？費里曼的回答很簡單：「他們不是同一批中國人。」

35 誰之罪

在撤離軍隅里之後的那幾天，最大的問題並不是現在的情況有多糟，而是以後是否會更糟。他們還要向南撤退多遠？十一月二十八日，華克連夜和麥帥開了一次緊急會議，華克信誓旦旦地認為，如果他們能撤回平壤，就可以沿平壤—陽德—元山在朝鮮半島最狹窄的位置建立一道弧形防線。他自認為有能力守住這道防線。後來在提到這個防線的時候，杜魯門也認為從一開始就應該在這裡畫出一條線。由於朝鮮半島由南向北呈逐漸擴大的蘑菇狀，因此與北方的寬度相比，這條弧線要狹窄得多。但即使是在腰部，寬度也有一百二十五英里，如果在這條防線上部署七個師，就表示每個師需要防禦的寬度仍有二十英里左右。這裡離南方還是太遠，路況非常惡劣，因此替各個部隊運送補給極為困難。中國人可以悄悄繞到他們身後，直接切斷退路，這正是他們要關注的問題。

但是，當中國人在第一波進攻大獲全勝之後，雙方都意識到戰爭的天平正朝另一邊傾斜：對方兵力明顯占了優勢，而且信仰極為堅定，面對敵人無所畏懼；他們在夜間作戰勇猛靈活，敢溜進聯合國軍陣地、衝進營房進行肉搏戰。開戰前一度壓在中國人心裡的恐懼——對美國先進武器的畏懼——現在轉移到八軍團身上。戰爭中最危險的病毒——對敵人畏懼——開始侵襲八軍團的每一個人。就在不久前，他們還對中國的作戰能力不以為然，現在他們開始走向另一個極端——肆意誇大敵人的厲害。他們曾像騎士一樣向北進軍，現在則需要面對毫無準備的撤退。在西線，高層的疏忽把撤退變成了潰敗，把戰地變成了屠宰場。

現在，似乎沒有人願意負責。在東京，當完勝的美夢徹底粉碎時，那些大員們目瞪口呆、心灰意冷。

在某種程度上，還有一種危機好像只存在於麥帥心裡：他一直想讓周圍的人把自己視為無所不能的人，現在他在戰場上輸給農民將軍領導的亞洲軍隊，因此喪失信心的不只自己的軍隊，還有他本人。在中國參戰前，麥帥一直信誓旦旦地說他將取得歷史上最偉大的勝利，如果中國人膽敢參戰，他必將讓他們血染漢江。現在，他的話似乎帶有預示災難的口吻：無非是戰爭正在擴大，可能需要動用原子彈或放棄朝鮮半島之類的論調。他最不願意做的事情就是承認自己的錯誤，然後想辦法重組七零八落的部隊。以前，他喜歡談論亞洲人的面子問題，認為白人絕不應該在這些黃種人面前丟臉。現在，儘管他本人就是白人的代表，卻不只在全世界面前丟臉，而且也在自己的部隊面前顏面掃地，不過最重要的是，他無顏面對自己曾許下的諾言。後來，布萊德雷和李奇威都認為，麥克阿瑟的情緒在那段時期明顯出現了波動，而其他指揮官和高級文官歷來認為他的情緒波動是個大問題。

不意外的是，麥克阿瑟並未負起失敗的責任；每當談到這個問題，他都會把自己說成是華盛頓政策的最大受害者。更糟的是，身為一名前線最高指揮官，他從來沒有到戰場上視察自己的官兵，甚至沒有去過戰敗之地，踏上那片土地似乎表示他不得不面對那些了解這場慘敗的人。他一直待在東京的豪華辦公室，沒有風吹雨淋，更沒有槍林彈雨，事實上，直到中國人進攻兩週後的十二月十一日，他才第一次親臨戰場。在那段時間，他發給華府的很多電報中仍帶有一絲白日夢的味道：他聲稱中國人進攻時，正在東海岸承受滅頂之災的第十軍並沒有像華府所說的那樣正為了保命而作戰，反而是牽制了六到八個中國師，否則這些敵人將猛攻八軍團。李奇威後來說：「我們看到這樣的消息時，都覺得那簡直就是憑空臆造的癡人夢話。」

麥克阿瑟的傳記作家威廉．曼徹斯特寫道，就在中國人進攻前的一段時間，麥帥「始終就像凌駕於韓國之上的巨人，最終被自負徹底擊垮」。在最壞的事發生後，「他根本無法接受以全然失敗來結束軍旅生涯的現實」。在外人看來，他突然變成一個沉默寡言、對一切都失去希望的老人。當時到東京拜訪麥帥的英國將軍萊斯利・曼瑟夫（Leslie Mansergh）說：「他看起來遠比七十歲老得多，焦慮和緊張全寫在他的臉上。」在曼瑟夫看來，麥克阿瑟已完全脫離戰場：「他強調所有前線部隊需要並肩作戰，為了戰勝共產主義，即使犧牲也在所不惜。那時我覺得他也許根本不了解整個戰局。我真不敢相信他還會說出那樣的話，如果他完全掌握我後來聽到的事實的話。事實就是，有一些美國人已經不像以前那樣堅定執著了。後來我意識到，這場在東京策畫的韓戰忽略了某些最基本的事實。」

對麥帥頗具同情心的傳記作家克雷頓・詹姆斯寫道，他「變得沮喪和暴躁，夜裡經常被失眠困擾，在大使館的走廊來回踱步。他的情緒走向另一個極端——在一九五〇年前對贏得戰爭充滿自信與樂觀，現在則整日杞人憂天，擔心如果不繼續增兵，他的部隊可能不得不撤回日本」。詹姆斯提到，在那段時期，他的周圍沒有人質疑他的決定，例如讓阿爾蒙德擔任軍長或是讓整個部隊分頭北進。媒體開始取笑他，說他把原來的「耶誕節攻勢」變成「威力搜索」，進而招致中國的干預。他對此勃然大怒。

情緒波動成了一大問題，華盛頓方面和他打過交道的每個人都能清楚感受到這個變化。他原本指望華盛頓方面允許他與中國全面決戰，借助這場規模更大的戰爭重新奪回只屬於自己的勝利，進而證明自己、救贖自己，重拾自己的聲望。布萊德雷發現，當他的請求遭到拒絕時，他那「才氣逼人卻脆弱不堪」的思想，突然被現實徹底擊碎。李奇威在向一名記者提到麥克阿瑟時也認為，他是個才華橫溢卻反覆無常的人，經常會陷入只有他自己才能理解的自我世界，前一秒可能還保持冷靜理性，轉眼間就會自相矛盾。同樣的話題，他會做出完全相反的結論，於是失敗也不再是失敗，敵人的勝利也不再是真正的勝利。在中國參戰幾週後，艾奇遜在形容麥克阿瑟的行為時引用了古希臘詩人尤瑞皮底斯的話：「上帝令其死亡，必先令其瘋狂。」

在中國人進攻而美軍的失敗日漸明顯的日子裡，記者看到的多半是一些離奇古怪的場景，反映出東京的認知和韓國的現實之間的巨大差距。有一件事讓《美國新聞》記者喬・佛洛姆（Joe Fromm，此人長期名列威洛比的黑名單上）久久無法忘懷。在兵敗軍隅里之後，威洛比在東京主持了一場記者會。威洛比站在講臺後，依舊信心百倍，似乎沒有受到失敗的影響。威洛比想證明的無非是他和他的情報人員一直沒有誤判中國的意圖和行動，從共軍離開華南起，他們的動向一直在自己的掌控之中，他們的每一個計畫都擺在自己眼前。事實上，就在麥帥保證大家「耶誕節之前回家過節」時，他就知道大批共軍已經跨過了鴨綠江，集結在鴨綠江兩岸的兵力至少有三十個師，而且與美軍的距離可以讓他們隨時發動攻勢。一名記者當場發問，如果真是如此，既然已經知道敵我兵力的比例達到三比一，為什麼還要發動攻擊呢？「我們總不能坐以待斃吧，」威洛比回答：「我們必須主動出擊，打擊敵人的脆弱點。」也就是說，北上的命令並非偶然之舉。幾年後，佛洛姆還記得，「我回到自己的辦公室還一直在想，他們說知道這些，因為他們永遠不會出錯；他們又說自己一直不意外，因為他們永遠也不會感到意外；如果問問那些在韓國吃盡苦頭的小伙子，他們肯定會說麥帥和威洛比知道的這些，他們根本就不知道。這簡直就是瘋狂，純粹的瘋狂。某些人一定是瘋了。」

漸漸的，東京吹新的風向。所有的錯誤，就是因為華府對麥帥的束縛和控制，阻止他當初對中國設在鴨綠江對岸的軍事基地發動攻擊所導致的。不久，麥帥透過與他關係不錯的刊物和編輯為自己的失敗進行辯護。十二月一日，也就是他親赴前線視察的十天之前，《美國新聞》發表了一篇麥克阿瑟的長篇專訪。麥帥在文中恣意攻擊華盛頓當局，認為是他們阻止自己「趁勝追擊」共軍，轟炸他們在滿洲的軍事基地。他聲稱，這讓他「在軍事上處於極為不利的處境，無法取得以往的勝利」。在華盛頓，這篇文章被視為麥克阿瑟又一次的「馬後砲」，杜魯門的憤怒可想而知。十二月六日，他發布了禁止各黨派擅自評論韓國問題的規定，有關韓國問題的任何政策性聲明均須事先通過國務院的審查。在此期間頒布的各項規定中，這一條也許是麥克阿瑟最不關心的。

後來，布萊德雷認為這又是一個關鍵時刻，因為參聯會沒有對總統承擔起應有的責任。華盛頓一直軟弱無力，即使在聽到壞消息時也只是默默忍受，不採取任何措施及時扭轉戰局。對布萊德雷來說，「麥克阿瑟正準備撒手不管，絲毫沒有重整旗鼓的跡象」。在華府的每個人都知道，在華克南撤至平壤後，中國人馬上又玩起失蹤戰術，沒有趁勝追擊的意思。讓布萊德雷大惑不解的是，「既然如此，八軍團為什麼還要跑得既跌跌撞撞又快速呢？麥克阿瑟為什麼不安撫華克，並用他一貫的花言巧語去鼓舞士氣呢？這簡直就是恥辱」。這是一個大敗仗的軍隊。華克當時也就應該被革職，他的位子一直就不穩固。此時前線需要一名新的指揮官，也許是李奇威，也許是甫在鎮壓希臘共產黨勢力中表現優異的軍隊新秀符立德（Jim Van Fleet）。此外，麥克阿瑟還應該下令合併第八軍團和第十軍。布萊德雷還提到，當時，高層人士中只有魯斯克還在努力主張採取有效措施以破除瀰漫在全軍之中的悲觀情緒（魯斯克曾經指出，我們為什麼就不能重整旗鼓，拿出最好的力量和士氣去擺脫困境呢？他說，英國人在二戰中能做到，我們為什麼就做不到呢？）。

這肯定是杜魯門執政時期最灰暗、最消沉的時刻。這場總統原以為已經結束的戰爭，現在不僅進一步擴大，更糟的是，指揮這場戰爭的將軍也成為政府的最大敵人，不但是政敵，還是軍事上的對手。他明目張膽地怪罪政府沒有提供應有的支援，甚至毫不掩飾地將失敗的全部責任推卸給政府。十一月三十日，也就是中國人開始進攻的那一天，原本能全面掌控記者會的總統突然變得語無倫次。當杜魯門被問及美國將如何因應韓戰局勢時，他居然回答，我們將採取一切必要的措施來應對挑戰。另一名記者問道：「這是否包括使用原子彈呢？」杜魯門原本可以巧妙迴避這個問題，但他卻回答「包括我們擁有的各種武器」。於是，一名記者繼續提問：「這是否代表我們正積極考慮使用原子彈呢？」杜魯門的回答是「我們一直積極考慮使用原子彈的問題」。之後，他說這原本應該是軍方人士決定的事，然後又說前線指揮官將「負責所有武器的使用」，這個回答令局面更加糟糕。

這讓很多人極度震驚——不僅是美國民眾，還有美國的盟友。他們感到不可思議，因為杜魯門的話意味著戰區司令官麥克阿瑟能最後決定是否使用原子彈。於是，政府不得不尷尬地收回杜魯門的厥詞。在那幾個月，參聯會名存實亡，不管以前多麼勇敢公正的成員，都變得越來越官僚。這也是軍方文化心照不宣的祕密：不管以前在戰場上多麼勇猛，一旦覺得自己走上了事業巔峰，就會變得謹慎、淡漠。在韓國是這樣，在越南更是這樣。大多數人的心中有兩種截然不同的勇敢——戰場上的勇敢和官場上的勇敢（或說獨立），兩者永遠不可能並肩共處。

參聯會希望麥帥能重整軍隊，把第十軍併入八軍團，以便統一指揮，這樣就可以由美國軍隊自己來保護主力部隊的側翼。他們相信，中國人的補給能力極為有限，而美軍擁有超凡的機動能力，這可以讓聯合國軍先撤退四十到五十英里，然後重新集結、整編。如果共軍繼續前進，美軍就可以用飛機和大砲組成一個火力強大的防線。他們認為，除了從清川江附近地區解救陸戰隊有困難外，這個計畫是可行的，因為在發動第一波進攻後，共軍在大多數地區實際上已與後方失去聯繫。但麥帥拒絕考慮這個提案。早在十一月九日，參聯會就把這個計畫電告麥帥，但關鍵在於這只是一個建議而不是命令。然而，麥帥馬上回絕這個建議，並在十二月三日回電宣稱：「現在還沒有必要合併第八軍團和第十軍，以後也沒有這個必要。」他的態度讓參聯會瞠目結舌。他們不理解這封電報在軍事上有何依據，唯有一點是清楚的：他們的建議或許可以成為日後指控麥克阿瑟分散兵力作戰策略的依據。電報再度提醒人們：即使將軍犯錯，也不可能是他的錯。

現在，麥帥的電報裡充滿悲觀情緒。除非有大批援軍，否則他的軍隊馬上就要撤退到灘頭陣地的碉堡裡。隨後的電報出現越來越多的悲觀論調，實際上就是恐慌和絕望，這讓參聯會愈發失望無助。後來，布萊德雷閱讀了其中的一部分電報，憤怒地在頁腳加注評論。他當時甚為痛苦地指出，麥克阿瑟「簡直把我們當成小孩」。

中國人的參戰和聯合國軍在北方的慘敗並沒有喚醒整個美國應有的謹慎。相反的，它進一步加劇了現有的政治分歧：一方面，國內的反華勢力更激進；另一方面，人們對麥帥的決定仍少有懷疑，這無疑會為政府帶來更大的壓力，也讓杜魯門的支持度大打折扣。對於中國遊說團來說，這是美國的亞洲政策徹底失敗的絕佳證據；對於魯斯而言，既然艾奇遜錯了，那就說明他一直是對的。現在，魯斯也許希望政府在亞洲問題上更堅決一點。據魯斯的傳記作者羅伯特・赫斯坦（Robert Herzstein）的記載，魯斯曾多次親臨韓國，當然「不是監督或視察，而是走到解放中國的戰爭最前線」。

現在，媒體出版界也比以往任何時候更肆無忌憚。畢陵思是魯斯的資深編輯，對魯斯的看法和感想進行了大量的詳細記錄，他提到：儘管軍隅里的大撤退還在進行，但畢陵思在十二月五日的日記裡指出，魯斯還是「希望出現一場『大戰』，不一定是現在，而是某個時候」。魯斯比以往更堅信，他所設想的亞洲大戰是準確的，只要政府不擋路，就有可能推翻共產主義。同時，隨著他們對共產主義與西方國家之間必將對峙的信念日趨深化，魯斯和他身邊的很多高層人士開始擔心辦公室的位置，萬一共產主義國家投下原子彈該怎麼辦？距離曼哈頓聯合廣場約兩英里的《時代》雜誌和《生活》兩家雜誌的辦公室一直被認為是原子彈襲擊紐約的瞄準點。因此，他們一直認真討論把辦公室搬到幾英里外的曼哈頓中央公園，有些人甚至建議直接搬遷到芝加哥。麥帥在參議院聯合委員會上的軟弱表現終究沒有影響魯斯，他仍希望麥帥能成為《時代》雜誌一九五一年的「年度人物」，但最後在編輯們的勸說下放棄了。

* * *

在華府許多決策者眼中，中國參戰後的幾週是他們執政生涯中最黑暗的時期，一個讓人不知所措的時期。因為日益增加的政治壓力而放棄更好的政策，這肯定不是艾奇遜願意承認的事，他更喜歡讓別人認為自己從不屈服於壓力。但在那時，就在中國參戰之後，他開始相信英國首相艾德禮的話：任何人的能力都是有限的。他說，他一直「比任何人都熱心」於把蘇聯和中國當成兩個相互區隔的利益體。但是現在以「這兩個共產大國將在未來分裂」這樣的前提推行政策，顯然是不可能的。

但最令他們難過的是：現在韓國作戰的軍隊，已經不再是戰爭開始時美國送到韓國戰場上的那支漏洞百出的軍隊了，他們是美國最好的軍人，卻還是遭到了重創。現在，美國正在和世界上人口最多的國家打仗，他們原本裝備不精良的軍隊突然變得不可抵擋。這是一個恐怖的等號：戰爭越打越大，敵人越來越強，而國內的政治支持度卻江河日下，指揮官也開始對政府橫加指責。毫無疑問，這些為政府工作的人應該是這個時代最有能力的人。當時有一本名為《最有智慧的人》（*The Wise Men*）的暢銷書，這個書名就是為他們量身訂做的。儘管早在十月和十一月，他們就意識到可能發生悲劇（而且已經掌握了強而有力的證據），而現在每個人都保持沉默，而讓目中無人的麥克阿瑟毫無忌憚地發號施令。他們和那些一同前往威克島的文職官員沒有向麥帥提出任何關鍵的問題，唯一的原因就是擔心政治氣候對自己不利。他們從未信任麥帥，卻把他當成預言家，不僅有權對自己的部下發號施令，還有權對中國的指揮官發號施令。如今，當麥帥在東京辯解時，他們再度對他和他的遠東司令部無計可施。

在那個關鍵時刻，不僅參聯會以及像艾奇遜這樣的高層政治人士未能有效遏制麥帥，即使是那個時代最受人敬重的政治人物馬歇爾也未能做到。在結束了令人羨慕的國務卿生涯後，他在國防部長這個職位上僅做短暫停留便告老還鄉。在高層人士中，他的知識最淵博，經驗最豐富，是偶像中的超級偶像。對於輔佐杜魯門的大多數人來說，他更像一個父親。他是那個時代最從容鎮定、最心如止水、最謙遜平和的人：從不大聲說話，從不仗勢壓人，也從不威脅恐嚇別人；他的力量來自於他對目標的追求和他的責任感；他從不推卸責任，他對自我的控制達到了無與倫比的境界。他總能去偽存真，區分輕重緩急。正是這種令人敬仰的自律精神和高度自制的個人品行，人們很容易低估馬歇爾的真正價值。他經常被視為優秀的管理人，卻很少因為他的睿智和能量而獲得認可，這也是最令他滿意的掩藏。肯楠也許是政壇中天才智者的典型代表，而機智敏銳和強大的表達能力則讓艾奇遜成為公共辯論中的強者，但馬歇爾的安靜中卻醞釀著不尋常的智慧，他對未來的洞見令人驚歎。在某種程度上，在長期而艱難的政治生涯中，他是一個無師自通的人。無論他的地位多麼低微，多麼令人失望，他總能利用一切可以利用的條件去結識周圍的每一股勢力。他總能展現出與眾不同，也是這個世界最迫切需要的東西——那就是智慧。他擁有最有效的思想，從不譁眾取寵，他始終銘記在心的責任感比曇花一現的小聰明更重要。絕大多數人更喜歡談論麥克阿瑟的才智，卻極少有人想到馬歇爾，但平心而論，馬歇爾在那段歷史中所創造的政治財富遠非麥克阿瑟所能媲美，因此他在這個時候選擇退休，絕對是杜魯門政府的一大損失。

在這種關鍵時刻——例如元山戰役後的那幾天，馬歇爾一直保持令人費解的低調。在他漫長而高貴的政治生涯中，這是他最孱弱的時刻。而他的無所作為也讓其他人不解。他的很多崇拜者認為，這或許是因為他與麥帥之間長期的不愉快，他們的隔閡甚至可以追溯到第一次世界大戰。他們覺得，馬歇爾不喜歡像麥帥一樣替別人設限，他擔心自己也會像麥帥一樣變成自己所創造的諷刺漫畫。但原因肯定不只如此。難道是因為這項工作的特性嗎？馬歇爾始終認為，國防部長的工作就是支持各軍參謀長，而不是把自己的意志強加給軍人。這是否表示，他當國務卿時比當國防部長時更有可能隨心所欲地對抗麥克阿瑟呢？或是他對篡奪參聯會的權力感到不安呢？他的最大優點——謙遜以及對等級尊卑的認同，是否成了他的弱點呢？當然，這肯定是部分原因。但最後我們不可忽略的事實是：一九五〇年的馬歇爾已不再是二戰的馬歇爾了。兩次世界大戰和戰後的政治鬥爭讓他身心俱疲，讓他的健康每況愈下。他的身體和思維都不再像巔峰時期那麼好了。更糟的是，政客們刻意迴避馬歇爾，對他有所保留，而現在這種保留幾乎變成守口如瓶。

華府方面有人認為，麥帥情緒波動的最明顯表現，莫過於他對中國兵力的估計。一夜之間，他對敵人的態度從大膽的低估變成了漫無邊際的高估。共軍進攻前，他和威洛比在估計中國兵力時最喜歡用的詞就是「微不足道，六萬人左右」。現在，麥帥卻對趕來拜訪他的陸軍參謀長柯林斯說，他正面臨敵人的五十萬大軍，但華府不允許他把戰火延燒到滿洲，這讓他的空軍對滿洲的軍事基地束手無策。

對華府的無能最憤怒的高階將領莫過於李奇威中將了。他從一開始就對麥克阿瑟的北上決定感到不安。這個決定的危險太大了，幾乎是不計後果，置士兵的生死於不顧。現在，前線部隊全盤崩潰，仍處在危險之中，卻沒有明確的戰術。麥帥拒絕負責的做法更讓李奇威怒不可遏。同樣讓李奇威憤怒的還有華府的軟弱，他們既沒有目標，也沒有指示，以致讓麥帥一手遮天，形成不可思議的權力真空。

在華府的所有高級軍官中，李奇威對麥帥的批評無疑最直接。當越來越多的壞消息傳回華府時，參聯會還繼續以商量的口吻建議麥克阿瑟，而麥帥對他們的建議卻不屑一顧，只是一味要求增兵。他想讓華府增派四個師，但華府恐怕找不到這四個師了。就在幾個星期之前，仁川登陸的大勝還替他們帶來讓人振奮的消息，因為那時的麥帥頗為大方地答應華盛頓可以把一個師的兵力轉移到歐洲。隨著美國軍事力量在其他地區的日漸減少，向韓國戰場增兵顯然是他們最不願聽到的聲音。於是，麥帥搬出了最致命的武器——「那我們如何能體面地離開這裡呢？」

李奇威認為，這段時間會議不少，但總是議而不決。李奇威寫道，其他將軍還在「無限迷信著這個言過其實、自以為是的軍事領袖。他總喜歡認為只有自己才是對的，別人都是錯的」。十二月三日，華府再度召開了一個冗長乏味的會議，與會人員包括參聯會、艾奇遜和馬歇爾在內的國防部及軍方所有高層官員。在李奇威的記憶中，他們仍未發布任何指示，用他的話來說，也未能扭轉「從糟糕到災難」的局勢。會議最後，李奇威請求發言——他後來也覺得這麼做有點唐突。李奇威說，我們已經把太多的時間浪費在討論和爭執上，現在是必須採取行動的時候了。我們要為那些在戰場上戰鬥的士兵負責，「看在上帝的份上，我們必須對那些人的生命負責，我們必須閉嘴，去做點事了」。在李奇威結束發言後，會場一片寂靜，沒有一個人說話，接替格魯擔任參聯會聯合參謀部署長的亞瑟·戴維斯海軍上將（Arthur Davis）遞給他一張紙條，上面寫著「我為你感到驕傲」。之後，會議休息片刻。他和空軍參謀長范登堡交談。他在西點軍校任教時就認識范登堡，那時范登堡還只是西點的學生。

「參聯會為什麼不向麥帥發布命令，直接告訴他怎麼做呢？」李奇威問他的老朋友。范登堡搖搖頭：「那麼做有什麼用？他根本就不聽指揮，我們能做什麼？」

當時的李奇威幾乎憤怒到了極點。「任何一個不服從命令的指揮官，你們都可以革他的職，難道不是這樣嗎？」范登堡當時的表情也許是李奇威終生難忘的：「他的嘴唇動了一下，用困惑不解的表情看著我，然後轉身離開，此後我們再也沒有機會就這個問題與他討論。」

* * *

在此同時，麥克阿瑟的部隊還在全面撤退當中，那個被美國人稱為「鐵手套」的地方正沐浴在鮮血之中。撤退行動持續了十天，撤退大軍綿延一百二十英里。事實上中國人的進攻並沒有那麼強大，至少在當時還沒有達到令人生畏的地步。如此匆忙的南撤，無疑是整個戰鬥部隊的大潰逃，正如黑斯廷斯寫道：「與一九四〇年的法國和一九四二年的英軍在新加坡的潰敗毫無區別。」一些英國軍官後來寫道，他們根本是在逃亡，「根本來不及瞧瞧中國兵的威脅到底有多大——後來才發現，他們武器簡陋，行軍全靠徒步和騎馬」。第二師的倖存士兵在撤退過程中經過一個巨大的火堆，熊熊大火在幾英里之外都能看到。這裡是美軍的一個軍需庫，火堆中是冬季攻勢開始後運到韓國的設備和補給品，焚燒這些東西就

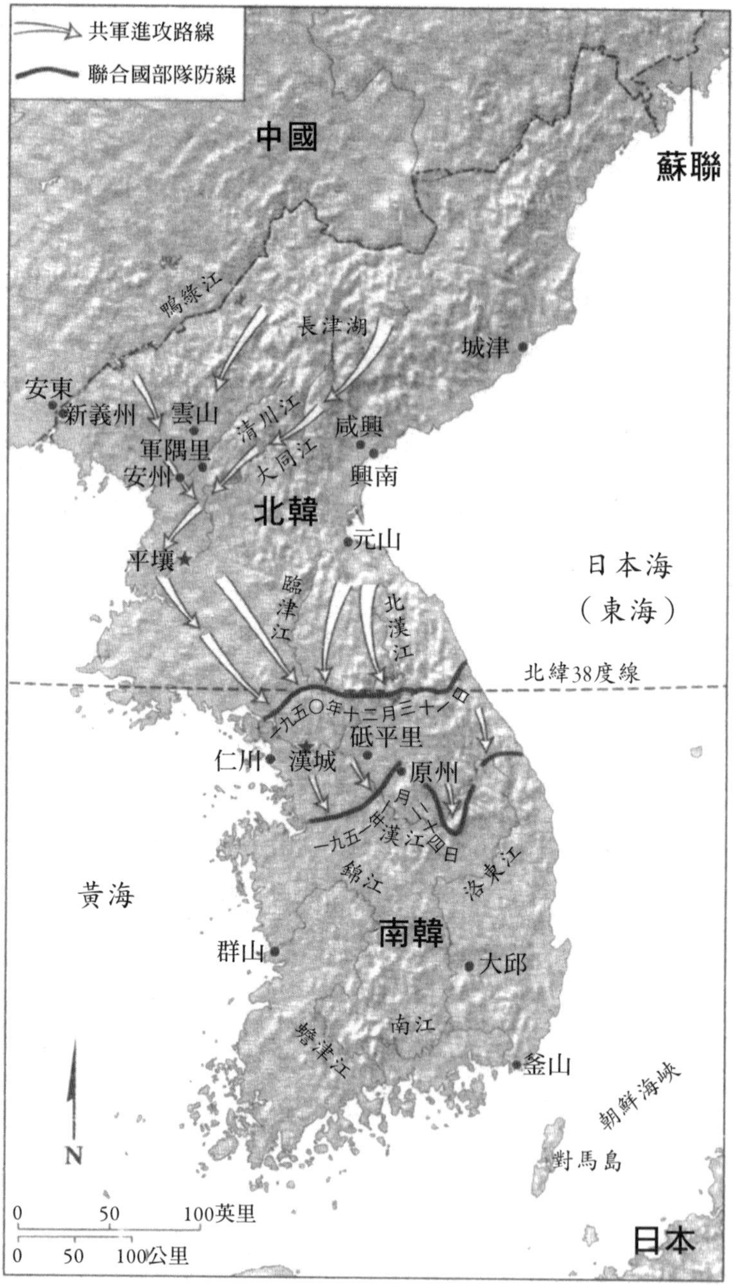

圖十八　中共軍隊大舉進攻，一九五一年一月

是為了防止它們落入中國人手裡。當時，有些美國士兵還穿著夏裝，據說裡面有剛運到韓國的冬裝，他們試圖靠近倉庫拿點用得上的東西，但是被憲兵用槍頂著胸口趕走了。

十二月初，第二師殘兵在平壤集結。看到他們的樣子，自平壤向東構築弧形防線的念頭頓時消失。平壤火車站亂成一團。混亂、絕望的美軍官兵焦急地坐在車廂裡，希望盡快離開這個鬼地方，卻因找不到火車頭而在車裡等了將近兩天。同時，幾千名驚恐萬分的難民也湧入這座城市，希望跟隨軍隊逃往南方。不久，憤怒的難民開始搶奪一切看得見的東西。尋找火車頭的工作還是沒有結果。最初，師部的部分人員還試圖保護他們的檔案，但他們很快就發現，如果有機會離開，唯一需要攜帶的就是他們自己，於是開始焚燒文件和軍用貨幣。對這些等候火車的人來說，那是無法忍受的煎熬。十二月四日下午，他們找到一輛火車頭，火車在四小時後終於出發。

十二月七日，他們終於在靠近漢城的永登浦找到一個宿營地。每個人都身心俱疲。「那種經歷真是極端恐怖，遭到襲擊時的恐懼、穿過山口時的驚慌難以名狀，但正是因為失去聯絡、向南撤退時的混亂，使得所有部隊亂成一團、無法重新集結，才真正讓我對我們的陸軍感到羞恥——不是對我的手下，不是對我這個師的人，不是對經歷這一切的人，而是對負責指揮的人感到羞恥，」梅斯說：「我知道，我們還要戰鬥，我知道，只要有好的指揮官，我們還能打好仗，但至少那是一個令人顏面掃地的羞恥時刻。」

36 李奇威出場

華克一直不顧一切地驅車趕路。在韓國可怕、狹窄、冰封的路上，他和駕駛兵時常推著他們的吉普車移動。但是，和承擔著與自身能力不匹配的責任的人相比，這一點困難不足為道。他們的逃亡之路一直持續到一九五〇年十二月二十三日。當時，華克和他的駕駛兵、侍從官以及貼身警衛擠在一輛吉普車裡，沿著公路旁的狹長通道向南行駛，道路擠滿了南下的車輛。突然，一輛運載武器的南韓軍車閃進他的車道，事故就此發生。吉普車被撞翻，連車帶人一起滾下路邊的溝渠。其他三人活了下來，華克當場身亡。事故發生前，華克的體力耗盡、情緒低落，確信自己馬上就會被革職，以這樣的方式結束軍旅生涯顯然不夠光彩。他沮喪到了極點。他指揮軍隊堅守「釜山防衛圈」而立下的戰功也許將被人淡忘，而鴨綠江畔的災難將成為他的墓誌銘。

那個準備接替他職位的人比艾森豪、布萊德雷和巴頓那一代人稍微年輕。李奇威是二戰後期冉冉升起的軍隊新星——在二戰即將結束時，他指揮的空降部隊與日本人作戰，這絕對是一個無價的職務。他已經成為《時代》雜誌的封面人物，在那個時代相當於名人堂的地位。李奇威是少數能同時得到華府和東京認可的人物，兩方都認為李奇威是接替華克的合適人選，實際上也是唯一的人選。在得知華克去世的消息後，麥帥就要求李奇威接任。李奇威在華府的地位更高。如果杜魯門和參聯會能在開戰初期選擇他們自己的人，那麼李奇威無疑就是那個獲得遠東司令部指揮權的不二人選。他是美國陸軍最優秀的將領。甚至在接管八軍團指揮權之前，他就成為評量其他軍官的標準：你是否和李奇威一樣優秀？但他還是那個年輕的李奇威嗎？他精力充沛、不屈不撓，而且從不容忍錯誤。因此，對於這場發生在錯誤時間和錯誤地點而又突然從錯誤淪為無可救藥的戰爭，他無疑是最佳的指揮官人選，他有能力去指揮這場戰爭，重整這支潰敗的軍隊。他不會為了上司的面子去掩飾、浮誇，也不會浪費時間去拉攏盟友。無論是對於他的上司、同僚還是他的下屬，他的一舉一動都只能說明他們正在從事一項嚴肅、危險的工作，因此沒有時間可以浪費。

年輕的西點軍校畢業生傑克・墨菲，在洛東江戰役最初幾天就因表現英勇而獲得「優異服務十字勳章」，後來成為研究韓戰的業餘歷史學家。他認為：「如果李奇威從一開始就擔任八軍團司令，那麼該軍就不會完全盲從與東京司令部的指揮，就不會有軍隅里的失敗，也不會在遭受中國襲擊時驚慌失措，更不會對敵人的兵力一無所知。你就會擁有一個了解韓國地形並清楚這些地形可能帶來困難的指揮官。你就不必去聽從來自另一個國家的遙遠命令，而這些命令的下達者卻根本不知道戰場上正發生什麼事。他們幻想那是一場完全不同的、令人感到自在的戰爭。你就不會去玩那場關於中國兵力的情報遊戲。你就能獲得最準確的情報，更出色的軍級、師級和團級指揮官，因而在這場遊戲中快一步。」美國陸軍即使不會愛戴他，但至少會敬仰他。士兵們知道，他不是在玩遊戲，他對士兵和士兵的疾苦有一種切身感受，如果他們有合理的訴求，他會堅定不移地和他們站在一起。如果他從一開始就是他們的指揮官，他們就不會穿著夏裝跑到寒冷的北方，當然他們也未必會魯莽地跑到北方。現在，他準備接手八軍團了。李奇威是在十二月二十二日接獲這個消息的。第二天他才告訴妻子佩妮這件事，然後，他簡單整理一下行李便前往東京了。

在美國軍事史上，如果說有哪個軍官和某個特殊時刻完美匹配，那就是臨危受命、即將接手八軍團這個爛攤子的馬修・班克爾・李奇威。李奇威是最冷酷的人，毫無幽默感，積極進取、從不退縮，既嚴於律人也嚴於律己。他是天生的軍人，除了「鬥士」之外，你找不到更適合他的稱號——但絕不是和平時期的軍人。他不像麥帥那樣誇張浮華，但絕非缺乏魅力。他知道即將在歷史上寫下的這一頁不僅關係到他個人在歷史上的定位，更事關一個國家的定位，這讓他感到責任重大。李奇威認為，他和他即將指揮的部隊，就是那些曾在福吉谷英勇作戰的勇士後裔，這些曾和他們一樣身穿軍服的軍人就是他們的榜樣，他們不能讓這套軍服在自己的身上褪色。[6]喬治・華盛頓和曾在福吉谷戰鬥的勇士似乎一直注視著他們，期待新的勝利。李奇威經常以近乎神祕的方式去談論獨立戰爭或南北戰爭時期的英雄，告訴部下要對得起前人曾遭受的苦難。

儘管李奇威是激進的反共產主義者，但他不像麥帥那樣把自己標榜成意識形態的撻伐者。敵人就是敵人，必須根據他們的優勢和劣勢進行客觀分析。假如意識形態是中國人或北韓人的優勢，讓他們成為更勇敢的戰士，那就應該關注他們的意識形態。在第一次聽到北韓軍隊越過三十八度線時，李奇威立刻想到，這是否表示「第三次世界大戰的開始……東西方之間的最後大決戰」。他馬上告訴幕僚，密切注意蘇聯在世界各地駐軍的非正常行動。同時，李奇威還提醒他的上司布萊德雷和柯林斯做必要準備，至少應該動員部分兵力。「如果我們採用這樣的措施，戰爭也許不會發生，我們會賠掉一點錢。但如果我們不做準備，戰爭一旦發生，我們的損失會更大。」

李奇威雖然很冷酷，但和麥帥不同的是他有自己的一套方法。他承認韓戰是一場有限戰爭，文官帶給前線指揮官的壓力還不足以主宰這場戰爭，東西方決戰的主戰場應該是在離韓國幾千英里遠的地方，最有可能是在中歐某處，因為蘇聯最精銳的裝甲師都集中在那裡。一九五〇年八月，隨著解除華克職務的呼聲越來越高，柯林斯曾問過李奇威，他更喜歡在什麼樣的地方作戰。李奇威毫不猶豫地回答，如果韓戰導致第三次世界大戰，那麼他更願意到歐洲去打。但是在八月，情勢已越來越明顯，韓戰只是一場局部有限戰爭。因此，李奇威的態度也轉變了。但是，革除華克的職務可能會帶給美軍更大的信心危機，考慮到這個事實，李奇威沒有提前接過指揮權。

李奇威體型健美、外表強悍、衣著整潔，是個極富魅力的人。儘管他身高只有五呎十吋，但個人特質使李奇威比實際身材顯得偉岸得多。他還是斯巴達主義者，一直擔心美國會因過分強調物質享受而墮落。他警告，美國正成為一個人們走路越來越少、男人越來越柔弱的國家。諷刺的是，他的觀點竟然和成功襲擊美軍的中國指揮官不謀而合。他認為，缺少肌肉是美國小夥子在韓戰初期表現得令人失望的一個重要原因。他們過度依賴自己的武器和科技。因此，上任之後，李奇威想做的第一件事就是把他們從吉普車和卡車的暖氣裡拉出來，像他們的前輩一樣在寒冷中長途行軍、跋山涉水。即使他們不能和敵人分享別的東西，但至少應該和敵人分享這份嚴寒。

李奇威的內心永遠不缺乏想法。他是一個有主見、有目標、有想法的人，似乎生來就知道如何領導軍隊，哪些東西能激勵士兵勇往直前，哪些東西會讓他們裹足不前。在李奇威的軍旅生涯中，至少有三次是他在國家最需要的時候挺身而出，以非凡的智慧和性格讓同行刮目相看。第一次是在一九四四年六月，他率領空降部隊登陸諾曼第。第二次是一九五四年，法軍在奠邊府被越共包圍，美國被迫出兵營救。當時，身為陸軍參謀長的李奇威曾寫了一篇極具說服力的備忘錄，闡述美國如果軍事干預法國在印度支那的戰爭，必將付出極高的代價（而且這場戰爭不受越南人民的歡迎）。艾森豪看了這篇備忘錄，馬上就放棄軍事干預的想法。第三次驚人之舉就是在一九五〇年十二月底接管混亂不堪的美國八軍團。在短短兩個月，他就讓這支疲憊的軍隊恢復了旺盛鬥志，重新找回原來的尊嚴，擊退了共軍試圖把聯合國軍趕入大海或迫使美國動用原子彈的一次大規模進攻。

軍事史學家肯恩·漢堡（Ken Hamburger）認為，最能說明李奇威個性的，也許是更早發生的一件事。

---

6 譯註：Valley Forge，位於費城西北部。一七七七年十二月到一七七八年六月，華盛頓率領軍隊在此打敗英軍，為美國獨立打下了堅實的基礎。

一九四四年六月，他已經是聞名遐邇的「李奇威大將」，人們對他俯首聽命。但是在一九四三年九月，他曾試圖說服上司不要空降進攻羅馬，那肯定會是噩夢般的悲劇。當時的李奇威還是軍事等級體系上層中的無名之輩。當時美軍和義大利人鏖戰正酣，儘管義大利政府在名義上還是「軸心國」的一員，但他們已經打算與同盟國單獨談和。義大利軍隊總司令佩特羅．巴多格里奧元帥（Pietro Badoglio）向美軍提出建議，由一個美國空降師以空降形式進入羅馬，然後與義大利軍隊聯合反攻納粹德國軍隊。原定由李奇威的空降師執行這項任務，但李奇威認為這項計畫中的每個細節都是錯誤的。首先，他無法驗證巴多格里奧的話；其次，就算巴多格里奧沒有撒謊，但德國在羅馬的駐軍擁有強大的實力，因此一支空降師的到來意義不大。李奇威還認為，他的部隊所面臨的危險將是無法估量的。於是，他開始想辦法透過各種正式和非正式管道，說服上司不要單憑巴多格里奧的片面之詞，就讓自己的部隊冒這麼大的風險。

當作戰預定發起日期接近，各級長官對空降進入羅馬的構想已經達成共識，但是對於「巴多格里奧是否會突然變卦」這個關鍵的問題，卻沒人想過。當李奇威第一次向上司提出這個問題時，他們最初對李奇威的擔憂不以為然。在最後一刻，李奇威派副手麥斯威．泰勒親自執行一項極危險的任務：深入德軍防線後方與義大利方面會晤，並藉機偵察當地的情況。李奇威認為，泰勒的眼睛和耳朵肯定比巴多格里奧的承諾更可信。泰勒的報告正好印證李奇威的懷疑，義大利人根本不像他們承諾的那樣已經作好作戰準備。一旦成行，他的空降師必將遭到毀滅性打擊。就在他的部隊已進入機艙、飛機發動機已隆隆響起的最後一刻，盟軍決定取消這次行動。那天晚上，李奇威和自己最親近的朋友喝了一瓶威士忌。當時，一想到與災難擦身而過，他哭了。漢堡認為，在那時做出那樣的事，無疑是把自己的前途放在刀刃上，這絕對是一個非凡鬥士的標誌，這足以證明：李奇威無論身處戰場，還是離開戰場，都是不折不扣的勇士。

李奇威一向堅守榮譽。他曾擔任第十八空降軍司令，指揮登陸日本的最後一戰，但戰爭很快就結束了。麥克阿瑟邀請他參加在「密蘇里」號進行的受降儀式。這無疑是一份巨大的榮耀，然而李奇威拒絕了這個邀請。他認為，只有親身參加太平洋戰爭的軍人才有資格見證這樣的時刻。李奇威謙遜卻不虛偽。他知道自己很棒，而這絕非單憑運氣。一九五一年，美國駐日大使西博德（Bill Sebald）為李奇威訪問東京寫過一篇演講稿。當時，李奇威接替麥帥擔任美國遠東司令部總司令，並成為實際上的日本總督。在這篇演講稿中，西博德用了「我以謙遜的態度」這樣一個短語。李奇威馬上刪掉了這個短語，「比爾，我只在上帝面前，而非在日本人或其他人面前謙遜」。他的部下很難達到他的期望。他相信最簡單、最基本的事物：步兵就應該走到營房外巡邏；他們必須了解戰場上的敵我實力，必須隨機應變，勇往直前。他絕不是那種動輒拿革職來威脅部下的人。革職對他來說很容易，只要一句話，不需要什麼警告。

戰場從來就不是他滿足虛榮心的地方。他從不掩飾戰爭的殘酷。當李奇威把自己在韓國的第一個重要作戰計畫命名為「殺手行動」（Operation Killer）時，柯林斯立刻提醒他，這樣的名稱只會讓陸軍新聞官被人找麻煩。但新聞處的許多否定意見並未改變李奇威的決定。李奇威後來寫道：「戰爭事實上就是要殺人。我不明白他們為什麼拒絕承認這樣的事實呢？我打從心裡反對任何『兜售』戰爭的做法，違心地美化戰爭，把戰爭說成是一種付出一點鮮血、帶來一點令人不快的遊戲。」

他深刻意識到自己負責的是這個國家最珍貴的資源——年輕的生命，父母的摯愛。「在戰場上，所有的生命都是平等的，」他曾說：「一個士兵的死和一個將軍的死，在上帝眼裡都是一樣的，都是偉大生命的結束。個人尊嚴正是西方文明的基礎，每個指揮官都必須牢記這個事實。」這並不表示他不會在戰場上以最血腥的手段對付敵人，但他不會從躺滿屍體的戰場上找到一絲樂趣，因為他知道事情總有另一面，戰場上也會躺滿美國士兵的屍體。砥平里戰役之後，共軍也遭到沉重打擊。美國人的飛機、大砲導致共軍傷亡慘重，幾千人在戰爭中喪生。一名連長形容當時的慘狀說，戰場上覆蓋著「中國人的肉醬」。李奇威喜歡這個詞，偶爾還向其他指揮官提到這個詞。

在對「領導統御」這個概念的理解上，李奇威和麥克阿瑟有巨大的差異。這不僅源自他們截然不同的性格，還歸結於不同時代對領導統御了解的不同。麥帥花費很多精力把總司令這個頭銜塑造成偉人——似乎讓每個為他而戰的人都會因為受命於他而感到榮耀，在偉人的旗下戰鬥會讓他們也變成偉人。而李奇威對領導統御的理解則更適合平等主義時代。他從不想把自己的意志強加給別人，因為他認為讓部下自己去發現可以使他們更有自信，成為更有責任感和意志力的戰士。只有相信自己（而不是他李奇威），才能讓自己更勇敢地作戰。他的工作就是教導他們發掘這種潛能。但是和麥帥一樣，李奇威也知道神話的力量，也擅長創造屬於自己的神話。他的外號是「老鐵蛋」（Old Iron Tits），因為人們都說他胸前一直掛著兩顆手榴彈（實際情況是，一個是手榴彈，另一個是急救包）。這個訊息很清楚：我李奇威隨時準備作戰。

戰爭初始，李奇威就密切關注韓國局勢。事實上，他就是參聯會負責這場戰爭的人。戰爭初期，美軍使用的火箭筒無法打穿蘇聯 T-34 戰車，於是他親自監督新型三點五吋口徑火箭筒的生產和運送，這樣他就可以透過手下，及時發現和糾正任何偏差，準時將武器交付前線部隊使用。儘管當時還沒有聯邦快遞，但李奇威創造的超級配送系統很快便抵消了北韓在武器方面的優勢，阻止了他們對釜山的進攻。李奇威從不參與軍隊內部的任何派系，可是他絕對是馬歇爾的人——李奇威在回憶韓戰的書中把馬歇爾奉為自華盛頓以來最偉大的美國軍人。

一九五〇年十二月二十六日，李奇威抵達南韓。他記得韓國給他的第一個深刻印象就是刺骨的寒冷——他覺得「寒風刺骨」。在此之前，他先飛到東京與麥帥會面。麥帥告訴他：「你認為怎麼做比較好就怎麼做吧，馬修。八軍團是你的了。」這句話本身就意味著韓戰第一階段已經結束——以前所有的命令都來自東京，現在所有的命令都將來自李奇威。此刻，最重要的問題是：他能否讓自己的軍隊不被趕出半島？戰爭過於殘酷，而美國人的結局又差強人意，因此一個軍人很難在那樣的戰爭中成為英雄。

以僵局結束的嚴酷戰爭也許可以創造戰士心目中的英雄，但絕不會創造出公眾心目中的英雄。在喬治·艾倫（George Allen，公認是中情局最能幹的人）看來，李奇威絕對是「戰後同時代人中最被低估的高階軍官，他在很多方面都比克拉克、柯林斯、布萊德雷、泰勒、雷德福以及伯克等很多人高出一截」。因此，在韓戰之後很長的一段時間，李奇威不僅在反對這場戰爭的美國民眾心目中成為了英雄，而且也贏得那些參與過這場戰爭的軍人以及了解他在這場戰爭中所作所為的人的尊敬。在韓國，李奇威是戰士中的戰士。即使是一向直言不諱、不輕易給予最高讚美的布萊德雷將軍，在稱讚李奇威時也從不吝惜自己的話。談到李奇威在韓國的表現，他後來寫道：「在戰爭時期，很少有前線指揮官能決定性地改變戰局，但李奇威在韓國就證明自己是例外。他的睿智、勇敢和不屈不撓的領導風範，讓這場戰爭成為美國軍事史上獨一無二的戰爭，一場只屬於李奇威一個人的戰爭。」

抵達南韓後，李奇威馬上視察前線。呈現在眼前的現實讓他震驚：失敗的烏雲籠罩全軍，指揮官個個悲觀喪氣，士氣極度低落。他找不到任何有價值的軍事情報。他在視察中遇到一名軍長，竟然連附近河流的名稱都不知道。對於如此不負責的做法，他只說了一句：「我的天哪！」當所有美國人都不知道敵人身在何處，只是一味想要南逃時，怎麼還能找到有價值的情報呢？李奇威後來在書中寫道：「我對前線指揮官說得很簡單，如果我們美國步兵的祖先看到八軍團被道路纏絆，經常忘記占據路邊制高點，既不能和前線陣地保持聯絡，也不了解地形，更談不上利用地形，他們一定會氣得在墳墓裡打滾。」但最令他心痛的還是部隊士氣低落，毫無鬥志。當時在元山的哈洛德·詹森（Harold "Johnny" Johnson）說，那根本就「不是撤退，而是奔逃」。李奇威認為，軍級指揮官差得令人無法忍受，師級和團級指揮官的年紀偏大，對戰爭毫無準備，對前線的情況一無所知。他在上任前對陸軍參謀長柯林斯說，必須嚴格要求前線的高階指揮官，「你必須對手下的將官鐵面無情，對他們鐵面無情是因為一切都依靠他們的領導統御」。

最讓他憤慨的莫過於很多司令部裡的地圖。所有美國部隊似乎都湮沒在無數小紅旗裡，而每一面小紅旗都代表一個中國師。很多部隊竟然不知道自己的周圍有多少中國人，因為他們根本沒有派出任何偵察隊。在李奇威看來，不知道敵人的位置和實力無疑是指揮官天大的罪惡。他馬上就改變了這種狀況。在那段時間裡，他幾乎無所不在，搭乘林區駕駛的小飛機走訪了每個司令部，不只是師部或團部，甚至親臨營部和連部。有些和他毫不相關的地方甚至沒有跑道，但只要他覺得有必要，就絕不錯過。他要求前線部隊都要出去巡邏，尋找敵人。他們的任務就是巡邏、巡邏，還是巡邏。他經常重複這句話：「只有貪圖安逸才會堵住你們前進的道路。一定要尋找敵人，鎖定目標。找到他們！咬住他們！打擊他們！消滅他們！」

很快的，他就推出一個李奇威式的地圖標示法。他首先觀察只有一兩面紅旗的局部地圖，詢問該部隊最後一次接觸中共軍隊的時間。起初，他們的回答一般是四、五天——原因很簡單，因為大多數美軍部隊實際上離中國人非常遠。於是，李奇威就會以極輕蔑的姿態從地圖上拔去這些紅旗。按照新的規定，只有在四十八小時內遇到的共軍，才能在對應位置插上一面紅旗。這個規定的弦外之音很簡單：如果這個苛刻暴躁的八軍團司令下次回來的時候，發現他們沒有執行這項規定，那麼消失的也許不只是一面小紅旗，很可能還包括這個部隊的指揮官。

其中的道理很簡單，因為他是李奇威，因為他有資格和東京談條件，而這對於華克來說只有做夢才能想到。如果李奇威需要一名身在華府或者是東京的軍官，那麼這名少校、中校甚至准將第二天就得上路。與華府的其他人不同，只要有必要，他絕不在乎或懼怕與麥克阿瑟的攤牌。以前，華府的將官們見了麥帥就發抖，但是現在李奇威是韓國戰場的主角，身在東京的麥帥已經變成了旁觀者。把麥帥掛在嘴邊也許只是李奇威的禮貌之舉而已，至於誰是韓國戰場的總指揮不言自明。對於那些還待在華府的文官武將來說，這樣的變化絕對是巨大的解脫。儘管李奇威可能也會提出要求——例如增補大量的砲兵部隊，但他對華府面臨的問題一清二楚：他所指揮的戰爭只是一個更大的地緣政治鬥爭中的一部分。從戰爭開始以來，華府與戰場指揮官第一次取得共識——這將是一場新型的有限戰爭，雙方因此有了溝通的共同語言。

37 重整旗鼓

隨著李奇威的到來，在鴨綠江和清川江被打得落花流水的麥克阿瑟不僅輸掉了這場豪賭，也輸掉了自己的總司令寶座。他或許可以把責任歸咎於政府對他的限制；或許也可以把這稱為一場勝利，因為這只是一支規模龐大的偵察部隊；但是那些了解十一月底究竟發生過什麼事的中高層指揮官，都很清楚這場災難的製造者到底是誰。現在，他開始把自己的需求說得更淒切，更漫無邊際：他需要再增兵四個師，對中國本土發動一場全面性的空中攻擊，徹底摧毀中國的工業基礎。他所需要的每一樣東西，所想像的每一件事，都預示著一場更大規模的戰爭。相較之下，他的國家及歐洲盟友都不希望戰爭擴大。華盛頓希望形成某種均勢：裝備先進的美國對抗人口龐大的中國。因此，讓華盛頓感到迫在眉睫的問題是：聯合國軍能否支撐得住，韓國是否會變成另一個敦克爾克？

一開始，麥帥與總統的衝突就在蓄勢待發之中，現在這場衝突即將爆發，而且是在最危急的時刻全面爆發。麥帥想擴大戰爭，而總統一直擔心這可能會引發其他地區的軍事衝突，希望把這場戰爭限制在局部地區並盡早結束。麥克阿瑟的行為已經逾越軍人的本分，至少在表面上他應該執行總統和上級的命令，但麥帥卻把自己變成一個政治上的反對者。掛滿勳章的軍服，獨一無二的權力，還有國會和媒體強大的政治同盟，都讓他目中無人。其實，所有這一切都是無法避免的，其結果同樣可想而知，共軍支援北韓才幾個星期，就讓美國人遭受重大傷亡。隨著李奇威的到來，麥帥實際上已被剝奪總司令的職權，於是他拿出一副「將在外君命有所不受」的架勢，公開違反文官制訂的政策，同時又推出一系列被華府、倫敦和其他盟國高級官員認為是災難的提案。

李奇威抵達東京後就清楚認識到，麥帥主張的是一套完全不同的議題。一九五〇年十二月二十六日，兩人一起談了兩個半小時，不過幾乎都是麥帥的獨白。李奇威很快就了解遠東總司令的願望。他後來說：「毫無疑問，麥克阿瑟希望與紅色中國進行一場全面性戰爭。他不可能接受相反的觀點……執行別人制訂的政策，那是他最不情願做的事，事實上他從未接受別人的政策。他只想和中國開戰。」隨後幾週，麥帥的意圖更明顯。起初，他想利用蔣介石的軍隊突襲中國大陸。他告訴李奇威這個辦法是可行的，因為毛澤東的大部分部隊都派到了北韓。「中國南方目前很空虛。」他對李奇威說。當然，李奇威是有主見的人，嘴上表示同意麥帥的提議，然而內心深知從中國南方趁虛而入的想法還不夠成熟。新中國的實力早已今非昔比，毛澤東能把五十萬人派往北韓，國內的兵力儲備肯定更龐大。蔣介石何嘗不想反攻大陸呢？但是，不管那裡的路有多寬敞，蔣介石那支敗軍之師敢不敢走這條路還是一個疑問。以前，麥帥雖然覺得美國政府對蔣介石缺乏足夠的尊重，但他對國民黨軍隊始終也是嗤之以鼻。

如果李奇威在某些方面比政府的其他人更強硬，如果他對共產黨員的看法比身邊很多反共人士更邪惡、更陰險，他也會明白自己不能放手去做。華府希望能在不對韓國投入太多資源的情況下把中國人拉到談判桌前（艾奇遜曾對布萊德雷說：「我們正在和錯誤的對手交戰，我們打的是二軍，而真正的敵人是蘇聯」），李奇威知道那是他的工作，而且將是一項充滿血腥的任務——在華府和中國覺得勝利已經屬於中國時，讓中國人付出慘痛的代價，讓勝利遠離他們。他相信自己一定能不辱使命。他堅信，只要有正確的領導統御，美軍完全能洗刷軍隅里遭受的恥辱，還自己應有的名聲。他絕不相信，中國人會像東京或華府很多人擔心的那樣被他們趕出朝鮮半島、趕入大海。談到李奇威在隨後幾週取得的成功，克萊・布萊爾認為：「諷刺的是，他公然削弱麥克阿瑟的主張以及他一貫深信不疑的反共策略，很明顯的，他正成為很多人所說的『姑息政策』的工具。」

如果無法在兵力方面滿足他的要求，他馬上就會轉而要求以更強大的火力作為補償，尤其是增加火砲的數量——正是基於這個原因，李奇威才馬上要求增加砲兵部隊。他一直無法理解，儘管美國的大砲威力無比，而中國和北韓在武器裝備上明顯處於劣勢，但美國人卻沒有發揮這些武器的威力，甚至很少著重對大砲的使用。現在，他要求上級派出十個州國民兵和後備砲兵營。按照他設想的絞肉機戰術，以大砲作為主要武器顯然是最合適的手段了。畢竟，美國不缺武器彈藥，只是想減少人員傷亡，而中國人的重型武器攜帶能力是極為有限的，因此無論什麼情況，他們在美國的空中火力下只能挨打。李奇威主張以最原始、最殘忍的方式抵消中國人的人數優勢——簡言之，就是利用飛機和大砲。依照他的命令，新的砲兵部隊很快就開赴韓國戰場。和先前來到韓國的其他人一樣，很多人還以為是去日本進行軍事演習，但是當他們感受到戰爭的氣息時，雙腳已踏上了韓國的土地。

李奇威從一開始就認為戰爭很可能會發展到採取他所說的「絞肉機」戰術。一月十一日，他寫信給好友陸軍副參謀長韋德・漢斯里普（Wade Haislip）說：「我們的優勢就在這裡。我們不乏實力和手段——前提是蘇聯不干預。我所面臨、超越一切的主要問題，就是要喚醒這個司令部的精神潛力。如果上帝允許我這麼做，我就應該做得更好，而不只是我們現在所想像的那樣——也許將帶給中國人一場永難忘懷的充滿血腥的失敗，大量消耗他們的兵力。」

一月中旬，柯林斯前往日本會晤麥帥和李奇威時告訴阿爾蒙德，他即將晉升為三星將軍。這是對麥帥最後的致敬。和柯林斯同行的還有一位參聯會成員，空軍參謀長范登堡。一月十五日，他們在第一站東京會晤麥克阿瑟。就在幾週前，麥克阿瑟的黑色電報還讓他們膽戰心驚。現在他只是一個接受他們調查的老人。他們不再畏懼他，也不必再相信他的估計和預測。

當柯林斯和范登堡在漢城見到李奇威時，他們發現李奇威遠比他們想像的還要樂觀。的確是這樣，就像他在寫給漢斯里普的信中說，這項工作是可行的，他能做好。他的信心富有感染力——那些缺乏這種信心的人甚至會覺得自己是在做別的工作。他正在改造第八軍團，讓它成為一支具有強大戰鬥力的部隊。他理解很多人此時的想法。儘管第二師、第二十五師和第七師遭受重創，但八軍團的人員傷亡情況並未如人們想像的那麼嚴重，真正的破壞在於精神和心理。這些師損失了大量的武器裝備，但這些東西是可以彌補的。在如此險惡的地形下陷入中國人的包圍圈，而且又是面對一個全新的敵人，這些意料之外的情況片面誇大了損失的程度，那只是感覺而已。最嚴重的莫過於對士氣的打擊。因此，當前的首要任務就是重振士氣——也就是部隊的精神面貌和心理狀態。

柯林斯當晚向布萊德雷發了一封電報，稱此次視察的印象是正面的。親身參與韓戰、後來成為韓戰史學家的J. D.科爾曼（J. D. Coleman）指出，這是五角大廈在近兩個月收到的第一個好消息。後來，布萊德雷把這個時刻稱為轉捩點：「我們第一次覺得，儘管我們為自己施加了很大的壓力，但中國人不會把我們趕出朝鮮半島了。」回到華府後，柯林斯向杜魯門面報。他認為李奇威做得非常出色，部隊的士氣正在恢復。他和范登堡都認為麥帥已經變成愛發牢騷的老人，還在幻想一場誰也不願意打的戰爭。相較之下，李奇威並沒有被中國人最初的勝利和他們的人數優勢嚇倒，他似乎已經找到各個部隊的優點和劣勢，對部隊的作戰能力充滿信心。這也是他在二次大戰中的指揮風格，讓前鋒打頭陣，這樣他就能盡早掌握戰局動向以及哪些部隊可能需要支援——畢竟不能永遠停留在空降師的回憶上。才華橫溢的蓋文將軍是李奇威在二戰時期的副手，可以說是名氣僅次於李奇威的空降部隊指揮官。蓋文說，李奇威總是站在戰爭的最前線。「他一分鐘都不離開戰場。他意志堅強，精力充沛，總是咬緊牙關。他太勇猛了，換成別人早就心臟病發了。這似乎變成他個人的仇恨：李奇威天生就和德國人不共戴天。他曾站在道路中間小便，我叫他：『馬修，你不要命了，趕快離開那裡，你會被子彈擊中的。』沒有用，他就是看不起德國人，連撒尿的傢伙都看不起德國人。」

當李奇威開始調整指揮結構，撤除了部分師級和軍級指揮官時，很多高階軍官最關心的是他將如何處理阿爾蒙德。八軍團（當然也包括陸戰隊）的很多高階將領認為，阿爾蒙德是騙他們不斷北上並陷入災難的同謀，因此都希望盡快將他撤職。但阿爾蒙德並沒有被革職。不管怎麼說，他畢竟是有進取心的人，李奇威迫切需要那種真正有進取心、敢於進攻的指揮官，但是從現在起，他必須直接了當，不能再像以前那樣耍心機、玩手段或繞過李奇威的指揮。他暫時還擔任軍長——因為其他軍長的軟弱讓李奇威震驚——但必須放下參謀長的職務。李奇威和柯林斯都不想對高級指揮官進行大清洗（他們的目的可能有所不同），也不想得罪麥帥。阿爾蒙德畢竟還是麥帥最喜歡的親信。如果有必要和麥帥對幹的話，那也應該是在更重要的事上。因此，阿爾蒙德依舊保有原職，再度成為所有指揮官的焦點。他即將獲得自己的第三顆星——麥帥已為此遊說了很久，但他的羽翼肯定將受到一點損傷。第一次見李奇威時，麥卡弗雷一直陪著阿爾蒙德。那次會面的時間很長，但顯然不是一次愉快的會晤。阿爾蒙德和李奇威一起走進司令部，把麥卡弗雷留在外面。透過阿爾蒙德事後的情緒，麥卡弗雷明顯感受到他觸動很大，很受震撼。麥卡弗雷的第一印象是阿爾蒙德的情緒極為低落，儘管還是一名軍長，但僅此而已。這時的阿爾蒙德被新上司狠狠訓了一頓：絕對不准再瞞著八軍團司令擅自行動了。

當然，轉變戰鬥力首先要從第九軍的庫爾特少將身上開始。他是在清川江沿線的戰役中表現最差勁的。庫爾特肯定將晉升為中將並被派往東京擔任參謀。但是陸軍有一條不成文的規定，一旦高階將領在戰役中失敗，就必須付出更大的努力去保住他的名聲，盡量洗刷恥辱以證明陸軍沒有犯錯。李奇威沒有立刻解除他的老朋友、第一軍司令米爾本的職務。但很多人都認為，米爾本至少應該為雲山之戰的大敗負起部分責任。李奇威乾脆把自己的司令部搬到米爾本的司令部，以督促他重振軍心、勇敢作戰。

李奇威的表現支配了整個局勢。指揮官們稱他為「來吃晚飯的傢伙」和「值得尊敬的司令官」。和從未在韓國過夜、只在理論上研究這場戰爭的麥帥相比，李奇威始終沒有離開過韓國。他必須讓戰場上的每個人都知道，他正在和自己的部隊同甘共苦。他想讓前線的指揮官知道，誰也無法欺騙他。他的存在讓每個人時時刻刻都在接受檢驗。第一軍參謀長說：「哦，天哪！我們每天早晨的作戰會議，他都要參加……他每天都和部隊在一起，因此我在他晚上回來的時候就得向他匯報——什麼事都不放過，哪怕是微不足道的小事，例如我們這裡的排水情況。」米爾本儘管還暫時留任，但已淪為李奇威的傳話筒了。

有一次，李奇威參加軍部作戰處長約翰・傑特爾（John Jeter）的早晨簡報會。傑特爾還沒說完，李奇威就非常不快。傑特爾羅列了一大串撤退計畫，李奇威問他進攻計畫是什麼。傑特爾回答，暫時還沒有進攻計畫。結果可想而知，傑特爾馬上被革職了。這件事馬上傳遍整個八軍團。儘管因為這麼一點事而解除傑特爾的職務可能有點不公平，但是在那個時刻、那個地點，沒有什麼是公平的。很快，陸續又有三個師長打道回府。他們或許會因為以前的功勞而獲得讚揚、獲得勳章，或找到其他什麼好工作，但有一件事是無法撼動的：在八軍團裡，永遠不能再有「撤退」這個詞。不管情願與否，李奇威對他們的要求只有一個，那就是進攻。因此，有些心存不滿的人為他取了一個綽號：「總是走錯路的李奇威」。

他們必須做的另一件事就是了解敵人——以種族歧視的態度對亞洲對手嗤之以鼻的時代一去不復返了。李奇威對情報的重視遠勝過其他高階指揮官。美國陸軍一直對情報工作採取聽之任之的隨意態度，執行情報任務的人多半喜歡敷衍了事，也很少有被提拔的機會，更不用說邁向指揮官的位置。在很多情況下，即使陸軍情報機構的人員做得非常出色，他們的上司也得不到同僚的尊重。原因很簡單，這是美國陸軍的傳統，他們擁有強大的戰鬥力和戰鬥裝備，一旦進入戰場，情報就成為次要的事了。在他們看來，任何敵人都會屈服於他們的強大火力。

李奇威對情報工作情有獨鍾的原因有很多。部分在於他自己就擁有極高的情報收集分析能力。可以說，他在這方面比絕大多數指揮官都高明。還有一個原因就是他固有的謹慎個性。他一直認為情報工作做得越好，就越有可能保住性命。他在情報工作上的經驗很大一部分來自於空降作戰。空降在敵人後方是極危險的事，因為你的火力肯定是有限的，而且極有可能寡不敵眾，更容易遭到敵人的攻擊。當然，他在聯合巴多格里奧元帥這件事上的謹慎，充分反映出空降師指揮官的基本原則：只有自己的情報才是最好的情報。一九五四年，法國在印度支那的戰爭達到最高潮。年輕的喬治·艾倫當時還是中情局駐越南的情報人員，在連續幾週，他每天都要向李奇威做敵情簡報。艾倫後來說，他從未和如此敏銳、如此斤斤計較的人打過交道。即使是艾森豪在歐洲戰場上最頂尖的幕僚史密斯將軍（Walter Bedell Smith，後來擔任中情局長）也比不上他。

艾倫認為，精益求精的態度使李奇威對大局掌握得非常好。李奇威在後來的報告中分析了美國軍事干預印度支那的前景。他認為美國一旦參戰，將必須派出五十萬到一百萬人和四十個工兵營，還需要大量徵兵。他的報告當時幫美國避免了一場戰爭。

一名情報界人士說，如果威洛比為李奇威做情報處長的話，最多只能做一個小時。由於麥帥和威洛比對韓戰的情報採取了限制和封鎖的做法，於是李奇威再度找來中情局。因此，從八軍團司令部到最前線的作戰部隊開始學會重視和尊重敵人。中國人的戰場表現極有特色。他們同樣是非常優秀、非常堅強的戰士。他們的某些部隊確實優於其他部隊，有些師級指揮官確實優於其他指揮官，但最重要的是，他們到底是哪支部隊，到底是哪些指揮官。李奇威現在想做的就是研究他們。沒有什麼比東方人的思維更詭異多變。因此，必須回答很多關鍵性的問題：他們一夜能走多遠？一旦戰爭開打，他們執行命令的彈性有多大？他們在每一場戰鬥中攜帶的彈藥和糧食有多少？或者說，他們能在一場戰鬥中堅持多久？對於令人百思不得其解的共產黨，李奇威現在需要區分理論上的討論與戰場上的現實。

另外，李奇威希望擁有更多戰場主導權，而不是像以前那樣完全聽任中國這個對手的擺布。曾有一段時間，李奇威每天早上都鑽進一架由林區駕駛的小型飛機，盡可能低空地飛行，尋找敵人的蹤跡。如果有大批共軍靠近他的部隊，必定會留下蛛絲馬跡，但他幾乎沒有發現任何這樣的跡象。但是，沒有發現蹤跡不代表可以不關注、不尊重對手——在雲山戰役後的十一月，他們得到了教訓，因此這更應該引起他們的注意，也許敵人的移動方式更隱密。李奇威慢慢勾勒出中國人的樣貌和他們的作戰方式，當然還有他隨後採取的作戰方略。共軍是非常優秀的，這一點毋庸置疑。但他們畢竟不是超人，畢竟只是來自一個資源有限、極度貧困國家的普通人。他們的軍事裝備落後，物資補給和通訊聯絡方面也弱。他們進攻時吹響的軍號和長笛，在夜間的確讓人膽戰心驚，但實際上的缺陷也很明顯：他們不可能單憑這些樂器對戰場上的突然變化做出及時反應。即使已經衝進對方的陣地，他們也沒有能力立刻摧毀美國人的防禦體系。這是非常致命的缺陷，因為這表示他們反而有可能遭到重大傷亡。此外，他們的每一場戰鬥都面臨物資補給的問題——因為他們所能攜帶的彈藥和乾糧非常有限。美國陸軍的補給能力是中國人無法想像的，因此在任何一場戰鬥中，美國人都能堅持得更久。

在前幾個星期，李奇威的一項重要任務就是收集有關共軍武器裝備的情報。到了一月中旬，他覺得已經掌握了足夠的情報。他認為，戰爭不應再以奪取領土為最終目標，重點應放在選擇對自己最有利的地形採取拉鋸戰，以消耗敵人的力量為主，製造最大量的人員傷亡。因此，最關鍵的作戰詞彙就是「殺戮」。李奇威現在的想法是，始終與共軍保持接觸，持續交戰，並在每一場戰鬥中製造對方的人員傷亡。總有一天，即使是像中國這樣的人口大國，也會因精銳部隊大量損失而無力支撐。他希望盡早實施這項策略，以便讓敵人知道，依靠自己挑選的戰場去贏得勝利不再像以前那麼容易了，出其不意的偷襲也不再實際了。如果這場戰爭是一場絞肉機大戰，那麼最重要的問題就是：誰的絞肉機更強大，更有效？

李奇威想到的第一個問題就是，如果中國人進攻，撤退將是災難性的選擇。他們進攻戰略的關鍵之一就是攻擊其中一點以製造混亂，然後借助敵人後面的有利地形構築陣地，在敵人撤退過程中趁亂打擊。所有的軍隊在撤退過程中都是最脆弱的，由於武器裝備較為笨重，道路又很狹窄，再加上與南韓軍隊混在一起，使得美國軍隊也難以例外。李奇威認為，中國人在軍隅里採取的戰術和他們在內戰期間對付國民黨的戰術如出一轍，然而始終沒有人對此給予足夠的重視。儘管中國兵英勇善戰，在兵力上占有明顯優勢，但在軍隅里對美軍的攻擊遠非災難性的。儘管美軍遠在韓國北方，防禦能力很脆弱，但如果能在夜間保持緊密陣型，各部隊之間能形成交叉火力，並有側翼掩護（而不是指望南韓軍為他們提供掩護），那麼那場戰役的結果可能完全不一樣。即使在軍隅里，美軍的補給也並未中斷，後來反而是中國人撐不住了。長期的空降訓練與作戰經驗，對李奇威現在的戰術發揮了重要作用，也是這種戰術的關鍵。他的想法是：首先建立一座強大的堡壘，並以猛烈的火力維持各部隊之間的整體性，然後讓敵人先進攻。他認為，在戰爭初期，麥克利斯的第二十七「獵犬」團比其他團表現得更出色，關鍵就在這裡。麥克利斯同樣出身傘兵，只要部隊是完整的，他根本就不在乎是否被切斷退路。他知道，空軍一定能為他提供補給。

現在，李奇威準備讓八軍團再度北上——和其他方面相比，重振士氣是最重要的原因。一月中旬，李奇威開始行動了。他首先派麥克利斯進軍水原。李奇威把這次進攻行動命名為「獵犬」行動。早在來韓國之前，麥克利斯就已經認識李奇威了，只不過並不熟稔。但李奇威咄咄逼人的目光還是讓他心生畏懼，他後來這麼形容李奇威的眼神——可以反覆穿透你的身體，直達你的五臟六腑。剛到韓國幾天，李奇威就把麥克利斯叫來。

他問：「麥克利斯，你知道戰車是用來做什麼的嗎？」

「用來殺人的，長官。」

李奇威說：「那麼，就帶著你的戰車去水原吧。」

「是，長官，」麥克利斯回答：「開戰車去那裡很容易，把戰車開回來可就不簡單了，因為中國人經常會切斷退路。」

「誰在說回來的事了？」李奇威回答：「如果你能在那裡待上二十四小時，我就會派一個師趕到那裡。」這時，麥克利斯覺得這將是全新階段的開始，也將是戰爭的轉捩點。完全不同的美國軍隊和聯合國軍來到韓國，而共軍的領導尚未意識到這一點。

第9章

反制中國：中央走廊兩軍激戰

Learning To Fight The Chinese: Twin Tunnels, Wonju, & Chipyongni

中國即將面對截然不同的美國軍隊與指揮體系，
然而，就在兩軍即將開戰的時刻，毛澤東與彭德懷卻發生了大分歧……
李奇威迅速調整戰術，雙方在原州和砥平里展開激戰。
美軍擊退了共軍的進攻，後者損失慘烈。
這是韓戰的轉捩點，李奇威證明了中國人並非不可戰勝，
如果說以前是麥克阿瑟囿於偏見，現在則是毛澤東受制於思維定勢。
這場失敗對彭德懷來說是破壞性的，他一向不喜歡坐飛機，
但這次破例：他直飛北京，在清晨闖進了正在熟睡的毛澤東臥室。

38 彭德懷的憂慮

中國人即將面對一個非常不同的美軍指揮體系和一支非常不同的美國軍隊。一九五一年二月中旬，雙方在雙聯隧道、原州和砥平里展開了三場極為慘烈的激戰。但是，就在兩方軍隊即將開戰的時刻，中共領導層卻發生了極大分歧。早在一九五〇年九月和十月，就在毛澤東考慮是否做出軍事干預時，中共的軍方與政治領導人就曾出現明顯的意見分歧。林彪堅決反對這場即將來臨的戰爭，他擔心中國無法抗衡強大的美國軍力。他認為，美軍一個師的火力就相當於中國的十個，甚至二十個師。林彪和其他軍方人士還提出另一點：中國的工業基礎還相當薄弱，因此，兩個國家在維持現代戰爭的能力上存在著極大差距。即便是武器的供給和更換，對中國來說都是巨大的挑戰。

林彪後來以健康問題為由，拒絕接受指揮權，這確實反映很多中共軍方人士的極度不安，而政治領導人擁有至高無上的權力。當然，他們都是政治人物，軍人也知道這一點。他們的基本原則很簡單：政治第一，軍事服從於政治。這也是他們在長期的艱苦內戰中最終能獲勝的原因。武器供給對他們來說從來就不是問題——他們總是有辦法從蔣介石軍隊的手裡搞到武器。

在那場戰爭中，他們始終堅定地以政治為出發點。但不能不指出的是，那是在中國的土地上。在那裡他們很容易就能獲得眾多農民的掩護和支援。正是長期受壓迫、沒有基本人格尊嚴和基本經濟權利的農民，讓他們在蔣介石面前擁有了無堅不摧的力量。儘管這兩個國家有很多共通點，它們的社會結構都以生活在最底層的農民為主，而且北韓又是中國的共產主義盟友，但這種力量能否在國外的土地上繼續發揮作用，恐怕還是很大的問題。

毛澤東一向認為，政治有特殊的規律。在這一點上，他們比任何人理解得更深刻、更清楚。同樣的，彭德懷這樣的軍人不僅了解政治，同時也意識到戰爭有其特殊的內在規律。儘管政治規律和戰爭規律在中國的內戰期間完整地合而為一，但是到了北韓將會一分為二。因為大多數北韓人認為中共軍隊只不過是另一支外國軍隊，而中國兵的出現有其殖民的含意。

在清川江戰役之後，毛澤東變得更有自信，彭德懷則清醒地看到，他們的勝利在很大原因是因為美國人走入自己挖下的陷阱。在共軍繼續南下時，他開始變得顧慮重重，畢竟他沒有空中掩護，而且從一開始，後勤補給的困難就擺在眼前。但毛澤東認為，當資本主義的爪牙凶狠地伸向一場不必要的戰爭時，他們的表現完全在他的意料之中。在共軍向南進軍的過程中，毛澤東多次要求彭德懷採取更積極的進攻策略。但每次聽到這些，彭德懷都會無可奈何地搖搖頭，向自己的助手抱怨毛澤東被勝利沖昏了頭。彭德懷的觀點一向保守，他認為很多跡象顯示，共軍將在以後的作戰中遭遇更大的困難。僅僅是吃飯的問題就讓人頭痛了——在十二月的大部分時候，他們基本上就是靠美國人剩下的食物充飢。他感覺到，現在的部隊實際上已處於半飢餓狀態。如果繼續南下，口糧和彈藥的補給將更加困難。

清川江戰役，他面對的是一群毫無準備的美軍。在成功分裂所有美國部隊的情況下，他們發現還是很難將敵人全部殲滅。美國的制空權顯然發揮了巨大作用。美軍高射砲部隊中流傳著一個小笑話：只要有戰鬥機或轟炸機從頭頂飛過，他們就把這些飛機稱為B－2。但美國並沒有B－2這款轟炸機，因此，有些沒見過B－2的士兵就會問：「這就是B－2嗎？」回答很簡單：「你管它是不是，只要不是敵人的就行。」[7]對中國人來說，美軍的空中火力具有壓倒性優勢。美國的空中優勢和地面部隊的高度機動性，

7　譯註：美國空軍在一九九七年才正式有 B-2 匿蹤轟炸機的型號。

讓他們隨時能支援被包圍的部隊，這是中國人無法想像的，更是中國人前所未見的。

在軍隅里，雖然美國人對中共軍隊的進攻毫無準備，而且美軍指揮官的無能表現極令人失望，但逃出包圍圈的美軍部隊還是大大超乎中國人的預料。然後，在進入中國人所說的第四次戰役或戰爭的「第四階段」後，共軍的劣勢盡顯無遺。這也導致高級指揮官和政治決策者之間的緊張關係趨於公開化。第一次戰役是從一九五〇年十月二十四日至十一月五日，主要以打擊率先北上的南韓軍隊為主，而後在元山大敗第八騎兵團。第二次戰役即十一月底到十二月初的清川江戰役，還有在長津湖伏擊第一陸戰師。第三次戰役則是在毛澤東和彭德懷發生激烈爭執之後進行的。彭德懷希望能暫緩進攻，認為政治因素已經導致自己的軍隊過於疲憊。這次戰役的主要任務就是全力追趕南撤的美軍。在這場戰役中，雙方發生多次激戰，漢城在六個月之內三度易主。這次戰役結束後，共軍發現自己已深入南方地區，一直打到了北緯三十七度線。原定於一月開始的第四次戰役，將是一場規模更大的戰役。按照毛澤東的設想，共軍將繼續南下一百英里左右，然後為進攻釜山作準備。

但是，由於美軍一直沿著狹長半島撤退，讓共軍開始面對越來越多的棘手問題，這些問題也曾讓他們的敵人倍感頭痛。最致命的莫過於不斷拉長的補給線。在這個只有最原始的公路和鐵路的國家裡，輸送物資絕非易事。由於沒有空軍和海軍，這個問題更棘手了。美國人在向南撤退時，始終以卡車和火車為交通工具，而且不必擔心空襲，若有必要，他們可以利用空軍或海軍輸送急需的彈藥和食品。反之，相較於規模龐大的部隊數量，共軍擁有的機動車輛實在太少了，而且這些卡車和火車也很容易成為美國強大空軍的轟炸目標。

現在，是毛澤東讓自己的軍隊遠離戰場、審視戰局的時候了。他也許會像麥克阿瑟一樣，不是從實際狀況出發，而是以想像來看待戰局。事實上，在南韓北方取得的勝利蒙蔽了毛澤東的判斷力，但他的戰區指揮官已經意識到，這樣的勝利也許很難重複了。正如歷史學家余斌所言，現在的毛澤東「深受初期勝利的鼓舞，開始追逐更大的目標，但這個目標顯然超出了部隊的實際能力」。這就把應對現實的沉重任務全壓在彭德懷肩上。

就某種程度而言，彭德懷和李奇威一樣，都是幾近完美的軍事家。他們的戰爭動力以及他們察覺戰場形勢和指揮軍隊的方式，都相當接近。可以想像，如果對換他們的身分，讓彭德懷成為聯合國軍司令和中國版的李奇威，那麼和李奇威一樣，彭德懷也是戰士中的勇士，深受官兵愛戴，因為他對士兵的疾苦深有體會。

他越成功，就越返璞歸真。有時候，在徒步行軍的路上，有農民或是西方人所說的「苦力」替他們當挑夫運送物品，大多是用扁擔挑著重物行走。他會主動從這些挑夫手裡搶過扁擔，讓他們休息一下。這讓全軍留下深刻印象，也提醒每個人，包括他和他的士兵，自己從哪裡來——他們都是農民出身，更重要的是，他們為什麼打仗。他是一個剛正不阿、直言不諱、從不掩飾自己的人，這讓他贏得了所有官兵的愛戴。在長征過程中，彭德懷曾兩度發高燒而無法行走，於是，部下用一張破草蓆抬著他長途跋涉。有一次在四川，他病情嚴重，但部下始終拒絕棄他不顧。他們一路抬著彭德懷，悉心照料，這也是他們回報彭德懷的方式，因為這位將軍就是這樣對待他們的。

彭德懷坦率耿直，和李奇威一樣口無遮攔。打敗國民黨後，有些和他一起參加過農民起義的同袍開始擺架子，這讓他感到很可笑。儘管現在早已不再缺少熱水，但彭德懷還是喜歡洗冷水澡，這是一直以來的習慣，也是農民的習慣。他喜歡簡樸的生活，簡樸到有點像出家的和尚，而奢侈的享受反倒會讓他不自在。生病時，他喜歡服用草藥，很少去找醫生開西藥。他吃飯的時候講究細嚼慢嚥，他說是有意這麼做的，因為他經常會想起自己剛參加革命的時候，常處於危險之中，經常挨餓。現在衣食無缺了，所以他要慢慢品嘗食物的美味。

彭德懷比中共中央政治局的一些人想像的更精明。清川江戰役的勝利並沒有蒙蔽他的判斷力。早在戰爭開始之前，他就認為，以朝鮮半島的特殊地形，任何一方要從半島一側向另一側輸送物資，都不是一件容易的事。他在開戰前就對自己的參謀說：「朝鮮戰爭將是一場後勤戰。」他正是用這個理由成功說服毛澤東，務必要等到美國人盡可能地遠離南方，再對他們發動第一次全面進攻。

他也知道，十一月和十二月的韓國氣候非常惡劣，因此他必須選擇對自己最有利的天氣。十一月底，在第二次戰役獲勝後，他正確估計了美軍在清川江附近的殘餘兵力，以及中方為這場勝利所付出的代價。美國海軍陸戰隊的猛烈反擊讓中國人對資本主義軍隊的戰鬥力有了新的認識。在對高級軍官講話時，彭德懷不時會略帶嘲諷地提到「某些自封為深諳戰爭藝術的專家」、「某些軍事專家」以及「某些以教條主義思想來看待戰爭的人」等。當蘇聯和北韓在十二月強烈要求他的軍隊加快追擊步伐時，彭德懷勃然大怒。蘇聯人壓根兒就沒派一個人到戰場。至於北韓，是中國把他們從致命的失誤和拙劣的軍事指揮中挽救出來。最讓他無法接受的是，蘇聯並不是直接把壓力施加在他的肩膀上，而

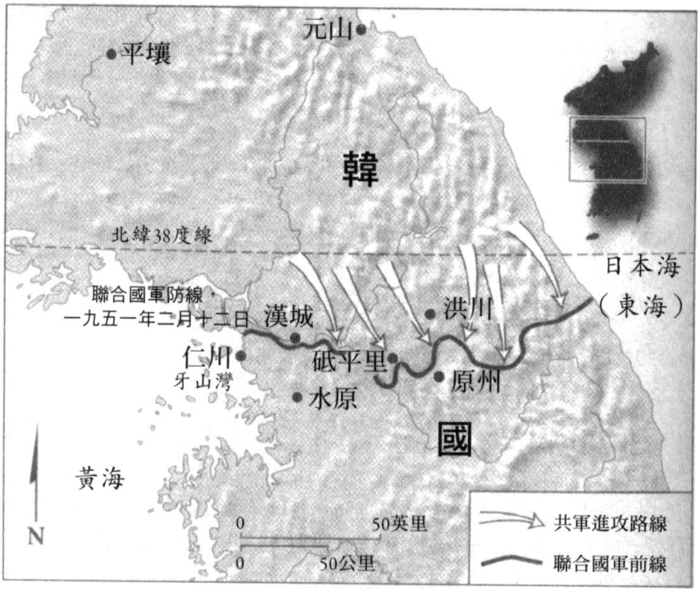

圖十九　中央走廊之戰

是推給了毛澤東。這背後的意思無非是說，他們還不算優秀的共產黨員，如果換成蘇聯人的話，肯定比中國人勇敢得多。

彭德懷對軍隊抱怨最多的就是後勤補給的需求。在戰爭開始時，彭德懷的總兵力約為三十萬人。隨著戰爭進行，部隊規模越來越大，他畢竟需要為未來的作戰進行儲備。正如他預料，物資補給真的變成了夢魘。十二月，共軍用來運輸的卡車最多只有三百輛，而這些卡車必須在夜間不開燈的情況下行駛。因此，每天的行程只有二十到三十英里。彈藥和食物的供給已經成為部隊最大的瓶頸。因此，共軍很多的補給並不是以卡車，而是靠人力完成的。他們往往必須步行非常遠的距離，把糧食和彈藥補給運到南方的前線部隊，回程經常還要背負傷患，把他們帶回後方。他的部隊就生存在這樣的條件之下。在接近三十八度線時，他們實際上只能勉強不挨餓。在當地徵收糧食也不實際，雙方的拉鋸戰徹底破壞了當地的農田和莊稼，而這對中國人的影響比對美國人更大，因為美軍的口糧不依賴當地的糧食。嚴寒使共軍不可能在當地找到足夠的食物來源。毛澤東有一句著名的語錄：「軍民魚水情，軍隊就是游在農民海洋的魚兒。」但是現在，共軍卻變成游在刺骨冰水中的魚。看到共軍的時候，北韓農民依舊驚恐萬分，因為這些農民以為，中國人和美國人、南韓人都是一樣的。自開戰以來，他們就沒過過一天好日子。很快的，營養不良成為共軍的嚴重問題。彭德懷的部隊是用當時所謂「嚼一口炒麵，吃一口雪」來對抗飢餓。活著的人往往會拿走犧牲者的子彈和乾糧。

當共軍在一九五〇年元旦前夕發動第三次戰役時，來自中國的食物僅能滿足四分之一官兵的最低生存需求。由於美軍的空中轟炸極為頻繁，卡車司機已經成為共軍裡最危險的兵種，他們的死亡率遠高於作戰部隊。因此，整個部隊始終處於極度的飢餓疲勞之中。到了二月，他們已遠離家鄉，在韓國馬不停蹄地戰鬥了兩個多月。在此期間，他們始終處於戰鬥狀態，聯合國軍的轟炸根本不給他們任何喘息機會。即使是在遠離前線的安全地帶，美國的炸彈也時常伴隨著他們。寒冷讓美國士兵和他們的腳倍感痛苦，因此，美軍指揮官一再發布命令，提醒士兵注意保護自己的長襪和腳。寒冷當然也不會對中國兵開恩，他們的情況更糟。他們腳上穿的是帆布鞋，凍傷成為他們揮之不去的敵人。有時候，很多中國兵由於凍傷而無法穿鞋，於是他們乾脆用破布包住腳，繼續作戰。

第三次戰役之前，彭德懷的主力部隊位於漢城以北。毛澤東強烈要求他盡快奪回這個南方的首都，因為這個勝利的宣傳價值不可估量。彭德懷則極力勸說毛澤東減緩進攻速度，讓他的部隊休息一下。一九五〇年十二月八日，彭德懷致電毛澤東，要求停戰休兵到明年春季；此外，他還希望能把戰線穩定在漢城以北。他認為，美軍和聯合國軍在北方遭受的損失並沒有人們想像的那麼嚴重，而且現在正在修築工事、恢復元氣。此時去攻擊他們，去撞擊他們在漢城布下的火力網，很可能會付出慘痛的代價。對於彭德懷來說，為解放漢城這點區區的政治勝利而冒那麼大的風險，在軍事上沒有任何意義。而毛澤東的想法截然相反。當然，蘇聯人和金日成就更不贊成彭德懷的觀點了。如果說毛澤東最初決定出兵參戰是為了讓世界其他國家，尤其是長期被蘇聯一手遮天的共產主義陣營注意到，這已經不再是原來的那個中國，而是一個全新的中國，那麼，他現在追求的遠遠不止於此。

因此，戰爭初期出人意料的大勝正慢慢轉化為彭德懷的重擔。迄今為止，共軍的表現異常出色，超乎人們的預期。但蘇聯還持續透過駐北韓大使敦促彭德懷繼續前進。一想到蘇聯在開戰前違背「提供空中掩護」的承諾，讓彭德懷對蘇聯的敦促感到鄙夷不屑。他覺得，蘇聯人的建議只能說明，他們厚顏無恥地用中國人的生命去證明自己所謂的勇敢奮戰精神。

但此時的毛澤東與蘇聯人想法一樣，奪取漢城的政治象徵意義是無法想像的，那將會讓全世界注意到中國的存在。此外，他似乎有點輕視美軍的實力了。美軍在戰爭初期的潰敗讓毛澤東認為，他們甚至還不如以前的手下敗將國民黨。當時，美國的部分盟友和杜魯門政府內的高級官員都在談論在三十八度線與中國停戰的問題。毛澤東對此很警覺。敵人主動提出妥協，這對毛澤東來說是一個訊息：他們知道自己即將失敗，正在想如何避免徹底的失敗。因此，這突如其來的求和顯然是他們的伎倆。十二月十三日，毛澤東在發給彭德懷的電報中指出放棄追擊敵人在政治上的危險。他警告自己的總司令，如果現在就鬆懈下來，全世界都會懷疑中國的能力。

十二月十九日，彭德懷在回電中指出，千萬「不要不客觀地奢望迅速取勝」。這主要是說給蘇聯人和北韓人聽的，當然也有可能含蓄地提醒毛澤東。彭德懷提議在發動下次戰役之前休息一段時間。毛澤東希望能在一月初開始下一輪進攻，這比彭德懷的計畫提前約一個半月。雖然進行了部分調整，滿足彭德懷的要求，但還是像林彪提到的一樣，最終的折衷措施基本上還是反映了毛澤東的想法。因此，用他的話來說，「毛澤東制訂的政治目標超越了中國人民志願軍的能力」。

只要是毛澤東想得到的，他就能得到。一九五一年新年前夕，彭德懷對聯合國軍發動第三次進攻，逼近三十八度線。不過，美國這次的撤退非常謹慎，傷亡也因此非常有限。進攻開始時，李奇威抵達南韓只有幾天。他在回憶韓戰這段歷史時寫道：「那是一段令人沮喪的記憶。南韓士兵像潮水一樣乘著卡車向南逃竄，在撤退過程中毫無組織和紀律，沒有武器，更沒有領袖。有些人步行，有些人則乘坐徵集的車輛，五花八門，哪里像是一支部隊？他們只有一個目標——盡可能逃到遠離中國人的地方。他們扔掉步槍和手槍，拋下了火砲、迫擊砲、機槍等所有武器。」如果說還有值得他慶幸的地方，那就是這次撤退和軍隅里大撤退有所不同，美國人損失的武器裝備非常少。

一個重要的問題是：他們能否在漢城以北守住防線？李奇威本人認為，敵人對美國工兵修建的漢江大橋構成的威脅不容忽視。一旦敵人毀掉這座大橋，一些部隊就會獨自被留在北方。李奇威不敢冒這個風險，因此他必須做出一個艱難的選擇——而對於當時的李奇威來說，這個選擇尤其困難，儘管他一直想反攻，但在那個時候，最重要的就是讓自己的部隊恢復士氣。因此，他只能放棄漢城繼續南撤。一月三日，他讓美國駐南韓大使馬其奧通知李承晚總統，立即率領全體政府成員離開漢城再度南撤，他將在當天中午封鎖漢江大橋，屆時只對軍隊開放，其他人一律不得過橋。一月四日，漢城再度燃起熊熊大火，漢江大橋被炸毀了。

現在，第三次戰役似乎讓中國人再次嘗到勝利的滋味，但這也為彭德懷取得下一次勝利帶來了巨大的壓力，而且這讓北京的領導意識到他的謹慎毫無道理。蘇聯認為中國人膽小怕事的看法激怒了毛澤東。儘管這兩個國家在隨後十年裡的力量對比發生了明顯變化——一方面，蘇聯新領導人赫魯雪夫開展了一場聲勢浩大的反史達林運動，而中國人則自稱是純粹的共產主義者——但中國那時還是共產主義大家庭中的小輩，蘇聯人依舊可以對中國頤指氣使。因此，蘇聯人可以隨心所欲地刺激毛澤東。蘇聯駐中國代表拚命催促毛澤東繼續追趕敵人，金日成更是如此，他在自己的司令部約見彭德懷，要求他更大膽地追擊美國人。

彭德懷隱忍不發。他說，美國人並沒有被真正打敗。他們也許是在引誘中國人繼續南下，等待時機，再發動一次兩棲反攻（這樣的教訓不該這麼快就被拋在腦後）。但重新奪回漢城的政治宣傳作用畢竟太誘人，中國國內也在舉行大型遊行慶祝收復漢城。一月末，毛澤東將發動下一次戰役的指示電告彭德懷，希望他的軍隊能徹底消滅二萬到三萬名敵軍。毛澤東似乎沒把彭德懷在幾週之前說過的話聽進去，還沉醉在光榮的美夢之中。

39 從原州到砥平里

到二月初，中美兩軍一直在這個被稱為「朝鮮半島中央走廊」的地方進行著你來我往的拉鋸戰。這樣的對峙正是李奇威最想看到的，卻讓彭德懷深感不安。儘管兩軍必然要交手，但他更喜歡把中央走廊的山區作為主戰場。一旦中國人得勝，聯合國軍就沒辦法阻止他們。他希望自己的部隊仍舊在夜間步行，讓美國人坐在溫暖的汽車裡，再次陷入山腳下的峽谷之中，這樣他就可以把控制原州－砥平里一線作為主要目標，對敵人發動第四次進攻。儘管李奇威的情報工作已有改善，但相較於他面對的危險，資訊還是過於零散。他感覺到，中國人即將攻擊他們，地點很可能在中央走廊的邊緣地區。但他還無法確定具體的位置，以及這場戰役的規模會有多大。他還需要更多、更準確的情報。事實上，他需要知道的還不止如此。李奇威讓第二師轉隸於第十軍，受阿爾蒙德指揮。這麼一來，第二師就取代了原來的第一陸戰師，因為第一陸戰師明確向李奇威表態，不想再接受阿爾蒙德的指揮。他正在籌畫由第十軍向西發動一場大規模攻勢，並由第二師擔任右翼掩護的任務。這就讓費里曼的第二十三團成為最右側的部隊。一旦作戰開始，他們將發揮關鍵性作用。

＊＊＊

抵達南韓後，李奇威所做的第一件事就是重新整編第二師。凱瑟已經被華克解職，並由鮑伯・麥克魯爾少將（Bob McClure）接任。阿爾蒙德非常瞧不起麥克魯爾，當時他才擔任師長三十七天。在麥克魯爾短暫的任職期間，他堅持要求第二師全體官兵蓄鬍。當時在第二師擔任作戰參謀的約翰・卡雷上尉還記得：「他曾見過一些土耳其戰士，覺得鬍鬚讓他們顯得更強壯、更像勇士，因此美國士兵也應該蓄鬍。於是我們不得不開始留鬍子，其實大多數人都不喜歡這樣。」與此相反，阿爾蒙德是喜歡整潔俐落的人，喜歡讓自己的軍服和下巴乾乾淨淨，因此鬍鬚和麥克魯爾都是他最討厭的東西。

從十二月中旬開始，駐守在永登浦的第二師一直緩慢地撤退。同時，新兵和更好的武器源源不絕地運來。十二月十一日，法國外籍兵團的一個營編入第二十三團。這些新兵大多來自法屬殖民地。他們在作戰中馬上顯現巨大威力。此外，第一突擊兵連也加入了，而實力大損的第三十八團得到一個荷蘭營。十二月十五日，也就是兵敗軍隅里的兩週之後，第二師便恢復了編制。十二月底，第二師在洪川－原州地區作戰時，該師資深情報官獲悉，原州將是共軍的下一個主攻目標。

中央走廊地帶一直是雙方爭奪的焦點，而原州位於這個地帶的最南端，和洪川、砥平里構成了一個三角形區域。原州的地理位置最重要，因為它既是鐵路的補給下卸分發站，又是貫穿半島公路的中途。當時曾在砥平里作戰的安希爾・華克爾（Ansil Walker）認為，如果共軍控制了這個三角地帶，他們就可以在這裡建立一個穩固的基地，然後從這裡出發，進攻一百英里以南的大邱，之前的洛東江戰役中，美軍與北韓人便曾在大邱展開激烈的爭奪戰。他說，大邱的位置就像一把插進釜山的利刃。事實上，這正是彭德懷的想法。十二月二十七日，他召開戰前最後一次參謀會議。彭德懷在會上一直為大家打氣——部分人認為現在最好做適當的休息，因此對立即進攻的做法略顯不滿。彭德懷說，這次進攻會讓「帝國主義像綿羊一樣逃跑，我們的目標不是漢城，而是釜山；不是占領釜山，而是要趕走他們！」他的副手韓先楚說，大家聽了彭德懷的話，士氣起來了。然後，彭德懷走到地圖前說：「這是原州，我們決定攻打原州。如果攻克原州，我們就可以一路打到大邱。」說這番話時，他表現得比自己心裡所想的更自信、更勇敢。

一月中旬，李奇威司令部不斷接到報告，指敵人正大規模湧現在防區。當時，該地的大部分作戰任務均由阿爾蒙德的第十軍擔任。阿爾蒙德不像李奇威那樣對情報工作有那麼熱情，起初還以為來的是北韓人，但情報卻指向是兵力占多數的中國人。他們和以往一樣，選擇在遠離公路的地方夜間行軍，因此在這段時間，美軍很少遇到中國人，這也讓他們無法準確估計這支部隊的總兵力到底有多少。

一月二十五日，在南韓待了一個月的李奇威終於發動了上任以來的第一次大規模進攻，代號「雷霆行動」（Operation Thunderbolt）。第一軍和第九軍的官兵並肩緩進，以防中國人再度穿插進來偷襲。李奇威既不希望在各部隊之間留下空隙，也不願把重要任務交給南韓軍隊。雷霆行動的目標很簡單，他要美軍向北推進二十英里左右，抵達漢江南岸，李奇威要求必須保持謹慎和穩固。他認為只有在更多部隊到位時才能達到進攻的目的。他覺得當地的共軍兵力不可小覷，他不想大膽冒進，使自己變成獵物。

按照計畫，阿爾蒙德將率領第十軍一部在二月五日展開「圍捕行動」（Operation Roundup）。李奇威一直擔心共軍出現在中央走廊，因為這裡位於「雷霆行動」主戰場的東面。他很清楚，該地區的美軍兵力處於下風。他不想讓原州和砥平里落入中國人手裡。於是，他派第二十三團在一月二十八日向砥平里地區發起試探性進攻。他們的第一個目標是「雙聯隧道」（從漢城到原州的鐵路在這裡穿過山體，形成往返兩條火車隧道，故得名）。

一月即將結束，兩場大戰的舞臺已搭建完畢。第一場戰役的主角是人數明顯處於劣勢的第二十三團，他們在砥平里被共軍圍攻；第二場戰役就發生在幾英里外的原州，參戰部隊包括第二師的第三十八團和第九團，另外還有第一八七團戰鬥群，對手是四個中國師。兩場戰役都異常激烈，直到最後一刻雙方還難分高下。尤其是原州之戰，第三十八團最初在這裡遭到重擊，以致美國人稱這個地方為「屠殺谷」（Massacre Valley）。這兩場戰役互有關聯，卻又相對獨立。砥平里一戰對美軍指揮官的震撼最大，很快就成為他們的教學課程，讓他們體會到，應該怎麼面對這個可怕的新敵人。另一方面，儘管原州戰役是美方得勝，但也反映出不可忽視的現實：有些高階指揮官和阿爾蒙德一樣仍嚴重低估敵人的能力。

＊＊＊

一月初，李奇威把第二十三團部署到原州設防，這是費里曼上校和他的第二十三團第一次在阿爾蒙德手下作戰。他們的關係顯然不夠愉快。一月九日，費里曼第一次見到阿爾蒙德，在此之前費里曼的部隊已經和敵人在原州附近進行了一場小規模作戰。當時，大批敵人正在砥平里正南方的制高點構築工事。第二師派出兩個營參戰，其中一個來自第三十八團，由吉姆・史凱頓指揮。該營陣地位於通往這座山腳下的一條主要公路左側。這是阿爾蒙德和費里曼生平第一次碰面。戰鬥進行得不太順利。美軍的兵力處於劣勢，不足以完成任務。阿爾蒙德這個人不同於大多數同級指揮官，他只喜歡自己的人。他在篩選自己人的時候，考核標準非常嚴格，入選人員不僅要十分聰明，而且必須絕對忠誠。如果不是他的人馬，那麼不管多麼優秀，一定得不到他的讚美。費里曼顯然不是阿爾蒙德的人馬。軍長在第一次見面時就不喜歡他，這讓費里曼感到很意外。但是費里曼很快就明白，儘管麥克魯爾還是名義上的師長，但這個被當作師長用的軍長阿爾蒙德才是第二師的真正主宰者。

為了準確了解戰況，費里曼開始向前推進，在路上遇到了阿爾蒙德、麥克魯爾、拉夫那（Nick Ruffner，第十軍作戰處處長，很快就接替麥克魯爾擔任第二師師長）以及自己的年輕助理亞歷山大・海格（Al Haig，後來成為白宮的要員）。他們正站在一座山向下俯瞰史凱頓的戰場。阿爾蒙德馬上問費里曼：「誰是這裡的指揮官？」「史凱頓上校。」費里曼回答。阿爾蒙德又問：「他現在在哪裡？」費里曼告訴他：「在前面的山上。」「你不是這裡的指揮官嗎？」阿爾蒙德的話咄咄逼人。費里曼回答說不是，他在指揮稍微後方的另一支部隊。「那你來這裡做什麼？」阿爾蒙德問費里曼。「我想看看能不能幫忙。」費里曼回答。「原來如此，為什麼不派更多的部隊到原州作戰呢？」阿爾蒙德問。費里曼回答，上級命令他們只能派出兩個營。他明白，這會把所有的責任都推到麥克魯爾身上。就在這時，敵人的一枚迫擊砲彈落在他們身邊，也打斷了他們的爭執，大家全趴在地上。

費里曼也許應該感謝這枚砲彈，因為這枚砲彈，最後阿爾蒙德決定帶著自己的幕僚離開陣地。在下山途中，他們遇到費里曼手下的一名士兵。費里曼還記得，阿爾蒙德和這名士兵聊了一會兒，故作關心地問天氣如何。「天氣太冷了，我宿營車裡的水在早晨都結冰了。」阿爾蒙德說。費里曼認為，也許他想緩和一下氣氛，但是這樣的幽默在那時卻顯得很拙劣。中士脫口而出：「你他媽的太幸福了，居然還有宿營車和洗手盤。」下山的路結了冰，很不好走。阿爾蒙德不小心摔了一跤，屁股重重地坐在地上，費里曼伸手拉他。「如果需要你幫忙的話，我會叫你的。」阿爾蒙德冷嘲熱諷地說。費里曼心想，這真是不錯的初次見面。

山腳下的路更糟糕。一個阿兵哥正在笨手笨腳地砍木頭。阿爾蒙德忍不住告訴他，那樣砍是不正確的，一不小心就會砍掉自己的腳。「我真希望能砍掉自己的腳，那麼他們就可以讓我離開這個鬼地方了。」士兵回答。費里曼說當時還有很多細節，但他都不記得了。還有一個士兵躲在樹後面的散兵坑裡，阿爾蒙德命令他出來，然後自己跳進去，拿起步槍感受了一番之後，覺得這個散兵坑不利於向敵人開火。確實如此，因為他根本就不知道怎麼開火。為此，阿爾蒙德還嚴厲批評了費里曼。從此以後，費里曼在阿爾蒙德的司令部裡留下的印象就是一個膽小鬼，一個永遠不會率領部隊衝鋒陷陣的傢伙。費里曼看來快要被革職了，只要阿爾蒙德考慮這件事的話。

第二十三團的官兵對他印象則截然不同，但這沒有意義。從那時開始，費里曼就成為軍部的眼中釘。另一方面，費里曼和阿爾蒙德手下的很多軍官都發現這位軍長總是對自己的戰術信心百倍，覺得以前無論是擔任連長、營長或團長，都要比自己現在的手下優秀得多。費里曼對阿爾蒙德的看法與陸戰隊的史密斯不謀而合。和費里曼以前接觸過的其他高級軍官不同，阿爾蒙德是一個非常差勁的傾聽者，似乎覺得執行任何一項任務的方式都是唯一的：拚命向前衝，越快越好，而不管實際情況如何，結果如何。所有的一切將把費里曼推到只能向前衝的位置，因為他所在的位置正好是中國人準備進攻的目標。李奇威想和中國人打一場大戰，而費里曼則為他找到了對手，儘管這不是他願意的：二月中旬，兩方大軍終究還是要交手了。

40 雙聯隧道驚魂記（一）

從某方面來說，砥平里發生了兩場戰役。第一場發生在雙聯隧道。雙方都是聚集大規模兵力投入，但中國的兵力明顯壓倒聯合國軍。然後，原州之戰又引發了更激烈的砥平里戰鬥。這些戰役的焦點都圍繞在「爭奪橫貫中央走廊、通往南部的運輸大動脈」。砥平里位於原州西北約十五英里、漢城以東約五十英里、三十八度線以南約四十英里的地方。軍事史學家漢堡曾對兩場戰役做了詳盡研究，雙聯隧道「在砥平里西南方三英里左右」。他說，鐵路在那裡「突然由南轉向東方，然後進入隧道，在橫貫山體後重新拐向西南。隧道所在的山體由兩條南北走向的山脊構成，比谷底高出一百公尺左右。兩條山脊彼此扣合，形成一個馬蹄形，缺口處是唯一一條通往砥平里的公路。這條離開山谷的公路橫貫兩條隧道之間的鐵路」。漢堡提到，谷底南北長一千公尺左右，東西寬五百公尺左右，山谷被幾座五百公尺左右的高山環抱其中。

美軍的進攻將從砥平里開始，並把這裡當作核心，以控制通往交通樞紐原州的道路。美國人和彭德懷一樣，也相信圍繞中央走廊必將發生一場惡戰。一月底，李奇威的西線軍隊展開第一波大規模攻勢，第二師奉命在東側提供掩護，進入砥平里地區以確定共軍第四十二軍的方位。李奇威的情報人員認為，他們肯定就隱藏在中央走廊的某個位置，至今尚未暴露。這是韓戰第一年，兩軍最大的差異：在夜間作戰中，即使面對共軍的九個師，美國人也不知道對方藏在何處。相較之下，要把美軍的一個師隱藏在韓國大地上，就像把一隻大河馬藏在寵物店裡一樣困難。

整個雙聯隧道戰役分為三個階段：偵察以及隨後的兩次作戰，每一次都極為慘烈。一月二十六日，八軍團發動的「雷霆行動」是李奇威主導的作戰行動，他希望藉此重新奪回韓國戰場的主導權。第二天，莫里斯・芬德森中尉（Maurice Fenderson）指揮的偵察隊對雙聯隧道地區進行偵搜。芬德森是在軍隅里一戰之後來到第二十三團的，他一直因為沒參加這場戰役而感到遺憾。他被分配到薛曼・普拉特的B連，任務是率領第一排對鐵路線東側附近的地區進行偵察，按上司的說法，那裡叫做「雙聯隧道」。一直有零星情報指稱，該地區有一些中國部隊出沒。他的任務就是親自到那裡確認——上司告訴他，僅此而已，其他的都不用做。

這是一個令人毛骨悚然的任務。因為他們的出發地就在敵人控制區域的縱深位置，那裡已經是北方了。因此，他擔心隨時有可能遭伏擊。芬德森在十七歲高中畢業時參加了二戰，當時隸屬於第七十師的裝甲兵，始終跟隨巴頓將軍在法國馳騁。在平原上馳騁的那種力量感比現在的巡邏強多了。他現在的任務就是遠離其他美國部隊，獨自體會戰場的孤獨。如果遭遇不測，沒有人會來救你，你只能自己想辦法。他率領自己的偵察兵，一路上小心翼翼，最後抵達了距離雙聯隧道一英里左右的指定地點。他們在這裡果然發現了中國兵，隨後雙方短暫交火。之後，芬德森接到命令，立刻返回基地。回到營地之後，芬德森慶幸自己活著完成了任務。

第二天，按照阿爾蒙德的指示，費里曼派出一支更大的部隊再度前往該地偵察。這支特遣隊的任務只是偵察該地區，並盡量不與敵人的大軍交火。執行這項任務的偵察隊由兩個連的一部分兵力組成，分別是來自第二十三團的C連（詹姆斯・米契爾中尉 James Mitchell 指揮），以及來自友鄰第二十四師第二十一團的一個連（連長是哈洛德・穆勒中尉，Harold Mueller）。C連有一半的成員是新兵，對該連在前幾個月遭受的重創幾乎一無所知，很多人剛走出新兵訓練營便作為替補人員被派往前線，沒有幾個人完成步兵作戰訓練。按照計畫，兩支部隊將在梨湖里會合，然後從那裡出發，前往十五英里以外的雙聯隧道。

圖二十　雙聯隧道：砥平里-原州地域，一九五一年一至二月

這是一個規模很小的混編部隊——只有四名軍官、五十六名士兵，但重裝上陣：八支白朗寧自動步槍，兩挺重機槍，四挺輕機槍，一支火箭筒，一門六十公厘迫擊砲，五十七和七十五公厘口徑無後座力砲各一門。一旦進入作戰狀態，有將近一半的人使用重武器，另一半的人協助前者。他們還有一輛三點七五噸重的卡車和九輛吉普車。他們的上方還有一架負責聯絡的小型偵察機，如果地面部隊沒有及時發現已經現身的共軍，這架飛機就會飛向他們、發出警報。飛機與基地的通訊聯絡明顯優於地面部隊，但與地面部隊的聯絡卻很差。營部作戰官梅爾．史泰上尉（Mel Stai）也是這支偵察隊的一員。按照命令，他在偵察隊離開梨湖里之後就可以返回營部，但他還是決定留下來，跟隨偵察隊一直到雙聯隧道。在他乘坐的吉普車裡，有唯一一台能和偵察機聯絡的無線電。由於天冷路滑、霧氣濃重，整個部隊的行進速度非常緩慢。這也讓偵察機在早晨的作用非常有限。

中午，他們抵達「雙聯隧道」。米契爾先行到達通往隧道的山谷最南端，然後等待穆勒會合。到此為止，一切似乎都還順利。米契爾的吉普車在最前面，始終與部隊保持五十碼的距離，運載重型武器的卡車遠遠地跟在後面，這樣一旦前面的吉普車遭到襲擊，後面攜帶重型武器的部隊可以快速前往支援。肯．漢堡寫道，莫非定律在這時發揮作用了——只要有可能出錯的事，就一定會出錯。他們停留的位置就在向北通往隧道的主道上，但旁邊還有一條向東通往附近新村的小路。由於偵察隊主力尚未到達，因此史泰上尉自告奮勇，決定親自進入新村一探虛實，確保主力抵達之後無須停留即可繼續前進。他開車走了一半的路，然後把吉普車停在路邊，步行進村。當然，他隨身還攜帶著唯一能與偵察機進行聯絡的無線電。他的吉普車很快就遭到襲擊，車被炸毀，司機被打死，史泰失蹤。

現在，地面部隊與空中耳目之間唯一的有效聯絡方式沒有了。坐在偵察機裡的是副營長米拉德．恩金少校（Millard Engen），他看到大批敵軍正從四五三高地的斜坡向美軍接近，於是馬上呼叫米契爾中尉，通知他們盡快離開山谷，但他無法聯絡米契爾。他很快就意識到沒有必要再發出警告——因為攻擊其實已經開始了。恩金少校唯一能做的就是立刻透過無線電通知第二十三團——偵察隊有可能全軍覆沒。然後，立刻返航加油。

事實上，偵察隊一踏進空曠的山谷，就掉入了中國人精心設計的陷阱，大批共軍虎視眈眈地等著他們陷得更深。中國人進攻時，二等兵理查．福克勒（Richard Fockler）和偵察隊中的其他人都被敵人的火力壓制。他後來回憶，就在他們準備吃午飯時，第一枚迫擊砲彈落在附近。幾乎就在同時，槍砲聲四起，各種武器隨即向他們開火。指揮官命令駕駛兵立刻掉轉車頭。但道路狹窄，連吉普車都很難駕駛，更別說卡車了。剛掉轉方向，最前面的吉普車就中彈了。福克勒還記得，驚慌失措的駕駛兵把車停在路中央，整個隊伍的前進因而受阻。這時，敵人的一挺機槍向他們猛烈掃射，這輛吉普車就是它的主要目標。隨後大家聽到一種奇怪的聲音，那樣的聲音在當時恐怕是你所能想像到的最可怕的聲音，福克勒認為，那肯定是防凍劑從散熱器裡噴出來的聲音。就在中國人開火時，米契爾和穆勒還發生短暫的激烈爭執。穆勒認為，避免全軍覆沒的唯一機會就是衝上前面的高地（正東方的一座山），然後在那裡構築陣地，但米契爾仍想沿公路撤回。後來，穆勒對米契爾大吼：「我們必須爬到前面的山頂，中國人正從另一側逼近。這是我們唯一的機會了！」中國人也意識到這一點，於是雙方都拚命朝那座山衝去，奪取制高點。但是，搶奪這座山的關鍵在於時間，那麼美國人必須丟下大部分的重型武器以便輕裝步行。最後，他們只帶了一管火箭筒、一挺輕機槍和幾支白朗寧自動步槍。

那天恰好是年輕的拉倫．威爾遜（Laron Wilson）的二十一歲生日。他是第二十三團第三營營部連的駕駛兵，借調到C連。上司向他保證，巡邏是最輕鬆的任務，因為前一天進行了一次偵察，而且只遇到極少數的敵人。但威爾遜還是有點緊張：儘管有讓人安心的保證，可是執行作戰任務總免不了危險和不確定因素，而且在執行這次任務的人當中沒有一個是他認識的。和他共乘一輛車的其他四個戰友均來自第二十四師，隨車攜帶一挺輕機槍。他覺得非常孤單。其他來自第二十三團的吉普車駕駛兵也都是陌生人，這更增加了他的孤獨感。每個人都希望認識身邊一起作戰的人，因為在戰爭中，人們不僅是為自己而戰，也是為別人而戰。他認為，這絕不是捉迷藏的遊戲，不知道自己將要去哪裡，也不知道在哪裡會被中國人徹底包圍，或者等你知道時為時已晚。他注意到一件事，來自第二十四師的士兵都穿著剛送到韓國戰場的新大衣，兩面都可以穿，這多少讓他有點嫉妒。這種軍大衣很保暖，更重要的是，白色外套在冰雪漫天的韓國是最好的偽裝。

威爾遜在一九四八年鹽湖城高中畢業後馬上加入陸軍。二戰期間，威爾遜還只是個孩子，當時美軍曾在鹽湖城的主要街道上進行過一次閱兵。他當然不會錯過這個大開眼界的機會。長長的隊伍，步伐整齊地走進附近的美軍基地，讓他羨慕不已。在讀高中時，他就參加了預備軍官訓練團，相信軍人一定會成為自己的職業。他在第二十三團服役已一年有餘。一九五〇年七月初，在離開美國本土前往南韓的前一天，正好是他結婚一週年紀念日。因此，上級允許他和妻子在附近一家飯店共度一夜。這讓他的士官長很惱火，這名未婚的一等士官長認為，任何認真的士兵都不該擁有任何不是軍方配發的東西，那怕是妻子。在前往雙聯隧道的路上，他還在想著當父親的感覺：就在三個星期之前，他有了自己的第一個女兒——蘇珊。現實讓他無暇多想，畢竟離家很遠了，但隨後發生的事立刻讓他感到活著有多美好。

威爾遜曾參加洛東江戰役，並在軍隅里成功脫險。他非常信任費里曼上校，對自己的上司、營部連連長約翰．梅茨上尉（John Metts）更是佩服得五體投地，認為他是自己見過最沉著冷靜的人。在軍隅里的最後幾個小時，美軍已亂成一團。就在他拆卸煮食爐灶的時候，共軍正步步逼近，緊張的情緒讓所有人窒息。這時，梅茨上尉出現了。威爾遜為梅茨拿了一點食物和一杯咖啡，也為自己煮了一杯咖啡，和梅茨坐在一起。突然，中國人開火了，在他身邊的爐灶煙囪立刻出現兩個窟窿。威爾遜馬上趴倒在地，咖啡濺了一身。而梅茨一動也不動，只說了一句話：「欸，不就是兩個洞嗎，不用擔心。」最後，他們還是成功地沿著公路往西撤到安州。他們的吉普車在半路上拋錨，於是他們把車拴在戰車上。儘管看起來不夠體面，但終究還是脫險了。

在進入山谷之前，從梨湖里到「雙聯隧道」的整個過程始終平安無事。之後，威爾遜便聽到令人憎惡的軍號聲。多年後，他依然清晰記得那天發生的事：很多人認為，在聽到軍號聲之前，他們並沒有看到共軍的身影。突然之間，他們就陷入一片混亂。那種感覺很奇怪，好像敵人來自另一個戰場，他們能看見你，而你卻看不到他們——那無疑是最糟糕的時刻。一個軍官大吼著催他們移動吉普車，以便讓大家趕緊離開這個鬼地方。他想那應該是威廉．潘羅德中尉（William Penrod），他是在車隊前方行駛的。也就是他意識到，共軍就在他們進入山谷的那個地方設下了阻擊網。他突然大聲喊叫，讓部隊立刻撤往山頂，命令才剛下達馬上就改變了。之後，威爾遜聽到穆勒也在大聲傳達同樣的命令。這時，所有的指揮官都清楚地知道，他們的兵力明顯處於劣勢。他們馬上就會發現雙方的兵力差距到底有多大。

他們從北坡向山上撤退，這裡的積雪更厚，地面更滑。而中國人是從南坡向上爬。潘羅德讓威爾遜帶著兩箱彈藥，威爾遜當時覺得每條手臂額外增加了二十磅的負荷。他異常焦慮，覺得這次是躲不掉了。潘羅德在關鍵時刻表現得異常出色，證明他的確是一名優秀的指揮官。每當有人想放棄的時候（儘管這很可能代表被中國人活捉，更可能代表死亡），他就會催促他們往上爬。威爾遜注意到，山腳下有一小簇約七、八個人的小組，後來才知道那是福克勒的隊友，都是第一次執行巡邏任務的新兵。潘羅德向他們大喊：「快走，渾蛋！快走！」但他們一動也不動，這讓威爾遜感到錯愕，他的本能一直告訴自己：人多的地方才安全。

對於那些困在山腳的人來說，那是一場噩夢：第一次體驗戰爭滋味的九個新兵（當然也包括福克勒）發現自己與部隊分離了，茫然不知去向。他們陷入恐慌，又沒有人在指揮。慌亂之中，他們奔向附近的幾間茅屋，似乎那裡能為他們帶來一點安全感和庇護。後來，據說有些士兵是因為過度驚慌，拒絕服從上山的命令。福克勒肯定會說，這絕對是惡意誹謗。他們並沒有拒絕服從命令，他們只是沒聽到命令。福克勒說：「事實是我們勇敢地還擊了。」有些人還在混戰中喪命。其他人究竟是如何他不清楚，因為他們還是菜鳥。儘管他們的名字都因為印在團部的名冊上而相連在一起，但彼此不認識。其中有一個來自北卡羅萊納州的小夥子，剛剛結婚，福克勒對他只有一個印象：他說自己還沒付清結婚戒指的錢。他還記得來自麻薩諸塞州的艾倫．安德森（Allan Anderson）。作戰開始時，安德森在慌亂之中扔掉了武器，結果在回頭撿地上的槍時中彈身亡。福克勒還記得理查．諾曼（Richard Norman），因為那天恰巧是他的十七歲生日。他被一顆手榴彈擊中，他來自芝加哥的朋友理查．史卡泰尼（Rudolph Scateni）為他包紮傷口，但他們都在那天犧牲了。曾經和福克勒待在同一個散兵坑的羅伯特．威爾斯（Robert Walsh）來自紐約上州，他在那一天的戰役中也犧牲了。來自加州的白朗寧自動步槍手湯瑪斯．米勒（Thomas Miller）一直勇敢還擊，並發誓一定要打死十五個敵人。

半個多世紀之後，福克勒仍無法忘記那悲慘的一幕，他會像唱頌歌一樣叨念著他一生中最黑暗的一天，這七個人「都死在一月二十九日，都死在一月二十九日……都死在一月二十九日……。」除了福克勒之外，只有米勒的搭檔賈勒莫．安塔蘭（Guillermo Untalan）僥倖逃生，因為他是關島人，長得很像亞洲人，中國兵把他誤認為自己人，於是他趁機溜走了。

最後，福克勒終於知道部隊的去向了，他和自己最要好的朋友克萊門特．佩特拉塞維奇（Clement Pietrasiewicz）打算橫越那座小村莊，跑回山上。福克勒的右腿被子彈擊中，幾分鐘後，兩人被俘。「我一直覺得，我們可能被一個團的中國人包圍了，但很有可能只是一個班而已。」福克勒說。他努力支撐身子，站起來投降，佩特拉塞維奇也跟著他舉起雙手。他對福克勒說：「我在等著看你要怎麼做。」由於傷勢嚴重，福克勒無法自己走路，於是佩特拉塞維奇就成為他的枴杖。他們走進村子，看到一隊中國兵。福克勒說：「嘿，佩特，看看，這裡到處都是擔架。」

「但不是為你準備的，福克勒，別想了，不是給你用的。」佩特拉塞維奇回答。這也是老朋友和他說的最後一句話。進村之後，他們就被分開了，兩人從此再也沒見過面。他可以肯定，佩特拉塞維奇被送進戰俘營。戰後，當軍方公布遣返人員名單時，福克勒一直在尋找佩特拉塞維奇的名字，但第二師的官方紀錄顯示，沒有人再看過佩特拉塞維奇。

現在，已經成為戰俘的福克勒躺在地上，中國兵從他身邊走過時，還看看是不是有手錶，卻沒人動他的錢包。福克勒心想，手錶對他們的價值更大，而錢包則否。然後，他看著這些中國兵開始毀壞美國人丟棄的車輛。他們掀掉茅屋屋頂的乾草，撒在吉普車和卡車上，然後撒上汽油，一把火燒掉。之後，他們直接離去。沒人對福克勒感興趣。他爬進茅屋，鑽進一個稻草墊下面，等著被敵人打死或被戰友救起。第二天，他爬回看起來有幾英里遠的那條公路——五十二年後，他以遊客的身分再次回到南韓，實際丈量了當時的距離，才驚訝地發現竟然只有一英里半。就在他爬到原以為會得到幫助的位置時，一架美國飛機俯衝下來對他掃射，他滾進路邊的溝裡，在那裡靜靜等著。後來一名乘坐吉普車經過此地的美軍上尉發現了他。

＊＊＊

在脫離隊伍的士兵被打得七零八落時，特遣隊的其他士兵則冒著敵人的機槍火力爬上了山頂，中國兵就在相鄰的山上構築陣地，向他們猛烈開火。剛爬了一會兒，威爾遜便感到筋疲力竭，不得不經常停下來喘口氣——但敵人的火力也越來越猛。在爬到距離山頂還有三分之一的位置時，他停下來，覺得一步也不能動了。這時，又是潘羅德跑回來，鼓勵他一定要爬上去，必須撤到高地。不知從哪裡湧出一股力量，威爾遜堅持下去。他知道一旦讓腦袋聽命於身體，那肯定會丟掉性命。在爬到一處臨時防禦陣地時，他已經力氣全無。儘管寒風刺骨，但他的衣服已被汗水浸透。他覺得有一件事是可以確定的——就算中國人沒逮住他，嚴寒也會要了他的命。即使爬到山頂，也有可能凍死。但他還是活了下來，恐懼心理的極端刺激最後幫助他克服了身體的極限。令人欣慰的是，他一直沒扔掉彈藥，儘管在爬山過程中，他幾度想扔掉這些東西。後來，他很慶幸自己沒那麼做，因為就在那天夜裡，他們很快就打光了所有子彈。如果沒有他的這兩箱子彈，或許他們真的會全軍覆沒。

最後大約有四十人成功抵達山頂，隨身攜帶的武器只剩下一挺輕機槍、八支白朗寧自動步槍和一管火箭筒。白朗寧自動步槍始終是步兵最好的夥伴。參加過韓戰的人都對它讚譽有加，因為它既可以單發，也可以連發。每支槍需要兩個人共同操作，一個人負責射擊，另一個人負責填上二十發彈匣裝子彈。威爾遜負責上彈，與他搭檔負責射擊的戰友來自另一支部隊，他後來忘了這位戰友的名字（應該是二等兵威廉．史特拉頓，William Stratton）。多年後，威爾遜仍為此事後悔，因為在那段時間，兩個人的生命是如此緊密地連結在一起。他們共同作戰，怎麼就沒有交換姓名呢？威爾遜是否提到那天是他的生日呢？因為那很可能是他最後的生日。威爾遜只記得這名機槍手身披那件令人感到羨慕的白色軍大衣，這說明他來自第二十一團，他也是好士兵。中國人的進攻一波強過一波，在衝擊美軍防線時，可以看到中國兵的頭在眼前上下起伏，時隱時現。史特拉頓坐在地上耐心等待，然後看準機會抬頭射擊。他們總共有八個彈匣、一百六十發子彈，也許是他們一生中最後的一百六十發了。史特拉頓沒有浪費一發子彈。威爾遜心想，也許是老天爺一直在保佑他吧。中國人的火力異常猛烈。後來，一發子彈擊中史特拉頓的右手，打斷了他的幾根手指，但這並沒有讓他停下來。威爾遜幫他包紮好傷口，他又拿起槍繼續開火。在如此充滿血腥和充斥著絕望的戰鬥中，這個傢伙還在用戰士常用的諷刺語言吹牛：這個傷口價值百萬，他的戰爭結束了，他會收集其他人的名字和電話號碼。等回到美國，他就可以打電話給他們深愛的人，尤其是他們的女朋友。後來，中國人的火力更加猛烈，他不時照顧其他人，包括有些受傷的人。他告訴大家，他們一定會勝利，一定要有信心，絕不能在精神上垮下來。

任何事都無法阻止史特拉頓。受傷的右手讓他無法繼續射擊，於是他就用左手射擊。當很多中國兵衝過來時，他站起來打光了槍裡的最後幾發子彈，這時他第二次中彈，不過是在胸部。另一名戰士匍匐爬過去，把他拖回散兵坑。此時，又有一枚手榴彈落在他的兩腿之間。他痛苦得慘叫了一聲。

米契爾中尉說：「求求你，別叫！」

史特拉頓大叫：「我的腿被炸掉了。」

「我知道，可是叫也沒用！」米契爾回答。不到一會兒，史特拉頓第四次中彈，這一次沒有留給他任何生存的機會。

當天晚上，這個小小防禦陣地的幾乎每個人都受傷了。潘羅德和穆勒一直告誡手下，受傷了也不能大叫，更不能呻吟，因為這會對敵人暴露他們的位置。傍晚，他們終於得到有力支援，一架偵察機先鎖定共軍的幾個陣地，隨之而來的美軍戰機用火箭砲、汽油彈和機槍對目標狂轟濫炸。之後，又有一架小型飛機朝他們的陣地投下一些彈藥和急救藥品。大多數的空投物都偏離他們的陣地，但還是有一箱彈藥順利落到陣地裡。飛行員一次次飛過上空，試圖把彈藥盡可能丟到他們面前。飛機飛得很低很低，地上的人都能看到飛行員的臉。威爾遜覺得飛行員應該進入萬神殿，因為他為了一群素不相識的生命，憑藉非凡的勇氣和高度的榮譽感，一次又一次地把自己的生命置之度外。

最後，飛行員再度低空飛行，扔下一條黃色彩帶，上面寫著：「友軍正從南面趕來，馬上抵達。」但是，「馬上」又是多久呢？如果那是一個很漫長的「馬上」，他們也許永遠等不到那一刻了。他們知道，一旦黑夜降臨，中國人將再度進攻，而且依以往的經驗，夜間攻擊的間隔更短、火力更猛。正如他們所預測的，中國人在那天夜裡再度猛攻，到處都是機槍、手榴彈和衝鋒槍的射擊聲。最後，米契爾率領手下撤離小山丘的制高點——他們的彈藥所剩無幾，他不想浪費任何一發子彈，只有在看到中國人的頭時，他們才會開槍射擊。

在第二十三團團部裡，費里曼一得到偵察隊遭到中國主力襲擊的消息，就立刻命令發動空中攻擊。一名偵察機飛行員告訴費里曼，這支小偵察隊遇到的敵人至少有兩個營，甚至可能是一個團。如此看來，敵人的兵力極可能是兩千或三千人對六十人。費里曼命令第二營營長吉姆．愛德華中校（Jim Edwards）向雙聯隧道方向靠攏，使他的陣地比其他人又向前推進了約十英里，然後在那裡組織支援部隊。愛德華把這項任務交給營上最優秀的年輕軍官——F連連長史坦利．第勒爾（Stanley Tyrrell）。他們花了兩小時組織人員和必要的裝備，尤其是重型武器——一門八十一公厘迫擊砲和幾挺重機槍。愛德華指示第勒爾全力衝破敵人的防禦，但一定要見機行事，爭取在夜間完成救援任務，同時務必確保我方先建立起穩固的防禦陣地。如果有必要，他可以在夜裡保持防守陣形，然後在凌晨發動進攻。第勒爾率領一百六十七名官兵出發了。

第勒爾的進攻幾乎完美無瑕——借用費里曼的話來說，就是「南韓戰場上最精采的小部隊作戰行動」。救援部隊在下午五點半左右抵達指定地點。一到目的地，中國人就用兩挺機槍從山谷對面的四五三高地向他們開火。第勒爾的駕駛兵把車開進路邊的深溝，對第勒爾大喊：「上尉，我們最好先待在溝裡，否則中國人的槍會打中你。」第勒爾回答：「這些該死的中國佬。」

第勒爾認為，現在最重要的就是占領山谷的制高點——四五三高地，否則他的部隊將被徹底壓制在谷底。他派出兩個排從兩翼夾攻四五三高地，然後由第三排用迫擊砲和重機槍正面進攻。這樣就可以在發動側翼進攻前，先消滅敵人的部分力量。如此猛烈而致命的火力對小部隊來說絕對不可思議，對中國人來說也絕對難以招架，他們最後放棄了高地。在韓戰中，中國人在很多時候會戰到最後一人為止，但那天在四五三高地上沒有。

晚上十點半，從兩翼進攻的救援部隊在四五三高地會合。第勒爾立刻在山頂構築起穩固的防禦圈，這樣在解救附近山上的倖存者時就可以從這裡提供有效的火力掩護。一開始，第勒爾想在四五三高地堅守到第二天凌晨，爾後在早晨進攻，但是一名醫務兵在夜裡偷偷穿過敵人的火力封鎖，來到第勒爾的陣地。他說，被困士兵已經處於絕望狀態，彈藥耗盡了，四分之三的人陣亡或重傷。於是，第勒爾決定當晚發動進攻。

＊　＊　＊

那天中午剛過沒有多久，駐守在山頂圓形土丘上的士兵便注意到遠處揚起的灰塵，覺得那很可能是救援部隊的吉普車和卡車。威爾遜還是懷疑他們能不能堅持到那個時候。中國人近在眼前——最近的時候離他們只有三十或四十呎，而且對方的人數明顯占優勢。在如此猛烈的進攻下，這幾個人守住陣地的可能性微乎其微。有越來越多的人喪失作戰能力，不斷有人犧牲。有些受傷的人陸續死去，有些原本能征善戰的現在因傷而無力還擊。活著的人忙著從死者身上取下子彈。當時，威爾遜覺得自己的生日就是一場徹底的災難。業已成年的他可以週遊各國、享受生活，難道自己的人生就這樣走到終點了嗎？最讓威爾遜難過的就是他也許永遠看不到自己的女兒了。

一度，中國人已經衝到山頂，於是威爾遜拔掉最後一顆手榴彈的插銷。就在這時，中國人突然停止進攻。那時的彈藥太寶貴了，於是他趴下來，握著手榴彈，沒有扔出去。後來，他覺得自己可能在散兵坑中不知不覺地昏睡過去了。那一夜的情形讓他永生難忘：當第勒爾帶著救援隊站在他面前時，他彷彿身在夢中，既是明明白白的現實，卻又模模糊糊，似夢似真。他一直認為，有一部分中國人曾進入他們的陣地，甚至還有人向他的肋骨上使勁踢了一腳。他記得，中國人占領了山頂。潘羅德中尉告訴手下裝死，中國人沒逗留多久便離開了。隨後幾天，他確實感到身體一側疼痛難忍，好像的確被人踢了一腳，但他還是不敢確定，他的記憶到底有多少是真的。

威爾遜還記得重型武器震耳欲聾的轟響聲，那是第勒爾正率領弟兄向山頂衝鋒。隨後是一片寂靜，這死一般的寂靜讓他擔心：救援部隊是不是又被敵人消滅了。之後，在晚上十一點左右，他聽到說英語的聲音。儘管看不見人，但聽得很清晰，他們在大喊：停火，他們是美國步兵。山頂圓土丘上有人大喊：「誰在『玫瑰盃』決賽裡贏了？」但他們是在韓國，誰他媽的知道參加「玫瑰盃」決賽的是哪支球隊？更不用說誰贏了！

第勒爾花了將近四小時，終於把所有人都弄下了山——既有活人和傷患，也有死者。威爾遜還握著那顆沒爆炸的手榴彈，路上腳下一滑，手榴彈掉在地上，他馬上撿起手榴彈扔出去，好在沒人受傷。在最初執行偵察任務的六十人當中，有十三人死亡，五人失蹤（可以認定為死亡），三十人受傷，很多人傷勢嚴重。只有十二個幸運的人沒有受傷，其中就包括威爾遜，他終於幸運活過了自己的二十一歲生日。從那時起，只要是坐在吉普車裡行軍，威爾遜就一定堅持至少要有一個人攜帶白朗寧自動步槍。為了表達對救援隊的救命之恩，倖存者後來送他們一面錦旗，上面寫道：「只要有危險，就找第勒爾」。

41 雙聯隧道驚魂記（二）

第二天，阿爾蒙德命令第二十三團立刻回到戰區。他希望立刻在這裡對共軍發動攻勢，徹底驅逐和活捉俘虜。當時，阿爾蒙德在團部並不受歡迎。他不是師長，卻經常以師長自居，就好像師長拉夫納不存在一樣。第二師許多高級軍官對他的看法現在跟第一陸戰師一樣。原州一戰中曾在阿爾蒙德麾下某部作戰的J. D.科爾曼（後來寫了一本出色描述這次戰役的書）寫道：「阿爾蒙德的風格就是『以勢壓人，亂管閒事，經常干擾指揮系統的正常運作。他的自我意識空前高漲，無論是在軍官還是士兵面前，他都會不遺餘力地顯示自己的權威』。」「雙聯隧道」戰役開始前，前任軍部作戰處長拉夫納被任命為第二師師長，喬治・史都華（George Stewart）擔任副師長。這項任命非比尋常，因為拉夫納不是阿爾蒙德的親信，而他的上司也不信任他。

對中國人的輕視導致了長津湖戰役的慘敗。然而這次慘敗並未讓阿爾蒙德放慢腳步，相反的，他對敵人更加輕蔑。李奇威的眾多崇拜者也許能理解他為何沒有解除阿爾蒙德的職務，但在這段時間，他們逐漸意識到讓阿爾蒙德繼續擔任軍長絕對是他最大的敗筆。正如漢堡所說，第二師官兵一點也不歡迎阿爾蒙德，因為他「以苛刻暴躁聞名，他的殺手鐧就是威脅恫嚇自己的下屬」。

在阿爾蒙德下令重返「雙聯隧道」之後，第二十三團馬上在距離該地約六英里的地方集結。費里曼認為此乃衝動之舉，但又無可奈何。在西海岸，李奇威正率領主力以非常緊密的隊形揮師北上。他不想讓任何一支部隊暴露，因而特別注意各部隊的側翼。費里曼覺得，阿爾蒙德的做法與李奇威背道而馳。他的團離聯合國軍主力太遠，而且不在第二師砲火支援範圍之內。即使可以進行空中支援，也將受制於天氣。大多數時候，謙虛謹慎是戰場上的最大美德，但絕不是第十軍的美德——相反的，他們魯莽至極。正如費里曼所說，阿爾蒙德的魯莽正中中國人下懷。最糟的是，他將費里曼的部隊推入險境之中。

費里曼覺得，這就好像有人告訴他們要衝入山谷。相反的，他開始認為，對付中國人最好是先偵察到他們，同時確保自己始終處在本軍砲火的覆蓋範圍之內。只要有可能的話，一定要讓敵人向你靠近，而不是主動進攻敵人。智勇雙全的李奇威也設計出一套類似的戰術。後來，法國人稱之為「誘敵摧毀」（Lure and Destroy）。

費里曼對於上級要二十三團返回「雙聯隧道」很不高興。更讓他氣憤的是，第二十三團離開了第二師大砲的射程範圍。擔心自己即將被革職的副師長史都華准將當時正好在第二十三團。他還記得滿腹牢騷的費里曼說：「他們是在謀殺第二十三團。」他告訴費里曼他別無選擇——命令就是命令。揮之不去的不祥預感最終使史都華決定跟隨第二十三團一同前往「雙聯隧道」。他認為阿爾蒙德過於魯莽，經常不加思索就發號施令。費里曼儘管能力超群，但當自己的部隊遭遇危險時，總是和上司劍拔弩張，從不讓步。

於是，費里曼派出兩個營——新編入的法國營和他的第三營，參加「雙聯隧道」的第二階段作戰。此外，他還為這兩個營配備了一個團部連、一個團屬迫砲連、一個戰車連和一個醫療衛生連。第三十七野戰砲兵營和一支防砲部隊也加入其中。防砲是對付北韓人和中國人最凶狠的武器。費里曼把砲兵營部署在「雙聯隧道」以南三英里處，同時把大部分車輛也停在這裡。然後，他要駕駛兵轉作步兵，為重武器再造一層保護圈。這樣，每個人都派上用場，他不打算留下步兵看守大砲。

費里曼知道，開進山谷之前的當務之急就是占領並控制四五三高地，以便俯瞰整個山谷地區。四五三高地正好無人控制。由於山坡被冰雪覆蓋，而他們又要攜帶大量武器彈藥，因此整個部隊沿山坡上行的速度很慢。費里曼後來寫道，戰爭初期，大家對爬山多有怨言，之後卻非常少見。現在，他們明白，越難走的路越安全，而那些待在公路上的人雖然輕鬆自在，卻容易遭到埋伏，最容易喪命。他們還意識到，寧可少吃一點口糧，也要多帶一點彈藥；就算凍土硬如岩石，也要把散兵坑挖得深一點。如果說這種想法在正常情況下是有道理的，那麼，在他們已經遠離友軍二十英里，而且他們的友軍在前一天還在這裡遭到埋伏的情況下，這種做法就更重要了。那時，他手下的官兵都非常清楚，敵人可能已經為那些喜歡守著公路的美國笨蛋們挖好了陷阱。人們還未注意到，第二師和第二十三團——作為韓戰中美軍的典型代表——正轉變成一支訓練有素、經驗豐富的部隊。軍隅里的失敗掩蓋了這個轉變過程。比方說，第二師剛到南韓時，士兵們滿臉疲態、體力不支，而經過洛東江之役反覆上山下山的磨練後，這種情況大為改觀。目前，大多數人的體力狀況有了明顯改善。隨著戰況越來越激烈，他們的動作也越來越迅猛，越來越像「阿登戰役或硫磺島戰役的那些勇士們」。

這是戰鬥創造的奇蹟，它把青澀、膽怯的新兵磨練成堅強、勇猛、渴望戰鬥（卻仍心存畏懼）的老兵。當然也有人未能如此，但那只是極少數。他們仍毫無經驗，對個人與戰友來說都是累贅。這也許是他們的天性，天生就沒有戰鬥的天賦，要把他們變成真正的戰士純屬做夢。也許是不願擺脫塵世的喧囂，他們把生活的期待帶到殘酷的戰場。然而，不管是不是希望如此，絕大多數人都在努力地改造自己，實現由平民到戰士的蛻變。否則，他們在告老還鄉時會遺憾終生，因為這畢竟曾經是他們生活的一部分，不管他們喜歡與否。

戰爭已經成為他們的世界——一個狹小與殘酷，與過去成長過程完全切割的世界。最重要的是，這是一個沒有選擇的世界。沒人真正了解這個奇妙的世界——這或許是這個世界最神祕、最原始的本能：它能把普通的、愛好和平的、遵守法紀的平民百姓，變成能征善戰的猛士。沒有人真正了解其中一個更神祕的情節：這個轉化過程到底需要多久時間。曾幾何時，他們是一支缺乏訓練的部隊，不經意便流露出他們對訓練的不夠敬畏；在新兵訓練過程，儘管機槍子彈在他們頭上颼颼飛過，但他們知道這些子彈永遠不會打到自己身上。那天，當他們突然發現自己站在洛東江這樣的戰場上，氣氛令人毛骨悚然，任何錯誤對自己和朋友都可能是致命。於是，他們逐漸變成堅強和有經驗的戰士，也深知生存的基本要素。突然，他們學會單純以天性去面對一切。就在砥平里戰役前，一名被分配到第二十三團，叫做班．賈德（Ben Judd）的新兵問一位老兵：「您怎麼辨別北韓兵和中國兵？他們長什麼樣子？」老兵回答：「看到的時候，你就知道了。」於是，賈德才明白，這就是老傢伙的智慧。

老牌記者哈洛德．馬丁（Harold Martin）在《星期六晚郵報》發表的一篇文章中提到這支部隊。幾個月前，他們還相當稚嫩青澀，而在「雙聯隧道」及隨後的砥平里戰役中，他們英勇善戰。這名退伍老兵在文中寫道：「他們的智慧來自作戰，每一場戰役的倖存者把經驗和感受傳授給他人。也許書本裡輕描淡寫，好像易如反掌，但只有把槍口對準敵人，你才能真正領會其中的真諦：不要把自己的頭露出地平線；進攻時採取散開隊形，不要畏畏縮縮聚成一團；防守時挖深散兵坑；像對待你的愛人一樣對待你的通訊設備；讓襪子保持乾燥，讓武器保持清潔；敵人沒走進你的射程時不要開火。」

費里曼也有這樣的經歷。最初，他一直被內心的懷疑和悲觀所糾纏。其實，許多見過他的軍官也有這種疑問：他到底是一個只說不做的傢伙——又或者說，一個只會躲在指揮部裡說大話的空談者——還是一個真正的指揮官？他到底是策畫者還是戰鬥者？現在，這些問題已經得到解答了。他指揮部隊在洛東江戰役中大顯身手，奪走了北韓人最想要的東西——通往釜山的交通樞紐。然後，他率領部隊突破軍隅里，沒讓二十三團被打散。他其實是在違抗愚蠢的命令，讓他們逃過「鐵手套」的死劫。他做出了任何指揮官都難以做出的抉擇，因此贏得了他們的信任和尊敬。最初，人們對他的指揮能力一無所知，現在人們為他的成就而感到自豪，這份自豪當然也屬於費里曼。這種信任的部分原因在於，他不僅為自己的事業奮鬥，還始終把部下的安危當作自己的職責。如果指揮官把自己的事業凌駕於戰士的生死之上，那麼戰士們就會敬而遠之；那些野心家通常會散發出一種特殊的氣味，即使是最年輕稚嫩的士兵也能聞到。

因此，在推進到「雙聯隧道」時，他們一直保持戰士應有的謹慎。畢竟，他們已經深入敵人的防線。在未來幾天，二十三團只能靠自己，因此他們的謹慎是有道理的。他們完全暴露在敵人面前，遠離自己的大本營，不能指望友軍提供任何支援。一月三十一日下午，阿爾蒙德親自視察指揮部，費里曼一直未與中國人交火讓他很惱火。更讓他氣憤的是，費里曼的部隊居然還沒開進山谷，踏上殺往砥平里的路。這一切都讓阿爾蒙德越來越相信，費里曼是個膽小怕事的指揮官。然而，包括史都華將軍在內的其他人卻不這麼認為。他們已經很熟悉中國人，也深知他們在白天隱藏自己的高超能力，即使是幾個師就躲在你頭頂的山上，你也看不到任何戰士的蹤跡。因此，謹慎肯定比冒進好；白天行軍，晚上駐守在四五三高地肯定優於快馬加鞭直奔砥平里，結果只能在夜間抵達且來不及占領制高點。「雙聯隧道」是一個很難防守的地方。最關鍵的是，這裡的兩個制高點相互隔開，無法提供有效掩護。因此，如果攻方的人數占優勢（這也是共軍的一貫做法），很容易就會把兩個制高點分隔開來。

史都華贊成費里曼的做法。他認為，費里曼在戰術上的謹慎是有道理的。但是，史都華本人沒有指揮權。他來這個師是因為麥克魯爾被解職，因此他和一個不稱職的前師長劃為同類。此外，他也清楚，以阿爾蒙德唯我獨尊的性格，在師裡只要不是阿爾蒙德的親信，必將受到嚴厲控制。他更清楚多一事不如少一事的必要，因為自己畢竟在阿爾蒙德的地盤上，不管出了什麼問題，他都有可能成為代罪羔羊，然後收拾包袱走人。事實上，即使不出任何問題，他也有可能被趕走。

但是現在，他卻鼓起勇氣告訴阿爾蒙德，在這樣的情勢下，費里曼的謹慎是正確的。前一天遭遇的敵人兵力表明，附近很可能隱藏著規模更大的部隊，因此他們必須謹慎行事。此外，由於天色已晚，他們決定繼續留在四五三高地，夜間占據高地是絕對必要的。但阿爾蒙德還是催促他們趕路，命令史都華立刻進攻砥平里，似乎要在離開之前做點什麼，比方說，讓這次行動永遠留下自己的名字。這顯然不是史都華願意接受的命令，但他別無選擇，服從命令不僅是保護自己，也是保護費里曼。史都華後來提到，雖然這是一個荒誕至極的命令，但他還是帶著一輛戰車，急急忙忙地趕往砥平里。一路上，他沒有與敵人交火。由於擔心有人從附近村莊的茅屋和校舍裡朝他們開槍，他的戰車就朝天上發射了幾發砲彈，然後直接返回費里曼的團部。

這時的費里曼對阿爾蒙德勃然大怒，對史都華也很生氣。史都華的這幾槍無疑是在向中國人發出信號：他們又進入了「雙聯隧道」區域，而且正在前往砥平里的路上。換句話說，他認為史都華為中國人發出了一個「你們來抓我」的信號彈。其實，史都華心裡也是這麼想：砥平里的這次開火不僅無助於、反而很可能削弱了他們的安全。和費里曼一樣，史都華後來也在想：如果他沒有去砥平里，沒有在那裡胡亂放槍，那麼隨後的「雙聯隧道」戰役會不會有另一種結果？連長普拉特還記得，費里曼那天下午在和營長愛德華中校談話時火冒三丈：「我不在意軍長親自到這裡視察，他告訴我應該做什麼也沒有錯。但他總該透過師長向我下達命令吧。我不能接受的是，他竟然直接告訴我該怎麼做。最關鍵的是，我認為按照他的方法執行命令是危險的。」曾參加二戰的普拉特從未見過哪個高級軍官像費里曼一樣對上司如此憤懣痛恨。費里曼的憤怒顯然還不只這些：「如果阿爾蒙德想當團長，那乾脆就把他降職為團長，給他一個鳥團長做做，不如就把他派來這裡算了。」說完，餘怒未消的費里曼坐上吉普車揚長而去。

費里曼還是立刻占領了制高點，並命令手下在高地建立起穩固的防禦陣地。事實證明，費里曼是非常幸運的。因為隨後不久，他手下這個兵力明顯不足的半個團外加少許預備隊，便遭到共軍近一個師的襲擊。漢堡認為：「如果僅以兩個營的兵力在隧道區域對抗那樣的襲擊，二十三團能不能撐過那一夜就很難說了。」「雙聯隧道」戰役的第一階段或許只能算是小規模戰鬥，畢竟第勒爾還成功營救出一部分倖存者。第二階段絕對是一場大戰，一方是中等規模兵力的聯合國軍，另一方則是兵力占優勢且絕不退縮的共軍。

二十三團的這兩個營裝備精良，百分之八十具有較強的戰鬥力。也就是說，費里曼有一千五百人可以投入戰鬥。而中國人則在八千到一萬人左右。法國營雖然剛抵達南韓，然而他們都是作戰經驗豐富的老兵。基本上法國外籍兵團，幾乎所有人都有作戰經驗，很多人在印度支那服役。他們的指揮官拉爾夫．蒙克雷爾將軍（Ralph Monclar）是韓戰中最具魅力、最具傳奇色彩的指揮官之一。蒙克雷爾是他的假名，他的真名叫馬格林－維涅里（Magrin-Vernery）。他的父親是匈牙利貴族，母親是法國人。蒙克雷爾加入法國外籍兵團時只有十六歲（他是謊報年齡入伍的）。在進入號稱「法國西點」的聖西爾軍校時，他是中士軍階，一九一四年畢業時正好趕上一戰。他在戰鬥中表現優異，之後他又參加了二戰。在德國占領法國後，他逃到英國，後來在北非戰場率領一支外籍兵團裝甲部隊作戰。在蒙克雷爾的軍旅生涯中，他至少負傷三次，走路時一瘸一拐，不過憑著手裡的枴杖，走起路來絲毫不比正常人慢。

到了一九五〇年，蒙克雷爾已晉升為中將。當時，法國決定派遣一個營以聯合國軍的名義參與韓戰，他便主動請纓。為了不破壞軍中的層級關係，蒙克雷爾自願降職為中校。但法國軍方認為蒙克雷爾年紀太大，不適合到南韓帶兵打仗。蒙克雷爾卻認為，對於這樣一場他視為自己事業的戰爭，他的年紀一點也不大。他終究說服了上司。蒙克雷爾的指揮極富激情和創造力。他認為，法國人在中南半島打了五年，最後卻以失敗告終。現在，他再度得到與共產主義對壘的機會，儘管是在遙遠寒冷的韓國，但也算是幸運。美國軍隊當然願意和法國人並肩作戰，因為這麼一來他們就不必擔心側翼遭到襲擊。如果說有什麼問題的話，那就是法國人太過浪漫隨意，喜歡用刺刀殺死敵人，還以此為榮。

幸運的是，聯合國軍還有足夠的時間調整迫擊砲。他們必須把所有通往高地的道路置於迫擊砲的射程內。部分對此感到不快的法國軍官擔心，爬到山上構築陣地會讓他們的體力消耗殆盡。當時天氣非常冷。費里曼和蒙克雷爾一直相處得不錯，但還是出了點小插曲。為了取暖，法國營在陣地升起了火堆。費里曼看到後勃然大怒，立刻打電話給蒙克雷爾，讓他們趕快撲滅火堆。蒙克雷爾回答：「好的，我們明天早上就把火堆撲滅。」費里曼堅持說：「現在就告訴他們！」「可是，親愛的上校，那只是一些小火堆呀。」蒙克雷爾反駁道。「我不管大火小火，通通給我撤了！他媽的！現在就撤！你們已經把我們的位置告訴這方圓百里之內的每個共軍了！」費里曼更加憤怒。蒙克雷爾沉默了一陣子，然後說：「啊，我的上校，毫無疑問，你是對的。不過，如果他們知道我們的位置就來進攻的話，我們就可以殲滅他們了。」費里曼沒有回答，過了一會兒，法國人熄滅了火堆。

那天晚上，茫茫荒野中只有零星的幾個小火堆，很可能是中國的偵察兵。凌晨四點半左右，突然間，號聲四起，中國人開始進攻了。起初，一切因素好像都不利於聯合國軍。在最初的幾小時，共軍充分利用濃霧逼近聯合國軍陣地。等到聯合國軍發現時，他們已近在咫尺。大霧散去，天空仍烏雲密布，根本無法召喚空中支援。一聽到中國人進攻的聲音，費里曼便憤怒地轉向史都華：「我就說一定會發生這種事。」然後，他又補了一句：「你現在要我怎麼做？」的確，他們沒多少選擇了。這是

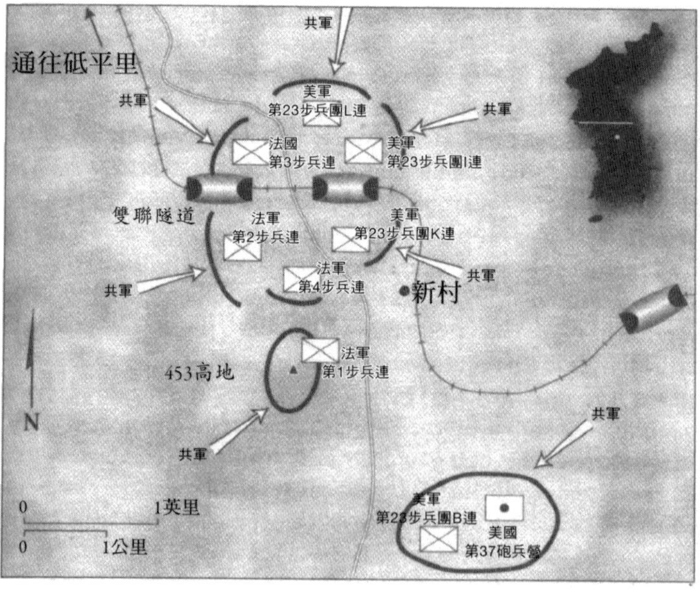

圖二十一　雙聯隧道之戰，一九五一年一月三十一日至二月一日

一個多少需要一點運氣的時刻。史都華回答：「就盡我們所能殺越多的中國人吧。」

美國人確實對中國人選擇清晨進攻感到有點不解。他們浪費了夜裡的幾個小時，而且進攻一直持續到下午，直到美國人與之脫離接觸為止。後來檢討這場戰役時，費里曼認為，中國人沒想到會有這麼多美軍突然出現在這個區域，而且又馬上切斷了通往砥平里的路。很多跡象顯示，共軍沒做好進攻的準備。大批美軍進入該地區使他們在最後一刻決定發動攻擊，這是他們這麼晚才開始進攻的原因之一。另一個原因是，中國人缺少重型武器的彈藥。

作戰異常慘烈，這恐怕也是二十三團遇到的最大考驗。在整個交戰過程中，費里曼一直擔心敵人會把自己與第二師分隔開來。每隔半小時，師長拉夫納就會來電詢問實際情況是否真的像他得到的情報那樣。史都華認為，這些電話顯然是對他和費里曼缺乏尊重，也說明他們沒想過主動支援。有一次，當拉夫納再度流露出懷疑的語氣時，史都華乾脆就告訴他的上司，他的一名通信兵剛被打死，自己正站在他的血泊中。然後，他把無線電話筒從自己所在的茅屋窗戶伸到外面，讓拉夫納聽外面的槍砲聲。於是，拉夫納終於表態了：援軍馬上上路。史都華回答，他希望如此。這樣的交談讓他很鬱悶——他基本上處於被審問的位置。在一場鏖戰正酣的交戰中，長官想知道的竟然是他到底有沒有說實話。

一次又一次，中國人幾乎就要占領法軍和美軍的陣地了。費里曼只好不斷調動部隊。事實上，他沒有預備隊了。無論是文書、駕駛兵、伙房還是機械士都派上戰場了。費里曼突然開始擔心，萬一彈藥用罄怎麼辦？自從原州戰役以來，第二十三團就沒有獲得補給。他和蒙克雷爾一直保持聯繫——下午兩點，中國人馬上就要占領法國營的主要陣地。守衛這個陣地的法國連連長莫里斯．巴塞洛梅少校（Maurice Barthelemy）透過無線電報告，他已無力堅守陣地，上司馬上回覆：率領全部倖存的士兵立刻撤退。蒙克雷爾和費里曼商量後決定，以全部火力協助受困的法軍突圍，其中包括兩輛戰車、全部迫擊砲和一門雙管四〇公厘高射砲。正常情況下，高射砲是用來防空的，但現在也用來打人，用費里曼的話來說：「這是清掃山脊最有效的武器。」同時，法國營營長指示他的第三連務必堅守陣地。不管面對多少中國人，只要有一個人活著就不能放棄陣地。之後，他開始籌畫一場幾近於絕望的反擊。大約十分鐘後，美國人的所有武器都朝山脊高地開火。之後，巴塞洛梅率領士兵手持刺刀向共軍陣地衝鋒。他們的強攻讓中國人有點吃驚，開始後退。此時，史都華在自己的陣地裡看到這一切，不禁自言自語說道：「實在太厲害了。」站在史都華身邊的蒙克雷爾也深有感觸，美國的將軍太酷了，竟然還在一言不發地抽菸斗。史都華後來說：「他根本就不知道，那一天我有三次把整個菸斗頭給塞進了嘴裡。」

然而，事實證明，上述努力只是暫緩中國人的攻勢。當時天色已亮，卻仍雲霧繚繞。中國人損失慘重，卻不想放棄。中午，他們再度猛攻，把位於隧道東側最後一個制高點的I連給趕出陣地。傷亡慘重的聯合國軍體力耗盡、彈藥所剩無幾，在人數眾多的中國人面前顯得勢單力薄。這是那天最糟糕的時刻——奮勇作戰，但失敗幾成定局。站在史都華身邊的空軍聯絡官問他情況會怎麼樣。史都華回答，再過二十分鐘，我們就會全軍覆沒。史都華反問他：空軍能不能前來支援？聯絡官回答，有幾架飛機就在頭頂正上方，可是無法衝破厚重的雲層。語畢，兩人抬頭望去，發現頭頂的烏雲散開一個缺口，露出一線藍天。史都華問，他們能不能利用這點縫隙呢？空軍聯絡官馬上聯繫飛行員：「我們就在烏雲散開處的正下方，我們需要支援！」

很快的，飛機從狹小的雲縫中衝出來。這些深陷絕境的美國人覺得，那真是奇蹟。費里曼後來寫道：「那就像一場好萊塢式的戰鬥。」四架陸戰隊的F4U「海盜式」戰鬥機透過雲端一字排開。這種飛機第一次在一九四三年二月，使用於瓜達爾卡納爾島戰役。它裝備六挺五〇機槍、可以吊掛八枚火箭彈和多枚五百磅炸彈。這種飛機能比噴射機長時間對目標實施空中打擊，因此最適合目前這種作戰條件。陸戰隊飛行員在空中盤旋幾圈，確切劃出分辨I連和共軍的位置，然後它們開始俯衝攻擊。費里曼後來寫道：「多麼漂亮的空中支援啊！」飛機衝下來，先投下五百磅炸彈，正落在執行最後一輪攻擊的共軍之間。隨後，又投下被美國大兵稱為「呆頭鵝」（gook goosers）的火箭彈，最後用機槍掃射。四架飛機一次次輪番支援，費里曼數出一共有二十四次攻擊。共軍在猛烈的空襲下敗退，攻勢被徹底擊潰，作戰就此結束。費里曼有兩百二十五人傷亡或失蹤。他們在陣地附近找到了一千三百具中國兵的屍體。據估計，共軍在這次作戰總傷亡人數約為三千六百人。根據唯一的戰俘透露，敵軍是共軍第一二五師，由此可以推算，傷亡人數約為該師的一半兵力（這場戰鬥太激烈了，沒有戰俘可抓捕，唯一的一個也身受重傷）。第一二五師隸屬於共軍第四十二軍，李奇威在過去幾個星期一直在尋找四十二軍的下落，現在，費里曼與他們不期而遇。

* * *

在下午稍晚的時候，空軍為地面部隊投下彈藥和其他補給。不久，作為援軍的第二十三團第一營快馬加鞭地趕到了。當天晚上，費里曼和蒙克雷爾依然膽戰心驚，擔心共軍再次襲擊。雖然敵人沒有出現，但二十三團也沒閒著，花了整整一天時間加固陣地。第二天，也就是二月三日，他們接獲新的任務——向四英里之外的砥平里前進，占領這個地理位置極為重要的村莊。

42 固守砥平里

從踏上南韓的那一天起，砥平里注定成為李奇威想看到的戰鬥。它是整場戰爭中最關鍵的一役，因為正是在這裡，美軍才真正學會怎樣與中國人作戰。多年以後，史密斯的戰術被寫進李文沃斯堡（Fort Leavenworth）陸軍指揮暨參謀學校（Command and General Staff School）的教材，成為以少勝多的典型案例。和韓戰的很多戰役一樣，儘管「雙聯隧道」之戰也是一個轉捩點，但對於沒有參與這場戰役、沒有研究這段歷史的軍方和學術界人士來說，這段歷史相當陌生。但正是在這些荒僻的小村莊裡，中國人不可戰勝的神話被終結了。砥平里之役結束後，無論是指揮官還是士兵，都對戰術有了一種新的體會：只要能占據有利地形，再加上正確的火力和正確的指揮，作戰壓力就會轉嫁給缺乏重型武器的中共軍隊。中國人在作戰結束時也意識到這一點。

砥平里之役是韓戰最典型的一場戰役。砥平里是一個典型的韓國村莊——有一座小磨坊、一所學校和一間寺廟，村裡的主要道路旁是一條小溪。總之，按西方人的標準，這是個小得不能再小的地方。二十三團占領高地時，磨坊已經拆掉，學校和寺廟也已遭破壞，大多數村民早已不知去向。因此，它是當時最典型的韓國村落——交戰雙方的部隊來來去去，每次進入砥平里都使這個村莊的生存條件更惡劣、留在村裡的人更少。但對交戰雙方而言，它的戰略重要性不可估量，因為它是交通樞紐——韓國鐵路幹線由東向西、公路幹線從南向北穿過。除此之外，這個國家幾乎就沒有其他路可走了。

讓費里曼和他的部下驚訝的是，他們在進入砥平里時居然沒有遭遇任何抵抗。不知為何，在這裡集結了大批兵馬的中國人竟然讓美國人不費吹灰之力占領了砥平里。儘管費里曼以有限兵力創造有效防禦的戰術足以成為教科書中的經典案例，但他沒有被勝利沖昏頭。從進入砥平里的那一刻起，他就沒有鬆懈過。從地形上來看，砥平里是盆地，四周是連綿的高地。因此，他對普拉特說，本來想派人占領圍繞整個村莊的高地，因為那裡的地勢明顯高於他們的駐紮點。但是，他手裡可以調動的兵力非常有限，那麼做勢必導致兵力過度分散，陣形過度單薄。於是，他做了一個讓很多步兵戰術專家跌破眼鏡的決定。事實證明，這是一個精妙絕倫的決定。對一個步兵指揮官，尤其是一個因敵眾我寡而不得不採取守勢的指揮官來說，最基本的原則就是占據制高點。表面上，在某一地區，地勢較高的山體或山脈更利於建立易守難攻的防禦堡壘。但是，要在十二英里長的山脊上構築一個半徑約四英里的完整防衛圈至少需要一個師的兵力，而這顯然不是一個團所能達成的。對於這麼大的防衛圈，共軍很容易在關鍵點突破，然後反其道而行，把這條防線變成他們的陣地。

因此，費里曼明智地選擇了另一種辦法，就是讓有限的兵力集中到地勢較低，但距離更近的山丘上。這樣，美軍就形成了橫長兩英里、縱深一英里的長方形防禦陣地。在這個矩形陣地的每一條邊線上，美軍均占領較高地勢，以確保對任何方向的進攻都能有效壓制。在某種程度上可以說，他解決了一個很多美國軍官自兵敗清川江以來一直在思考的問題：面對中國人的襲擊，應該建立什麼樣的防禦陣地。同樣重要的還有費里曼沒做的事。他既沒有妨礙以重武器火力互相支援，也沒有妨礙預備隊快速救援受困陣地。

此外，他希望能充分掌握中國人的弱點。缺乏重型武器的共軍肯定會占領稍遠一點的高地，但美國人可以充分發揮遠端砲火的優勢來攻擊這些陣地。共軍的火力主要來自機槍，但距離這麼遠時，機槍就沒有用了。他必須考量到敵軍還有迫擊砲，而且使用起來得心應手。不過，只要天公作美，美國的空中火力或許可以消滅一部分迫擊砲。費里曼的另一個決定性優勢就是時間。費里曼或許是這場戰爭中第一個有充裕時間去思考怎麼應戰的美軍指揮官，這簡直就是一種奢侈。他的部隊是在二月三日抵達砥平里的，共軍人直到二月十三日傍晚才開始向他們發動進攻。也就是說，他有十天的寶貴時間用來構築陣地。二十三團的每個人都意識到，他們遲早會成為敵人的攻擊目標。他們的生死也許就在散兵坑挖得夠不夠深，夠不夠好（不過，美國陸軍史學家羅伊．艾普曼在一九五一年八月來這裡實地考察時驚訝地發現，這些散兵坑並不是很深）。此外，他們還精確丈量了迫擊砲和火砲的射程覆蓋範圍，確保能對所有可能進入射程內的道路實施封鎖；盡最大可能設置鐵絲網，把所有的地雷都派上用場；清理出一條小型飛機跑道，以便飛機在必要時帶來補給，帶走傷患。

費里曼平生第一次覺得說自己準備的彈藥有夠多的了。但是，他很快就發現自己想錯了。偵察機每天飛過他們的頭上，尋找可能在周圍山巒中活動的敵軍。費里曼每天都派出巡邏隊，尋找中國人的足跡和動向。時間一天天地過去，共軍的進攻日子日漸逼近，只有一個問題讓他們忐忑不安：在另一個地理上雖然分隔、卻與他們的命運休戚相關的戰場上，從原州出發向北進攻的韓軍被共軍打得潰不成軍，和他們並肩作戰的美國與荷蘭軍也面臨陣地被攻陷、全軍覆沒的危險。這支聯合國軍於二月五日從原州出發，到二月十四日，戰事進行得很不順利。包括史都華在內的第二師很多高階軍官都認為，阿爾蒙德讓韓軍擔任前鋒是有欠考慮、甚至是荒謬的做法。駐紮在原州地區的四個中國師對這支幾乎毫無準備的南韓部隊發起進攻，很快便摧毀了他們的陣地，這一點也不讓人意外。然而問題是這讓美國與荷蘭部隊門戶洞開，中國人借助這個缺口可以直搗黃龍，危及整個原州地區，並讓砥平里的美軍倍感壓力。因此，即使是在砥平里之役開始前，守方就危機重重。相較之下，原州戰役更需要空中支援，而這就減少了砥平里可以獲得的空中火力。另一方面，人們開始擔心，如果不能迅速扭轉原州戰局，共軍將能騰出更多兵力——甚至是整整四個師，轉戰砥平里。

到了二月十日，費里曼的巡邏隊已經可以確定，砥平里一帶到處都是共軍，他的地盤每小時都在縮小。今天的費里曼被視為韓國戰場最傑出的三、四位指揮官之一，他的名聲基本上來自砥平里之役。不過，這樣的稱號似乎略有嘲諷之意。因為就在這次戰役開始前幾天，大批集結在防禦圈周圍的共軍還讓費里曼感到畏懼，讓他不可思議地迅速後退。直到二月十二日，他清楚感覺到，自己的部隊已經被優勢敵軍包圍。這已經很糟了，但更糟的是，二十三團有兩個營的兵力被阻隔在原州以北，而且第十軍的其他部隊很可能無法守住原州城。當時，有兩支增援部隊已經上路。其中英國旅在途中遭到阻擊，損失慘重，無力衝破攔截。對費里曼來說，他的部隊陷入孤立，幾乎所有在韓國的共軍都在虎視眈眈地盯著他。

費里曼請求撤退，然而李奇威希望他能夠堅守陣地。隨著敵軍的進攻時間日益逼近，二十三團的所有高階軍官都意識到，他們需要更強而有力的理由才能說服上級。該地區的其他聯合國部隊正在撤離——唯有二十三團還在堅守。根據該團作戰官的記錄，他們在二月十二日得到的命令就是留下來防守：「蘇格蘭人命令我們繼續堅守。」（「蘇格蘭人」是李奇威的代號）同一天，二十三團的作戰官約翰．杜梅茵少校（John Dumaine）告訴普拉特上尉，費里曼想撤退，可是他懷疑他們現在還能不能撤，因為敵軍正在縮小包圍圈：「即使我們想撤也不可能撤了。舒梅克（第二十三團情報參謀哈洛德．舒梅克少校（Harold Shoemaker），最後死於砥平里之戰）得到的最新情報，往南的公路是我們唯一退路，而這條路已經布滿了敵軍，我們根本不可能通過。即使上級允許撤退，我們也還要再經歷一場『鐵手套』式的突圍。所以，我覺得我們還是應該留下來，乾脆打一仗算了。」事實上，這否決了任何討論。圍攻之勢已經形成，空投補給也已經開始執行。這些還守在砥平里的美軍都清楚地意識到，自己的命運只有自己才能決定，現在他們只能靠自己了。

費里曼和拉夫納仍期待上司改變想法。甚至連阿爾蒙德也同意了他的請求，畢竟他麾下的其他部隊還在越來越深的陷阱中掙扎。二月十三日中午，阿爾蒙德親自搭飛機趕到前線與費里曼會面。他感覺到原州周邊的戰局正日益惡化，這就把砥平里的美軍部隊置於更大的危險之中。阿爾蒙德注意到費里曼的焦慮。費里曼認為，從目前的形勢來看，整個第二十三團很有可能被敵人殲滅。因此他請求在十四日撤到十五英里以南的驪州。他知道共軍可能切斷了通往驪州的路，但自己的陣地非常脆弱。他的撤退請求已得到師長拉夫納的允許。現在，阿爾蒙德似乎也同意了。

即將撤退的消息馬上就傳遍了二十三團的每個角落。事實上，團戰鬥群防砲連連長早就覺得，他們沒有多久就要撤退了，然而要帶走的彈藥稍微有點多。於是，他請求向遠處的山頭發射一部分砲彈。副團長法蘭克·梅札爾（Frank Meszar）告訴他，還要再等一天才能做出最後決定。等阿爾蒙德回到軍部時，費里曼改變主意了——他覺得一天也不能多等了，想在十三日便開始撤退。就在和阿爾蒙德的會晤之後，費里曼馬上就致電師部：「阿爾蒙德一個半小時之前在此，並就我團何時撤往驪州徵求我的意見。我說明天早上。但我建議將撤退時間盡可能提前到今天傍晚……速將此請求轉交軍部，並盡快告知結果。」現在，最後的決定只掌握在一個人手裡，就是很早就想打這一仗的那個人。李奇威對來自砥平里的撤退請求無動於衷。他向費里曼承諾，只要能守住砥平里，他一定會想辦法派援軍突入重圍解救二十三團。他說，如果真有必要，他可以派出整個八軍團做為二十三團的援兵。

傘兵出身的李奇威相信，只要構築好防禦工事，保持足夠的火力，那麼透過空軍為費里曼的部隊補充彈藥、提供其他補給，絕對不成問題。這也是他期待已久的戰役。他希望把這次戰役作為制訂未來戰術的基石。也許這不會很完美，因為任何戰役都不可能完美。按照李奇威的設想，就是要利用美軍的強大火力去對抗中國的人海戰術，並以此來檢驗未來的戰術。

十三日下午晚些時候，普拉特找到費里曼，他覺得眼前的費里曼極為悲觀。費里曼對普拉特說，他們可能已經被共軍四個師給完全包圍。他告訴普拉特：「如果他們（共軍）想得到這裡，就得來這裡和我們一決勝負。我認為我們準備好了——只要守住現在的陣地，我們一樣能打好這一仗。」十三日傍晚將至，費里曼召集所有指揮官開會說，儘管很多人還在討論撤退的問題，但撤退的事不會發生了。「我們要守在這裡，戰鬥到底。」他要求所有指揮官最後檢查一下每個散兵坑和每一門火砲的射程調整情況。

他告訴大家，攻擊可能會在入夜後開始。

他把第一營部署在西北角，由第三營守住東北角和東側，法國營守住西側，第二營負責南側。這時，費里曼可指揮的總兵力為五千四百人，相當於一個加強團或一個團戰鬥群。情報顯示，共軍的總兵力有五個師，約三到四萬人。砥平里不僅是一場戰鬥，更是一場包圍戰。為費里曼的部隊提供彈藥和食品補給的唯一方式就是以降落傘空投。

43 原州之戰

當砥平里的守軍還在深挖戰壕時，原州之戰已達到白熱化的程度。代號「圍獵行動」的原州作戰計畫是純粹的「阿爾蒙德」式攻擊，同時也是一個令人感到奇怪的一次。阿爾蒙德的進攻是李奇威設計的「雷霆行動」的右翼進攻部分。阿爾蒙德的戰場是典型的山地，幾乎就是為共軍的戰術量身訂做的，但他明顯不如李奇威謹慎。他再度忽略了資深情報官員的警告：中共的主力部隊已進入該地，將在此展開一場大戰。很多人認為，清川江慘敗（阿爾蒙德對此應負主要責任）並沒有造就一個更穩重、更明智的新阿爾蒙德。現在，也就是那場慘敗的十個星期後，他再度獲得與中國人對決的機會，但他還是一樣魯莽好鬥、一樣對情報置若罔聞、一樣把部下派到能被敵人輕易分隔並加以消滅的戰場、一樣蔑視敵人的專業水準和詭異戰術。對此，歷史學家克萊·布萊爾認為，所有這些加在一起，「總會讓人不由自主地想到阿爾蒙德，想到他在韓國的每一場戰役」。曾經成功從軍隅里逃脫、後來在戰鬥中身受重傷的辛頓稱之為「阿爾蒙德式的惡作劇」。辛頓一直記得第三十八團團長羅伯特·考福林（Robert Coughlin）的憤懣。考福林告訴辛頓，阿爾蒙德實際上已經接管了該團的指揮權，並把整個第三十八團拆成小部隊，讓每個營單獨作戰、相互隔離，削弱了每個營的戰鬥力。和阿爾蒙德分散兵力的做法形成鮮明對比的是，西線部隊以密集隊形整體北上，各部隊彼此配合。一旦共軍進攻，阿爾蒙德就很難防禦到位。正如考福林所說，阿爾蒙德的所作所為，和他們從與中國人第一輪交手中得到的教訓恰好背道而馳。

最讓那些欽佩美國軍力的人驚歎的是，一個民主國家居然造就出如此強大的軍事力量。阿爾蒙德帶給人們的卻是截然相反的印象，即使是在他離開戰場的半個多世紀後，他的角色依然是令人心煩的。阿爾蒙德是一個老學究——一個不值得信賴的老學究。在真正的民主制度下，評價軍人的主要依據是他在戰場上的表現以及在必要的情況下他是否甘願犧牲。然而，阿爾蒙德卻拒絕以此功過原則去做評價，反而固執地抱持自己的偏見不放。阿爾蒙德堅持的原則終究還是他早年所篤信的種族主義。一九七一年，也就是越戰的第六年，早已退休的他還是無可救藥地堅信：種族融合會削弱部隊的戰鬥力。

阿爾蒙德的種族歧視一直是他最致命的問題。雖然其他陸軍高階將領也有種族偏見，但他的種族意識之深、種族情緒之強甚至影響到身邊的年輕軍官，更不用說那些深受其害的黑人軍官和士兵了。他一直認為黑人低人一等，即使黑人官兵是真正的美國公民。阿爾蒙德認為他們就算是軍人，充其量只能是軍人中的奴隸，即所謂的「砲灰部隊」。杜魯門和李奇威一直在努力消除軍中的種族歧視政策，阿爾蒙德卻以自己的方式去恢復種族隔離政策，竭盡所能創造一支單獨的黑人部隊。

一九五一年一月中旬，在原州附近發生的一場戰鬥中，一位名叫福斯特・華克爾（Forest Walker）的黑人上尉率領部下上刺刀、邊仍手榴彈衝進北韓人的堅固陣地。一天後，他的營長——聲名顯赫的巴比利斯中校（一個令部下信服的人）將此事呈報給李奇威。對此印象深刻的李奇威立刻下令頒發給華克爾一枚銀星勳章。阿爾蒙德卻將信就疑，最終沒有頒發這枚勳章，還撤銷了華克爾的連長職務。後來，阿爾蒙德在二戰時的愛將比爾・麥卡弗雷雖因與他關係密切，最後在韓戰當上了團長，但他的種族融合做法還是讓阿爾蒙德怒氣衝天。

麥卡弗雷把三名黑人士兵分配到三個班裡。阿爾蒙德說：「你不能這麼做。」

「但，我確實是這麼做的。」麥卡弗雷回答。

「像你這樣的人應該知道怎麼做。」阿爾蒙德回擊——他說的是以前在第九十二師時的情況。

「將軍，這種做法很有效。」麥卡弗雷仍堅持己見。

阿爾蒙德聽後搖搖頭，彷彿他的一個家庭成員背叛了他似的。阿爾蒙德的偏見令人厭惡。這種偏見讓他手下的黑人士兵備感折磨。很多在他手下作戰或研究他的人都認為，阿爾蒙德的種族觀念絕不只如此。就像科爾曼指出的，阿爾蒙德對中國人也有偏見。在長津湖戰役中，阿爾蒙德不顧一切地催促軍隊貿然前進，原因之一就是他從未把中國人當作真正的對手。他堅信，只要美國人出現在戰場上，敵人就會落荒而逃，因為對手是低等人種。「洗衣工」這個說法很有代表性，這反映出阿爾蒙德並不把中國人視為真正的敵人。相反的，在他眼裡，他們和那些在美國本土為白人洗衣服的亞洲人毫無區別。

曾在阿爾蒙德麾下第一八七團任職的科爾曼認為，「對共軍的作戰方式毫無興趣，未能從以前的失敗中汲取教訓」，這些都是阿爾蒙德「不成熟的種族主義」的表現。在北方戰場遭受重創之後，阿爾蒙德竟然幾個星期都沒有召集高階指揮官開過一次會，討論一下先前作戰的得失。幾年後，科爾曼說：「韓戰結束後，我們對中國人的戰術進行了大量研究。但當初我們很少這麼做。在最初幾週作戰後，根本就沒有人想到要盡快檢討一下先前作戰的經驗和教訓、敵方戰術、各方優勢和劣勢等重要問題。實際上，有很多需要我們去學習和檢討的，但我們沒有這麼做。似乎就沒有研究的必要——因為對手不值得研究，這讓我們在洪川、橫城和原州的戰鬥（均屬於原州戰役）中付出了慘痛代價。我一直認為主要原因在於意識——美國人根深柢固的種族主義意識。我認為，阿爾蒙德沒有及時從先前的失敗中吸取教訓，他的種族偏見嚴重影響了他的正常判斷。」科爾曼認為，阿爾蒙德唯一想做的，就是再和中國人打一仗，而且這一次一定要更凶狠，一定要取勝——「他在戰場上做出的每個決策，都浸染著他的種族意識」。

從技術層面來看，阿爾蒙德在原州戰役前發動的「圍捕行動」毫無缺陷，完全可以作為美國陸軍指揮暨參謀學校的教學案例。甚至可以說，這個計畫非常出色。這是大規模的協同作戰，需要各個部隊相互協調支援。如果拿到陸軍指參學校的課堂上，在一個假想的國家（最好是地形更平坦、天氣更暖和的地區），與假想的敵人（引誘敵人沿主要道路前進，在空中極易識別，從而使之成為空中攻擊的目標）進行一場兵推，其結果很可能是令人震撼的。美軍各部分別如利箭一般直插共軍的核心陣地，並形成多層包圍圈，最後對位於原州以北二十四英里的洪川形成嚴密的雙重包圍。這次作戰成功的條件在於：首先，各參戰部隊之間必須相互配合；其次，共軍沒有牽制美軍太多的行動。否則如果四到五個師的兵力一窩蜂湧進來，那麼利箭就會偏離目標。

對任何真正了解韓戰實際情況的人來說，阿爾蒙德的計畫漏洞百出。這是一片空間寬廣、危險重重的地區，數量有限的聯合國軍難以有效控制整個地區。這裡的天氣變幻無常，每天都會出現厚厚的雲層，因此美國人很難發揮他們的空中優勢。最後，美國人過度依賴韓軍的專業技能。阿爾蒙德在這次戰役中的做法讓其他指揮官感到莫名其妙：他把一些美國部隊交由南韓軍官指揮。這表示一旦出了問題（這很有可能發生），美國人將無法完全控制自己的部隊。阿爾蒙德做了很多匪夷所思的事，尤以這件事最讓人費解。史都華認為，其他指揮官對這件事的想法是，一向比其他人更瞧不起韓軍表現的阿爾蒙德想藉此為他們樹立信心。阿爾蒙德想告訴大家，他對南韓軍隊遠比別人想像的有信心。因此，韓軍將會打得更好。但是，南韓人根本就不喜歡這個計畫。他們覺得阿爾蒙德永遠是種族主義者。韓軍最傑出的指揮官白善燁將軍後來在回憶錄中提到，阿爾蒙德只不過想拿南韓人當砲灰，消耗中國人進攻時的猛烈砲火罷了。

以韓軍第五師和第八師為前鋒，外加美軍第二師第三十八團和第九團，以及第一八七空降團戰鬥群的「圍捕行動」就此展開。共軍方面也大軍壓境，僅在原州以北的中央走廊地區就集結了四個師，兵力約在十到十四萬之間，而且更多部隊可以隨時趕到。最初，一切形勢似乎都非常有利於聯合國軍。不過，這在很大的程度上是由於中國人主動給了他們機會——在對手看來，聯合國軍在第一階段推進得越順利，那麼他們開始攻擊時，這些部隊被隔離的程度也就越大。因此，共軍和北韓軍只是撤退，讓美國和南韓軍深入到他們不熟悉的地段。正如科爾曼所指出的：「如果彭德懷將軍親自到第十軍的前線指揮部畫出美軍、南韓軍的行動圖的話，大家一定會發現我們的行動對於中國人來說再有利不過了。」他指出，時至二月十日，聯合國軍和南韓軍「就像一個毫無防禦能力的大氣球，飄進敵人設下的天羅地網」。二月十一日晚上十點，共軍三個師突然攻擊南韓軍第八師，該師幾乎是一哄而散，七千五百名官兵很快就被打垮，最後只有三千人回到營地。

共軍的進攻對李奇威司令部來說並非全在意料之外。越來越多情報顯示，大原州地區集結了大批共軍，因此引起他們的擔憂。事實上，八軍團情報處的情報非常精確。情報處長副處長羅伯特．佛格森中校早在去年十一月就越來越能體會到，共軍對八軍團的威脅遠比他的上司所想像的還要大。事實證明，這種感覺非常準確。李奇威對中國人進攻日期的判斷只差了四天。他非常認真看待佛格森中校提供的情報：在戰爭前夜，他的腳已經踩在剎車上，命令所有部隊停止北進。不過，阿爾蒙德沒有踩剎車，儘管他的情報處長詹姆斯．波爾克中校（James Polk）也向他提出了警告。波爾克後來說，他曾就該地區有大批共軍一事鄭重提醒過阿爾蒙德。這個情報是從一名重要戰俘的口中獲悉的。這名戰俘以前是國軍的軍醫，對即將發動進攻的共軍瞭若指掌。然而阿爾蒙德不相信一個上尉軍醫能了解這麼多情況。二月十一日，阿爾蒙德司令部收到李奇威要求他們堅守陣地、停止前進的命令。但四小時後他們才向所屬部隊傳達這項命令——這時，共軍已經進攻兩小時了。

整個戰役就是一場災難，完全是前一年十一月底軍隅里戰役的翻版。由於韓軍頃刻間潰散，第十軍其他部隊的退路被突然切斷，其中尤以第三十八團第一營和第三營情況最危急。阿爾蒙德詭異的指揮調度讓人摸不著頭緒，初級軍官又因為懼怕他而不敢擅自下令，這無疑使情況雪上加霜。第十五野戰砲兵營營長約翰．凱斯中校的預定任務是掩護南韓部隊，然而他發現自己已被前後夾擊。二月十二日凌晨一點半左右，他撥通了師部的電話，得知情勢對自己極為不利。於是，他請求師部砲兵司令洛亞爾．海恩斯准將（Loyal Haynes）允許自己的部隊撤退。一向膽小怕事的海恩斯一如往常沒有給他任何答覆，一定要請示拉夫納或軍部之後才能決定。一個半小時後，他得到了阿爾蒙德的批准。不過為時已晚，共軍徹底切斷了凱斯的退路。全營人員、重砲和大型卡車全部陷入敵人的包圍圈，而他所要掩護的南韓部隊逃得無影無蹤（正常情況下，韓軍步兵反而應該掩護砲兵）。凱斯唯一的出路就是一條狹窄的山路，但這條路已被共軍控制。不久，他們與同樣遭受重擊、沒有退路的第三十八團第一營會合。布萊爾還記得，當時他們試圖打通這條山路，但共軍「在這裡複製了一個『鐵手套』，幾乎和第三十八團在軍隅里穿過的那條死亡走廊如出一轍」。最後，在向南撤往橫城的路上，該營損失了五門榴彈砲，其中包括一門一〇五公厘和四門一五五公厘榴彈砲。

二月十二日拂曉前，傷痕累累的第一營和凱斯的砲兵營才與橫城以北的第三十八團第三營會合。即使在這裡，共軍的攻勢依然猛烈，美軍的防禦圈只好慢慢收縮。可是中國人再次切斷了他們南面的退路。第十軍軍部的每個人都知道，李奇威有一個永遠不得不從的命令——不得把重型武器留給共軍。一旦共軍消滅凱斯和他的部隊、取得他們的重型武器，第十軍的處境將更難預料。於是，他們命令凱斯率領人馬繼續南撤，爭取合適的地點來構築穩固的防禦工事。因此，砲兵營和第一營餘眾繼續向南轉移。剛走了半英里左右，他們就再度遭到共軍的猛烈攻擊。結果，整個部隊被困在路上，整整四小時動彈不得。最後，軍部命令第三營離開自己的防禦陣地，與這兩支部隊會合，共同突破共軍的攻勢。同時，第十軍還命令空降第一八七團戰鬥群派出一支裝甲步兵救援隊去解救受困的部隊。儘管救援隊在途中遭到襲擊，但最後還是成功打通道路，與受困部隊會合。這時，天色已晚，共軍仍控制著道路。由空降第一八七團戰鬥群領導的這支聯合部隊仍可望再次向南突圍。就在這時，車隊中一輛一〇五公厘榴彈砲拖車突然翻車，攔腰躺在路中間，堵住了後面車輛的去路。這無疑讓業已異常艱困的突圍更艱困。

正如同軍隅里戰役，中國人從一開始就認為，只要能打壞大型車輛，就能攔阻美軍的撤退道路。於是，他們集中火力，向重型車輛的駕駛室射擊。由於火力極為猛烈、集中，美軍很難清除路障。因此，他們不得不丟棄大多數重型武器，包括十四門一〇五公厘榴彈砲和五門一五五公厘榴彈砲，外加一百二十輛卡車，其中很多已嚴重受損。不管怎麼看，這都是一場實實在在的災難。凱斯中校是失蹤人員名單的第一位，後來很可能死於戰俘營。幸運的是，在橫城堅守陣地的荷蘭營最後撐了過去。與砲兵營一起撤退的各部隊先撤到橫城，隨後再轉到原州，最後成功脫險。美軍在這次伏擊戰中損失慘重：與荷蘭營一起作戰的兩個營，它們的傷亡人數超過兩千人，南韓軍傷亡人數約一萬人。李奇威聽到這個消息後勃然大怒，立刻前往第十軍軍部，把阿爾蒙德痛斥一頓。傑克．切爾斯中校（Jack Chiles）說，這是他所聽過最嚴厲的斥責。李奇威雖然還不了解整體的損失情況，但知道損失了許多的重型武器。李奇威在書中寫道，讓這些重型武器落入敵人手裡是他最大的過失。切爾斯還記得，李奇威說的最多的就是阿爾蒙德對重型武器的盲目使用。他對阿爾蒙德下了最後通牒：「以後不得再發生類似事件！」但不知基於什麼原因——或許是不想讓麥克阿瑟難堪，或許是其他軍級指揮官一樣平庸無能，李奇威仍舊沒有撤銷阿爾蒙德的職務。

損失了整整一個營的兵力，本來就已經很殘酷了。但一個月之後，一些美軍陸戰隊官兵在另一次進攻中經過這個山谷時發現，戰場上到處都是美國士兵的屍體，大多是朝原州方向突圍時被打死的第三十八團士兵。負責清理戰場的單位匆匆趕來，又找到了兩百五十多名美國士兵的屍體和大量荷蘭士兵的屍體，其中包括他們的營長馬里努斯．德奧登中校（Marinus den Ouden）。他們大多數人身中數彈——這表示他們一直戰鬥到死。根據戰後對傷亡人數的精確統計，在為期三天的作戰中，第三十八團共有四百六十八人陣亡，其中兩百五十五人在作戰中死亡，兩百一十三人在被俘後死亡。作戰當晚，凱斯的第十五野戰砲兵營有八十三人陣亡，另外一百二十八人死於戰俘營。陸戰隊把這裡稱為「殺戮谷」。一名陸戰隊員在這裡留下了一則標語，也許最能反映他們的心聲，也是這場戰爭的代名詞：「殺戮谷／哈利．杜魯門的警察行動大舞臺／一路好走，哈利。」

這些共產黨人尚未取得中央走廊地帶的勝利。在美軍發動攻勢的三天，共軍正朝目標之一——原州——進發，他們的另一個目標是占領砥平里。由於他們即將占領原州，因此砥平里也岌岌可危。到這時為止，美國人在原州的任何決策都是錯誤的，而中國人似乎還在延續清川江的勝利之路。當時，由於原州和砥平里都處於危險之中，美軍被迫對戰術進行了重大調整，而正是這次的調整，使美軍反敗為勝。

二月十四日清晨，在橫貫原州西北部山區的蟾江上空，飛過一架小型砲兵偵察機。機上的觀察員之一、第十五野戰砲兵營的李·哈泰爾中尉（Lee Hartell）隨意看了窗外一眼，發現蟾江沿岸居然有一條不尋常的濃密樹林線。他起初以為，這只不過是一片更稠密的樹林而已。但是，他最後還是決定再次察看。這次他注意到，這條樹林線竟然在移動。他馬上明白，這原來不是樹林線，而是巧妙偽裝的中共軍隊。有利的戰局加上巧妙的偽裝，讓他們平添了自信，以致在白天就進行大規模調動。這是前所未有的事，因為按照以往的慣例，當遇到敵人的偵察機時，他們會立刻停止行軍。現在，眼看勝利在望，而時間又相當緊迫，他們就沒有認真考慮，竟然忽視美軍偵察機的存在。哈泰爾和目瞪口呆的飛行員粗略估算了一下，地面的共軍應該有兩個師，約一萬四千人。他們顯然正朝原州進發，準備要去參與最後原州戰役的最後階段。觀察員立刻向砲兵指揮官報告此事，並建議立即實施火砲攻擊。這場即將發生的戰役被美國人稱為「原州砲擊」。

一輪白色的照明彈飛上天空，揭開了「原州砲擊」的序幕。美軍的砲彈像雨點一樣飛向共軍。他們準備了足夠的火力——一百三十門重砲，包括三十門一五五公厘，以及一百門一五五公厘榴彈砲。儘管史都華不是砲兵指揮官，卻知道充分利用這個驚天動地的間歇時刻。如果說這個軍裡還有哪個高級指揮官有資格指揮原州、橫城或洪川這樣的大戰的話，那麼這個人應該是史都華。在第二師中，史都華被認為是最理性、最專業、最善於思考的指揮官，更重要的是，他還是最有主見、最獨立思考的指揮官。

史都華當上副師長純屬偶然。一九二三年畢業於西點軍校後，他就覺得自己應該成為一名步兵指揮官，卻始終未能如願。二戰開始時，他已經過了當初級軍官的年齡，但又缺乏擔任高級軍官的資歷和經驗。最後，他獲得一個非常重要但沒人想做的職務——盟軍運輸部隊司令，先後負責北非、義大利、西南太平洋戰區的運輸工作。太平洋戰爭即將結束時，他又負責日本本土登陸作戰的運輸工作。他的表現都異常出色，成為兩大戰區不可取代的人物。但這些都不是他的職業理想。他在別處不太被需要，以致當不上他想當的步兵指揮官。二戰結束時，史都華升為准將，隨後被降職為上校，一九四七年一月，再度被擢升為准將。

漢堡認為，史都華不僅是一名戰士，還是一位軍事史學家和軍事學者，「他是美國陸軍特有的產物之一，不乏天賦、勇敢又善於思考。總之，他是一位與眾不同的指揮官，但又缺乏成為一名將軍所需要的冷酷無情。像李奇威這樣的將軍有時會不擇手段，但知道在必要時應聽從職責的召喚，不惜犧牲士兵的生命」。一九五〇年，史都華還在從事後勤工作，並負責仁川登陸的後勤任務。不過，他從來沒有放棄成為一名步兵指揮官的夢想。

十二月初，當共軍南下時，史都華奉命將其後勤司令部南撤至釜山，以防被中國人占據。他一點也不想南遷。他的兒子小喬治·史都華（西點一九四五年班）當時是第一八七空降團戰鬥群的中尉。一想到自己將在避風天堂裡的安樂椅上高枕無憂，兒子卻得在水深火熱之中艱苦奮戰時，老史都華就異常憤怒。他找上八軍團參謀長艾倫，主動請求調換單位。艾倫還是要求他繼續堅守崗位，回到釜山。就在離開艾倫辦公室的路上，史都華遇到了剛接手第二師的麥克魯爾。他突發奇想，主動問麥克魯爾是否需要一名副師長。由於當時的副師長布萊德利正在住院，史都華便得到了這份差事。最初只是一個臨時職務，但經過努力，史都華最後成為名正言順的副師長。他的權力非常有限，與其說他是指揮官，不如說他是顧問，甚至不能獨自下達命令。他的一切命令都必須得到拉夫納的認可。這表示有阿爾蒙德在，拉夫納肯定希望史都華早點調走。

當共軍即將進攻原州時，軍部才開始意識到對方的兵力規模。於是，阿爾蒙德以自己獨特的方式讓史都華負責城區防禦。二月十三日下午，也就是哈泰爾發現共軍兩個師的第二天，阿爾蒙德命令史都華前往原州負責防禦。他對史都華下達了一些非常具體的指示：「阿爾蒙德將軍指示，由你指揮原州附近的全部軍隊，不惜一切代價，防禦和堅守主要交通樞紐。將軍認為，中國人首先將進攻你的右翼，**但決定操之在你**，將軍認為你應該把三十八團一個完整的營級單位在防線上，**但決定操之在你**」。史都華還記得，軍部作戰處長在傳達阿爾蒙德的命令之後，便立刻離開了這個是非之地。

史都華認為，阿爾蒙德的指示毫無意義。在研究了地形之後，他認為進攻將從左翼開始——他對這一點的判斷是正確的。於是，他把第三十八團剩下最好的那一個營作為預備隊。儘管他是步兵指揮官，而不是砲兵指揮官，但他對如何利用砲火卻瞭若指掌，這歸功於他在三〇年代接受的跨兵種交叉培訓。現在，他只有屈指可數的防禦部隊，敵方的兵力可能多達四個師。因此他覺得，現在必須動用他能調動的所有大砲。同時，他並不指望師砲兵司令海恩斯，這一點是最明智的。他和很多人一樣，認為海恩斯是糟糕透頂的軍官。一到原州，雖然還沒開戰，史都華就命令海恩斯率領手下測量距離、調整射程，以確保在下達開火命令時，所有砲火都能準確擊中目標。他想根據預定的參數，讓他的砲火同時精準攻擊敵人的若干關鍵部位。事實上，他的目的就是第一輪砲火就能有足夠的殺傷力，而不要在戰鬥過程中根據射程逐步調整——時間寶貴，不容浪費。

因此，當哈泰爾發現共軍時，史都華和所有的大砲已準備就緒。好不容易有這個機會：如此龐大的共軍，自己又有這麼多砲火可以運用，史都華自然不想錯失良機，希望能充分發揮優勢。那一天，海恩斯幾度想阻止史都華，他都不為所動。這時，哈泰爾中尉還在共軍的上空飛行，替地面砲兵準確調整射程提供了便利。之後，砲兵開始井然有序地將一批批砲彈傾瀉到中國人的行軍縱隊中。但敵軍仍繼續前進，似乎沒有什麼能阻止他們的腳步，即使是如此無情的彈雨。這時，這種無畏精神反倒成了他們的弱點：一旦開打，他們很難根據戰局發展做出調整。美軍的大砲就這樣不間斷地轟擊了三個多小時。期間，海恩斯曾要求史都華停止射擊，因為砲彈所剩不多了——但是史都華知道，這是絕無僅有的機會。他再度拒絕海恩斯的建議。他命令：「繼續開火，直到彈藥用盡為止。」之後，他下令向東京請求彈藥補給。正如科爾曼所說，美國的後勤優勢對敵人來說簡直不可思議。只需幾小時，他們就可以把更多彈藥空投在原州的守軍陣地。中國人則需要幾天甚至更長的時間才能把彈藥運到戰場上。過了一會，海恩斯透過電話請示史都華，堅持降低開火速率，因為砲管已經過熱。史都華還是不理他。他再度下令：「繼續開火，直到槍管融化。」

這是這場戰役的轉捩點。據估計，這次砲擊導致五千名解共軍死亡，數千人受傷。隨後雙方又打了幾場硬仗，不過原州終究是保住了。共軍在中央走廊地區損失慘重，傷亡人數可能高達兩萬人。史都華無疑是這場戰役的英雄，儘管他後來提過，阿爾蒙德一直很不欣賞他。

接近傍晚時，砲擊結束。一八七空降團戰鬥群指揮官威廉・鮑文准將（William Bowen）抵達原州司令部，不容分說地命令史都華立刻趕往師部報到（史都華後來說：「軍部覺得我沒有必要繼續留在那裡了」）。後來，阿爾蒙德頒發給鮑文一枚銀星勳章，卻沒給史都華什麼嘉獎。原因很簡單，如果嘉獎史都華，就等於承認自己的作戰策略是錯誤的。更重要的是，這表示史都華是有價值的副師長，必須給予相應的職權。

儘管共軍在原州遭受重創，然而砥平里仍態勢孤立。

44 麥吉與費里曼

來自北卡羅萊納州貝爾蒙特的麥吉中尉（Paul McGee）參加了第二十三步兵團第二營G連在「雙聯隧道」營救山脊上法國營的戰鬥。這是他第一次體驗戰爭的滋味。麥吉是G連三排排長。一九四一年十二月八日，十七歲的他申請加入海軍陸戰隊，卻因色盲沒被錄取。隨後他參加二戰，但結果令人大失所望。直到為解救法國人而帶著手下爬上「雙聯隧道」的山脊時，他才真正感受到戰爭的殘酷，真正體會到戰爭會讓人變得多麼凶殘無情。G連是戰鬥結束後才抵達的，因此他正好目睹惡戰之後的慘狀——那簡直就是一場屠殺。沿著中國兵的屍體望去，他可以想像當時的戰況有多慘烈。戰場上足足布滿了幾百具凍僵的屍體，仍維持最後一刻的姿勢和表情。這裡彷彿變成埋葬中國兵的巨大露天墳場。他們在朝山頂攀爬的路上所看到的情況更令人毛骨悚然：法國兵正帶著陣亡戰友下山。道路極為狹窄，其實就是一條山間小徑。每兩個人用最原始的工具——繩子，繫在一具屍體上，沿著山路往下拖。

最讓麥吉震驚的，莫過於倖存者一舉一動所流露的冷漠。他們對死亡失去了感覺，彷彿生與死本來就毫無差別。他們聊天，不時發出一陣陣笑聲，好像什麼都沒發生過。就在一天前，他們手裡拖著的屍體正是與他們朝夕相處的朋友。如今，他們既不緬懷，也不悲傷。麥吉心想，美國士兵和這些法國人又有什麼區別呢？或者說，這是否就是生者倖存下來的自身奧祕和他們慶祝成為倖存者的儀式？或許只有經歷過人間煉獄的倖存者才能領悟箇中感受——因為如果想得太多，你就不可能保持正常。在瘋狂的世界裡，只有瘋狂才是理性的。到了山頂，麥吉再度感到迷惘：法軍的陣地在哪裡？他經常聽到這樣的傳言：法軍習慣把散兵坑挖得比美軍深得多。但是，山頂上到處都是岩石和冰面，他們的散兵坑很不醒目，有的甚至只有幾呎深。如果不注意的話，你很難想像這是保命用的散兵坑。地上到處都是血，有些地方還有飛濺出來的腦漿。麥吉平生第一次反問自己為什麼要當兵。

誠然，這一切都是他自己選擇的。他自願選擇了韓國，最糟的是他自願選擇來到前線。因此，他違背了陸軍的基本法則：永遠不要做志願者。事實上，他不僅是自願，而且還刻意迫使上司帶自己的排來這裡。他讓上級把自己調離最適合的地方——喬治亞州的本寧堡，訓練其他要到韓國打仗的年輕人，然後把他們一路送到這裡。在雙聯隧道的山脊上，他第一次親眼目睹屍橫遍野的戰場。十天後，他又來到了砥平里，在防衛圈南側的散兵坑裡耐心等待，守衛整個第三十八團中防禦最薄弱的地段。

麥吉來自北卡羅萊納州的農村，很久以前就希望有一天能為國作戰。被陸戰隊拒絕後，他加入陸軍，並前往英國，在那裡耐心等待渡過英吉利海峽，到歐洲大陸一顯身手。不過，他最終沒有參加諾曼第登陸，也就沒機會感受隨後幾週的戰鬥。他所屬的第六十六步兵師（也稱「黑豹」師）是預備隊，因此他非常嫉妒那些有幸參戰的幸運兒。在後來的阿登戰役中，被編入第三軍團的第六十六師，奉命增援巴斯通附近的受困部隊，這讓麥吉非常興奮。在橫渡英吉利海峽時，該師另一團乘坐的一艘運輸艦被德國潛艦擊沉，八〇二名官兵全數罹難。於是，麥吉的團及整個師全部撤回。最後，他們被派往另一個地方，法國南部的聖納澤爾港，負責壓制零星德軍的反擊。他們在那場戰役中更像是警察。戰爭結束時，麥吉還在懷疑自己是不是軍人？他太年輕了，以致根本沒想到，對那些想打仗的人來說，前方還有打不完的仗。

二戰之後，麥吉回到北卡羅萊納。他離開部隊，直到一年半後加入後備役。他和僅比自己大一點的哥哥湯姆在貝爾蒙特地區經營一家小雜貨店和一個加油站，當時，有名陸軍中士在那裡招募新兵。一方面，兄弟倆很喜歡這名募兵官，後者也把他們列為可能入伍的名單。另一方面，麥吉的雜貨店和加油站生意清淡，越來越多人離開農村，搬進城市和市郊，他的店入不敷出。募兵官於是趁機拜訪他們，向他們宣傳和平時期當兵的好處——既不需要打仗，還有機會環遊世界。最後，麥吉兩兄弟——保羅和湯姆接受了，前提是他們可以選擇服役地點、挑選部隊並且在一起服役。中士告訴他們：這沒問題。麥吉兄弟選擇了遠東，因為他們以前去過歐洲了，而且他們覺得亞洲更有異國情調。他們的要求全被滿足了——兩人如願以償來到駐日本的第七師第十七團，保羅被分到A連，湯姆則進入B連。保羅．麥吉意外發現自己很喜歡日本人——他們彬彬有禮，女人尤其善良和氣。在歐洲打仗時，他從來就沒有恨過德國人，他也不記得自己當時為何恨日本人。

日本是個好駐地。唯一困擾麥吉的是駐日美國陸軍的基本素質。他記得有一次訓練課時天氣很冷，還下著雨，訓練內容是如何設置戰鬥前哨。恰巧華克將軍親自視察訓練情況，他當場表揚了麥吉，並告訴其他士兵要學習這個不錯的年輕戰士是怎麼做的，因為很快的他們就會參戰。之後，華克將軍問麥吉，想不想擔任軍官。這個問題太有趣了，因為麥吉在陸軍預備役部隊中就已經是軍官了，而在現役部隊，他只是一名中士。

麥吉一直對成為正規軍軍官持謹慎態度，因為絕大多數軍官不是西點軍校畢業，就是大學畢業生。他幾乎從未想過，一個勉強上過十年學的農村小夥子有朝一日也能和他們一較高下。後來，華克問麥吉是否對就讀候補軍官學校感興趣。這對麥吉來說是個不錯的建議，於是他欣然同意。不過，他希望能和哥哥湯姆一起去。華克也同意了。麥吉兄弟一起填寫了申請表。不過，他們後來發現，候補軍官學校只招收中士以上的士兵，而哥哥湯姆只是下士。保羅．麥吉於是獨自前往候補軍官學校了。

韓戰爆發時，麥吉還在美國，他等不及完成訓練了。十一月底，他自願申請到韓國作戰，但上級拒絕了他的請求，把他留在本寧堡。這時，哥哥湯姆的第七師正被圍困在長津湖附近。這讓他比以往任何時候都想去打仗。他相信，湯姆需要自己——儘管哥哥順利撤離長津湖，成為幸運兒之一。當時，陸軍覺得韓國前線確實需要像保羅這樣的人。他怎麼說也是軍官，而不是毫無作戰經驗的入伍新兵。此外，前線急需排長，因此保羅被送往韓國，分發到第二師，之後他設法去到第二十三團，因為該團與湯姆所在的第二師第十七團最接近，而且同屬第十軍。一月，保羅被調入第二十三團第二營。營部很高興看到他來，把負責迫擊砲和機關槍的重型武器排交給他指揮。但是保羅請求擔任G連的排長。原因很簡單，這個排的陣地最接近湯姆的團。

營部長官認為保羅是瘋子。一名軍官對他說：「麥吉，難道你瘋了嗎？我們每天都會損失步兵連的排長。重型武器排的情況則大不相同。這是全營最好的差事，你的身邊火力強大，而且通常是在距離前線三到四百呎的位置。」麥吉回答說不行。他知道這些，但他想站在最前線，指揮那些真正想在自己手下打仗的人，他想和第十七團待在一起。那天晚上，他向哥哥湯姆捎了口信，湯姆便馬上坐著吉普車來看他。「你瘋了嗎？怎麼跑到這裡來了？」湯姆問保羅。「我來這裡，就是為了把你帶離這個鬼地方。」保羅說。「兄弟，你一定會後悔，這裡每天都死人，你真應該待在家裡啊。」湯姆勸解。保羅就這樣成為G連三排排長，負責防禦砥平里約五百碼長的一段陣地——大約有五個美式足球場大小。

保羅在陣地裡等待。他知道，共軍進攻的時間即將來臨。過去幾天，他多次派出巡邏隊。敵人的活動很明顯每天都在增加，而他們的巡邏範圍日漸縮小。他還聽到傳言，任何部隊都不得撤離砥平里。這表示他們只能堅守陣地，作戰到底。他終於能夠感受戰爭了。二月十三日，他收到通知，共軍可能在當晚發動進攻。

G連的陣地很不理想，比其他防禦陣地突出很多，而且地勢更低，正對著三九七高地。他們知道敵人就在這座山上。漢堡說，三九七高地延伸出一座山脊。這座山脊就像一根手指，一直插到G連的陣地，把陣地和這座山連在一起。因此，這座山脊就變成一條天然的通道，中國人可以直接從山頂衝進G連陣地。在等待開戰的那段時間，麥吉壓根沒想到，戰役中最激烈的場面就出現在他鎮守的地段。同樣的，他也沒想到，營長愛德華在戰後的報告中竟然把防禦圈的這個部分稱為「麥吉山」。

麥吉領導的第三排共有四十六人。他們看起來都是好人，可是新來的麥吉還無法真正認識他們。他檢查過四個散兵坑——按照他的要求，深度必須超過四呎。他挖的散兵坑非常漂亮：四呎寬、六呎長、約六呎深，而且還挖出一個射擊站立台，他可以蹲在裡面——只要時機來臨，他就可以站起來還擊。唯一遺憾的是，整座山都是禿的，找不到任何樹木或殘枝，因此無法偽裝、遮擋散兵坑。如此一來，敵方可能會直接把手榴彈扔進來。更糟的是，儘管二十三團防禦圈的大部分區段均已設置鐵絲網，但是到G連陣地前就沒有了。G連一排的前方有足夠空間架起屋頂形掩蓋戰壕，但麥吉的陣地沒有。當時，無論是防空力量還是鐵絲網，只要能派上用場的，全部優先提供給原州守軍。

麥吉雖然對缺少最關鍵的防禦設施而不高興，但還是接受了現實。這是命令，戰士的天職就是服從命令。如果要在完美世界裡打一場完美的仗，那就應該什麼都不缺，不僅不缺鐵絲網，還有足夠的木料遮擋散兵坑、用不完的地雷和好得不能再好的通訊。但是，這既不是理想的戰場，也不是理想的戰役——而是地獄般的荒山野嶺，是一場殘酷艱難的戰鬥。事實上，大多數現實世界中的戰爭都是如此。

該團的一些工兵來到陣地，製做了兩個定向炸彈。每個炸彈加入五十五加侖火藥，再充入固體燃油。不過，要使這些自製炸彈成為致命武器，還需要一個穩定可靠的引爆器。定向炸彈是一種威力無窮的武器，但畢竟只是一次性武器，不可能取代可以一直豎立在前方的鐵絲網。後來，這兩個定向炸彈都沒有爆炸——麥吉認為，可能是工兵沒有處理好引爆器。工兵還製做了一些地雷：用鐵絲把幾個手榴彈捆在一起，拔出保險針，連同安全握把塞進一個罐頭，然後從罐頭裡引出一根線到散兵坑裡。只要散兵坑裡的人拉線，手榴彈就會爆炸。

不出所料，十三日晚上，共軍首先發難。晚上十點，麥吉聽到軍號聲響起——他們開始衝鋒逼近！曾有人說，共軍就像人海一樣，但這麼說也許並不完全恰當，實際上最初只是很小的波浪，隨後越來越大，一波大過一波。第一輪進攻可能只是一個班，然後是一個排，隨後就變成一個連。為了找出每一個

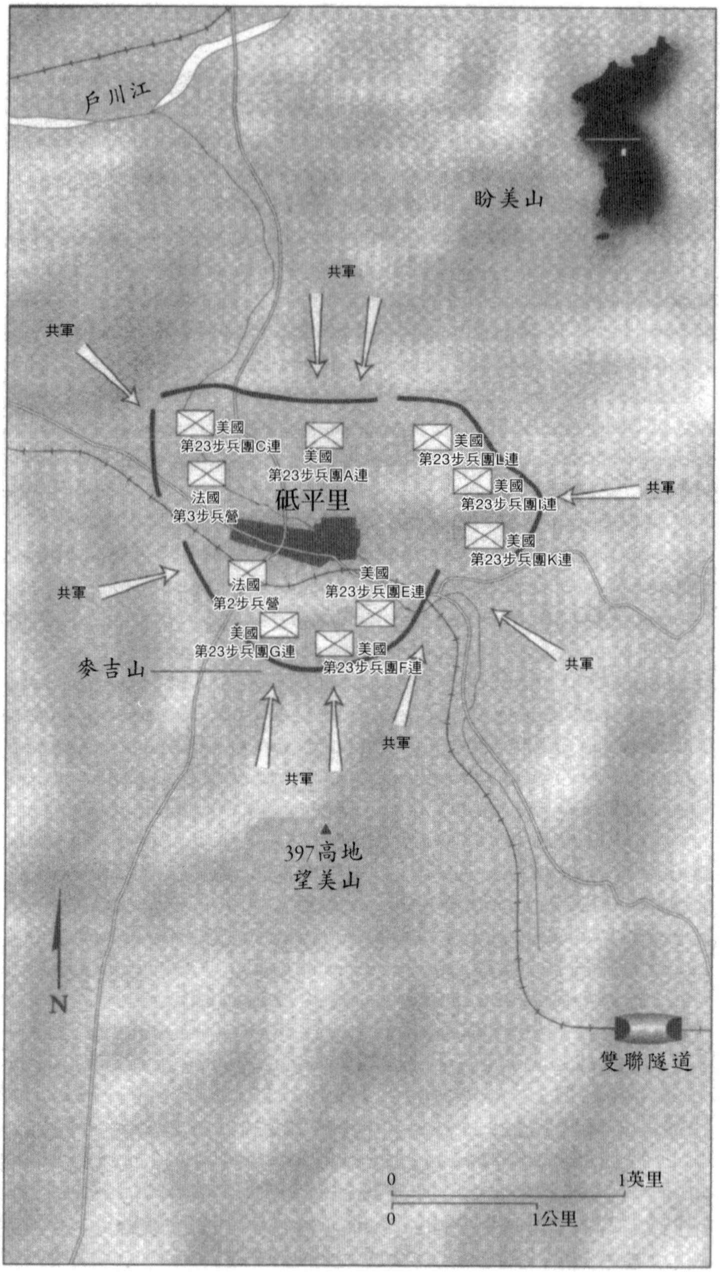

圖二十二　砥平里之戰，一九五一年二月十三至十四日

美軍陣地，他們顯然不惜任何代價，即使是犧牲生命。麥吉認為，第一夜的情況很順利。為了節省彈藥，他一直命令手下不要聽到聲音就開火，必須真的看到敵人才能開槍。清晨，陣地周圍橫七豎八地堆著中國兵的屍體，可是無人突破美軍陣地。麥吉沒有損失一兵一卒。

然而，共軍在他的陣地中央找到一個盲點，或者死角。那是一段乾涸的河床，大約有四呎深，就像一個巨大的溝渠，好像直接從三九七高地延伸出來，而且恰好到達G連陣地上方。它實際上是一個通往G連陣地的天然路線，為中國人直達麥吉所在的小山腳下提供了絕佳的火力掩護。中國人絕對找不到比這更有利的戰場了，如果他們早知道有一天要在這裡作戰，也許會挖一條這樣的溝渠。十四日黎明漸漸來臨，麥吉注意到一些中國兵正接近河床入口。他命令排副比爾．克魯茲（Bill Kluttz）中士朝那裡發射火箭彈。克魯茲的第一彈擊中了一棵樹。藉著砲彈爆炸的火光，他們看到大約四十個中國兵從掩護樹叢中站起來，穿越陣地正前方的一片平地往回跑。美國人用機槍掃射他們，子彈擊中了開闊地帶的大多數中國兵。現在他們可以確定，中國人想利用這條河床作為進攻的掩護。

* * *

費里曼上校認為，第一天晚上的作戰還算順利。所有陣地都沒有易手，人員傷亡也少得出奇。費里曼清楚知道，如果他無法控制整個戰局，那麼中國人將會控制它，關鍵就在於他們願意投入多少兵力。他最擔心的還是彈藥補給。敵方的兵力太強大了，不管他手下有多少人，都難以抗衡。空軍一直試圖多投擲炸彈，可是大多數都偏離了目標。聯合國軍的士氣還不錯，這在圍攻戰中是極重要的因素。他的士兵好像非常渴望這場戰役，急於找到為軍隅里之役復仇的機會。

費里曼整夜輾轉於各個陣地之間督導下級。如果還有什麼弱點的話，那就是南側和西南側陣地。在這裡，G連和法國營很可能成為敵人的主要攻擊目標。他告訴第二營（G連所屬的營）營長愛德華，他會馬上派遣預備隊前來增援。十四日清晨，一枚中國的一二〇公厘迫擊砲彈擊中第二十三團團部，團部情報參謀舒梅克少校身受重傷，幾小時後死亡，包括費里曼在內的幾名軍官也受了輕傷。一塊小彈片劃傷了費里曼的左小腿。那時這根本稱不上受傷。砲擊發生時，費里曼正躺在帆布床上，剛調換了頭和腳的位置。後來，他和好朋友、副團長梅札爾中校開玩笑說，如果他當時沒有調換姿勢的話，不知道會發生什麼事。他們一致認為，在戰場上，運氣必不可少。費里曼的傷勢不重，但要不及時處理，可能後患無窮。軍醫羅伯特．霍爾上尉（Robert Hall）迅速替費里曼包紮，打了兩針阿斯匹靈，並告訴費里曼，有問題馬上叫他。

費里曼繼續視察前線，大多時是杵著枴杖獨自視察。但阿爾蒙德顯然等待這個機會很久了，他以受傷為藉口解除了費里曼的指揮權。一直以來，他就想讓自己的親信指揮二十三團。幾天前，他就嘗試過。聽說費里曼沒有命令部下保持襪子乾燥以防止戰場足病和凍傷，阿爾蒙德勃然大怒，派遣軍作戰處長切爾斯中校找到拉夫納，讓他立即解除費里曼的職務。臨陣換將是拉夫納最不想做的事。他驚訝地看著切爾斯說：「你知道嗎？我的無線電剛剛出了問題，我聯繫不上費里曼。」不過，這個理由只是權宜之計。

聽說阿爾蒙德以無足輕重的傷勢為藉口臨陣換將，第二十三團的高級軍官們都很憤怒，部隊的緊張情緒也因此漸增。震驚之餘，他們認為用一個陌生人替換一位備受敬重的指揮官，很可能是權力洗牌的一步棋。費里曼受傷的消息剛傳到師部，霍爾便接到師參謀長艾普利上校的電話。

「傷勢怎麼樣？」艾普利問。

「一點也不嚴重，」霍爾回答：「要是平時，可以讓他離開前線去治療。但現在不是正常情況。」

「那你的意思是？」

「哦，這裡很艱苦，而且正進行著一場非常艱苦的戰役。只有他才能把第二十三團團結在一起。我們已經被包圍了，很快還將面臨彈藥短缺的問題。士兵們不相信空投彈藥能解決問題，可是他們絕對相信費里曼，堅信他能帶大家殺出去。二十三團都相信這個，因為費里曼曾經成功率領大家突圍。我相信，如果沒有費里曼，二十三團將不會是現在的這個二十三團。讓他離開前線不僅毫無必要，而且也是將士們不想看到的事。」

霍爾馬上意識到，自己說得太直接了。因為他感覺到，艾普利的聲音有點顫抖，非常激動、幾乎是憤怒：一個外科醫生居然敢教他如何處理軍事問題。

「你竟敢教我戰術問題！在這方面，我們不需要你的意見，我只想問你有關醫療診斷的問題。我只想知道他的傷口到底有多深，這就是我要你回答的問題。」

然而霍爾並不這麼想。他覺得自己應該再放一砲。他畢竟不是小夥子了，無暇介入師部或軍部的政治鬥爭。二戰期間，他是一名戰地醫生，參加過阿登戰役，後來退伍行醫。韓戰爆發時，他主動請纓重新入伍參戰。第二師在軍隅里遭到埋伏後，他又自願加入第二師，因為他有很多好友在那次戰役中犧牲。他所做的一切，都是出自一種很原始的忠誠感。現在他認為，同樣的忠誠讓他理應直言不諱。再說，還有誰能比軍醫更了解一個部隊的情感呢？因為，士兵往往只會向他訴說那些永遠不能告訴其他軍官的心裡話。於是，他繼續勸說艾普利，這個團比其他團更信任自己的團長——只有他的存在和領導，才能為他們帶來力量和尊嚴。如果這時讓他離開，肯定會挫傷全團的士氣，這是極危險的事。艾普利氣憤地掛斷了電話。霍爾知道，他們肯定會想辦法撤換費里曼的職務。

費里曼得到消息後憤怒無比。這是他的戰鬥、他的團，他不想離開。軍中有一條不成文的規定：臨陣換將最不可取。費里曼打電話對師部說：「既然我把他們帶到這裡，我就要把他們帶出去。」他試圖說服拉夫納收回成命，但是，在阿爾蒙德與費里曼的鬥爭中，拉夫納永遠是軟弱無力的。最後，費里曼把問題推給了他比較信任的史都華。他告訴史都華，他不想放棄指揮權，或是被轉換到後方，而且撤職對他來說是莫大的恥辱，無異於事業的終結。史都華深知，費里曼的話不無道理，因此他頗帶同情地聽著。最後，費里曼意識到，自己別無選擇。如果拒絕執行命令，即使不會破壞他的職業生涯，也極有可能招致嚴重後果。在軍隊中，命令如山，不可抵抗。

第二天，當切爾斯乘飛機抵達砥平里時，費里曼沒有出現在小飛機場——他不想搭乘這架飛機離開前線。這架飛機原本是用來運走傷患的，不是帶走即將離職的團長的。飛機著陸時，共軍的迫擊砲彈正好落在跑道上，因此飛機必須馬上離開。這時，第二十三團就有了兩個團長。多年後，費里曼說：「我告訴切爾斯，在我離開之前，最好找個地方躲起來，不要影響我的指揮。」膽小如鼠的切爾斯躲到陣地後方，讓費里曼在十四日晚上和十五日的大半個上午繼續執行團長的職務。十五日中午，切爾斯終於正式接手第二十三團。但是，他還是讓相對而言更了解下屬的副團長梅札爾繼續扮演費里曼的角色。

45 柯羅姆貝茲救援隊

李奇威曾向費里曼承諾，如果共軍發動全面攻擊，他就會派出援兵，他說到做到。他準備派大英國協旅和馬塞爾．柯羅姆貝茲上校（Marcel Crombez）指揮的第一騎兵師第五團。[8]但援兵永遠不會馬上到達。大英國協旅出發前往砥平里的路線較好也較直接，但在途中遭遇大批中國人的阻擊，很快便被包圍，困在陣地裡止步不前，成為另一支需要被救援的受困部隊。臨近的第九軍軍長布萊恩特．莫爾少將（Bryant Moore）命令柯羅姆貝茲立刻趕往砥平里。

在這裡，部隊的名稱經常會被搞混：第一騎兵師不是騎馬行軍的騎兵師，而是陸軍所謂的「直腿」（straight leg），也就是正規的步兵；隸屬第一騎兵師的第五團是一個裝甲團，是第九軍的預備隊，一直駐紮在原州附近的一個基地。在第一次開往砥平里增援時，柯羅姆貝茲上校的部隊有二十三輛戰車、三個步兵營、兩個野戰砲兵營和一個工兵連。這是一支不可小覷的部隊。而且柯羅姆貝茲還擁有更強大的火力。一旦遇到緊急情況，還有空中力量掩護他。

柯羅姆貝茲最初是在二月十四日早上接到這個任務。當時，莫爾少將打電話告訴他，他可能要去增援費里曼。下午四點，莫爾再度來電說，當晚他務必出發，緊急前去救援費里曼的第二十三團。他對柯

---

8 譯註：British Commonwealth Brigade，大英國協旅指的是分別由英國、加拿大、澳洲和紐西蘭砲兵組成第二十七步兵旅，另英國、澳洲和紐西蘭陸軍組成的第二十八步兵旅。

羅姆貝茲說：「我知道你可以做到的。」一小時後，第一騎兵師師長，剛升上少將的查爾斯．帕爾默來到柯羅姆貝茲的團部正式下達命令。

柯羅姆貝茲是一個備受爭議的人物——他衣著筆挺，喜歡繫一條黃色圍巾（似乎是要到中西部和印第安人打仗一樣），頭盔上畫著一隻特大號的雄鷹，還像李奇威一樣在腰帶上掛著一枚手榴彈。他手裡拿著一顆藍色骰子，和手下說話時，他喜歡上下搖晃這顆骰子，然後告訴他們，務必知道何時運用自己的骰子。意思就是：一名優秀的指揮官應該對戰鬥具有靈敏的第六感，應該知道在什麼時候出擊。可是他的一些部下卻認為，他打仗時可不像他所說的那麼有銳氣。他一直在搞自創的神祕主義，只不過這種神祕主義不是在戰場上形成的。有些人認為，他太過沽名釣譽，太想得到他的第一顆將星了（晉升為准將），因此很少關心部下。布萊爾引用一名西點校友的話說：「他很勇敢，但不專業。」

做完出發準備時已是十四日很晚的時候了。天色已晚，顯然不是行軍的理想時間，因為中國人很可能已經在路邊埋伏好了。第一天夜裡，柯羅姆貝茲率眾順利抵達砥平里以南約十英里的原州。由於漢江大橋炸毀了，部隊就地休息，工兵迅速在炸毀的大橋旁搭建一條臨時浮橋。工兵花了整個十四日晚上才恢復漢江的通行，戰車通過曲水里（距離砥平里約五英里）附近一條被炸毀的橋樑緩慢過江。十五日凌晨，該團重新啟程。費里曼一直透過無線電關注著柯羅姆貝茲的行程。他很清楚，任何救援部隊都不可能在十四日抵達目的地。同時，從十四日夜到十五日凌晨，砥平里最激烈的交戰還在進行。由於增援部隊的推進速度遠比預計的緩慢，費里曼因此請求空中火力支援，結果卻未能如願——因為這時空軍正忙於增援原州戰場，無暇顧及砥平里。他們唯一等到的就是一架輕型偵察機（戰士們稱它為「螢火蟲」）在戰場上空扔下了一顆照明彈。費里曼後來回憶，這顆照明彈讓整個戰場為之一亮，因為它把「黑夜變成了白晝」。他知道，在增援部隊抵達之前，他的部隊恐怕還要再堅守一夜。

＊＊＊

在有關韓戰的記載當中，很少有哪個事件像柯羅姆貝茲的砥平里救援行動一樣引人爭議。他的確是準時到達砥平里，而且是按照李奇威的指示去做。但是很多參戰人員認為，他沒有必要那麼不惜一切代價。他的魯莽簡直就是視士兵的生命如草芥，為部下帶來大量不必要的損失。他擅自擴大救援的範圍，對部下缺乏最起碼的關心和應有的尊重，這不僅激怒了許多倖存者，而且很多史學家在研究這段歷史時都持批評的態度。他們認為，柯羅姆貝茲完全可以用更少的人員傷亡換取同樣的結果。此外，他們對這位增援部隊指揮官的個人英雄主義也提出了質疑。這觸及戰爭狀態下一個有關指揮的嚴峻問題：在一場至為重要的戰役裡，最基本的勝利能成為掩蓋其他一切失誤和紕漏的藉口嗎？只要成功，你就能逃避對其他問題需要承擔的責任嗎？

十五日早晨，柯羅姆貝茲在曲水里遭到共軍的猛烈阻擊。他命令部下在道路兩側行進，但部隊的前進速度明顯減慢。當時，他的戰車能否按時到達還無從知曉。中午，柯羅姆貝茲收到二十三團發來的訊息（當時已由切爾斯指揮）：「盡速抵達，無論如何，都要抵達。」

他的上司從一開始就反覆強調這次增援的重要性。第九軍軍長莫爾將軍親自下令，要求柯羅姆貝茲必須在傍晚之前抵達砥平里。脾氣暴躁的帕爾默將軍和受困的拉夫納師長也對他殷殷叮囑。這三個人幾乎是在懇求他盡快出發、盡快到達。柯羅姆貝茲信誓旦旦地承諾：「我會盡力而為。」最後，帕爾默將軍甚至搭乘直升機親自面見柯羅姆貝茲，檢查增援部隊的行進情況，並詢問他到底何時到達——那時，這個提醒實際上已毫無意義。柯羅姆貝茲向帕爾默保證：「我們一定會在天黑前抵達。」之後，帕爾默還請柯羅姆貝茲一起搭乘直升機，檢查這個地區的情況。他們在飛機上看到所有的道路都暢通無阻，但山上到處都是敵軍。堅守砥平里是李奇威的決定，因為這對他的整體戰略至為重要。因此，柯羅姆貝茲

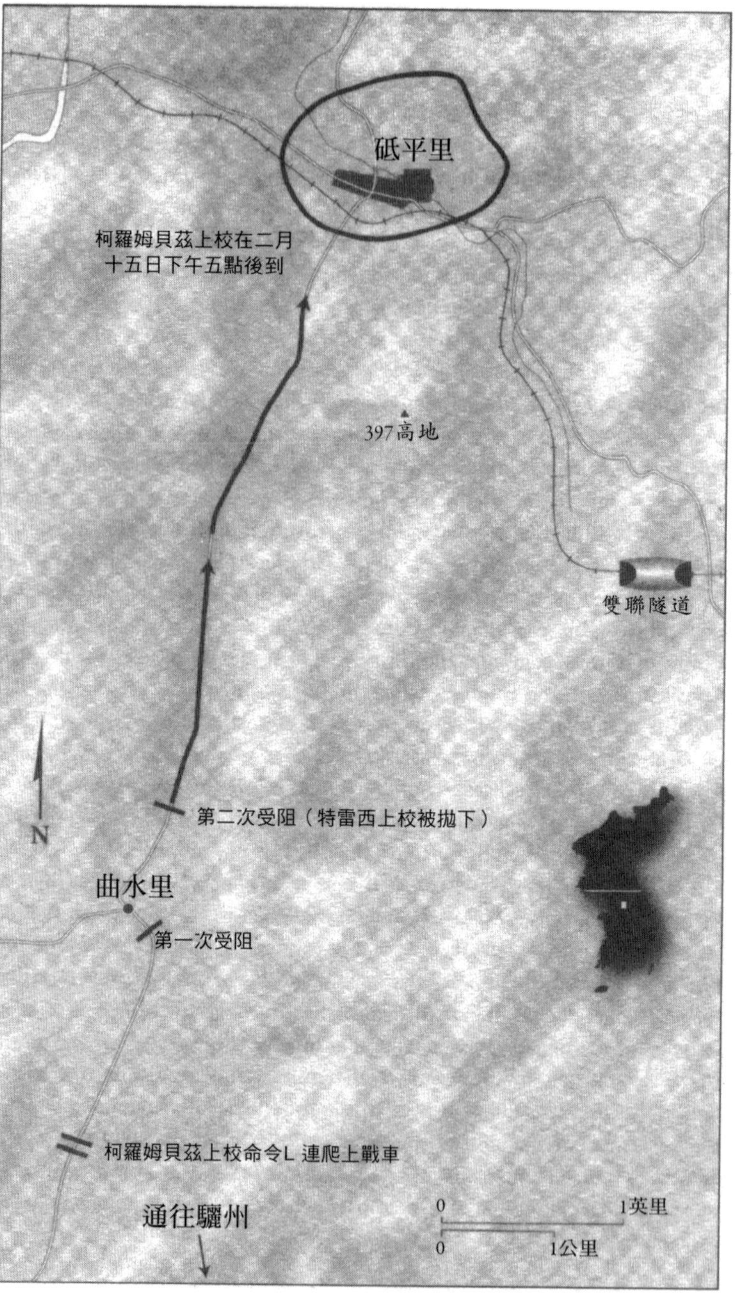

圖二十三　柯羅姆貝茲特遣隊，一九五一年二月十四至十五日

壓力極大，必須突破阻礙、盡快趕到砥平里。每個人都承受著巨大的壓力。

從戰鬥開始的那一刻起，李奇威就認為，整場戰爭的走向端視這場戰鬥的結果——美軍和聯合國軍越早顯示出他們壓制共軍人數優勢的能力，就會越早迎來其他戰鬥的勝利。現在最關鍵的並不是某個具體地區，而是全軍的心態。如果費里曼和現在的切爾斯能守住砥平里，那麼這將成為一個象徵性意義，可以告訴每個作戰人員：這場戰爭的新階段來臨了，還能以此重拾軍隅里一役所喪失的心理優勢。在隨後的幾個月，李奇威決定重整部署，改善作戰條件——為官兵提供更可口的食品、更暖和的衣服、更好的武器、更出色的指揮官。同時，他決定進一步加強火砲和空襲的力度，將中國兵的生命陷於危難之中。但當前最重要、也最迫切的任務，就是改變部隊的思維模式。

在前往砥平里的路上，柯羅姆貝茲致電切爾斯說，他無法率領全部人員、卡車和急救物資及時抵達。切爾斯回答：「來吧，有沒有車隊都行。」柯羅姆貝茲於是做出了一個驚人的決定、一個讓他後來備受批評的決定。他把前往砥平里的增援變成一場裝甲突襲。柯羅姆貝茲把非裝甲部隊剔除在外，把三個營縮編為一支規模更小的隊伍。他只帶了戰車和工兵——他需要這些工兵協助清除地雷（中國人埋設地雷的技術很高）。此外，他還要求一個連的步兵扔掉全部負重，站在戰車上，擺出一副置生死於不顧的決戰姿態（讓其他官兵乃至後來的歷史學家備感困惑的正是這個讓步兵站在戰車砲塔上的決定）。

他讓L連爬上戰車——該連連長是約翰．巴萊特上尉（John Barrett），共有一百六十人。聽到這項決定後，擔任此次增援部隊步兵營營長的愛德格．特雷西中校（Edgar Treacy）非常震驚，因為它違反了陸軍作戰的基本原則——如果共軍持續朝車隊開火，那麼戰車砲塔上的步兵只有蹲坐下來才有可能避開對方的機槍和迫擊砲射擊。無論是特雷西還是巴萊特都反對這項命令。他們認為，如果那麼做，傷亡將極為慘重。此外，不僅坐在戰車上的士兵極易被敵人擊中，而且一旦戰車車體的溫度升高，很可能就會點燃士兵的衣服。此外，砲塔旋轉時也會把人撞下去。大多數人（當然是研究這段歷史的史學家）認為，應該讓戰車在前面開道，步兵和工兵坐在後面的車裡，如此他們就可以快速衝向砥平里。至少，沒有步兵搭乘的戰車，步兵和戰車部隊的指揮官還可以保持聯絡。

柯羅姆貝茲和特雷西之間由來已久的恩怨讓這次衝突異常尖銳，也導致隨後發生的事備受指責，甚至引發眾怒。同樣畢業於西點軍校的柯羅姆貝茲和特雷西是截然相反的兩種人，職業生涯更是相去甚遠。柯羅姆貝茲出生於比利時，早年來到美國，一九一九年入伍，之後到西點軍校就讀，一九二五年畢業。他一直保留非常濃重的外國口音，在同學眼裡，他冷酷嚴厲，熱衷於追求升遷。很多人私下評論，年輕時的柯羅姆貝茲什麼都沒做，卻什麼都想要。二戰開始時，他從西點畢業已十六年——做低階指揮官年紀太大，做高——指揮官又不夠格。二戰的大部分時間，他一直在國內培訓新兵。戰爭結束時，他終於混到了個上校，但和大多數軍人一樣，戰後又被降為中校。

二戰結束後，柯羅姆貝茲終於如願以償獲得指揮職，分別指揮過駐韓美軍第七師的兩個不同的團。他的部下認為，他是一個刁鑽刻薄、凶悍嚴厲的人，喜歡吹毛求疵，一點點把柄都會被他放大成天大的事。韓戰前，他的興趣不在帶兵打仗。比方說，他一直讓部隊駐紮在開城城外，因為城裡有很多妓女。儘管軍隊有軍隊的紀律，但有些人總有辦法逃過上司的眼睛。比方說，讓妓女喬裝成南韓士兵偷偷混進軍營。有一次，柯羅姆貝茲來到一個連，在連部大發雷霆，因為在美國兵買春的小店裡，各種待售糖果擺放得很不整齊。

然而他從未放棄對仕途的追求，一九四九年，他終於再度升為上校。韓戰開始時，柯羅姆貝茲指揮第五騎兵團。他的位子並不穩固，因為李奇威一直想起用年輕人擔任團長。作為年紀最大的團長，柯羅姆貝茲顯然是被派往他處的第一人選，如果真是那樣，他的將軍夢就徹底破滅了。這種情況確實有點尷尬，對於一個始終野心勃勃的軍官來說更是難以接受。

特雷西的情況正好與柯羅姆貝茲相反。年輕有為的他比柯羅姆貝茲晚十年畢業，卻與柯羅姆貝茲職位相同。他是那種討人喜歡的年輕人，與軍部的各級軍官關係密切，在營裡也非常受歡迎。至於他們兩人之間的交惡，或許是由於這個年輕人憑藉個人魅力和上司的賞識而平步青雲，地位來得太輕鬆、太容易。也可能是像很多人傳說的那樣，特雷西在二戰結束時是其中一個把柯羅姆貝茲降為中校的評議委員，沒有人知道確切的原因是什麼。從洛東江戰役開始，他們之間的緊張對立就人盡皆知了，當時，特雷西還是柯羅姆貝茲手下的一名營長。

在九月中旬作戰最艱難的時刻，他們之間的衝突達到了水火不容的地步。當時，他們同在大邱，參與爭奪一七四高地的拉鋸戰，柯羅姆貝茲曾三度命令特雷西帶人衝上山頂，但最後一次，特雷西拒絕執行命令，他認為這樣無異於自殺。北韓人已經在山頂修築了堅固的工事，且火力凶猛、連續兩次擊退他們的進攻，每次都造成美軍嚴重傷亡。所以，當柯羅姆貝茲命令特雷西率領I連攻打該高地時，特雷西拒絕了，「敵人知道我們要上去，他們已經做好一切準備。I連是這個團最精銳的部隊，甚至是整個八軍團的主力部隊，如果被敵人吃掉，那就等於把戰鬥力最強大的連隊送上天堂」。

但柯羅姆貝茲堅持己見。他們只好再度進攻山頂，最後以慘重的代價奪取該高地，然而沒過多久，便再度被凶猛的北韓人趕下山。因此，當柯羅姆貝茲又命令特雷西奪回一七四高地時，這一次是連長諾曼．艾倫上尉（Norman Allen）拒絕執行命令。他對特雷西說：「上校，我覺得我們根本沒必要這麼做，您更沒有必要這麼做。不過，您可以直接向團部報告，I連拒絕執行命令！」艾倫對當時的情況記憶猶新：特雷西疲憊不堪地轉向他說：「你說得對，諾曼。我明白，我也拒絕執行！」

然後，艾倫問特雷西，前天他在一七四高地上做什麼——身為營長，他一直親自帶兵衝鋒，執行最危險的任務，這顯然不是營長該做的事。特雷西告訴他，四天前他的營還有將近九百人，現在只剩下兩百九十二人。他對艾倫說：「如果再命令我去攻打一七四高地，我一定會拒絕，我不想因為個人軟弱而失去部隊！」他果然拒絕了柯羅姆貝茲的下一道命令。艾倫後來聽說，柯羅姆貝茲當著其他營長的面批評他是懦夫。但這顯然不是特雷西關注的事，他關注的是，如何在一場曠日持久的戰爭中，不讓士兵在無謂的進攻中喪命。

那天晚上，有些軍官注意到，特雷西睡前似乎一直喃喃自語。最初，他們以為特雷西是在禱告。一名軍官問特雷西是不是唸「聖母經」。他回答說不是。他在念頌每個陣亡戰友的名字，祈求上帝原諒自己，因為他要為他們的死負責。

現在，在通往砥平里的路上，特雷西再度發現自己深陷險境——懇求這個承受著巨大壓力而一直與他為敵的上司，不要讓自己的部下站在戰車上當肉靶子。他的抗議對柯羅姆貝茲毫無作用。他只做出一點點讓步：如果中國人的火力太猛，他可以停下戰車，讓步兵跳下戰車。然後，他會用戰車的強大火力壓制敵人；在繼續前進之前，他會發出信號，讓這些步兵爬上戰車。特雷西說，他一定要和自己的士兵在一起。他不能讓手下去做不願意做的事。柯羅姆貝茲拒絕了這個請求，命令特雷西指揮其餘部隊，在他打通道路後率領剩餘人員趕往砥平里。於是，L連的一百六十名戰士爬上了戰車。

連長巴萊特和戰車連連長強尼・希斯（Johnny Hiers）負責發信號。如果戰車準備繼續前進，希斯就用無線電通知巴萊特，為步兵預留重新爬上戰車的時間。由於無線電訊號很差，加上戰車發出的巨大噪音和作戰中的槍砲聲，步兵能不能及時爬上戰車根本就無法保證。特雷西預感到災難即將來臨。他告訴巴萊特每班要留下一個人，這樣在完成任務之後，還可以重建L連。毫無疑問，他們做了最壞的打算。此外，特雷西還要求每個人寫遺書。

增援縱隊出發了，每輛戰車之間保持五十碼左右的間距，依序出發、成一線前進，比較新的M-46「巴頓」戰車開道，較為陳舊、砲塔轉動不靈的M-4「雪曼」戰車斷後。柯羅姆貝茲坐在第五輛戰車裡，關上艙蓋。工兵坐在前四輛戰車上，L連的步兵坐在其他戰車上。每輛戰車上坐十個人，最後四輛戰車不坐人。巴萊特上尉坐在第六輛戰車上。經過爭取，特雷西上校可以帶一輛兩噸半卡車跟在戰車縱隊隊尾，用來搭載傷患。就在車隊準備出發的那一刻，特雷西跳上第六輛戰車，和巴萊特一起出發。

途中，戰車隊第一次停下，全體步兵都跳下車。作戰開始進行得還算順利，雙方的交火並不是很激烈。柯羅姆貝茲似乎為戰車和步兵對共軍的壓制洋洋得意。他在無線電裡興奮地說：「我們要打死數以百計的敵人！」但是，交戰還沒結束，柯羅姆貝茲指揮的戰車就開始忘乎所以，打完幾砲的戰車沒有向步兵發出任何信號，便開始繼續前進。大約三十名士兵，其中包括一些傷者，被拋在後面。

戰車發動了，差點被扔下的巴萊特上尉蹲在戰車上，大聲向其他人喊話：「待在路邊，別動！我們會回來救你們！」這是特雷西最擔心的事，因為敵人的火力越來越猛烈。巴萊特後來告訴布萊爾，在他們重新爬上戰車進行指揮時，特雷西聲稱，戰爭結束後他會向軍事法庭起訴柯羅姆貝茲。隨後，局面變得越來越糟。軍事史學家馬丁・布魯曼森（Martin Blumenson）提到，離開曲古里一英里左右，敵人的火力更加猛烈。共軍占據道路兩側的山脊，居高臨下地朝他們開火。有些步兵跳下戰車，跑到戰車兩側五十碼開外。然而戰車突然毫無預警再度向前開去。這次被丟下的傷患包括特雷西上校和一個名叫卡羅爾・艾弗雷斯特（Carroll Everist）的下士。特雷西傷勢輕微，嘴角被劃破了。艾弗雷斯特的傷勢嚴重，子彈打中他的膝蓋。特雷西替艾弗雷斯特做了簡單的包紮，然後把自己的急救包交給他。艾弗雷斯特記得，特雷西當時更擔心其他脫隊士兵而非自己的安危。很快的，共軍追了上來，俘虜了他們七人。

這場小戰鬥儼然轉變成一個小型的災難。戰車每次停下來向敵人開砲後，都會扔下更多的步兵。正如漢堡指出，在匆忙趕往砥平里的路上，到底有多少步兵被丟包，始終是未解之謎——至少有七十人，也可能是一百人。

當中國人俘虜他們的時候，艾弗雷斯特因傷勢嚴重而無法行走，特雷西因此背著他走了幾英里。很快的，中國人覺得艾弗雷斯特明顯拖延了他們的行軍速度，乾脆強令把他丟在路上。作戰結束後，艾弗雷斯特一路連滾帶爬回到營地。特雷西被帶回北韓的戰俘營。儘管傷勢沒有奪走他的性命，但特雷西的健康狀況還是迅速惡化。

巴萊特一直密切關注自己的營長。後來，他從一九五三年返回美國的幾名戰俘口中得知，特雷西在被俘三個月後死於戰俘營。這些戰俘告訴他，他的健康情況不斷惡化，卻還經常把少得可憐的食物分給其他人。「我曾經為他申請『國會榮譽勳章』，」巴萊特告訴布萊爾，「但是被柯羅姆貝茲否決了。」柯羅姆貝茲還在特雷西的個人檔案裡塞進一個批注，說特雷西違抗上級命令——簡直令人震驚，且顯然是死後才加註（死者無法反駁）的手法攻擊一名死去的軍官。

46 堅守到底

再回過頭來看看砥平里南側的防禦圈。對於麥吉率領的第一排來說，交戰的第二個晚上異常艱苦。中國人找到了一條即使不是高速公路，也可以算是捷徑的通道，可以直通美軍陣地。這塊面積不大的地方被分成兩區，雙方各占一半，互有攻守。在第二天晚上的作戰中，麥吉希望有更多兵力，但是每個人都已派上了戰場，沒有多餘之兵可用了。

共軍更容易從G連的陣地接近美國人的防禦圈，他們一步步向前推進。第二天晚上，他們的人數越來越多，進攻時間也提前到了黃昏。軍號再度吹響，中國人又開始一輪令人膽寒的進攻。麥吉認為，這次大約有一個團的兵力向他們這個小小陣地衝過來，很快就占領了兩個散兵坑。這兩個散兵坑在麥吉的右側，屬於臨近的第一排。這表示他的部隊馬上將遭到中國機槍手從第一排所在位置的射擊，而且這股火力將正好從中切斷他的陣地。他打電話向連長湯瑪斯．希斯中尉（Thomas Heath）詢問情況，希斯連長隨即打電話給第一排排長。這名排長向希斯保證，第一排仍堅守陣地，沒有丟失一個散兵坑。希斯和麥吉哪裡知道，這個膽小如鼠的士官長把指揮所設在山後的一間小茅屋裡，不敢出來看看前方的陣地。

麥吉無法相信上司說第一排仍在堅守陣地。右側敵人的火力越來越猛，更增加他的疑慮。他再度撥通希斯的電話，這一次他說得非常具體：「我們右側的一挺機槍一直朝我們開火，機槍的位置就在第一排的陣地。我敢肯定，那絕對不是我們的。」希斯再度打電話給第一排排長，回答仍然一樣。於是，希斯告訴麥吉：「麥吉，我們的人還在那裡。」後來麥吉認為，假如排裡的士官告訴你，側翼己方的陣地正在朝你開火，那就必須找個人親自去證實，必須有人對此負責。如果右翼一旦被敵人撕開防線，那是非常危險的。由於他的部隊右翼完全暴露在敵人的火力之下，因此側翼火力帶來的損失甚至多於正面火力造成的傷亡。他自己非常惱火——因為另一個排的指揮官怠忽職守而讓自己的人遭受大量不必要的損失。

共軍找到美軍防線的弱點，因此進攻得更加猛烈。他們用的是土製炸彈。麥吉認為，只要有機會和他們交手，即使你打死對方，但他們的勇敢仍值得你敬佩。一名中國兵手持木棍匍匐前進，木棍的前端綁著炸藥包。第一個人被打倒後，馬上會有第二個人頂替，繼續前進，直至衝到美軍陣地散兵坑的上方，引爆炸藥。對方人員損失極為慘重，麥吉和他的部下一直在開火，打死了一個又一個的爆破兵，而且越來越謹慎，他們不能浪費任何一發子彈。讓他們驚訝的是，前面的人一旦倒下，馬上就有另一個人頂上來。

麥吉手下的一名下士詹姆斯．莫吉特（James Mougeot）受傷了，是被中國人扔進散兵坑的手榴彈炸傷的。莫吉特跳出散兵坑大喊：「麥吉中尉，我中彈了，我中彈了！」他最後跳進麥吉的散兵坑，麥吉想辦法讓他平靜下來。莫吉特終於說：「不過我的傷不嚴重。」之後，他準備回到自己的散兵坑。就在這時，麥吉注意到，十幾名中國兵已經爬到該排陣地前方約二十碼處。散兵坑裡的一個士兵高聲喊麥吉的名字，麥吉覺得那應該是莫吉特的部下。「那是誰？」麥吉問身邊拿著白朗寧自動步槍的士兵。對方回答：「一個中國兵。」麥吉拿出一顆手榴彈，順著山坡扔下去。手榴彈滾向山腳下的那個中國兵，將他炸傷。那個人想沿著山坡滾下去，麥吉拿過白朗寧自動步槍把他打死。

然而，戰役的天秤很快就偏向敵人。麥吉的防線越來越脆弱，守住陣地的關鍵之一就是擺在中間位置的一挺機槍，負責這挺機槍的是尤金．奧特森下士（Eugene Ottesen）及其部下。中國人要衝到他們的陣地前必須經過一座小山，而這座小山恰好位在這挺機槍的射程之內。奧特森的機槍發揮了巨大的壓制作用。因此，中國人從一開始就盯上了他的機槍。夜裡，中國人打死了第一名機槍手。奧特森自己拿起機槍。只要奧特森的機槍還能開火，麥吉的陣地就有保障。中國人像潮水一樣，一波接一波地向他的陣地衝鋒。奧特森一點也不驚慌失措，他知道自己成了敵人的目標。他一直在開火，每次只打出幾發子彈，每次都會有中國人倒下。毫無疑問，他和麥吉一樣相信自己肯定會死在這裡。在如此恐怖、震撼的時刻，奧特森的鎮定勇敢讓麥吉驚歎。他認為，那才是真正的勇敢，那種勇敢發自內心深處某個神祕地方，很少人能擁有這樣的勇氣之源。

凌晨兩點左右，敵軍把手榴彈扔進奧特森的散兵坑。機槍突然熄火了。麥吉大聲問身邊的克魯茲中士：「機槍怎麼了？」克魯茲回答，敵軍攻占了奧特森的陣地，奧特森死了（作戰結束後，沒找到他的屍體。他最後被列為作戰失蹤人員）。這時，麥吉的左翼門戶大開，共軍正從這個方向朝他衝過來。麥吉命令雷蒙·貝內特下士（Raymond Bennett）率領手下奪回奧特森的陣地，因為該班的損失並非特別嚴重。貝內特很快就中彈了，一顆手榴彈炸掉他的半隻手，隨後又有一

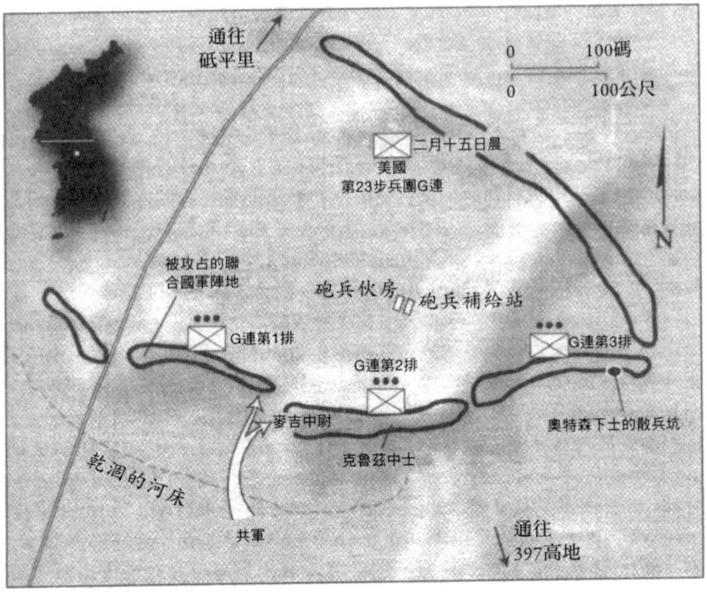

圖二十四　麥吉山，一九五一年二月十三至十五日

顆子彈擊中他的肩部，最後一塊彈片打中他的頭部。不過，他的部下還在繼續挖臨時戰壕，以堵住奧特森陣地失守所形成的缺口。

現在，麥吉的整個陣地岌岌可危。防線漏洞百出，而且防守的人員極少。很多士兵受傷了，他打電話到連部請求派擔架隊過來，但那裡沒有擔架隊。麥吉的彈藥也所剩無幾。第二天清晨，他們逐漸意識到，彈藥不夠了，無法保持射擊頻率。中國人一定還會實施下一波進攻，那時就會像一場永無止境的戰爭中的一場永不結束的作戰。戰爭無止境，而彈藥有絕期。空軍想辦法為他們提供補給，用降落傘扔下了一箱又一箱彈藥。由於防禦圈非常狹小，再加上不想把彈藥箱扔到敵人的陣地上，空投數量開始不斷縮減。由於寒冬的地面異常堅硬，而且到處都是岩石，很多彈藥箱在扔到堅硬的地面時都被摔得七零八落。彈殼變形會卡住彈匣，所以麥吉的白朗寧自動步槍經常卡住。麥吉用隨身攜帶的一把折疊刀一次次地撬出卡住的彈殼，然而槍還是經常卡殼。最後，他憤怒地把折疊刀甩了出去，再也沒找到。

麥吉的傳令一等兵克萊塔斯．因蒙（Cletis Inmon）一直守在麥吉旁邊的散兵坑裡。他拿出自己的水果刀遞給麥吉，但水果刀對於彈匣來說太大了。麥吉只好不情願地扔下白朗寧自動步槍，拿起自己的卡賓槍。這種槍很少人愛用，但在這樣的交戰中，他覺得卡賓槍也不錯。M－1的射程很遠，但現在幾乎就是面對面的肉搏戰，雙方距離最接近時只有二、三十碼。但是，卡賓槍也開始捉弄他。天氣太冷讓槍無法正常使用，槍膛內的潤滑油已經凝固，槍栓經常無法復位。就在手裡的卡賓槍再度卡住時，他看見一名中國兵朝自己衝過來，他用盡全力拉出槍栓，舉槍射擊，對方應聲而倒。

現在，中國人占領了他右側的陣地，第一排已被消滅。早晨的時候，左翼第二排沒有通知他就撤退了。這表示麥吉的第三排現在完全暴露在敵人的火力之下。事實上，他們被徹底包圍了。拂曉時分，麥吉突然有一種感覺，或許是一種直覺：只要自己的第三排還有人在，他們就能為整個二十三團的生存留下一線希望，他們是整個團的救命法寶，堅守的時間越長，二十三團倖存的希望就越大。一旦敵軍突破他們的防線，占領整個陣地，就可以通過這裡長驅直入，攻擊防線中的其他薄弱環節。這個想法（他的上司對此也表示同意）不僅有賴於他對火力密集程度的觀察以及從其他陣地傳來的零星消息，而且還有賴於他正確地感覺到G連是二十三團防線中最薄弱的環節。每次他手裡的武器不聽使喚時——現在他的白朗寧自動步槍突然熄火了——他就覺得這場戰役對自己越來越不利。一旦敵軍攻克他的陣地，他們就會像一把巨大的尖刀，直插第二十三團心臟地帶。到了凌晨兩點，他心裡算著還要幾個小時才會天亮，而且知道他們守不了多久了。

像這樣的作戰，即使是小部隊作戰，也不可能是固定不動的。後來在「麥吉山」上展開的戰役就是典型的例子。美軍丟失的每一個散兵坑，馬上就變成共軍的散兵坑，就會有更多的中國兵衝上山，這又會危及其他散兵坑，這樣一來，美國人的防守變得越來越吃力，中國人的進攻則越來越輕鬆。麥吉的傳令因蒙認為，他從來沒有像那天晚上那樣，看過那麼多中國兵。即使在黑夜裡也看得非常清楚，因為雙方的距離實在太近了。他覺得，那就像一支沒有盡頭的軍隊，從中國中部的某個地方出發，也許在幾千英里之外，也許更遠，一路延伸到韓國，延伸到他們面前的小河床，這就是這條線的另一個盡頭。那天晚上之前，因蒙還一直以為他是美國陸軍中最幸運的士兵之一。因蒙是一個來自肯塔基州加萊特的農村小夥子。他從軍的目的很直接，他的一個高中同學戰死在韓國戰場，不知為何，因蒙覺得對這個同學有一種愧疚感，於是他決定來韓國為自己的同學報仇。在諾克斯堡結束了新兵訓練之後，因蒙吃完感恩節大餐，便啟程隨部隊開赴南韓。他們乘坐卡車一路北上，來到駐在清川江附近的第二十三團，他被分配到G連。這是一條他們在肯塔基從來沒聽過的河流。在北進途中，一名中尉攔住他們的去路，說所有部隊不能繼續北進，因為第二十三團的退路已經被切斷了，沒有人能抵達那裡。

信仰虔誠的因蒙從不喝酒或發誓。他覺得是上帝救了他一命，如果他再早到幾天，在共軍發起第一輪攻擊時，他一定就在那裡了。他認為，如此一來，他必死無疑。

他還確信上帝一直在庇佑自己，因為他有幸加入一個擁有像麥吉和克魯茲這些戰友的連隊。他們不僅深諳戰術，還善於把這些戰術傳授給新人。能在半個世紀後還記得的事應該是很神奇的事，克魯茲在清川江戰役前教他如何對付中國人的那一幕，因蒙的確記憶猶新。克魯茲告訴他，中國人是非常優秀的戰士，謹慎細緻，喜歡偷偷來到距離你的散兵坑非常近的地方，然後趴在地上，一動也不動地聽著你的M－1步槍擊發子彈的聲音。一輪子彈打完時，M－1會因為彈匣彈出發出一種響亮的「鏘」響，敵軍會在你更換彈匣時迅速衝向你。你必須以最快的速度更換彈匣。麥吉也告訴因蒙，他選擇因蒙做傳令就是因為相信因蒙不會被敵人打倒。有些人認為傳令是非常危險的差事，因蒙卻覺得這項任務很不錯，因為你不必背著無線電到處亂跑，讓自己成為敵人絕佳的射擊目標。第二天晚上，他開始執勤，和三個戰士待在靠近麥吉的散兵坑裡。他還記得，一個是菲律賓人，一個是剛來到他們連上的年輕人，第三個人沒讓他留下任何印象。這三個人都在夜裡的作戰中身亡。因蒙不知道那個新兵的名字，只記得那套嶄新的軍服沒有一絲皺褶，沒有一點汙痕。第二天看到他的時候，那套衣服已經被鮮血浸透了。

那天晚上，因蒙一直拿著BAR白朗寧自動步槍。後來，他跑到麥吉的散兵坑裡。夜裡，可能是一點左右，他的運氣終於用完了。因蒙突然聽到「颼」的一聲，他被擊中了。他抓住自己的臉，一枚彈片擊中了他的臉部，鮮血湧出。他完全失控了，表現得很不冷靜，後來他還對這件事表示慚愧。「我被打中了！我中彈了！麥吉，快把我送下山！快，把我送下去！」他驚聲尖叫。

「因蒙，冷靜，」麥吉說：「冷靜下來，你能不大喊大叫嗎？他們會聽到的。馬上趴下！我們幫你處理！」麥吉喚來旁邊散兵坑裡的克魯茲，讓他馬上找醫護兵過來。醫護兵來到因蒙的散兵坑。彈片擊中了因蒙的左眼，現在他只能用右眼看東西了。他們為因蒙簡單處理了傷口，因蒙的情緒逐漸穩定下來。麥吉問他：「你還能用M－1射擊嗎？」因蒙說：「不行。」「能幫我替槍上子彈嗎？」麥吉問。因蒙覺得自己還能做這件事。於是，麥吉開火，因蒙替麥吉上子彈。過了一會兒，雙方的火力突然都減弱了。

麥吉問醫護兵能不能帶因蒙出去，醫護兵認為可以。醫護兵半扶半拖地把因蒙帶到山下的救護站。因蒙無法理解，他知道麥吉需要自己，至少他還能幫忙裝子彈。在救護站，因蒙在上藥後昏迷前的一剎那突然想到，麥吉只是想一個人死在那裡，他的最後一個決定是想保住因蒙的性命。

麥吉派另一名傳令約翰．馬丁（John Martin）回去告訴希斯中尉，他們撐不住了，而且什麼都缺，尤其是人員和彈藥。可能的話，再送幾副擔架過來。希斯馬上命令手下的砲兵部隊臨時抽調幾個人前往支援。亞瑟．羅赫諾夫斯基上尉（Arthur Rochnowski）立刻抽調十五個砲兵。馬丁領著他們上山，剛到山頂，中國人的一枚迫擊砲彈落在他們之間，一名士兵當場被炸死，還有一人受傷，剩下的人驚慌失措，以最快的速度跑下山。希斯連長在山下攔住了這些惶恐不安的逃跑者，率領他們再次衝向山頂。但當他們抵達山脊時，中國人已經占領了陣地。他們再度四散而逃。希斯連長憤怒地對他們大喊：「媽的！滾回山上！既然在哪裡都得死，還不如死在山上！」馬丁帶了幾個人，撿起一些彈藥，回到山頂。

山上的麥吉知道，一切馬上就要結束了，他一定會死在這裡。只有麥吉、克魯茲和附近幾名士兵還在堅持作戰。他開始意識到這就是宿命，但他不後悔。他是自願來韓國的，他渴望經歷這場戰鬥，渴望參與這場戰爭。他得到了他想得到的東西。如果說還有什麼值得難過的，那就是他的父母，讓他們接受這個現實並不容易。

當時，麥吉和克魯茲在同一個散兵坑裡。麥吉拿著一挺ＢＡＲ白朗寧自動步槍，這是他從旁邊的散兵坑裡撿來的。克魯茲的機槍是從一個傷患手裡接收過來的。克魯茲是一個永遠不知道退縮的人，即使打到最後一刻也不會放棄。麥吉對克魯茲大聲喊道：「克魯茲，我覺得我們肯定沒命了。」「好吧，那我們就多找幾個墊背的。」克魯茲回答。於是，他們一起開火。

沒多久，克魯茲的機槍就不響了，聲音聽起來像是卡住了。二月十五日，大約凌晨三點，他們的子彈全部用完了。麥吉、克魯茲和其他兩名士兵設法逃出了陣地。麥吉全排四十六人中只有四人活著回來，其他人全部陣亡、受傷或失蹤。麥吉憑著英勇作戰和出色指揮被授予一枚「銀星勳章」，克魯茲也同樣獲頒「銀星勳章」。

＊　＊　＊

一大早，費里曼就下達了臨走前的最後一道命令，派出部分預備隊，包括突擊兵連，去增援G連陣地。即使不能把敵軍趕下山，也要消耗他們的戰力。黎明來臨時，共軍在美軍陣地前偷襲的機會變少了。十五日中午，史都華和費里曼團裡的同僚告訴費里曼，他得遵從阿爾蒙德的命令離開，否則事情會對他很不利。他們提醒費里曼，到目前為止，他在前線的表現都是完美無瑕的，但有些事你只能接受，不管命令對錯與否，服從命令畢竟是軍人的天職。費里曼的同事還告訴他，作戰基本結束，柯羅姆貝茲已經突破中國人的最後一道防線，天黑前肯定會趕到砥平里。第二營營長愛德華中校告訴費里曼，中國人被擊退了，其實他的部隊這時還在「麥吉山」附近鏖戰。愛德華後來說，所有的一切都是善意的謊言，否則費里曼很可能會再度拒絕離開。如此一來，阿爾蒙德多半會把他送上軍事法庭。聽到這些，費里曼才搭飛機飛往全州，到那裡的陸軍野戰醫院接受治療。他在這裡見到了李奇威，後者首先祝賀他，讚揚他的英勇表現，並授予他一枚「優異服務十字勳章」。和李奇威談話後，費里曼相信他可能會馬上被送回國接受短暫的治療和休養，然後再重返韓國戰場。他畢竟在前線不間斷地作戰了八個月，的確需要休息一下。現在費里曼認為，他馬上就會像自己的榜樣麥克利斯一樣成為一名將軍。但是，費里曼沒有再回到韓國。令他非常氣憤的是，他被安排了一份閒職，在美國各種公共場合向大眾宣傳韓戰。他儀表堂堂，又頗具演講口才。他沒有回到韓國是不是因為阿爾蒙德，沒有人知道。費里曼一直沒有離開軍隊，後來升上四星上將。

＊＊＊

中國人最後攻克了「麥吉山」，卻為此付出了慘痛代價。麥吉後來聽說，作戰結束時，他們在自己的陣地前方發現了八百多具中國兵的屍體。令人百思不得其解的是，就在天亮前的幾小時，中國人已經攻克了美軍陣地，而且為此付出了相當數量的代價，但他們卻在最後一刻猶豫了，沒有奪取最後的勝利。這個失敗不是因為他們缺乏勇氣，即使敵人能把戰場變成屠宰場，他們也一樣無所畏懼。而是因為美國人不但能用無窮無盡的砲彈重擊任何一個目標，而且現在又多了一種新式武器，中國人很快就領教了它的威力。美國飛機把它從天上灑下來，對整個部隊造成大面積殺傷，它叫做汽油彈。

共軍抵達制高點後未能充分利用這次突破。他們在山頂的作戰勇敢頑強，幾度擊退美國人試圖奪回高地的反撲。但那天早上，他們要是做好準備的話，就能迎接一場更大的勝利。他們可以把暴雨般的子彈傾瀉到山下的美國人頭頂。那原本是可以拿下美國人性命的時刻，但他們只是待在「麥吉山」上。他們在那個地區擁有足夠的兵力，原本可以把東、西兩側的部隊調過來，卻沒有這麼做。這次突破來得有點太遲，而且沒有做好殲滅敵人的準備。這反映出，共軍的通訊能力嚴重不足，也可能是他們缺乏想像力的緣故。

戰事進行到這個階段，中國人最大的弱點逐漸顯露。美軍經由審訊戰俘發現，共軍的指揮結構極為僵硬。命令自上而下傳達，基本上沒有彈性，下級軍官缺乏自主決策的空間。這樣的結構可以造就出勇敢頑強、不屈不撓、高度負責的戰士，然而一旦情況發生變化，中下級指揮官無權擅自決策或請示上級調整戰術。原州之役就是典型的例子，他們與美國陸軍的決策方式形成鮮明對比。美軍強調前線指揮官的主動性和積極性，根據情勢變化及時調整的能力是他們的一大資產。

美國人還發現，這個勇猛的新對手身上還隱含著其他不可忽視的局限。中國人可以非常劇烈地連續作戰兩天，甚至三天，但有限的彈藥、食物、醫藥補給乃至體力，加上美國空軍的強大火力，肯定會影響他們的作戰能力，不僅讓他們無法充分利用已有的優勢，還會增加失敗或全盤崩潰的可能性。每一場交戰，只要打到第三天，他們就會耗盡一切，不管局面是否占上風，他們都會就此撤退。砥平里和原州之役說明了這一切。如果沒有這些局限，這兩場戰役的結局很可能完全不同。李奇威不僅如他所願打了砥平里一戰，更重要的是，他從以往的交戰中了解中國人的優勢，從他們身上學到很多。現在，他第一次掌握了對方的弱點。

＊＊＊

戰車縱隊接近時的聲音很大。增援部隊還沒有抵達，被圍困在砥平里的大多數人就已經聽到隆隆的咆哮聲。中國人最後還在絕望地阻擊戰車部隊。在砥平里以南約一英里的地方，群山之間有一個缺口，這裡的道路極為狹窄，兩側都是高地，是實施阻擊的理想地點。缺口內的道路約一百五十碼長，中國人在道路上方五十碼的高地挖好戰壕，準備用迫擊砲和火箭筒襲擊這支戰車縱隊。開道的戰車首先被一枚火箭彈擊中，第二輛和第三輛戰車也先後被擊中，一枚火箭彈穿透了第四輛戰車的裝甲，點燃了裡面的彈藥。包括希爾斯在內的幾個人當場身亡。駕駛兵嚴重燒傷，但他憑著一股無畏的勇氣再次發動戰車，硬是衝過了山口，為整個縱隊的其他戰車開了路。

下午五點左右，柯羅姆貝茲的戰車縱隊趕到砥平里。一進入防禦圈，三輛美國戰車便回頭向後面的中國人開火。那一刻讓人提心吊膽，救援的和被救援的緊張對峙，雙方誰也不能確定對方是誰，守軍最後意識到救兵終於趕來了。包圍圈被突破了。幾乎就在同時，空軍開始向砥平里周圍的山上投下汽油彈。突然間，中國人放棄先前占領的陣地，四處奔逃。一時之間，幾千名中國兵湧入開闊地帶，形成一個自由射擊區。美國人的大砲、戰車砲和汽油彈像暴雨般傾瀉在他們頭上。很快的，整個砥平里再度恢復平靜，槍砲聲消失了。站在砥平里周圍山上的美國人看到，這就像「踢了蟻群一腳」，數以千計的中國人突然從一個你以為這裡根本不會有人的地方冒出來。直到那時，他們才恍然大悟，竟然有這麼多中國人圍困自己。

沒有什麼比柯羅姆貝茲和他的任務更能反映戰爭的複雜性和道德的模糊性了。一方面，那些被圍困在砥平里的人筋疲力盡，彈盡糧絕，擔心自己能不能再撐一個晚上。柯羅姆貝茲的戰車絕不是什麼救世主，他的騎兵團也不過像西部片裡的遊俠騎士，中看不中用。另一方面，對特雷西那個營的人來說，事情完全不是這麼回事。巴萊特上尉怒氣衝天，因為L連被分解了，很多人不必要地命喪黃泉。

對於第二十三團的人來說，那時的巴萊特上尉不像英雄或救星，而是一名瘋子，一個完全失控的指揮官，拿著手槍到處亂衝，怒斥柯羅姆貝茲讓他連上的弟兄喪命。巴萊特一直在咆哮要殺了柯羅姆貝茲。他的憤怒表現使得想殺柯羅姆貝茲的想法顯得那麼真實，使得第二十三團的軍醫只好替他打一針，讓他鎮靜下來。一名法國兵賽奇・貝里爾下士（Serge Bererd）還記得，L連的士兵筋疲力盡。他和這些人說話時，他們連回話的力氣都沒有。「他們的確是累壞了，如果有一點力氣，他們肯定會殺了柯羅姆貝茲。」貝里爾說。很多像貝里爾這樣經歷了圍困的人都對救援隊心存感激，但柯羅姆貝茲對步兵的態度確實讓他們感到不可思議。這些步兵沒有為順利完成極度危險的任務而歡欣，心裡反而還在為這次失敗而悲哀。

＊＊＊

戰鬥結束第二天，隨第五騎兵團抵達砥平里的艾德・亨德里克斯（Ed Hendricks）中士，看到了驚心動魄的一幕：二十到二十三輛二點五噸大卡車排成一隊，搬運陣亡美軍士兵的屍體。搬運者不是像正常情況那樣整理屍體，細心擺放。屍體已經凍僵了，還保持著死前那一刻的姿勢，四肢張開，有的甚至還保持著射擊的動作。因此，他們只能把這些屍體橫七豎八地堆到車上，而且還要盡量節省空間，以便裝載更多屍體。亨德里克斯覺得，裝屍體幾乎和拼七巧板沒什麼區別。這是他有生以來看過最糟糕的場景。

當天早晨，柯羅姆貝茲問L連的官兵，有沒有人願意搭載他的戰車回去。沒有一個人回應。很多在突圍時被柯羅姆貝茲扔在後面的L連士兵，最後都是步行返回的。整個L連損失慘重，十三人陣亡，十九人失蹤而且很可能被俘，總計損失三十二人，還有五十多人受傷。在戰後的報告中，柯羅姆貝茲寫道，他的部隊在整個行動中只有十人陣亡。他還在報告中提到，特雷西上校違抗命令，擅自加入縱隊。就像漢堡所說的，這個說法令人震驚，就像在申斥那名失蹤而且很可能身亡的軍官。後來，巴萊特上尉和艾倫等人聯名要求對特雷西授予「國會榮譽勳章」。但他們的聯名推薦書沒有離開過第五騎兵團。柯羅姆貝茲收到聯名請願書時，憤怒地把報告扔到地上，用靴子在上面狠狠踩了一腳。「『國會榮譽勳章』？不可能，狗屁也沒有，如果他回來，我一定把他送上軍事法庭。」他卻馬上為自己寫了一封自薦信，建議陸軍頒給自己一枚「優異服務十字勳章」。這封自薦信輾轉送到了八軍團參謀長亨利．霍德斯（Henry Hodes）的手裡，他拒絕了柯羅姆貝茲的請求。霍德斯說：「一個讓步兵爬上戰車砲塔上的渾蛋，根本不配得到勳章。我知道那是什麼感覺，因為我自己就是戰車兵出身的。」心有不甘的柯羅姆貝茲後來當面向李奇威提出這項請求。李奇威告訴霍德斯，可以頒給他一枚「優異服務十字勳章」，儘管有點問題，但還是要給。畢竟，他答應過費里曼，只要能率眾堅守砥平里，牽制住強大的共軍，如果有需要，他可以派出整個八軍團去增援。柯羅姆貝茲確實完成了這項任務。他如願得到了「優異服務十字勳章」，甚至還得到一顆將星，五年後以陸軍准將的身分退伍。在李奇威關於韓戰的書裡沒有出現過這個人的名字，熟悉李奇威的人應該了解他對這件事的矛盾與厭惡之情。

47 轉捩點

誠然，儘管防守得不夠完美，但這畢竟是一場重要的勝利，是一場在共軍而不是聯合國軍選擇的戰場上贏得的勝利。李奇威也得到了他想要的東西。占領地盤，守住陣地，在其他戰役中很重要，而在這裡沒有意義。李奇威認為，現在為共軍帶來無法承受的人員傷亡是美軍奪取勝利的關鍵，這至少可以證明：敵人並非無法戰勝。如果說以前是麥克阿瑟囿於偏見，現在則是毛澤東則是成為他自己思維模式的囚徒。麥克阿瑟不了解中共，更不了解政治革命對這個國家的重要意義，現在的毛澤東也沒有意識到美國的技術優勢，更沒有意識到一位傑出將領會給美國軍隊帶來多大的威力。就像毛澤東以前說麥克阿瑟，一個妄自尊大、唯我獨尊的人是最容易被打敗的。

始終與美國人正面交鋒的彭德懷顯然比毛澤東更謹慎小心，早在一月，他就對未來戰事採取了較為客觀的態度。砥平里和原州戰役帶來的問題是，他的意見是否會被採納。在砥平里戰役之前的幾個月，他們兩人就產生了分歧。維吉尼亞大學歷史學家陳兼認為：「砥平里改變了一切。在此之前，中國人認為他們一直做得很好，戰事非常順利，以為他們知道如何與美國人交戰：他們有自己的祕訣，相信自己一定能贏得這場戰爭，而且很快就能獲得最後的勝利。清川江的勝利為他們帶來信心，更為他們帶來鼓舞和動力。」砥平里和原州的失敗對彭德懷來說是破壞性的。他動用共軍的第一線部隊，也就是最精銳的部隊，卻傷亡慘重，被迫撤離戰場。中共一直沒有透露傷亡情況，按照美方估計，僅砥平里一役，中國的陣亡人數就可能有多達五千人。對彭德懷來說，這是一個更危險的新對手，因為它擁有強大的空中力量。彭德懷一向不喜歡坐飛機，如果路途太遙遠而無法抵達目的地，他會選擇火車。但這一次他確實心急如焚。二月二十日，彭德懷搭飛機回到北京。至於彭德懷這次是主動回京還是被召回京，史學家們的意見始終不一。更有可能是彭德懷主動提出的，他必須當面向毛澤東匯報，中共目前所面臨的敵人已經不是原來那個敵人了。他在早上抵達毛澤東的臥室，喜歡晚睡的毛主席還在睡覺。

毛澤東的衛士試圖阻止彭德懷：「您現在不能進去，主席還在睡覺。」「別攔我！」彭德懷回答：「我的人正在戰場上拚命。我可不能等他睡醒。」

彭德懷逕自闖入，叫醒毛澤東並告訴他，自己的軍隊正進入一種全新的戰爭。他們不應該急著打到釜山，美國人不像他們想像的那樣會全面撤到南方。現在，他們必須準備打一場持久戰。此外，由於戰爭持續時間較長，必須採取輪調，讓作戰部隊保持足夠的體力。當天早上，他們就部隊輪調一事達成共識。但是，毛澤東的想法畢竟不同於彭德懷和其他前線指揮官。他仍然相信，整個朝鮮半島最終會是他的。

* * *

砥平里和原州之役對聯合國軍來說是一場重大勝利，也是整個戰爭的轉捩點。最讓李奇威振奮的是，選擇戰場的人不是他，而是中國人，而且這兩處戰場與沿海地區相比，地形更有利於中國人。聯合國軍犯了一些錯誤，有些部隊確實遭受嚴重損失，但李奇威從這些作戰中發現了規律，學會了如何與中國人作戰，尤其是防禦戰。這兩場戰役也為中國領導對未來戰局發展的判斷敲響了警鐘。李奇威的部隊被共軍包圍時，以前很可能意味著災難，但現在他派出的增援部隊可以及時趕到。李奇威相信，他的情報將會越來越準確，他的空中力量既能有效遏制共軍的快速集結和進攻能力，也能提升他的後勤能力。

他在這一點上是正確的。他認為，中國人遲早會意識到他們也會像對手一樣撞到一堵牆，只是時間問題早晚而已。

第 10 章

將帥失和：麥克阿瑟的去職風波
The General and the President

華盛頓終於可以鬆一口氣了，
但戰局的好轉也未能緩和東京與華盛頓之間的緊張關係：
李奇威的勝利就代表麥克阿瑟的失敗，令他顏面無光……
驕縱的麥克阿瑟越來越無視總統，不但違抗政府的政令，
還與共和黨人勾結，大有從政之勢。
杜魯門忍無可忍，於一九五一年四月十一日將其解職。
解職後的麥克阿瑟一度風光無限，杜魯門卻四面楚歌，
歷史總會給他公正的評價。
不過，待國會聽證會召開後，麥克阿瑟身上的光環將逐漸消褪，
他人生最輝煌的樂章已經結束了。

48 麥克阿瑟「逼宮」

華盛頓終於可以鬆一口氣了，因為他們不必再去想那些無法想像的事，不必再擔心像麥克阿瑟的電報所描繪的那樣，再度蒙受敦克爾克大撤退那樣的羞辱，被中國人趕出朝鮮半島。但戰局的好轉也未能緩和東京與華府之間的緊張關係。如果說有什麼變化的話，那就是遠東司令部對華盛頓越來越蠻橫，越來越公開批評杜魯門的戰爭政策，越來越公開貶抑李奇威的功勞。不過，他們在為自己請功時則會大肆宣揚這場勝利。最重要的是，麥帥的政治傾向也越來越明顯，他似乎不只是總統授權的戰場指揮官，還是共和黨國會黨團領袖僱用的軍事顧問。不久之前，他還以世界末日的觀點與杜魯門和參聯會唱反調。按照他的說法，面對強大的共軍，如果不繼續向韓國增兵或動用原子彈，美國人將逐步被趕出朝鮮半島。但是現在，他的觀點有了一百八十度的大轉變。他挫敗了。他對同情他的記者和右派政治人士說，我們已經失去在韓國戰場贏得勝利的熱情，要奪取真正的勝利，就必須到亞洲大陸的中國和共產黨決一死戰。

如今，共軍的第一次進攻和聯合國軍的潰敗讓他聲望大跌。一方面，華盛頓的軍中同僚對他越來越不重視，另一方面，李奇威與共軍對峙，在戰場上平分秋色，而這一直被麥克阿瑟認為是無法實現的。因此，在這場與華府的較量中，麥克阿瑟離勝利越來越遠，因為他們之間更多的是政治較量，而不是軍事較量。依麥克阿瑟的預設，那將是一場更全面的戰爭，甚至是一場總體戰，對手則是中國。華府的資深文職官員（以及他們的軍事顧問）卻認為是中國，而非蘇聯，才是他們的主要敵人。在抗日戰爭期間，中國大陸就顯現出巨大的忍耐力，即使入侵者覺得自己能贏得最後的勝利，但終究陷入無止境的戰爭夢魘。

應該指出的是，李奇威的勝利沒有替民主黨帶來任何政治上的好處。內憂外患的政府不會因此而擺脫麻煩，一場不受歡迎的戰爭也不會因為勝利而受到歡迎。李奇威的「屠夫」戰術預示著這場戰爭更加不受歡迎。現在看來，戰爭持續越久，他們需要付出的政治代價就越大。另一方面，共和黨在國內顛倒實情，讓某些人看來，美國與中國共產黨在韓國進行的這場戰爭，恰好印證了這些問題。麥帥在與參聯會和總統的關係上一直處於被動狀態，儘管他深信國內還有自己的支持者，畢竟他還能代表他們的政治取向和地緣政治觀點，但支持者的人數正在不斷萎縮則是不爭的事實。這樣的情勢肯定會為他帶來最壞的結果。麥帥會被華府拋棄和在根本上被忽略，因此他亟欲奮起一戰。

民主黨在美國民眾之間聲望的降低，很容易讓人懷念起杜魯門前任的總統羅斯福，但不可否認的是，杜魯門在執政期間面臨了太多的抉擇，經歷過太多的艱難時刻，有太多的力量他無法左右。蘇聯擁有原子彈、蔣介石垮臺、轟動一時的希斯事件及韓戰，都讓杜魯門政府陷入窘境。隨著共軍參與韓戰，這場戰爭開始變得遙遙無期，看不到可以接受的解決方案。最讓杜魯門政府無法忍受的是，麥帥的誤判讓戰局惡化，而他還對政府多加指責，拒絕承擔任何責任。

這一切都造成總統和將軍最終無法避免的衝突，因為總統已經無法約束將軍了。一九五一年一月底，麥帥公開宣揚擴大戰爭的觀點。一月二十八日，麥帥飛抵水原，李奇威到機場迎接。麥帥走下飛機時，圍在他們身邊的記者無意中聽到麥克阿瑟說：「七個月前，我正是在這裡展開聖戰。我們現在的奮鬥目標已經不只是韓國了，而是一個自由的亞洲。」英國記者馬上記下了「聖戰」和「自由亞洲」這兩個詞，並發表在倫敦的報紙上。這讓英國政府非常不安，他們意識到，而且準確度還滿高的，這位遠東司令想打一場大仗，很有可能是一場針對中國的全面戰爭。

麥帥對當前戰局的看法不同於大多數高階將領，與參聯會更是針鋒相對。除了他自己的命令之外，他對任何命令都不感興趣。至於蘇聯人帶給歐洲的威脅，他更是視而不見。杜魯門很清楚到，只要美國升級韓戰，蘇聯極有可能採取相應的對策。柏林、印度支那、南斯拉夫，尤其是伊朗的危機，都會讓杜魯門擔心。杜魯門經常說，哪怕微不足道的一個事件，就有可能被蘇聯人當成軍事干預的藉口。至於轟炸中國的城市，杜魯門及其支持者認為，麥帥忽略了轟炸可能造成的後果。最關鍵的是，轟炸不會結束戰爭。如果真那樣的話，一旦蘇聯人干預，他們只能以聯合國的名義轟炸蘇聯的海　崴港和西伯利亞鐵路，因為蘇聯人都是透過鐵路來運送物資的。但是，戰爭也會因此升級，轟炸這些城市很可能讓日本的城市置於蘇聯人的報復性攻擊之下。

當柯林斯和參聯會其他成員向麥帥提出這個問題時，後者全然不理。英國軍事史學家赫斯廷斯（Max Hastings）認為：「你永遠不會知道，麥帥的自大在多大程度上影響了他看待中國的態度，致使他無可救藥地渴望報復那些讓他在韓國的希望和勝利化為泡影的人。不過，他也不會考慮讓蔣介石的國民黨重新成為中國的主宰，因為這超越了他的能力。」顯然，赫斯廷斯還無法肯定到底是什麼影響麥克阿瑟在東京最後一段時日的情緒，但是布萊德雷應該知道原因為何。從一個將軍評價另一個將軍的角度來看，他後來所說的話絕對是罕見的坦白尖銳：「我可以確定，麥克阿瑟的反應如此強烈，在一定程度上是因為他的威望受到挑戰，他在軍方的傳奇色彩受到玷污。紅色中國赤裸裸地愚弄了永不犯錯的『軍事天才』。這時，他一定清楚地認識到，他在仁川登陸後派出八軍團去追趕北韓人，然後把軍隊拆得七零八落，最後又把他們送往原州——這一切都是愚蠢至極的錯誤……此外，中國人用最簡單的方法欺騙了他，讓他完全誤判情報，這嘲諷了他不自量力的吹噓：實施全面的空中攻擊，轟炸中國和北韓交界處的鴨綠江大橋，把北韓西北部變成荒漠，接著我們將勇往直前地來到鴨綠江畔，然後在『耶誕節前回家』。因此，麥克阿瑟若想恢復自身的尊嚴以及他在軍事上的威望，唯一可行的辦法就是讓那些曾經愚弄他的中國將軍遭受無可挽回的失敗。而要實現這個目標，他肯定會鼓動我們與紅色中國，甚至是蘇聯打一場全面性戰爭，不惜挑起第三次世界大戰，也不惜動用原子彈。」

如果有什麼區別的話，麥克阿瑟剛剛還說兵力嚴重不足的那個部隊，在李奇威的指揮下卻在砥平里和其他地方節節勝利。李奇威的勝利就代表麥克阿瑟的失敗，因為這讓他毫無理由再狂妄自大。同樣讓麥帥感到受傷的是，戰場上的勝利以及直言不諱、不偏不倚的性格，正在讓李奇威成為媒體眼中令人敬佩的明星級將軍。成為眾人矚目的焦點一直是麥帥念茲在茲的，這種渴望之情在他的晚年尤其明顯。而現在這些榮耀卻降臨在自己的屬下身上。如果是以前，他絕不允許發生這樣的事。新聞記者喜歡李奇威，因為他很專業，誠實而專注於事業，像史迪威一樣誠懇率直。他對事業的熱忱伴隨著戰爭本身，而不是他在記者的新聞稿中看起來如何。他從不吝惜表揚自己的部下。坊間的傳言讓麥克阿瑟咬牙切齒，其中隱含的意義是：出色的李奇威正在取代糟糕的麥克阿瑟，順應潮流的人正在取代被時代淘汰的人。

很快的，新的格局浮現了：李奇威將策畫一場大規模攻勢。就在這時，麥帥突然從東京來到李奇威的司令部，舉辦一場記者會——他想藉這個機會「竊取」李奇威日益奪目的榮光，最重要的是他想把這個完美計畫的功勞據為己有。就在李奇威的「屠夫」計畫即將實施時，麥帥飛臨水原，大言不慚地宣布開始進攻。李奇威在後來的回憶錄中憤怒地寫道，麥帥和他身邊的親信根本就沒參與「屠夫」計畫的制訂。「他的虛榮讓我無言以對，他讓我心中認識的那個麥克阿瑟面目全非，讓我徹底忘記了以前的那個麥克阿瑟。」站在李奇威面前的麥帥，是一個急於「讓自己的公眾形象熠熠生輝的將軍」。

沃爾特．米里斯（Walter Millis）寫道，唯一沒有為戰爭形勢的變化做好準備的就是麥克阿瑟，「麥克阿瑟想到了多種可能，唯獨沒有想到的就是勝利」。麥帥對杜魯門政府的非難很快升級，無論是對新聞記者、政界要人還是給華盛頓的電報，他都喋喋不休地抱怨和刁難。早在十二月初，杜魯門便以政令的形式要求所有與韓戰有關的評論必須在得到國務院認可後才能發布，但麥帥顯然刻意違抗這個命令。他對政府無端抱怨：華府刻意限制他的指揮權，而且是軍事史上最嚴厲的限制；遠東司令部缺乏完成任務所需的部隊；華盛頓正為他的敵人提供避難所，卻沒有對美國的避難所——有大量重要工業基地和港口的東京和橫須賀——給予絲毫的關注。事實上，中國人無力攻擊這些重要目標。這樣的優勢是對方無法想像的，完全可以抵得上一支強大的軍隊。但是，麥克阿瑟所有言論的本質無非是在政治上恣意非難美國政府，他把這些讓自己尷尬的東西歸咎為政府缺乏奪取勝利的意志和熱誠。在他看來，喪失意志就代表妥協。他字裡行間的意思很簡單：韓國戰場上的停滯就代表一種失敗，只有與中國展開更大規模的戰爭，才能帶來真正的勝利，而在過去，美國從來就不曾放棄徹底的勝利。

國內的共和黨人也一直指責政府過度妥協，以致讓美國失去了中國——今天，我們終於有機會在韓國再戰一場，而且我們又有最著名的將軍，而且他一直指責政府有太多妥協。現在，麥帥的新牢騷與他政治上的支持者（國內極右反共力量）不謀而合。他們很想贏中國，又不想在中國的土地上損失任何美國士兵。他們的觀點贏得了廣泛的支持，因為美國在韓戰中進退兩難。有些選民既憤怒又困惑，他們希望有所改變，卻不知道需要什麼樣的變化；不管怎樣，他們希望付出最小的代價——在戰場上減少人員傷亡。

麥帥在寫給媒體和華府密友們的信中認為，如果美國不能在亞洲打敗共產主義，那麼這場失敗將會讓他們在歐洲付出更慘痛的代價。只有把亞洲從共產主義的魔掌中解救出來，才能讓歐洲擺脫共產黨的威脅。麥帥急於完成第一項任務，而且他向這些密友保證，他們有現成的軍隊——蔣介石的軍隊已做好反攻大陸的準備。只要華府讓他放手去做，他一定能贏得勝利，挫敗中國，打擊共產黨。但遺憾的是這些豪壯的言論顯然自相矛盾，因為在蘇聯（以及共產）勢力進入韓國時，麥帥的影響力最大。早在六年前，當他們對另一個敵人的戰爭即將結束時，當時的麥帥是指揮盟軍進攻日本的總司令。當然，期待蘇聯早日加入太平洋戰爭並不是他一個人的願望，大多數高階將領都對蘇聯人引頸期待。不過，了解「曼哈頓計畫」的人不相信這有什麼用，或在軍事上有什麼意義。他想讓蘇聯人參戰純粹是為了緩解盟軍的壓力，這對任何一個將軍來說都是非常自然的。此時的麥帥已經不是二戰時那個需要蘇聯人幫忙的麥帥，而是堅決執行冷戰政策的麥帥。

一九四五年之後幾年，冷戰揭開序幕。麥帥一度暗示，他向來反對把蘇聯拉入戰爭。遺憾的是，當事人費里曼比他更清楚。一九四四年底，費里曼曾在菲律賓短暫擔任過指揮職務，後來被調回華府再次輔佐馬歇爾。在離開菲律賓前，麥帥突然召見他。這次奇妙的會面持續近兩個小時。費里曼意識到，他將為麥帥充當信使，在華盛頓傳達將軍的意見。會面的第一個內容一如既往：麥克阿瑟喋喋不休地對政府大發牢騷。費里曼耐心傾聽，最後還是忍不住向這位威風凜凜的將軍提出一點異議。費里曼說，馬歇爾將軍一直在兵力和後勤方面不遺餘力地支持麥克阿瑟，在海軍打算繞過菲律賓直取臺灣時，馬歇爾將軍堅決站在麥克阿瑟這一邊，主張徹底解放菲律賓。雖然這並不是麥帥最想聽到的，但費里曼的畢恭畢敬還是讓他心舒氣爽。

談話的第二部分更加有趣。麥帥很清楚，登陸日本本土已如箭在弦上。作為公認的最高指揮官，他希望能在這項計畫中加入自己的想法：「如果蘇聯不派兵攻打日本關東軍，我不會考慮登陸日本的任何島嶼。」費里曼覺得不可思議，這樣一位頗具政治影響力的將軍竟然公開宣稱如果蘇聯不參戰，他就不進攻日本。這對華盛頓來說無異於赤裸裸的要脅。談話結束時，麥帥的助理邦納・費勒斯（Bonner Fellers）立刻把麥帥的觀點打字成文，以便讓費里曼能將麥帥的意思準確傳達給華府。

他的目的不言而喻。多數軍方高層人士認為，依他們在太平洋島嶼與日本的作戰經驗，登陸日本本土必將是一場殘酷的攻堅戰，每一棟房子，每一個洞穴，每一條街道，都將發生慘烈的激戰，雙方都會有巨大的傷亡。早在一九四四年便與國內右派勢力結成一氣的麥克阿瑟認為，蘇聯在這時參戰是相當重要的一件事。但是，讓這些觀點變得更為重要的是十二年後的一九五六年，年邁的麥克阿瑟比以往更受右派勢力寵愛，這些觀點於是變得很尷尬。他那時畢竟對自己充滿信心，認為自己就是那個時代的代言人，因此在五〇年代初期，他多次在受訪中公開聲稱，如果他有權決定二戰末期的重大決策，他一定不讓蘇聯參戰。

這就是五角大廈很多高層不得不面對的麥克阿瑟，這就是那個喜歡削足適履甚至不惜篡改歷史以滿足其個人慾望的麥克阿瑟。艾森豪的共和黨政府決定反擊他。為此，費里曼在華府的朋友給他捎來消息，費里曼當年專程幫麥帥從菲律賓帶回來給華府的書面資料，即將要公諸於世，陸續幾天將會是很醜陋的時刻，朋友勸費里曼要低調行事。登陸日本本土時的麥帥與戰後的麥帥判若兩人，這種前後不一的表現反映出兩個麥克阿瑟之間的內心鬥爭：一個是注重實效的軍人，在面對困難時想得到一切可以得到的支援，而另一個則是已經成為政客的將軍，讓舊的事實適應新的情勢，使自己永不犯錯。

但是到一九五一年初，倍感挫折的麥帥竟然與總統攤牌。起初，這是麥帥的獨角戲：他一而再、再而三地挑戰華盛頓，而後者一直拒絕回應。於是，他開始變本加厲，近乎挑釁。可以說，華府官員十年來都是這麼做的。在他們的腦中，和麥克阿瑟打交道無異於與魔鬼談判。他們對麥克阿瑟從來不抱持幻想，而在最關鍵的時刻就更不指望他能表現出多少誠意了。不過，華盛頓總能發現自己需要的天才，尤其是在二戰最激烈的那段歲月，而且他們找到的不光是天才，還有關於天才的神話。華府官員因對抗的代價太大而延遲與麥帥對抗，對抗的代價反而有增無減，這是由於關於麥帥的神話越來越多，而這些神話正是美國政府無心插柳的結果。

在這十年期間，兩位總統和他們的高級顧問一直忍受麥克阿瑟的狂妄。為了成全這位將軍對名聲和榮譽的慾望，他們默默吞下苦水。在二戰後幾年，華盛頓不像以前那麼需要他的才華，但仍然沒有回應他的挑釁。華盛頓畢竟對這位老將軍還是有所忌憚——畢竟他不是普通人物（杜魯門一直抱怨羅斯福把麥克阿瑟奉為戰神。他私底下甚至說，真應該讓日本人在巴丹活捉麥克阿瑟。然而他的確不敢直接面對老將軍，這自然讓麥克阿瑟目中無人）。於是，華盛頓付出的代價不僅越來越大，而且隨著老將軍的政治力量愈發強大，整個情勢開始對華盛頓更加不利。華盛頓現在忍無可忍，到了攤牌的時候了。他們別無選擇，只能付出必須付出的代價。這個自我神化的過程持續得太久了，而且主要是以政府的損失為代價。現在，麥克阿瑟必須付出代價。

但是，李奇威的成功使麥帥拉攏部分參聯會成員的希望破滅了。參聯會裡，一向強硬的海軍軍令部長佛斯特．薛曼上將在美國人是否會被中國人趕出半島這個問題上開始退縮，這就讓麥帥不得不把矛頭指向政府官員和總統本人，因為這些人阻礙他的意志，也偷走了他的最終勝利，用威廉．曼徹斯特的話來說，就是「阻撓了他的聖戰」。

即使不能說麥帥是在逼總統撤他的職，也差不多是如此。如果他無法在韓國得到自己想要的，那麼他就會想辦法打倒所有的擋路者。具體來說，他現在就是有意違抗杜魯門在十二月六日發布的命令。麥帥說，這個言論限制令簡直就是笑話。他曾在一次午宴上對朋友說，他是「七十一歲的老人」了，不遵守這些廢話般的政令，並不會損失什麼。如果他們想解除他的職務，就請便吧。布萊爾對戰爭這段時期的研究很可能是其他史學家無法比擬的。他指出，麥帥在公開場合抨擊這個政令不下六次，有的輕描淡寫，有的刁鑽刻薄。他在書中寫道：「對那些研究麥克阿瑟的人來說，他似乎多了一個新的習慣。麥克阿瑟現在喜歡飛到韓國，視察前線，然後發表不負責任的言論，痛罵政府的戰爭政策。但是，華盛頓依舊保持沉默。這就等於官方對他不予追究，任其胡言亂語。」但是麥帥竟然說「理論上的戰爭僵局」，這等於打了杜魯門一記耳光。記者們把這個詞改成更形象化的「為和局而死」：也就是說，很多人正不得不準備為韓國戰場上的僵局而喪命。

在共軍能被壓制的情況下，華府最不想看到的就是政府與戰區司令之間再起「戰事」，但這場戰事無法避免。比方說，麥帥於三月七日在南韓召開記者會，就是要擰一下杜魯門。他在記者會上說自己受到嚴重的，甚至是非正常的限制——沒有配備足夠的兵力以及其他種種限制。然後，就在華府開始認真考慮把北京拉到談判桌上時，麥克阿瑟則在嘲笑中國人的失敗和他們的種種缺陷——事實上，他是在恥笑一個剛剛打敗自己的敵人。這一切足以激怒總統，因為麥帥使美國與中國的和談更加困難。

在軍事上，麥帥開始越來越挑剔李奇威的戰略。他甚至在公開場合以極端輕蔑的口吻把李奇威的所有成功稱作「手風琴式作戰」——在進攻時，聯合國軍只前進二十或三十英里，一遇到中國人的進攻便立刻退回原地。雖說在華府沒人認為這是理想的戰爭，但大家都認為是可以接受的，因為這讓中國人付出更大的代價，美中雙方的傷亡比例是一比十或一比十五。如果仗不這麼打，事情只會更糟。麥帥語帶侮辱，李奇威聽了以後非常憤怒。他和他的部隊所看重的勝利，在長官眼裡竟然一無是處。這對他的部隊，以及和他立場相同的人都是沉重的打擊。在記者會五天後，李奇威也召開了記者會。他說，聯合國軍抵達三十八度線是一次「重大的勝利」。之後，他還補充：「我們不打算征服中國，我們的目標是阻止共產黨。我們已經在戰場上顯示了強大的力量。如果人數明顯占優勢的中國人沒有把我們趕下大海，那就等於失敗。如果中國沒有把我們趕出朝鮮半島，那就是他們的徹底失敗。」多年後，麥帥仍然沒有忘記李奇威的一語之仇。儘管讓李奇威接替華克是麥帥自己的選擇，但是在接受好友吉姆．盧卡斯（史克里普斯－霍華德報業集團的明星記者）採訪時，麥帥稱李奇威是自己手下「最差勁的指揮官」。

當然，好戲還在後頭。合眾社主管休伊．貝利（Hugh Baillie）是新聞界最崇拜麥克阿瑟的人。他接到麥帥的一封信，信中提到華盛頓的想法就是守住三十八度線，而他認為完全可以趁勢把中國人趕回鴨綠江。李奇威一定不會認同這樣的說法。這是麥帥第四次違抗杜魯門的言論限制令。但是，麥帥並沒有止步於此，隨後兩次與政府的對抗影響更大。三月二十日，麥帥收到華盛頓發來的兩封密電，內容指出：目前是與中國展開實質性和談的最佳時機。由於李奇威的勝利，聯合國軍在戰場上已取得主動，因此目前有談判的機會，最後並使雙方穩定在三十八度線上，從而結束這場雙方都不希望打的戰爭。當然，這只是美國單方面的意願，毛澤東可能還沒有坐下來談判的準備，但這至少是一個開端。

重要的是，華府已做好和談的準備。杜魯門原本想在短時間內發布一次重要演說，建議雙方走到談判桌前，在戰爭開始的地方結束戰爭。但是對麥帥來說，停下來意味著失敗。在得知華府準備和談時，麥帥蓄意破壞華府的和平努力。三月二十四日，麥帥再度親臨南韓，發布了一篇惡毒貶低中國軍事將領的公報。

公報寫道：「比我們在戰術上的成功更有意義的是，事實清楚表明，我們的新敵人紅色中國——一個言過其實、自吹自擂的軍事強權，缺乏工業能力提供進行現代化戰爭所需的物資。」麥帥再列舉一些他看到的中國的缺點，中國「缺乏生產基地，缺乏建立、維持以及投入運作適度規模空軍和海軍的原物料。他們也無法提供進行地面作戰所需的武器，如戰車、重砲以及其他精巧的新科技武器。」他認為中國缺乏掌握制海權和制空權的能力。這些制約因素再加上「薄弱的地面火力，由此造成的差距，即使他們勇敢無畏或不顧傷亡也無濟於事」。

這無疑是驚人的侮辱性聲明，是對北京和華盛頓的直接攻擊。這篇聲明使和平之路就此中斷，也因此錯過了和談的最佳時機。用布萊爾的話說，這是對杜魯門言論限制令的「極大蔑視和公然挑釁」。這份公報在三月二十三日晚上十點傳到華盛頓，當時艾奇遜、羅維特（Robert Lovett，時國防部副部長）和魯斯克正在艾奇遜的辦公室開會。他們看了麥帥的聲明後均面色發青。艾奇遜稱這篇聲明是「重大的蓄意破壞行動」。杜魯門當時並沒有立刻做出決定，但是身為與杜魯門最合拍的顧問，艾奇遜後來寫道，杜魯門當時的心情就是「無法相信加上極力壓抑的憤怒」。杜魯門的女兒瑪格麗特後來提到父親當時的憤怒：「他的聲明讓我們無法向中國人傳遞任何訊息，他（麥克阿瑟）阻止了即將開始的停火和談進行。我真想一腳把他踢進黃海。」

麥克阿瑟的聲明把總統與將軍的對抗推上了一個新的層次，也由此引出到底誰是總司令的問題。第二天，杜魯門召開高層會議，暫時擱置和談建議。現在的問題不是要不要解除麥帥的職務，而是什麼時候解除。一向低調的洛威特主張立刻執行，馬歇爾則擔心解除麥帥職務會引發國會的怒氣，進而影響到國防預算的審核。艾奇遜同樣擔心由此可能帶來的政治影響。還要考慮參聯會的觀點——他們是否會有不同意見？臨時換將肯定是非常敏感的問題。只要有人反對他們的意見，就會鞏固麥克阿瑟的地位，讓他更加肆無忌憚。杜魯門毫無懸念已下定決心，他只是在等待最佳時機。

這個時機說到就到。差不多在杜魯門有此想法的同時，麥帥接到共和黨眾議員馬丁（Joseph William Martin Jr.）的來信。作為蔣介石的積極支持者和「中國遊說團」的重要成員，馬丁非常贊同麥克阿瑟的亞洲戰略，尤其是支持蔣介石和中共再打一仗，開闢亞洲第二戰線。他在信中寫道：「你的崇拜者不計其數，你的領導已經贏得無限的尊重。」他還希望麥克阿瑟做出私下或公開的回覆。對大多數軍方人士來說，這是一個詭計多端的政客所設下的陷阱，去誘捕一個無辜善良、不諳世故的將軍；而對麥帥來說，這絕對是一個黃金時機。

麥帥在三月二十日回信表示同意馬丁的話。麥帥在信中說他「遇到了前所未有的阻力。你所提到的『使用蔣介石的部隊』一事既符合邏輯，又符合傳統」。他後面的補充是大家最熟悉的麥式牢騷：「我們在歐洲駐有了太多的部隊和外交官。如果我們在亞洲戰場上輸給共產黨，那麼歐洲也無法倖存。如果我們獲勝，那麼歐洲就能繼續享受自由和安全。正如你所說的，我們必須獲勝。除了勝利，別無選擇。」

49 杜魯門痛下決心

四月五日，馬丁在眾議院宣讀了麥帥的回信，這正是後者所希望的。沒有什麼比這封信對一個四面楚歌的政府更具有政治上和潛在的危害了，也讓它的盟友更意外、更恐慌。

在當時，還有一件事強烈刺激了杜魯門和他身邊的人，這件沒有公諸於世的事使他們覺得麥克阿瑟是一個流氓將軍。約瑟夫．格登撰寫的《韓戰：未透露的內幕》（*Korea, the Untold Story of the War*）是有關這場戰爭最權威的資料。他在書裡提到，作為超級祕密情報機構，國家安全局的工作就是負責監聽其他國家的通訊，而這些國家一直以為自己的資訊都是祕密傳遞的。國家安全局在東京附近的厚木空軍基地設有情報站，主要任務是監聽中國的電訊，但偶爾也監聽友好國家。一九五〇年晚冬，該情報站突然截獲西班牙和葡萄牙駐東京大使館發出的一系列電報。威洛比與這兩個國家的統治者佛朗哥和薩拉查關係密切，這使麥克阿瑟和這兩個國家大使館的關係比與華盛頓的關係更密切。西班牙和葡萄牙的使館人員在電報中向本國匯報指稱，麥克阿瑟向他們保證，他可能會把韓戰變成一場與中國的大戰。國務院政策計畫處的保羅．尼采和副處長查爾斯．伯頓．馬歇爾最後看到了這些資訊，總統當然也會得到這些情報。格登說，杜魯門看到這些電報時大發雷霆，憤怒地拍著桌子說：「這簡直就是叛國。」

馬丁公布麥克阿瑟回信後的第二天，杜魯門在日記裡寫道：「麥克阿瑟透過眾議院少數黨領袖馬丁，再度向我們拋出一顆政治炸彈。不過，這是壓倒他的最後一根稻草了。他竟然接二連三地抗命不從。」然後，他又為自己的決定列舉了麥克阿瑟以前的諸多行徑。他在當天日記的結尾寫道：「我已經決定，必須召回我們的遠東大將軍。」但是在和周圍高層官員商量這項決定時，杜魯門非常謹慎。他們都知道，這是一個雙輸的決定，恐怕沒有人支持他們。在一場極度不受歡迎的戰爭進入僵持階段時，解除一位聲名顯赫、備受敬仰的將軍的職務，一定會立刻引起公憤。毫無疑問，在短期內，政治局勢將有利於麥克阿瑟。但歷史總會做出公正的評價。杜魯門堅信，也許在他卸任之後，史學家將為他平反。杜魯門是非常謹慎的人，因此一定會意識到此舉對政府可能造成的負面影響。也就是說，杜魯門心意已決。他認為，麥克阿瑟的行為破壞了民主社會的核心原則，削弱了政府對軍隊的控制。他後來寫道，麥克阿瑟對戰爭的看法再次印證了歷史的教訓，讓人想起拿破崙在經歷自殺式的進攻俄國之後嘆道：「我無堅不摧，卻一無所獲。」

這一切都讓華盛頓的選擇變得異常簡單。杜魯門發現，歷史竟然會如此驚人地相似。也許麥克阿瑟把自己看成喬治・華盛頓和亞伯拉罕・林肯的傳人，但是在杜魯門眼中，麥克阿瑟沒那麼討人喜歡，他更像是喬治・麥克萊倫（George McClellan）。[9]在杜魯門看來，麥克萊倫不僅在戰場上表現不佳，而且公然與林肯對立，甚至在事先安排好的會議上故意遲到。麥克萊倫曾公開稱林肯為「原始大猩猩」。

麥克萊倫的自大遠超過他的天賦。他把自己看成是這個國家的救星。他說，如果「人們希望我去拯救這個國家，我會義不容辭，對一切擋路者都視而不見」。他經常大言不慚地說，他收到無數民眾寄來的信，懇求他競選總統或成為美國的獨裁者。他特別喜歡「獨裁者」這個詞，有時還會補上一句，他願意為此犧牲一切。急於和林肯一爭高下的麥克萊倫終於在一八六四年展開行動，卻以失敗告終，只得到屈屈二十一張選舉人票，而林肯則得到兩百一十二票。杜魯門後來把麥克萊倫稱為「偉大的自我主義者，美其名曰拿破崙，甚至會像拿破崙一樣，把自己的照片貼在外衣上」。

在一九五〇、一九五一年冬春之交，杜魯門命三十六歲的白宮工作人員肯・赫克勒（Ken Hechler）到國會圖書館收集資料，研究林肯與麥克萊倫的關係。他發現，麥克阿瑟與麥克萊倫驚人地相似，只不過麥克萊倫比麥克阿瑟更謹慎。赫克勒認為，麥克萊倫「非常自負，不執行任何命令；於是他開始涉足政治；他覺得自己的上司粗魯、無知、笨拙；他無所顧忌地公開表達自己對解放奴隸的反對」。

麥克萊倫在政治問題上喋喋不休，實際上沒有人想聽取他的政治意見——這一點不同於麥克阿瑟，這讓他一直是林肯眼中的煩人鬼。赫克勒在備忘錄中詳細記錄了林肯與麥克萊倫之間的對話和通信。隨著他們的矛盾升級到頂點，林肯終於忍無可忍。一八六二年十一月，林肯解除了麥克萊倫的波多馬克軍團司令職務。正如眾人所料，脫去戎裝的麥克萊倫開始忙於一八六四年的總統大選，想在政治上打敗林肯，但卻輸得很慘。在把這篇報告交給總統時，赫克勒驚訝地發現杜魯門對這段歷史如數家珍，而且很滿意他的研究成果。將近九十年後，林肯成為美國歷史上最偉大的總統，而麥克萊倫則成為毫無價值的軍人。杜魯門意識到，這樣的歷史將在自己手裡重複一次，他不是第一個受到將軍挑釁的總統，而且這個將軍的刁鑽和難纏已經達到無法容忍的地步。

然而，杜魯門在這個問題上一如既往地保持謹慎。馬丁在星期四那天公布了麥克阿瑟的回信。第二天，也就是四月六日星期五，杜魯門把馬歇爾、布萊德雷、艾奇遜和哈里曼召集到白宮討論麥克阿瑟的問題。杜魯門沒有流露出自己決定解除將軍職務的意圖，而是先詢問與會者的意見。馬歇爾仍舊態度謹慎。艾奇遜認為應該解除麥克阿瑟的職務，但是也提出警告：「如果您解除麥克阿瑟的職務，您的政府將面臨一場惡戰。」哈里曼指出，從一九五〇年八月開始，杜魯門就一直在和麥克阿瑟較勁。後來，杜魯門請他們在當天晚些時候繼續討論這個問題。杜魯門讓馬歇爾檢查麥克阿瑟與華盛頓的全部通信，看看是否確實存在著不服從命令的情況。布萊德雷負責調查參聯會的意見，這也是即將來臨的政治鬥爭的關鍵。下午，馬歇爾建議不要解除麥克阿瑟的職務，而是把他從東京召回來當面商討。艾奇遜和哈里曼

9 譯註：美國南北戰爭初期的聯邦軍總司令，因過度謹慎而坐失戰機，被林肯撤職。

堅決反對——他們已經預料到一場政治鬥爭無法避免。由於柯林斯當時不在華盛頓，因此他們決定由布萊德雷與柯林斯商談之後再做打算。星期六，他們再度開會，慢慢確信解職無法避免。

會議結束時，馬歇爾和布萊德雷回到馬歇爾的辦公室。兩位將軍都即將退休。馬歇爾一直受到右派力量的謾罵詆毀，而布萊德雷由於從未涉足中國事務，因此在二戰中樹立的光輝形象還依舊如初。布萊德雷明白，如果解聘麥克阿瑟，自己的軍旅生涯將受到政治鬥爭的玷污。此外，兩人都擔心解聘麥克阿瑟可能使參聯會政治化。他們曾試圖寫信奉勸麥克阿瑟收斂一下自己的言行，但這麼做有點為時已晚。他們別無選擇，畢竟是麥克阿瑟逼他們做出這個決定。

布萊德雷在星期日召開參聯會會議。直到此時，他們還在努力挽救局面，讓這些高階將領決定另一位更傑出的高階將領的去留是一個艱難的選擇。有些人提議要麥克阿瑟交出韓戰的指揮權，只負責日本的防務，但他們都知道麥克阿瑟不會接受這樣的方案。最後，全體與會者簽字同意解除麥帥的職務。這是一次嚴肅、冷靜的會議。解除麥帥的職務無異於撕碎你最喜歡的歷史書。馬歇爾向每位與會者徵求意見，問他們是否同意應由杜魯門解除麥帥的職務，所有的人都沒有異議。

四月九日星期一，艾奇遜、馬歇爾、哈里曼和布萊德雷再次來到總統辦公室。杜魯門第一次表明自己的立場：麥克阿瑟必須離職。李奇威將接替麥帥的職務，在希臘內戰中為自己贏得聲望的符立德將擔任第八軍團司令。杜魯門告訴他們，他這麼做不是因為政治，而是為了維護憲法的尊嚴。實際上，最清楚杜魯門意思的人是他的演講撰稿人，杜魯門在宣布這項決定之前曾在他面前大加指責麥克阿瑟。白宮高級官員查理·墨菲（Charlie Murphy）和哈里曼的親信、年輕的幕僚泰德·坦能瓦爾德（Ted Tannenwald）還因這份解職聲明的措辭爭論不休，坦能瓦爾德認為，聲明應該明確指出這項決定得到參聯會和總統內閣成員的一致同意，尤其是馬歇爾也同意此事，畢竟馬歇爾在很多美國人心目中仍地位崇高。

在最後一次會議中，杜魯門告訴他們，現在必須做出最後的決定，不是改變現狀，就是繼續忍受。坦能瓦爾德再次提議，總統應在聲明中指出是參聯會和高級官員一致提議他作出這項決定的。杜魯門立刻拒絕了他的建議，或許現在是他展現總統權威的最佳時機，體現他的決斷力和政治擔當。杜魯門對坦能瓦爾德說：「年輕人，今天晚上不說這個，以後有很多時間。身為美國總統，做出這項決定是我當仁不讓的職責，我不想讓任何人覺得我和很多人共同決定這件事。最後的決定細節將在四十八或七十二小時內公布，但在今晚以前完全是我個人的決定。」

於是，整件事按總統的意志依序進行，而總統也著手準備向全國宣布這項決定。在最後時刻，哈里曼突然注意到，這份聲明沒有提到由李奇威接替麥克阿瑟，於是這份誕生於當代社會的重大檔案不得不以手寫的方式填入這句話（在接過麥克阿瑟的指揮權後，李奇威所做的第一件事就是在麥克阿瑟的辦公室裡安裝一個電話，這樣他就能隨時與外界聯絡）。總統指出，這項決定源自政策制訂者和執行者之間存在著無法調和的矛盾。之後，他還補充：「麥克阿瑟將軍是美國歷史上最偉大的指揮官之一，這一點毋庸置疑。他的表現無與倫比。美國感謝他為這個國家做出的貢獻。因此，我在此再度重複，我對這項決定感到遺憾。」杜魯門告訴身邊的人，是麥克阿瑟一手造成目前的局面：「我可以讓你們看看，他的手段有多麼卑劣，他一直欺騙玩弄我們。我覺得他是在逼我們解除他的職務。他是比麥克萊倫還陰險的騙子。」他進一步指出，每個人「似乎都認為我沒有勇氣這麼做。我們要讓他們知道我們完全有勇氣這麼做，而且馬上就要宣布這項決定」。後來，杜魯門私下還以更激烈的言辭批評麥克阿瑟：「最大的問題是他想越俎代庖，他想做遠東皇帝。他忘記自己只是軍隊的一個將領，他必須聽從美國總統的指揮。」

麥帥也意識到可能會被解職。四月九日，他會見阿爾蒙德時說：「我可能再也看不到你了，所以我得向你告別了，內德。」迷惑不解的阿爾蒙德問麥帥到底是什麼意思。麥帥回答：「我陷入了政治糾紛，很可能會被總統解職。」阿爾蒙德聽後，直呼荒謬。

儘管杜魯門的話不慍不火，但解職公告的過程卻很糟糕。按照計畫，應由陸軍部長培斯當面向麥帥宣讀這份公告。但是在華盛頓，原本就對總統充滿敵意的《芝加哥論壇報》提前得知這個消息，並計畫在次日（四月十一日）刊登這個爆炸性消息。白宮擔心，一旦麥克阿瑟提前獲知被免職的消息，可能會主動辭職，對華盛頓反戈一擊，博取輿論同情，使政府處於不利的境地。考慮到這些，白宮決定立刻公布。於是，在華盛頓時間四月十一日凌晨一點，記者在白宮記者會上獲悉此事。因此，麥克阿瑟在接到正式通知前，就透過廣播得知了這個消息。這讓政府顯得更冷酷無情，而讓麥克阿瑟更像受害者。麥克阿瑟的幕僚們認為，儘管已被解職，但他表現得還是像以前一樣偉大。麥克阿瑟沒有約見記者，而是由他的高級幕僚惠特尼准將代勞。惠特尼對記者說：「我剛從將軍那裡過來，他莊重地接受了總統的解職令。他非常鎮定，表現出超凡的軍人氣度——這是他一生中最光輝的時刻。」

50 麥克阿瑟聽證會

對杜魯門的抨擊接踵而至。《時代》雜誌（它的老闆和麥克阿瑟一樣，支持與中共大打一場）寫道：「一個極不受歡迎的人解僱了一個極受歡迎的人，這絕對是聞所未聞。」該雜誌還認為，麥克阿瑟是「偉人的化身，很多崇拜者和追隨者需要像他這樣的偉人來領導自己……而杜魯門則是標準的職業小人」。一時間，美國輿論一片譁然。作為蔣介石垮臺以及美中關係惡化的最大受益者，尼克森主張立即恢復麥克阿瑟的職務。一度指責馬歇爾叛國的印第安那州議員威廉．詹納（William Jenner）大放厥詞：「我認為，當今美國已落入一個由蘇聯間諜控制的祕密小圈子手中。我們唯一的選擇就是彈劾杜魯門總統。」於是，麥克阿瑟轉眼間變成英雄和殉道者，而這恰好是他最想得到的；代表文人政府控制軍隊、解僱將軍的總統則成了一名惡棍。在經歷漫長而充滿榮耀的軍旅生涯之後，他的缺點終於毀了自己。麥克阿瑟最後變得太像自己的父親了。赫斯廷斯評價：「他越來越脫離現實，越來越老態龍鍾，越來越頑固蠻橫，他還在以過時的觀點看待自己，以為以前的那個麥克阿瑟仍然可以在韓國大展雄風。」

杜魯門政府早就料到會有一場大風波，可是沒想到會這麼激烈。群情洶湧，到處都是支持麥克阿瑟的聲音。麥克阿瑟離開東京時，二十五萬名日本人揮舞著美日兩國國旗夾道歡送，很多人甚至淚流滿面。麥克阿瑟次日凌晨抵達夏威夷，等候的人群比東京更壯觀。舊金山的歡迎儀式更瘋狂，飛機同樣是在午夜之後著陸，人山人海，群情鼎沸，保安人員根本無法擋住他們。麥克阿瑟最後來到紐約參加一場盛大遊行，據說有七百萬人走上街頭歡迎他的歸國，是艾森豪二戰勝利歸來時的兩倍。社會輿論的反應越來越激情。史列辛格（Arthur Schlesinger）和羅維爾（Richard Rovere）後來在書中描述：「民眾因總統解僱一名將軍而宣洩對政府的極度不滿，這可能是這個國家有史以來最瘋狂的一次。確實是南北戰爭以後，絕無僅有的一次。」

毫無疑問，這場風波使整個國家陷入嚴重的政治和地緣政治危機。後來擔任詹森參議員發言人的喬治・李迪當時是合眾社的年輕記者，回憶當時的情形，認為美國的確處於一觸即發的極度危險之中。他說，看著麥克阿瑟在華府賓夕法尼亞大街上凱旋般地遊行，他似乎有一種感覺，只要將軍振臂一呼「跟我走，把他們趕下臺」，對他五體投地的群眾就會跟他走。這個消息引發的各方指責與戰後民眾對政府的不滿情緒突然匯聚在一起，讓全國處於即將爆炸的邊緣。對抗和矛盾撕裂了這個國家的每一道傷口，每一次碰撞所激起的火花都可能成為大爆炸的導火線。酒吧裡的陌生人可以為此大打出手，共乘通勤火車的老朋友可以為此反目成仇。就在解職事件發生後不久，艾奇遜在華盛頓搭乘計程車，司機問他：「你不是艾奇遜嗎？」「是的，我是，」國務卿回答：「你想趕我下車嗎？」

當時，幾乎很少有人意識到，這在某種程度上是一場聲勢浩大的反戰運動，不僅是反韓戰，而且是反冷戰。它是一種全民挫敗感的反映，因為美國在遙遠的地方陷入一場令人不滿而前景晦暗的衝突，勝利所帶來的收益太少，而美國又無法運用自己的絕對優勢武器。這是一種不得不與敵共處的挫敗感，這個美國不需要的敵人在當時既真實又強大，而且由於核武的恐怖效應，美國無法獲得徹底的勝利。它將不同的時代連接在一起。這既是對一位二戰老英雄最後的喝采，也是未能從美國超級大國地位中獲益的民眾發自內心的強烈抗議，愛恨交織，匯聚成一股強大的力量。

這是一場極具政治目的的運動，遠非普通民眾所說的只是讓麥帥離職那麼簡單，它實際上是在挑戰共和黨右派的地位。執政時期不走運的胡佛一直討厭美國的政治走向，身上留下的政治傷疤還隱隱作痛。現在，他終於找到機會，為長期以來被打壓的勢力的東山再起搖旗吶喊。在與從東京歸來的麥帥會面之後，胡佛說：「這位從東方歸來的偉大將軍是聖保羅的化身」。

一開始，麥帥掌控全局。他完全操控劇情的發展，而他口中的那些惡棍只能接受他所指派的角色。麥帥在國會兩院聯席會議上發表了激情的演說，演出由此推向高潮。在那裡，他為自己找到無數的理由，而每個理由都難以抗拒。就像他寫給很多崇拜者的信中所言，他在國會再次提到沒有任何東西可以取代勝利。他聲稱，參聯會在事件的過程中始終認同他的觀點，大多數軍方領袖也知道這一點。那些對現實視而不見，那些不想在韓國動用全部美國軍力隊的人士的罪名就是在於他們的姑息。他在演說中多次提到「姑息」這個詞，毫無疑問，大家都知道他指的是誰。麥克阿瑟說：「那些想對紅色中國採取姑息態度的人對歷史教訓視而不見。因為歷史告訴我們，姑息永遠只能導致假和平，只會帶來新的、更血腥的戰爭。」那些認為我們缺乏足夠力量去遏制歐洲、亞洲共產勢力的人是錯誤的。關於這種特殊觀點，他發誓他「想不到還有比這更好的失敗主義表達方式」。他曾要求政府增兵韓國，但華盛頓什麼也不提供；他曾計畫動用臺灣的六十萬名國民黨軍隊，但華盛頓不允許他這麼做。麥克阿瑟還煞有其事地說：「我的戰士問我，為什麼這樣呢？為什麼把戰場上的軍事優勢拱手讓給敵人？」就好像他曾經和散兵坑裡的普通士兵進行過無數次但其實並不存在的交談。那天，麥帥還沒說完，便被雷鳴般的掌聲打斷了；而明顯已處於守勢的民主黨人則悄然無聲。

最後是他誇誇其談的結語，內容豐富而有震撼力，充滿鄉愁又有傷感，讓人無法抗拒，對於渲染此時此景的情感，絕對是畫龍點睛之筆：「我五十二年的軍旅生涯行將結束。我在世紀交替之際入伍，圓了我少年時代的夢想。自從我在西點軍校的校閱場宣誓以來，世界幾經滄桑巨變，夢想和希望也在那時隨之消失。但是我仍記得當時軍營裡最流行的一首民謠，歌曲中非常自豪地唱道：『老兵不死，只是逐漸凋零。』一個在上帝指引下力圖盡責的老兵，就像那首民謠中的老兵一樣，結束了個人的軍旅生涯，悄然逝去。再會！」這是這個最不謙遜的人所說過的最謙遜的話，直到這時，他仍不想悄然離去。整個美國社會對此反應強烈。密蘇里州眾議員杜威・蕭特（Dewey Short）說：「我們看見有血有肉的上帝，我們聽見上帝的聲音。」杜魯門的反應一如人們想像的那麼不屑一顧：「空洞無物，一堆廢話。」艾奇遜認為，盡早結束是對所有人的解脫。他說，這讓他想起一個故事，一個父親帶著女兒住在軍營外，父親時時刻刻擔心漂亮的女兒會失去貞操。有一天，女兒挺著大肚子見到父親，父親如釋重負地說：「謝天謝地，我終於不需要為你操心了。」

對於很多美國人來說，這個國家的政策很少像現在這樣難以捉摸，也沒有哪個名聲顯赫的將軍如此信心百倍地把政治說得這麼小兒科：迅速解決一場戰爭，而無須付出太大的傷亡。這一切都為這個民主國家的偉大時刻搭起一座新舞臺，儘管當時很多人不這麼認為。在他們看來，這個偉大時刻就是麥克阿瑟激情的演說；接下來的事，也就是那些關鍵決策及其後果，就像人們在參議院聽證會上對這些決策進行辯論一樣，缺乏同樣的魅力但更為重要。一開始，這並不像公平的對抗：一方高傲地享受自己的激情，另一方則被迫為一場不受歡迎的戰爭提供不受歡迎（甚至沒人願意聽）的理由——這是一場主要將戰爭局部化的勝利，一場人類生存的勝利。

很多認真研究這段歷史的人都認為，參議院聽證會上的重要變化之一就是，麥帥在華盛頓的第二次露面不再像以前那樣威風凜凜了。六個月前，當杜魯門和麥帥在威克島會面時，安德森偶然地在門外聽到他們的對話，並做了筆記（後來，憤怒的麥克阿瑟支持者認為，那不是偶然所為，而是杜魯門事先設下的陷阱），麥克阿瑟當時信誓旦旦斷言中共不會介入這場戰爭。她的記錄不是什麼祕密。杜魯門的代表團回到華盛頓後，便在徵得麥克阿瑟的同意之後，把安德森的筆記印出，分發給所有隨行人員，其中也包括麥克阿瑟。一九五〇年十一月十三日，就在共軍完成雲山和水洞伏擊之後，準備實施大規模進攻之前，史都華．阿爾索普（Stewart Alsop）還向《紐約先驅論壇報》提過，麥克阿瑟保證中共不會出兵參戰。

這些事並沒有激起多大的波瀾。就在中國大軍進攻後，一家保守的雜誌還曾問過麥帥，他是否真的說過中國不會介入這場戰爭，麥帥斷然否認——他堅持認為，這「毫無根據」。不過，一些媒體根據惱怒的政府透露的一些消息證實，麥帥確實曾保證中國不會出兵。但在他被革職後，隨著對杜魯門的攻擊越來越猛烈，白宮最後決定公布安德森的筆記。《紐約時報》駐白宮記者托尼・萊維羅（Tony Leviero）對此事早有耳聞。當托尼和白宮高級幕僚艾爾西談到威克島會議時，後者立刻把他引薦給杜魯門。在白宮眼中，萊維羅是直言不諱的友方人士。

艾爾西建議，既然外界已耳聞此事，不妨找個合適的人選把這件事照實透露出去。總統告訴艾爾西：「沒有問題，你可以把這件事交給托尼。」因此，萊維羅和《紐約時報》便拿到了抄本。四月二十一日，《紐約時報》刊登了這份筆記。第二年，萊維羅便獲得了普立茲獎。支持麥克阿瑟的人憤怒了，惠特尼准將認為，這是污蔑和詆毀。也許這不足以徹底擊退對白宮的攻擊，但現在任何一個具備政治常識的人都會想到，在即將舉行的參議院聽證會上，麥克阿瑟將軍和他的談話紀錄將面臨怎樣的質疑。

終於，參議院聽證會就是攤牌的時刻。共和黨右派認為，勝利的天秤正傾向他們。共和黨參議院黨團領袖堅持認為，麥帥將一如既往保持他的魅力和強大，將以強而有力的姿態回答所有的問題（當然是共和黨人的答案），將代表所有真正的美國人說話。麥帥曾在舊金山市政大廳對約五十萬名支持者說：「不久之前，有人問我有沒有興趣從政。我的回答是『沒有』。我對政治從來就沒興趣，也不想競選任何政治職位。我永遠不希望把自己的名字和政治連在一起。我唯一的政治信念，也是你們每個人都知道的，就是『願上帝保佑美國』。」正如約瑟夫・格登所說，麥克阿瑟以其特有的矯揉造作，暗示他或許會參選，以此作為自己的最後一擊。

考慮到民眾的情緒極可能失控，民主黨高層人士沒有出面主持這場聽證會，阻擋如此強大的民意力量。於是，主持聽證會的責任就落到喬治亞州民主黨資深參議員理察・羅素（Richard Russell）身上。

羅素是參議院軍事委員會成員，按照老派的話來說，他是一個道地的保守派人士，在參議院中贏得的尊重無人能及；另外，由於在南方基本上是民主黨一黨獨大，因此羅素也不會受到政治的壓力。這些條件讓羅素成為主持這場聽證會的最佳人選。羅素是參議院的傑出人物，在個性和意識形態上更接近共和黨保守派，而不是民主黨自由派。他是徹底的種族隔離主義者，這讓他從未能競選總統大位。正如羅伯特．卡羅（Robert Caro）在《參議院的主人》（*Master of the Senate*）一書中所說，主持這麼一個至為重要的聽證會，很可能讓他在一夜之間成為家喻戶曉的人物。然而拿起議事錘的這一刻，也許是一種憂喜參半的榮譽。儘管這不是羅素希望扮演的角色，儘管這件事非常棘手，但他認為自己應該承擔這個責任。麥帥的聽證會將會有參議院軍事委員會和外交委員會成員聯合參與。民主黨從人數上來說應占有優勢，因為它畢竟在參議院是多數黨，而且像麻州的索通斯托（Leverett Saltonstall）和亨利．卡伯特．洛奇（Henry Cabot Lodge）等部分共和黨參議員又是東部的國際主義者，但當時的民意顯然更有利於麥克阿瑟，所有參議員都意識到這一點。

共和黨希望把這場聽證會打造成一個將軍宣傳自己的全國性舞臺。麥帥在會中將成為一個犯過小錯的偉大愛國者，一個被懦弱政客背叛欺騙的將帥；在這裡，在全國鎂光燈的照耀之下，麥克阿瑟將用他那洪亮而富有穿透力的聲音，施展無所不知的才智，親手消滅他的敵人，更重要的是，是他們的敵人。他將撕裂敵人的醜惡嘴臉，不光是杜魯門、艾奇遜和馬歇爾這幾個人，還有他們這整整十年的政策。但共和黨右派最需要的是把這場聽證會打造成一九五二年總統大選的序幕。但是，麥帥也有一個致命弱點。民眾熱情歡迎他的歸來並不表示支持他的政策，尤其是擴大亞洲戰爭的觀點更是美國人不願接受的。因此，歡迎他的歸來和支持他的政策是兩回事——尤其是這些政策目前正受到越來越多的質疑和披露，而且結果為何也越來越清楚。

在一個激情勝過現實的時刻，你會怎麼做呢？羅素一直在思考這個問題，最後，他決定放慢聽證會過程，把焦點放在實質的問題上，盡可能限制情緒的影響。他認為，必須盡最大的努力來克服民眾情緒對問題的判斷，盡量縮小新聞媒體的獵奇心理。因此，對羅素來說，最關鍵的問題是消除聽證會的情緒性色彩。他認為，聽證必須做到詳盡完整；必須對每個細節深思熟慮、理性判斷；聽證會不允許現場直播，不允許記者進入聽證會會場，也不得進行電視直播，媒體最多只能事後報導，儘管美國的電視觀眾正與日俱增，每天約有兩、三千萬人看電視。聽證會將進行全程記錄，會議紀錄在經過專人審核後，立即轉交給在會議室外面等待的記者。由於聽證會將討論涉及美國國家安全的重大問題，因此羅素並不急於讓美國的敵人知道外交政策中的機密內容。這就需要由來自國防部和國務院的審查人員立刻編輯聽證會會議摘要。

* * *

共和黨曾四度提議就是否休會進行投票，但羅素次次險勝。因此，一九五一年五月三日，聽證會如期召開，麥克阿瑟褪去神奇外衣的旅程就此展開。這裡畢竟不是遠東司令部所在的「東京第一大廈」，麥克阿瑟無法主宰這裡的政治氣氛，更無法繼續上演他那精心排練的獨角戲，毫無挑戰地盡情發揮。「第一大廈」不是民主的舞臺，而是麥克阿瑟的帝國；但這裡是檢驗民主的法庭。在參議院聽證會期間，他多次使用「歷史教導我們」或「歷史表明」這樣的語句，似乎只有歷史這種教訓，而他是歷史的代言人。姑且不論他是不是偉大的國家英雄，麥克阿瑟生平第一次不得不向民主程序鞠躬致敬，接受像他一樣強烈、自私自利的人的尖刻提問。

麥克阿瑟作為第一證人，接受了三天的質詢，表現得絕不像名家大師，因為他必須面對一份遠比他所想像還要複雜得多的筆記。這些人認為他們可以挑戰麥克阿瑟的思想和行為。他的回答也不是共和黨人所需要的。他的事一天比一天站不住腳，他的形象一天不如一天偉岸；而他的敵人，或者說他以往拳頭下的沙包，例如艾奇遜和馬歇爾，則越來越有深度，越來越有基礎。

麥克阿瑟最大的問題就是經常不說真話。這個問題多年以來一直困擾著與他打交道的人。只有符合他的要求，有助於他的事業的時候，他才會說真話；不利於他的時候，他就會胡說八道。因此，真理對一個認為自己永遠正確的人來說是一種折磨。他和所有人一樣都會犯錯，儘管他擁有無數令人敬佩的優點，而他的錯誤也許是致命的，因為他根本不願承認自己的錯。他的身邊到處都是阿諛奉承之徒，不會有人挑戰他，因此他顛倒是非的觀點終究會昇華為真理。對他觀點的挑戰馬上就會被視為麥克阿瑟不共戴天之敵的歪曲之詞。當他在國會面前講述他為什麼被解職時，他厚顏無恥地在一個關鍵點上撒謊。他一直聲稱參聯會支持他的立場。也許他是一廂情願地認為他們支持自己；因為從中國參戰到李奇威到韓國這段短暫的時間裡，有些參聯會成員確實在思考他的提議。但是在李奇威扭轉戰局時，麥克阿瑟再度失去了他們的支持。在內心深處一直得意地嘲笑和貶低他們的麥克阿瑟現在或許才真正地感受到，他們確實支持過他。他或許認為，老規矩比真理更有力量；因此，一旦軍方與文人政客之間出現矛盾，軍人會囿於某種制度上的忠誠而支持他，雖然他自己以前並不必然忠於這種制度；這些不如他偉大的人現在仍會對他忠誠。

他錯了。他從來就沒尊重過參聯會，對他們始終採取鄙夷輕視的態度。麥克阿瑟曾無數次地貶抑他們，甚至認為參聯會從未做出正確的決定。他私下曾極度輕蔑地談論參聯會，還說陸軍是世界上只知空談的地方，而那幫人也知道我麥克阿瑟私底下是怎麼說的。他一次又一次地欺騙他們。讓阿爾蒙德指揮第十軍充分顯示了麥克阿瑟對他們的蔑視。在這個時刻聲稱參聯會支持自己是犯了一個政治性的大錯。

但這個問題不僅限於參聯會。五角大廈也無人願意提供協助，儘管某些高層官員還記得麥克阿瑟年輕時的優秀。在接受羅素委員會質詢時，馬歇爾意味深長地指出，質疑麥克阿瑟一定是一件異常艱難的事，因為他擁有輝煌的過去。但很多年輕軍官對麥克阿瑟印象不深，他們只記得麥克阿瑟藐視政府的命令，在中國參戰時拒絕承擔責任，對文人政府進行有系統性的挑釁。他們對此感到憤怒。那些把生命留在軍隅里和長津湖的人或許都是他們的同輩，或許正好就是他們的朋友，這種痛苦絕不會因為麥克阿瑟早期留給他們的那麼點美好回憶而有絲毫的淡化。他總是以為規則都是留給別人用的，而不適用於他。很多年輕人並不喜歡他，有時甚至憎恨他。這些更了解那份筆記的五角大廈年輕軍官們，正在愉快地引導參議員及其助理們去發現麥克阿瑟事件中的假信號。

他的光輝一天天黯淡。當康州民主黨參議員麥克馬洪向麥克阿瑟提出更大的指揮權責問題——比方說如何應付蘇聯人時，麥克阿瑟開始向後退縮。這一次，他並沒有像以前一樣耀武揚威地進行演說，大談如何消滅亞洲共產勢力來拯救歐洲（儘管毫不領情的歐洲國家根本就不贊成為了解救他們必須和中國大戰一場）。在問及蘇聯在歐洲的所作所為時，他只是回答，這不是他的職責，因為他只是戰區司令。但這難道不是問題的癥結所在嗎？麥克馬洪和其他人問。杜魯門政府必須從全球責任的角度出發來思考問題，必須思考來自韓國以外的潛在挑戰以及比中國更危險的對手。麥克馬洪指出，麥克阿瑟很清楚地表示，如果政府聽從他的觀點，升級與中國的戰爭，蘇聯人也就不會參戰。參議員說，麥克阿瑟他肯定堅持這些觀點。但如果他錯了，那我們該怎麼辦呢？麥克馬洪指出，麥克阿瑟不是一直堅信紅色中國不會參戰嗎？他說得對嗎？麥克阿瑟承認：「我只是懷疑（中國的參戰）。」承認這一點自然會讓麥克阿瑟的聲望大打折扣，因為按照這樣的邏輯，人們同樣可以認為，他根本就不知道如果美國和中國發生更大規模的戰爭，蘇聯人是否會干預。

麥克馬洪繼續發問，將軍認為美國及其盟友是否有能力抵抗蘇聯對西歐的進攻呢？麥克阿瑟回答：「參議員，我已經多次請你不要把我牽扯到我轄區以外的地方。我的全球防禦概念並不是我在這裡做證的主題。我現在也不想把自己偽裝成這方面的專家。」這是一個轉捩點。麥克阿瑟很快就發現自己處於守勢，即使在討論把中國人趕出北韓這個份內問題時，他也處於守勢。當詹森繼續就這個問題發問時，這位曾把李奇威的戰略戲稱為「手風琴式作戰」的將軍已不敢肯定，如果把中國人趕回鴨綠江以北，他們是否會重新打回來。或者說，他們是否會在那裡安心休養一段時間，然後再展開一場規模更大、更危險，甚至是無止境的拉鋸戰？麥克阿瑟的回答是，他認為中國人不會重新回到北韓。這顯然是最不能令人滿意的答案。在第三天做證結束時，雖然羅素一直表現得異常優雅——幾乎對麥克阿瑟表現出虔誠的景仰，但是用格登的話來說，他「把自己說成是眼界狹隘、缺乏知識的指揮官。他再也不能展示世界級戰略大師的風采了，再也不能說來自東京第一大廈的觀點比外交家和其他軍事家更出色了」。

隨後出席聽證會做證的依次是馬歇爾、參聯會成員和艾奇遜。他們的證詞無一不是對麥克阿瑟的致命打擊。馬歇爾的態度尤其強硬。他堅決反對麥克阿瑟認為擴大與中國的戰爭不會導致蘇聯干預的觀點。他認為，他們可以在很多地方反擊美國，是美國而不是他們，在後勤上有許多薄弱之處。此外，麥克阿瑟的主張將會切斷美國與主要盟國之間的關係，從而拆散美國業已建立並成為國家安全基礎的所有盟友。馬歇爾強調，將軍與總統之間的巨大分歧並不像很多人想像的是一場意識形態的對峙，相反的，他們的矛盾比這還要尋常得多，只不過是承擔有限責任的戰區司令和承擔更多責任的總統之間的隔閡。

馬歇爾指出，這種分歧沒有什麼特別。每個戰區司令都會這麼想，都想得到更多資源。而麥克阿瑟與眾不同的是，他一直公開表達自己的不滿以及對總統政策的反對。參聯會成員一再表示，他們始終不支持麥克阿瑟的觀點，並向與會人員聲明，在總統與將軍的衝突中，他們絕對不是麥克阿瑟的盟友。他們詳細闡述了這場戰爭的不成文規定——堅持有限戰爭，以日本作為美國在亞洲的避難所，並認為這個曾被美國右派和麥克阿瑟批評的規定實際上有利於美國，而不利於中國。儘管日本極易受到攻擊，但蘇聯並沒有進攻日本。布萊德雷的發言把聽證會推向了高潮，他說，如果我們執行麥克阿瑟「擴大戰爭」的計畫，就會讓美國「在錯誤的時間，錯誤的地點，和錯誤的敵人打一場錯誤的戰爭」。

一開始共和黨右派強烈反對要對聽證會紀錄進行審查，但他們現在開始為保留這項規定感到欣慰，因為證詞中被刪掉的部分正好包括對他們最致命的打擊——蔣介石的軍隊在這場戰爭中的價值。政府的批評主要集中在戰爭擴大化的問題上，而非大量使用美國軍隊所帶來的危險。這就表示是否使用蔣介石軍隊至為重要。麥克阿瑟在聽證會上聲稱，他們是「五十萬名一流的戰士」。他們的能力「絕不亞於和我們交手的紅色中國軍隊」。並非每個人都同意這個說法；大多數曾在中國擔任軍事顧問的美國人認為，如果他們真的那麼出色，前幾年就不可能在大陸輸得那麼慘。事實證明，他對蔣介石軍隊的認知完全依賴他在一九五〇年八月對臺灣的短暫訪問。五角大廈的專業人士都不贊成他的判斷。事實上，讓這些軍隊到另一個地方打仗無異於一場災難。馬歇爾指出，大概就在同時，五角大廈曾向臺灣派出一個三十七人的代表團。他們發現，國民黨軍隊的「訓練和物資的……非常低落，無法指望他們能夠防守」，更不用說反攻大陸了。因此，我們不僅需要阻止他們重新奪回大陸的妄想，還要保護這座島嶼不被別人占領。

至於說「向國民黨提供更多裝備」的問題，他們在內戰期間丟失大批軍械物資的記錄令人震驚，並使參聯會不願提供更多的軍事援助。布萊德雷毫不留情地說，當時國民黨軍隊只要有機會就會向共軍投降。此外，他還進一步補充，只要有共產黨軍隊登陸臺灣，就足以攻占整座島嶼，因為將會有大批國民黨軍隊向他們棄械投降。柯林斯接著說：「最讓我們懷疑的是，我們從這些中國人那裡得到的幫助，到底能比南韓軍隊好到哪裡去，因為他們本來就是被共產黨趕走的那批人。」這些針對國民黨軍隊的證詞反映了大多數軍方人士的內心想法。當然，公開討論盟友的軍隊顯然是不適合的。但是，由於這部分內容在已被刪節之列，關於蔣介石軍隊的迷思——五十萬人的超凡大軍，一支可以讓美國白用的軍隊，還是為人們留下了很多幻想和期待。

聽證會對於讓美國人認識當今世界的複雜性來說是一堂生動無比的課程。很多人一直以為華盛頓沒有因應共產勢力的整體政策，今天他們開始了解到，遏制政策早已成形。但是，這堂痛苦的課顯然不是共和黨希望看到的，他們渴望更多的血腥味。在布萊德雷做證六天後，在參聯會的其他成員還將陸續做證的情況下，愛荷華州共和黨保守派參議員希肯路波（Bourke Hickenlooper）向羅素提議，聽證會持續的時間太長，其他三位參謀長毋須繼續做證。這是很明顯的訊息，共和黨希望藉此機會展現杜魯門與軍隊領袖之間巨大反差的設想落空了。而希肯路波的提議也以十四比十一的投票結果遭到拒絕。聽證會於是繼續進行，麥克阿瑟在政壇上的偉大形象也隨著一天天畸變。

＊＊＊

對於杜魯門政府來說，麥克阿瑟聽證會是一次巨大的勝利。儘管這稱不上整個國家的核心政治事件，但畢竟在歷史上寫下了一頁。一個長期的政治對手還是被部分清除掉了，雖然有點遲。蔣介石的失敗、共軍介入韓戰以及解除麥克阿瑟的職務帶來了政治損失，長遠來看，杜魯門可能是最後的贏家，但考量到這件事所引起的民眾不滿，目前的杜魯門還是失敗者。他也許有憲法賦予的權利，史學家有朝一日會給他不錯的評語，但共和黨同樣享有憲法賦予的權利，在政治公式中這一點更重要。

即使某些政策經過驗證並沒有錯，但政府終究還是因為這些事（尤其是中國參戰）而受到傷害。艾奇遜在五年後寫給杜魯門的信中提道，鴨綠江畔的失敗「破壞了杜魯門的團隊」。聽證會結束後，政府並沒有很多值得慶祝的地方。破壞並不完全來自戰爭、蔣介石的失敗和麥克阿瑟的抗命，但這些是每個人都看得到的原因。現在是民主黨退場的時候了。他們已經當政很久了，足足有二十年的時間；他們樹敵太多；國家在這段時期不可避免地發生了變化——它現在的需要完全不同於艱難而痛苦的一九三二年。

第 11 章

戰爭後果：結局與未來
The Consequences

這是一場曠日持久的、看似永無希望的戰爭，
這是一場在錯誤的時間、錯誤的地方進行的一場錯誤的戰爭……
雙方陷入了僵局，一邊和談一邊打，最後在一九五三年七月二十七日草草收場。
歷史彷彿回到了原點，但南北韓、美國、中國都深受這場戰爭的影響。
對於美國人而言，韓戰始終是歷史的黑洞，
正因為如此，那個時代的教訓再次於越南重演。
而在中國，它成了這個國家在新歷史中寫下的最燦爛樂章，
但隨之帶來了毛澤東自我崇拜的膨脹並釀成了整個國家的惡果。
戰爭結束了，人類希望可穿越意識形態的隔閡；
老兵們向世人祈禱，但願永遠不再有戰爭。

51 黯淡與輝煌

即使是最精明的人，也常常不知道自己人生最輝煌的樂章已經結束，是離開這個舞臺的時候，那些專注於自我的人就更是如此。麥克阿瑟就是典型的例子。遠東司令部的中階軍官麥卡弗雷說：「如果他在仁川登陸成功的第二天退休，那麼美國每個城市都會出現一所以他的名字來命名的學校。但是，他留下的時間越長，說得越多，對自己的傷害也就越大。」歸根究柢，他沒有抓住事情的政治意涵，他從日本回國時享受的那種歡呼是為了什麼（或者更重要的是，這種歡呼不是為了什麼）。他一直以為這些掌聲是獻給自己的，卻沒有意識到他只是觸發更大事件的導火線。即使到了這個時刻，他還在追逐自己的夢想，在所有美國人面前發表演講宣揚自己的夢想。人群越來越少，而他的聲音也隨之變得刺耳。很多曾經心潮澎湃的追隨者悄然離開，去尋找新的崇拜偶像。親右保守派的政治遊戲從來不以他為中心。他真正的工作一直就是傷害他們的敵人，一旦情況有變，他們就棄他而去，他們的真正候選人是鮑伯．塔弗特（Bob Taft）。五十年前，塔弗特的父親在菲律賓拿下了老麥克阿瑟，所以他是麥克阿瑟最尷尬的政治盟友。

情況直到一九五二年依然沒有變化。這時，比麥克阿瑟更堅持孤立主義路線的塔弗特已經成為共和黨保守派的總統候選人。那年，麥克阿瑟作為塔弗特的副總統競選夥伴，又一次出現在集會的演講臺上，做了主題演講。不過，一年多前那個意氣風發、魅力無窮的老兵不見了。此時他是一個平民，更確切地說，是一個政治人物。他現在黨性更強烈，更老態龍鍾。他在代表另一個人說話，扮演著他一生中最殊異、最不舒服的角色。他顯然對自己的每一句話都感到不自在，極沒自信。因此，與會代表很快就變得不耐煩，騷動不安，紛紛離開座位。此時，幾百萬美國民眾坐在電視機前看著他讓會場空空如也。麥克阿瑟知道，自己最後一次的努力失敗了，第二天，他連電話都沒有接。

如果說麥克阿瑟替他人生的最後一個篇章嵌入了一個更大的嘲諷，那就是他的作法為自己的兩名對手所帶來的影響。第一個是杜魯門。如果說麥克阿瑟的傲慢讓總統暫時受到了傷害，也讓杜魯門因此贏得一場更大的賭局，因為杜魯門相信歷史的輪迴反覆，事實證明，他是對的。儘管他卸任時的民意支持率降到最低點，但他的聲望在離職後一路飆升，被美國人認為是最值得尊重的總統之一，同時也是那個時代被嚴重低估的人物之一。這其中很大一部分源自他與麥克阿瑟對抗的勇氣和策略。一直視杜魯門為小人物的麥克阿瑟以一種奇異的方式，強化了杜魯門的勇敢正直形象，讓他顯得更高大偉岸。

杜魯門認為，這次的對抗，痛苦卻不艱難，因為它的核心是最基本的信仰：維護憲法的尊嚴與文人政府對軍隊的控制。擔任過幾任總統翻譯的華特斯親身經歷了威克島會面時麥克阿瑟拒絕向總統敬禮的那一幕。幾年後的一次美國國慶，他來到密蘇里州拜訪這位前總統，並向他請示能否提幾個略有冒犯的問題。杜魯門欣然應允，於是，華特斯問起威克島會面時的情況。他話還沒說完，杜魯門便打斷他說：「我沒注意到麥克阿瑟沒有向美國總統敬禮嗎？你說對了，我當然注意到了。」華特斯說，之後杜魯門略為緩和地說：「我心裡很不舒服，因為我預見到，我們之間將會產生矛盾。我的預感是正確的。我解除了麥克阿瑟的職務，其實我早該這麼做。不管對與錯，他就是不明白美國是怎麼運作的。」

另一個意想不到的受益者是艾森豪。如果說一九五二年人民呼喚一位將軍出任總統的話，那也是艾森豪而不是麥克阿瑟。艾森豪的政治崛起更能說明，四十年來的政治與社會變化已經讓麥克阿瑟徹底落伍了。與麥克阿瑟相比，艾森豪更像是二十世紀的人，麥克阿瑟還停留在上一個世紀。他的言語還屬於那個精神至上的時代。艾森豪曾說，麥克阿瑟的文筆和言談散發出「紫色的光輝」。艾森豪是一個平等主義者，一個更出色的傾聽者，一個更識時務的折衷主義者。雖然同為將軍，但艾森豪不像麥克阿瑟那樣張揚，從不在別人面前耀武揚威；他樸實無華，更像是穿著軍服的平民。美國人認為，這個最謙遜的的人就是那個能帶領他們步入昏暗而充滿不確定因素的核武時代的人，正是那個能引領他們奪取最後勝利的人。他深思熟慮，意志堅強，不過分強調軍國主義，公正而務實，是一個能對蘇聯軟硬兼施的人。此外，艾森豪本人也擔心政府受到他眼中的孤立主義者的攻擊。一旦塔弗特執政，美國可能會放棄其國際責任。隨著這種可能性不斷增加，艾森豪頗為勉強地被提名為共和黨總統候選人。

52 可知的結局與不可知的後果

砥平里之役標誌著一場新戰爭的開始，這場戰爭持續了兩年多，雙方都付出慘重代價，卻都沒有取得壓倒性的勝利。面對慘痛的現實，兩軍指揮官早就失去幻想，或許他們的頂頭上司還抱著希望。於是這場戰爭慢慢變得血腥殘忍起來。當時，李奇威曾對一名陸戰隊軍官說，你的任務就是「讓紅色中國的血流乾」。它演變成一場殘忍的、代價昂貴的戰爭，一場鮮有突破的戰爭，一場所有戰略都旨在對敵人實施最大程度的懲罰而基本上不改變戰線的戰爭。最後，每一方都無法大勝，只有雙方互不滿意地妥協。

彼此都在想辦法消滅對方的力量，但雙方似乎又都無力結束這場戰爭。一九五一年春天，共軍發動了一次大規模攻勢，損失慘重卻成效甚微。他們投入了三十萬大軍，發動了人類歷史上最激烈的戰役之一，結果人員大量傷亡，戰果卻微不足道。然而，它提醒西方國家的指揮官，共軍有多麼能征善戰，有多少人能投入戰鬥。這徹底粉碎了聯合國軍再次跨越三十八度線、直奔鴨綠江的幻想。但是，很多前線指揮官似乎還不願放棄這場美夢。第八軍團司令符立德一度無法理解上級的限制，他一直以為，在擊退共軍一九五一年五月發動的攻勢後，該輪到他們北上報復中國人了。但華盛頓一開始就看透了這點。他們知道如果那麼做，結果將非常可怕，因此，他們不想再拿美國人或其他人的性命去冒險。

不過，沒有人知道應該怎麼結束這場戰爭。戰爭已陷入無法忍受的拉鋸戰當中，誰也贏不了誰，它已經變成一場沒有勝利者、只有死亡的遊戲。雙方都想脫身，但又都缺乏做到這一點的政治技巧；對兩名潛在對手陷入這樣一場痛苦無比的戰爭，史達林肯定會很高興，而且會想辦法減少雙方全身而退的機會。而美國和中國互不承認的政策也進一步削弱了雙方退出這場戰爭的決心，減慢了退出速度——雙方唯一承認對方的地方就是在戰場上、在槍口下。如此一來，直到一九五一年七月，雙方才開始在位於三十八度線以南的南韓古都開城進行和談，或者說，停火談判，但談判發展卻如蝸牛一般緩慢。之後，談判地點又轉移到三十八度線附近的一個無人區——板門店。雙方在意識形態上的敵意，彼此間強烈的不信任，再加上北韓和南韓都不願意承認對方，導致零星作戰從未停止，談判進度異常艱難緩慢。期間，遣返戰俘問題成為和談的一個重要制約因素，這無疑使談判過程更加艱難。

＊＊＊

在朝鮮半島實現和平之前，這場局部戰爭的僵持狀態不可避免會影響到美國國內的政治發展。戰爭的發動者民主黨已無力解決這個問題。而共和黨的總統，尤其是共和黨中間派的總統，很可能會提出一個讓民主黨無法接受的解決方案。因此，一九五二年的政治鬥爭與以往的大選有所不同，最激烈的鬥爭並不是最後的選舉，而是共和黨芝加哥全國代表大會上黨內溫和派與保守派之爭。憤怒是發自內心的，就好像是大家對外交政策以及右派勢力軟弱無力的壓抑已久的憤怒一下子浮出水面。每個人都認為，感謝戰爭為他們帶來一個二十年後再度贏得大選的最佳時機——甚至比一九四八年的機會還要好。右派孤立主義份子認為，現在這個以前從未宣稱自己是共和黨黨員的艾森豪來到芝加哥，篡奪他們的提名人資格。誰知道這個一直和羅斯福與杜魯門稱兄道弟的艾森豪到底是不是共和黨人呢？當艾森豪的支持者說「我們喜歡艾克（艾森豪的小名）」時，塔弗特的追隨者馬上反唇相譏「艾克到底是什麼東西」？

此時，共和黨全國代表大會和芝加哥街頭的緊張情勢遠非往常可比。著名影星約翰韋恩是塔弗特最忠實的代言人。此人在二戰爆發時三十四歲，在年齡上完全可以參加二戰，不過，他的演藝事業剛開始起飛，他最後還是決定在電影膠卷上實現自己的戰爭生涯（相較之下，年長韋恩一歲的詹姆史都華（James Stewart）卻有傲人的戰績）。韋恩曾在很多戰爭片裡大顯身手，是名副其實的戰爭片明星。在某部影片中，韋恩扮演的角色跳出汽車，對一個手忙腳亂、操一口和艾森豪相近口音的老中士大聲喊道：「你為什麼一面紅旗也沒撿到？」

塔弗特本人也認為，他可以把麥克阿瑟的解職作為自己的主打牌。他在共和黨全國代表大會召開前宣布，一旦競選成功，他將任命麥克阿瑟擔任「三軍副總司令」，不知道這個頭銜是什麼意思。參議員竇克遜（Everett Dirksen）既是塔弗特的手下，也是共和黨中西部地區的領袖。竇克遜做好一切準備，堅決和艾森豪拚到底。艾森豪競選團隊的領袖是在大選中兩次落敗的杜威。有一次，竇克遜站在講臺上，居然直指台下的杜威毫不留情地說：「再好好檢查一下你的心臟吧，我們以前跟著你，但你卻把我們一次次帶上失敗之路。」然後，竇克遜再度指著杜威——彷彿手指就是他的武器——說：「不要再把我們領上那條路了。」他的挑釁把整個大會推上了高潮。

但是對於期待大選獲勝的普通代表而言，艾森豪的承諾以及他巨大的魅力比塔弗特的純正意識形態更吸引人。無論是黨內大會，還是最後的總統大選，艾森豪都大獲全勝。他甚至為自己的大選制訂了一個化學程式「K1C2」，他的支持者把它做成的胸章佩掛在身上，解讀成政治語言就是：韓戰、腐敗官員和政府裡的共黨份子。他在大選期間說過一句足以確保他獲勝的話：「我準備去韓國。」把這句話的政治含意代表艾森豪「將結束韓戰」。艾森豪大獲全勝，得到六百六十萬張選票。他最後兌現了承諾，去了韓國，會晤了接替麥克阿瑟的克拉克將軍（Mark Clark），還有接替華克的符立德。這兩個人對戰爭的態度都比艾森豪強硬得多，都對華盛頓的限制感到不滿——為了確保人員傷亡最小化，不允許實施大規模進攻。兩人都有對中國進一步施壓的種種計畫。艾森豪連聽都不聽，他想趕快脫身。

在美國逐漸成為世界大國這個痛苦而不情願的過程中，艾森豪也許是最完美的中間派總統。他善於思考、細心謹慎、經驗老到，是最不具侵略性的軍人。他是國人期待或很可能是國人需要的總統，因為在那個敏感而危險的年代，美國需要這樣一個善於克制自己和掌控他人的總統。他的國際主義意識無可指責，而且難能可貴。他曾領導人類史上最大規模的遠征軍。他的性格與麥克阿瑟截然不同，對部下慷慨大方，從不吝惜稱讚他們，既精於約束自我的膨脹，也善於擋開他人自我主義的侵襲。他的當選遏制了麥卡錫主義，並終結了麥卡錫本人的政治生命。麥卡錫始終不懂自己的活動範圍和限制在哪裡，他在攻擊民主黨總統時有用，而在攻擊共和黨總統時就沒用了。

麥卡錫沒想到，艾森豪上臺後他的角色就變了。因此他還是繼續像以前一樣魯莽草率，以至於到了一九五四年，共和黨開始反對他，最終公開譴責他。儘管麥卡錫在一九五四年受到公開譴責，但這並不表示麥卡錫主義從此壽終正寢——政客最喜歡做的事就是攻擊政敵，並非由於政見的不同，而是基於對政黨的忠誠，使他們樂此不疲地去指責敵黨對國家不忠、背叛人民、教唆煽動共產份子。那些曾經讓杜魯門和艾奇遜焦頭爛額的指責只是在背地裡淤積而已。讓剛加入這場遊戲的艾森豪意外的是，他很快發現在某些關鍵問題上，他從國會民主黨人那裡得到的支持和同情，甚至多於自己所屬的共和黨。擔任總統幾週之後，艾森豪在日記中寫道：「共和黨參議員正經歷一個艱難的時期，他們的腦子裡很難接受自己屬於一個支持白宮而不是反對白宮的組織。」

* * *

艾森豪當選所帶來的變化之一就是為韓國的未來解決方案帶來更簡單的方法。一九五三年三月，美國與中國恢復停戰談判。一直慫恿中國採取更強硬手段的史達林在這時去世，這為雙方尋找解決方案開啟了一扇大門。雙方現在可以比幾個月前更自由地尋找結束戰爭的方式了。在美國，原本可能會讓杜魯門在國內受辱的提議，艾森豪現在卻可以無所顧忌地和盤托出，儘管提案有點令人失望。在中國，毛澤東也不必擔心史達林再指揮自己了。

聯合國軍司令克拉克首先向中國發出一封例行性信件，提議雙方首先交換傷病戰俘，並立即得到中共的積極回應。一九五三年四月底，這個代號為「小交換行動」（Operation Little Switch）的交換戰俘行動達成。現在，雙方進一步和談的大門徹底打開。但這裡還有一個非常棘手的問題。和金日成一樣，在付出如此巨大的流血犧牲後，李承晚對這個似乎沒有定論的提案非常不滿，他不甘心再次接受只有半壁江山的韓國。於是，他想盡一切辦法破壞和談。他在五月時宣布抵制任何和談，絕不會作為和談代表出現，並揚言將單獨作戰——這個威脅明顯是想讓美國難堪，然而結果肯定是徒勞無功。他得到的回覆是要求他簽訂美韓同盟條約。到了六月中旬，隨著雙方和談發展的加快，李承晚再次破壞和談。他撤走戰俘營的衛兵，讓大約兩萬七千名將可能被強制遣返的北韓戰俘逃走，走入南韓社會，從而激怒了平壤。即使如此，和談的發展並未受阻，畢竟兩個大國都想脫身。

可怕而罪惡的戰爭與和談繼續並行；作戰變得異常殘忍，雙方都是為了向對方表明，如果這不算真正的勝利，那就永遠維持現狀好了。到了一九五二年年中，戰爭已變得越來越像最糟糕的第一次世界大戰的壕溝戰，士兵日夜生活在持續的彈幕射擊當中，在錯誤的時間、錯誤的地點陷入殺戮和死亡。這時，雙方都已構築起堅不可摧的防禦工事。不過，共軍一改戰爭前幾個月勇往無前、英勇衝鋒的風格，在後兩年轉變成一支非常不同的軍隊，也非常擅長這種陣地戰。基於美國在空中攻擊和地面砲火上的絕對優勢，共軍逐步調整作戰方式。他們挖掘地道，利用這種原始而有效的地下掩體進行作戰（這種方法被後來的越南共產黨複製，而且運用得更出色。正是借助這種戰術，他們在一九五四年的奠邊府大敗法軍，之後又在越戰中對付美國人）。這些地道從共軍的陣地一直通到可以發動進攻的地點，甚至通到對方的防線。這麼一來，聯合國軍的地面火力就無法傷及在地下活動的中國兵，除非是可以掘地三尺的猛烈砲火。

此外，共軍還會把多數在內戰期間從國民黨軍隊手裡繳獲的火砲藏起來，以致美軍的偵察機很難發現它們的存在。火砲陣地設在山後，而且通常放置在手工開鑿的山洞中。他們會定期從山洞裡拉出一門砲，將二十發左右的砲彈非常精準地發射到美軍陣地，然後馬上把砲拉回山洞。「等我們的砲兵確定他們的方位時，他們的大砲已進入安全位置，砲兵也回到山洞裡，躲在一邊吃飯去了。」當時擔任步兵連連長的哈爾．穆爾說。他們的防禦陣地做的非常好，「非常堅固，很難用砲彈炸開，他們絕對是一流的專業挖掘大師，」穆爾說：「他們的戰壕就設在地道周圍，他們沿著地道可以回到戰壕後方十二到十四英里的地下隧道。因此，我們的大砲、炸彈和低空轟炸對他們幾乎沒什麼影響，甚至可以說毫無影響。」

戰場上，共軍紀律之嚴格和忍耐力之高讓美軍指揮官欽佩不已。由於戰爭本身不受歡迎，美國士兵的作戰積極性很低，因此，前線士兵一直採用輪換制，共軍卻很少輪換，同一支部隊可以在前線待很長的時間。讓美軍指揮官驚歎的還有，他們善於進行夜間轉移，而且基本上不露行蹤。隨著戰爭的持續，戰鬥開始在兩個軌道上進行：一方面是緩慢、痛苦、艱難的板門店談判，另一方面則是戰鬥本身，雙方都為此投入了大量兵力，目的就是讓對方知道，哪一方，不管是東方還是西方，都不想在戰場上丟臉。

一九五三年春天的豬排山戰鬥最為典型。豬排山（Pork Chop Hill），亦稱二五五高地，幾乎是戰爭最後階段無目的戰鬥的象徵。雙方投入極大，卻收效甚微。這是一場極為艱苦而血腥的戰鬥，持續了幾個回合。美方最初參戰的是守在在聯合國軍防線最外圍的步兵單位，雙方戰鬥的焦點就是爭奪聯合國軍外圍防線的幾個據點。這些據點並無重要的戰略意義，其重要性只是因為雙方自認為它們有價值，而且都想占領它們，也就是說，因為有一方想占據它們，另一方就想從對方手中攻下它們。準確地說，豬排山之役由一系列的戰鬥組成並持續了一年多，並於一九五三年七月演變成韓戰最後階段的幾場作戰。板門店談判者越接近於達成協議，豬排山的重要性就越大，戰鬥就變得更血腥。

一九五三年三月底，共軍開始攻打豬排山，但被美軍擊退，不過他們占領了鄰近一個位置更高的據點「老禿山」（Old Baldy），這就讓豬排山完全暴露在共軍的砲火下。第七師師長阿特．特魯多少將（Arthur Trudeau）想奪回老禿山，而新任第八軍團司令麥斯威．泰勒中將不准，他擔心奪取老禿山將付出更大的傷亡代價。泰勒已經得到華盛頓的命令，任何進攻不得動用兩個營以上的兵力。這項命令足以表明，華盛頓這時想縮小而不是擴大戰爭了。

一九五三年四月中旬，就在雙方為「小交換行動」和板門店談判做準備時，共軍再度進攻豬排山，約兩千三百人對豬排山的小兵力守軍發動進攻。隨後，戰鬥演變成雙方之間的一場猛烈砲擊。曾記錄軍隅里戰鬥的史萊姆．馬歇爾在記錄這場作戰時寫道，僅在砲擊戰的第一天，第二師和第七師的九個砲兵營就向敵人發射了三萬七千六百五十五顆砲彈，第二天又發射了七萬七千三百四十九顆砲彈。他寫道：「即使是一戰最激烈的凡爾登戰役，也沒有哪一天發射過如此多的砲彈。即使是二戰中火力最猛烈的夸賈林礁戰役，按每小時發射砲彈的數量、單位面積地面落下的砲彈數量以及砲彈發射總數來說，都遠不及豬排山戰役。光憑這一點，這場戰役就足以記入史冊。這在砲兵戰鬥中絕對是史無前例的紀錄。」

美軍最後還是守住了陣地。一九五三年七月，共軍第三次進攻豬排山。戰鬥的前兩天異常激烈，雙方在山頂僵持不下。約瑟．克萊蒙斯中尉（Joseph Clemons）指揮的K連遭到沉重打擊，一百三十五名守軍只剩下十四人。戰鬥從七月六日打到十一日，總共持續了五天。雙方堅持奮戰，不分軒輊。到了七月十一日早上，泰勒驅車趕到特魯多的司令部，並對他說，豬排山不值得再投入更多人力，這場慘烈的戰役終於不了了之。剩餘的美國部隊趁中國人不注意的時候已悄悄撤退。後來有人問大英國協師師長麥克．韋斯特少將（Mike West），怎樣才能奪回豬排山。他的答案很簡單：「沒有這個必要，那只不過是一個前哨而已。」十六天後，也就是七月二十七日，韓戰正式停火。這場異常艱難、消耗極大、極為殘酷的戰爭，終於以雙方都不甚開心的結果草草收場。

53 反思

或許所有戰爭都是某種錯誤判斷的產物。在韓戰中，各方在所有重大決策上都無一例外地做出了錯誤的判斷。首先，美國把朝鮮半島踢出自己的遠東防禦圈，這自然會鼓勵共產黨勢力對它採取行動。然後，蘇聯又為金日成出兵南韓開了綠燈，並確信美國不會干預。美國參戰後，嚴重低估北韓軍隊的作戰能力，卻明顯高估自己第一批作戰部隊的實力。他們以為自己準備得非常充分，可以一舉擊敗金日成。最後，美國人又貿然做出越過三十八度線、繼續北上的決定，卻毫不在乎中國人的警告。

之後，麥克阿瑟又做出這場戰爭中最大的誤判，就是命令聯合國軍一直打到鴨綠江畔，因為他堅信中國人不會參戰，這就讓他的軍隊處在極度危險之中。毛澤東以為，共產主義信仰和革命精神肯定會戰勝美國的強大武器以及腐朽墮落的資本主義靈魂。在取得第一輪大勝後，毛澤東迫不及待地命令共軍乘勝追擊，一路南侵，在這個過程中，他們損失慘重。在這段時間唯一坐收漁利的似乎只有史達林。他既擔心狄托主義影響毛澤東，又擔心中國與美國成為盟友，因此當毛澤東決定和美國人作戰到底時，史達林不會不高興。不過，即使是極度冷血、工於心計的史達林，也屢次做出了錯誤的判斷。最初，他以為美國不會參戰，但美國還是出兵了。如果說他希望看到美中兩國開戰，而讓蘇聯人隔山觀虎鬥，那麼韓戰對蘇聯的長期影響則是不可預知的。首先，中國一定會對他在最初也是最關鍵幾個月裡的食言而懷恨在心，這種怨恨之情導致中蘇關係在十年後破裂。更重要的或許在於，中國參戰必將對美國如何看待其國家安全事務帶來深遠的影響。

韓戰為美國人帶來的影響在NSC68報告中有充分的體現。它大幅提高了五角大廈的影響力，促使美國比以往任何時候更加重視國家安全事務，進而強化了艾森豪在兩屆任職期間始終關注的問題，也就是他在離職演說中提到的：必須警惕「軍事工業複合體」的出現。同時，韓戰讓美國人更理性地了解共產陣營。多年來，美國人一直認為共產陣營是堅如磐石的統一體，事實證明這種想法是錯誤的。如肯楠那樣強調民族主義和老派歷史觀點的人的政治影響力因此而逐漸弱化。它將會毒害美國政治：美國將非常害怕某個國家落入共產陣營之手，這種恐懼是基於國內政治而不是地緣政治的考量。由此，美國的亞洲政策被嚴重扭曲，而這種扭曲又反映到美國如何對待一個當時尚未出現在國家安全雷達螢幕上的小國——越南。

當然，金日成的錯誤更是不勝枚舉，他不但沒想到美國會派兵保護南韓，還高估了他的個人感召力及其革命歷程的神祕力量。他一廂情願地以為，一旦他的軍隊南下跨越三十八度線，二十萬名南韓農民馬上就會揭竿起義。他不但沒有成功統一朝鮮半島，還誘使美國人提高了對南韓的軍事防禦等級。他不但沒有以武力奪回南韓，還刺激了南韓戰後的經濟成長，讓它成為北韓難以企及的經濟強國。韓戰結束五十年後，美國軍隊仍駐守在南韓。南韓已經成為發展中國家的經濟燈塔，一九八〇年代末期，它的經濟比蘇聯更有活力。相較之下，北韓仍停滯不前，政治上不開放，經濟上無發展。

＊＊＊

除了親身經歷戰爭之人外，對許多美國人而言，韓戰始終是歷史的黑洞。停戰的第二年，它就變成了一場無人願意回憶和了解的戰爭。而在中國，情況恰好相反。對中國人而言，這是一次值得自豪的成功，也是這個國家在新的歷史中寫下的璀璨樂章。對他們來說，韓戰代表的不僅是一場勝利，更重要的，它也是新中國的又一次解放，與長期受西方列強壓迫的舊中國徹底決裂。與剛誕生的新中國打成平手的，不只是這個世界上最強大的、剛剛征服日本和德國的美國，而是整個聯合國的軍隊，按照中國人的意識形態來說，被他們打敗的是所有帝國主義國家及其走狗。從這個層面上來看，這場勝利的意義是無法估計的，而且在他們的心目中，韓戰是完全依靠自身力量取得的勝利。雖然蘇聯人曾允諾提供武器支援，但他們在最關鍵的時刻食言了。因此，在中國人心目中，蘇聯人只會說大話，然後躲在一邊看熱鬧。北韓人流於浮誇，過度相信自己的能力，在關鍵時刻潰不成軍，是中國人拯救了他們。在中國人看來，無論是在北韓對這場戰爭的歷史紀錄中，還是在講述這場戰爭的博物館裡，普遍不願稱頌中共軍隊的豐功偉績是一件可以理解、並不令人驚訝的事。北韓不喜歡被人拯救的感覺。如果說中國當時還缺少把美國人趕出臺灣的武器，那麼他們利用充裕的人力、他們的獨創性和戰士的勇敢，在朝鮮半島與美國人平分秋色。戰爭結束後，每個人都不得不另眼看待這個正在緩緩升起的東方大國。

這首先是毛澤東個人的勝利。在所有人都猶豫不決，擔心這個剛剛奪取政權、仍百廢待舉的新中國可能會遭遇失敗的時候，毛澤東毅然決然地決定出兵。毛澤東卓有遠見地預料到，在朝鮮半島為自己贏得一席之地將會使新中國在國際政治和國內政治方面有所收穫。雖然這場戰爭確實比他們想像得更殘忍，雖然美國人憑藉其強大武器表現出超乎他們預料的戰鬥力，造成了中共軍隊的重大傷亡，但毛澤東可以接受這些。他能容忍以鮮血作為革命的代價，以生命換取革命的勝利，因為他領導的國家就是一個物質匱乏而人口龐大的國家。這個龐大的人口基礎允許他用犧牲生命去贏取國家榮譽。當周圍的人還在猶豫徘徊時，他卻有堅定不移的信念。在中共領導層中，毛澤東不是唯一認識到人口優勢的人，但他卻是更有決心做出這種犧牲的人。

可以說，韓戰為亞洲地區隨後的幾次戰爭提供了一部教科書。它留給亞洲國家的經驗就是：與西方國家作戰成功的關鍵，就在於他們具有承擔大量人員傷亡的能力，以人力優勢抵消西方世界的技術優勢。在韓戰以及隨之而來的越戰，美軍指揮官和理論家一直在談論亞洲人的生命比西方國家更便宜的問題，因此他們認為，自己的任務就是發揮強大的軍事技術力量，讓戰場的天秤向自己傾斜。這些亞洲的對手則決心向他們證明，這種想法是不可行的。他們總會付出代價，而且地理位置的偏遠和邊緣將使美國人付出高昂的代價。

由於中國人把韓戰看成偉大的勝利，毛澤東也進一步鞏固了他在中國政壇上的領袖地位。他敏銳地意識到，跟美國人打仗將替國內政治帶來諸多好處。結果正如他所預料的那樣，這場戰爭成為新舊兩個中國的分水嶺，打擊了那些與西方世界相互勾結、支持舊勢力的中國人，把他們變成了全民公敵。在戰爭期間及隨後的歷次運動中，這股勢力被徹底摧毀，他們不是被殺害，就是被剝奪財產。從那時開始，沒有任何政治勢力可以制衡毛澤東。戰爭開始之前，毛澤東就是偉大、全權的領導，現在他的偉大在原本與他平起平坐的中央政治局成員的眼中再次獲得保證。當然，毛澤東現在已經凌駕在他們之上了。戰爭之前，毛澤東是中央委員會的決定性人物，地位原本就不平等。戰爭之後，他成為中國的新型態的領導人，人民的皇帝。人們不再有多餘的物資、多餘的特權，乃至於多餘的女人送給他。人們渴望向他致敬，他有更多不同的住所，也有更多不同的人為他的膳食做毒物測試。人們反駁他的頻率也越來越低了。個人崇拜，這個他一度批評過的東西，開始讓他心情愉悅。在中國，對他的膜拜亦由此迅速膨脹，超過了蘇聯人對史達林的膜拜。

對毛的崇拜，並不只是對政治情勢的錯估，還是某種更為黑暗的事情。將如此大的權力賦予一個早年飽受傷害的人無疑是非常瘋狂之舉，之後發生的事情，就總是有懷疑和報復的成份。跟史達林不同，長久以來，毛澤東在年輕時期就被無數敵人殘酷地追捕，於是生成一種深沉、揮之不去的偏執，這成為他揮之不去的內在情緒及政治性的偽裝。現在，他成為新中國政經社會體系的總設計師。他在無人牽制的情況下統治著中國，國內任何人都有可能是他的敵人。他的權力沒有限制，他的偏執更沒有限制。很長一段時間，毛都是一個邊緣人物，如今卻過著帝王般的生活。他不再需要聆聽其他人的意見，若其他

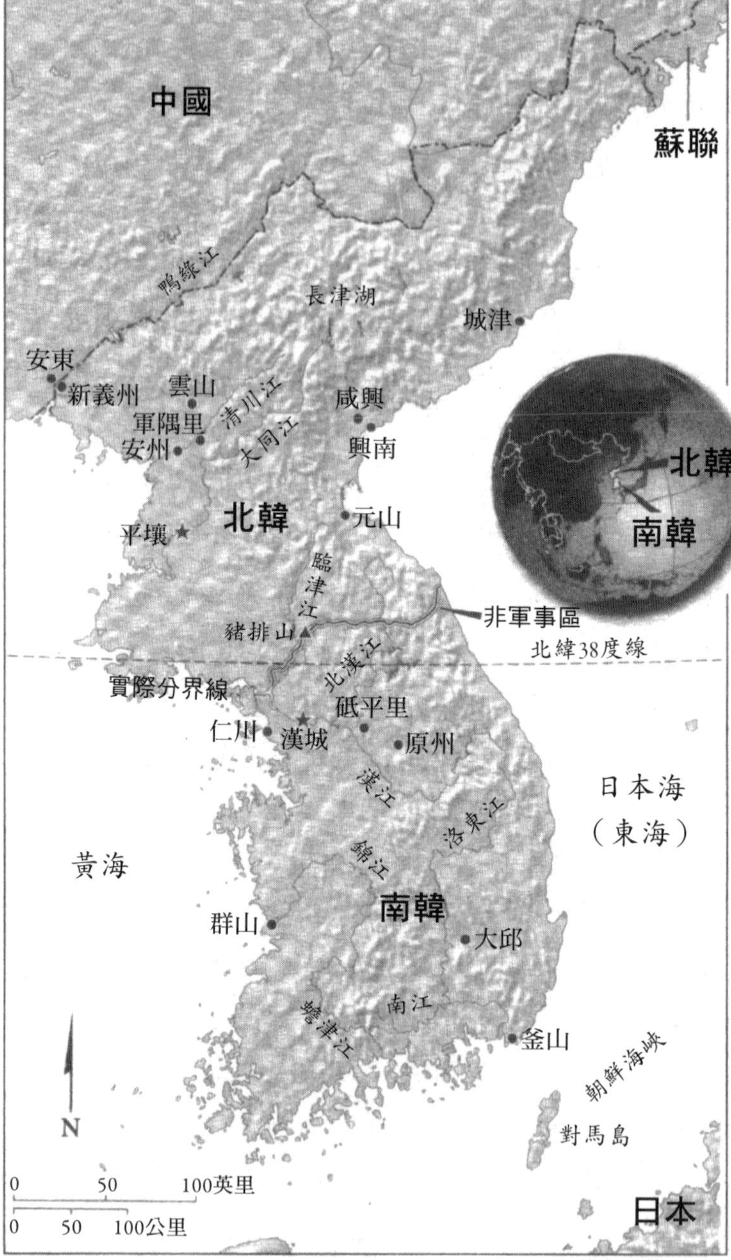

圖二十五　停戰後的朝鮮半島，一九五三年七月二十七日

人與他意見相左，那是因為他們不若自己那般將中國的福祉放在心上，或許也不把自己的敵人和中國的敵人放在心上——他認為這兩者是相同的。他認為他對所有事的看法都是正確的，他說出口的話就是法律。他決定，他的中國已經準備好要進行現代化了，也就是所謂的「大躍進」，而將一個貧窮的農業社會轉型成現代工業社會的重擔，一夜之間便落到了農民身上。他似乎為了更遠大的目標，而將此重擔加諸在農民身上。他的新中國必須在農民的背上建立。為毛澤東實現夢想（無論那有多不可能），就是這些農民的工作。大躍進也許是朝瘋狂邁進的先例：大躍進開始後，農民越來越飽受折磨，要產出更多農作物的壓力更甚以往。大躍進從來都只是幻影更甚於事實。官員竄改農產品產量，好似計畫相當成功，然後政府裡的人都知道這是個天大的失敗。歷史學家史景遷曾評論這簡直就是「災難性的苦難」。然而當時沒有人敢挑戰毛澤東。

因為毛澤東如此專制，他將所有潛在批評他、持有異議者（不論對方如何忠誠）逼成了危險人物。那些挑戰他的人不只是錯的，更可能變成全中國人民的敵人。所有認為他們是毛澤東的朋友、同事與老戰友的人都大錯特錯：只有在他們認同毛澤東所有的意見時，他們才是他的朋友。沒有哪個老戰友像彭德懷那樣飽受折磨了。他是個單純的人，一向很守本分，一個真正的共產黨員，在政治上總是聽從毛澤東的意見。然而他也是個為農民福祉著想的人，於是他便不由自主地成了毛澤東的反對者，幾乎要將他變為敵人。

到了一九五九年，「大躍進」帶來的後果已經顯露出來了，中國發生了百年以來的饑荒。但人們看到的農業產值卻高得離譜。幾乎每位高階官員都知道，毛主席的「大躍進」，充塞著謊言和虛假的統計數字，然而無人敢面對現實。

最後，時任國防部長的彭德懷說出了真相。當時，中蘇關係日益緊張，彭德懷認為中蘇兩國雙邊關係處理不當。這種想法本身就會給他帶來麻煩。但他尚未與毛澤東決裂。彭德懷為人直率，不擅長政治技巧，而長期革命戰爭養成的直言不諱性格，更容易被戴上反對派的帽子。一九五九年，彭德懷回到湖南老家的農村，與當地農民交流。農民沒有向元帥隱瞞生活極度窘迫的現實。彭德懷發現，高層領導者想像的情況以及地方政府向中央匯報的情況並不是中國的實情，造假的現象正在抬頭，而廣大農民正為此承受著巨大壓力。

一九五九年夏天，也就是韓戰結束六年後，彭德懷在廬山會議期間寫給毛澤東一封私人信件，指出了一些問題，並認為自己看到的是事實。他沒意識到這麼做會帶來什麼後果。信中提到他們以往的成功勝利，還委婉地提出了一些警告。毛澤東立刻命人將此信複印，分發給所有與會人員。這封信的焦點被模糊了，成為把彭德懷劃為人民公敵的鐵證。彭德懷曾試圖討回這封信，但最後沒有成功。儘管所有與會者在心裡都認同他的觀點，卻沒人敢公開支持他。正如史景遷說：「毛澤東把彭德懷的善意批評和作為朋友的私下提醒當成叛國的罪證。當毛澤東把這封信的影本分發給其他政治局委員時，沒有一個人敢站出來支持彭德懷。大多數人認為，元帥的分析是正確的，但在政治上是極端的。它意味著，當時的中共中央委員會只能反映毛澤東的想法，而不考慮中國當前的現實和需求。」史景遷還進一步指出：「今天，歷史學家認為，這段時期對中共的核心領導階級造成了極大的破壞，人們的士氣和勇氣遭受極大的損害。」史景遷還提到，由於連年饑荒，在隨後七年，超過兩千萬人死於飢餓。

為此，毛澤東讓林彪站出來公開指責、攻擊彭德懷。彭德懷的人生因此走到了盡頭：先是撤銷國防部長的職務，隨即在家中被捕；在一九六六年開始的「文化大革命」，彭德懷成為批判的首要目標，在群眾集會上被批鬥，遭到無數次身體和語言上的摧殘，在批鬥大會上慘遭羞辱，被強迫招認莫須有的罪名。最後被活活打死的下場，對於付出了多年忠勇的他而言是個痛苦的回報。其中一個來自於紅衛兵的最嚴重指控，在於他「一生反對毛主席」。每天照三餐的給紅衛兵拳打腳踢，其肋骨與肺部嚴重受傷，昏倒更是時常發生，但是他卻從來沒有屈服過。他常常當著審問者的面大叫，「我無所畏懼，你大可以射殺我，但是你也沒剩下幾天了。你越是審訊我，我將變得越強硬。」到被活活打死以前，他接受了一三〇次的審問。毛澤東摧毀的不只是彭德懷，同時還摧毀了中國共產主義革命中最具理想主義的一面。剩下來的，只有對毛澤東無盡的狂熱崇拜。

＊　＊　＊

進入二十一世紀後，任何社會似乎都不像北韓和南韓的反差那麼大。北韓也曾取得某種屬於自己的成功，而且他們是最早的勝利者。因為從此以後，他們可以按自己的意願去統治國家。他們那時從蘇聯複製了高度集中的權力結構和嚴格控制的安全體系。在二戰結束後幾年，正當美國和南韓奮力掙扎，但只能展現出無能和低效而不是技巧和優勢時，蘇聯對北韓的扶助卻非比尋常地有效率。美國對他們在北韓的做法思之甚少，而美國在南韓扶植的政府卻腐敗透頂、無能至極。相較之下，北韓的發展顯示出明確的目的性和強大的國家控制力。金日成在很多方面繼承了蘇聯的領導體制和管理機制。也許有人嘲笑他，也許其他社會主義國家也在仿效蘇聯，但金日成顯然更精於意識形態和思想領域的控制。

另一方面，他的思想也體現了朝鮮人的某種特定思維。連綿不斷的砲火和長期的殖民統治，為朝鮮半島留下很多特殊的印記。擺脫壓迫的北韓人迫切希望證明自己，而蘇聯體制的引入讓北韓進入另一條發展軌道。蘇聯的體制對北韓政治、經濟、社會造成了深遠影響。這種想證明自己的強烈慾望逐漸轉化為國家的意識形態，也許這就是金日成真正的意識形態。靈活與機敏讓金日成得以在共產陣營裡如魚得水：在一九五〇年代末到六〇年代初，當中國與蘇聯劍拔弩張時，金日成依然能在兩個強國之間來往自如，既深得他們的歡心，又能獲得他們的援助。最重要的是，當中蘇兩國陷入爭鬥時，自然也就無暇顧及對他的限制。這讓金日成可以擺脫這兩個社會主義大國的控制，獨立追求自己的理想。

但是這些早期的成功極為罕見，而且通常是由上往下進行的。毫無疑問在北韓這塊土地上，人們沒有辯論與交談的自由，當然更沒有選擇的權利。在那裡，你能學到的只有敬禮與聽話，是一個完全缺乏改變機制的世界。從社會角度來看，北韓如同一個無法正常呼吸的器官。因為他無法呼吸，他同時也無法成長。社會如果要成長，就必須要擁有成功與失敗的經驗。

在這個世界上，沒有一條道路是完美的。從錯誤之中，你能學習到與成功一樣多的經驗。不過在北韓，不容許存在批評也不容許存在錯誤，因為所有的道路都是由金日成走出來的，而他永遠都是正確無誤的。於是北韓就成為了亞洲個人化極權主義國家的指標，極度的壓抑與缺氧。論獨裁專制，恐怕就連毛澤東統治下的中國大陸也無法相提並論。因為中國太大，控制起來太困難。

北韓同時也是全世界最仇外的地方，南韓時常在極權與民主之間搖擺。每擺動一次，就往民主前進一次。然而北韓的統治卻不曾有過撼動，這是它最大的原罪。它始終被凍結在集體的狂熱之中，只有一個人的思想可以決定這個國家的行動。任何政治上的反對勢力都不允許出頭，金日成清洗政敵的手段完全是以史達林為榜樣。

只有金日成說的話是聖旨，他永遠是對的。所有與他不一樣的政治、經濟或者農業觀念都是錯誤的。八〇到九〇年代，當俄羅斯與中國在不同程度上相繼走上緩和道路時，平壤卻反而與他們漸行漸遠，既無法改變也無法調整。因為一切的改變，都意味著金家政權可能垮台。其他過去與北韓稱兄道弟的共產主義國家，卻因為新勢力的上台而走向改變。

北韓則變得更教條，更加的僵化，更像是一人獨裁統治下的囚犯。別的共產國家變得越多，北韓就越是選擇自我孤立，並相信在這個世界上除了領袖之外沒有任何一方值得信任。似乎為北韓贏得獨立的所有戰爭，都是由他單獨領導贏取勝利的。中國人時常因為造訪平壤的朝鮮戰爭紀念館而被激怒，因為他們過去為拯救這個姊妹國家所付出的犧牲在館內被大幅弱化，甚至幾乎連提都不提。

同時，為了向他的子民（包括他自己）證明他的道路是正確的，北韓國民即便遭遇到飢荒、警方經常性的暴力相向還有糟糕透頂了的生活環境，仍是世界上最幸福的一群人，金氏家族推動個人崇拜的地步更是超過了昔日的史達林與毛澤東。一個高達六十六呎的金日成銅像，被硬生生豎立在一個擁有九十二間展廳的革命博物館正中央。

平壤還有自己的凱旋門，並且比巴黎的那座更加輝煌。這座凱旋門，是為了紀念一九四五年日本投降後，金日成重新回到祖國所建。總之在這座城市，這個國家的所有地方，都不會出現金日成缺席的情況。

他永遠被稱呼為偉大領袖，並擁有五座別人絕對不能入住或者使用的皇宮。當他駕車出現在平壤的大道時，全平壤的交通都必須為他停止。除了做為他接班人的兒子金正日外，全國能看到的只有他本人的照片。在日常生活中，所有人都將有他肖像的徽章別在外套、毛裝與韓服上。研究兩韓的奧貝道費（Don Oberdorfer）表示，到八〇年代時北韓至少有八萬四千座金日成紀念碑。

這還不包括一些金日成去過，甚至於短暫坐過，如今上面被加裝玻璃保護的公園長椅。當被一位蘇聯官員問到北韓有什麼特色的時候，金日成表示北韓最大的特色就是做為一個充滿歷史的土地。金日成告訴蘇聯官員：「你們不懂我們的國家，我們的國家長期推崇中國與日本等先進國家，儒學則是我們生活中所不可缺乏的文化。」

雖然他的人民在挨餓，工廠的生產情況也糟糕透頂，但是他從一開始就因為試圖刺殺漢城的重要人物，或者是認為對國家有用就任意將人從南方抓到北方而被國際社會視為犯罪者。隨著他年紀越來越大，金日成一直有兩個在他活著時沒有達成的願望。一是發展核子武器，二是讓自己的兒子金正日取而代之成為新的領袖。沒有甚麼東西，比夜晚在朝鮮半島上空拍攝到的衛星照片更能凸顯南北韓之間的差異。

三十八度線以南的土地被燈光照耀著，象徵繁忙的經貿往來，而北韓則顯得一片漆黑，形同一片被拋棄的地方。金日成最後照著自己的想法，打造了屬於他自己的國家。缺乏活力與希望，全面的極權主義制度，外加他個人的技巧與恐懼交織在內。北韓比過去任何時候還要孤立，就連過去的盟友中國與俄羅斯都難以打入，並仍期待擁有自己的核子彈，以維持這個流氓國家的生存。

＊　＊　＊

美國在後二戰／後冷戰時期取得了很多成功，其中以南韓的變化最引人注目，最富戲劇性，他們的成功甚至遠超過「馬歇爾計畫」。相較之下，南韓過去既沒有民主傳統，也沒有工業基礎，更談不上中產階級的生活水準。韓戰之後，人們看到的是一個在政治、經濟諸多方面呈現出全新面貌的南韓。從歷史上來看，他們一直是鄰國的殖民地。他們的天賦蟄伏已久。當然，也有很多外國人來到這裡，其中大多數是傳教士，他們深知南韓人的潛在力量。南韓人渴望更美好的生活，不乏天賦，不缺少工作的熱情，這一點與日本人很像。儒家思想告訴他們必須尊師重道，他們珍惜眼前難得的機遇，需要最大限度發揮自己的才華，充分利用現有的資源。但這個半島的歷史以及地理位置，帶給它更多的還是黑暗與壓抑。二戰結束後，南韓曾走過一段彎路，倉促趕來的美國人沒有殖民統治的打算，因此對現代韓國歷史幾乎一無所知的美國人犯了很多錯誤，而且低估了南韓未來發展的種種可能性。他們對這個國家的了解不比他們的任何前人多，加上遙遠的地理阻隔，美國人想不到這個國家會有什麼前途。他們很快發現了愛國主義者李承晚。依照李承晚對民主思想的理解，民主就是他和他的盟友能做自己想做的事，而別人只能遠觀。

不管怎麼說，美國人心甘情願地把他們的孩子送到韓國土地上赴死，因為他們有共同的反共情結。

美國人到南韓不是來做征服者，也不是傳統意義上的帝國主義者。隨著冷戰思維日漸淡化，南韓社會也一直在順應建立民主制度的衝動，這種變化大多是由到美國學習並深受美式自由影響的南韓人帶回來的。這些赴美學習工科的南韓人學到的既有工程技術知識，也有民主思想。

正是美國在冷戰期間的庇護，才讓南韓走上現代化之路。首先是軍事現代化，然後是工業現代化，唯獨不涉及政治現代化。這並不是美國人最初設想的結果。但是，如果三十年後再回顧那段時期，人們會驚訝地發現，南韓經歷了一段不可思議的民主化歷程。出人意料的是，這場政治改革完全是作為現代化的副產品而出現的。南韓所發生的故事，是激進與漸進結合的奇妙混合體，一切都發生得非常迅速。它源自韓戰期間的基本需求，亦即打造一支更優秀的南韓軍隊，而前提就是必須有更出色、更專業的軍官。很多現役軍官都曾在韓戰期間基於忠誠而堅守陣地，並有意懲治國家的嚴重腐敗。一九五二年，一所新的軍事院校在美國的壓力下正式成立。這是一所高度模仿西點軍校的軍事學院，最初有很多教官都是美國軍官，教學課程也和西點軍校一樣，以工程技術為主。[10]這個國家眾多最有才華的年輕人被送到這裡——它成為南韓人才的搖籃。在這裡，有天賦的南韓年輕人得以接受他們最迫切需要的教育，證明他們的價值，並打破陳規陋習對他們的束縛。

毫無疑問，這是一個現代化社會的萌芽，或許是創造南韓新興階層的第一步：追求現代氣息、富於理想、接受良好教育的青年，將為他們的國家帶來新的現代化意識。這所軍校的影響以及它在國家建設裡的重要作用，也許遠比創辦人預見得更為深遠：事實上，軍事技術與國民經濟的現代化程度越高，人

10 備註：所指的應該是韓國陸軍士官學校，又稱「花郎臺」，相當於中華民國陸軍官校。創校於一九四六年，一九五〇年韓戰爆發後，暫停教學，一九五一年十月在慶尚南道鎮海復校，改制為四年制軍官學校。

們就越會認識到舊體制的陳腐落後，李承晚及其繼任者對這個國家的控制也就越弱。在某種程度上，這些學生和美國教官之間的關係非常重要，因為這些美國教官代表了新的意識和觀念，而他們的言行反映了兩種矛盾的概念：尊重軍中的階級，以及此一階級對個人自由的高度尊重。

現代化發展有其內在的規律和階段：在這個過程中，首先應該是教育現代化，而後是社會現代化，然後是經濟現代化，最後才是政治現代化。軍事體系的現代化帶動了其他高等學府的教育現代化。當一個國家樹立了自己的社會形象、培養出人才並恢復了信心，它會希望自己能在國際經濟舞臺上一展身手，這些工程人才便找到了施展才華的機會，這是一種政府主導型的資本主義，在一定程度上與日本的發展模式非常類似，但南韓的發展更成功，因為日本的成功畢竟有一些先例可循，而南韓幾乎是從零開始。

南韓在一九六〇到七〇年代的發展應該說是人類社會發展的奇蹟，是壞事變好事的範例。這個國家的統治者李承晚在三十年間從未放棄狹隘的獨裁意識，他多次鎮壓學生運動。即使如此，人們追求理想生活的浪潮從未停止，反而在鎮壓之下愈演愈烈。經濟成功提高了整個社會的樂觀情緒和國民自信心，民主的獨立意志開始暗潮洶湧，首先在學生之間迸發出來。儘管李承晚政府始終認為，他們還是可以像往常那樣發展經濟，社會的一切權力都集中在國家上層，但改革的思想已深入人心。人民迫切需要改革已是整個國家的歷史大勢，非個人可以左右。改革既非起點，亦非歸宿，而是社會發展的永恆規律，因為社會的期望和追求是永不停止的。它要求社會上層接受這個現實，順應這股潮流。一九六〇年四月，當李承晚下臺時，南韓陸軍參謀長說：「我個人尊敬李承晚博士，但歷史拒絕了他，嘲弄了他，而且不再信任他。目睹眼前的現實，我感到難過。」

這一切的背後都隱藏著美國的潛移默化的影響。冷戰初期，美國高層人士始終支持南韓實行威權體制，但美國也為南韓帶來了其他影響。很多到美國念書的南韓青年發現，你既可以是忠於國家的公民，也可以是追求自由的個人，兩者並不矛盾。忠於國家隱含著一種內在的複雜性：反對政府的同時仍可以熱愛祖國，兩者同樣不衝突。於是，南韓社會開始以一種很少有人理解而又沒有計畫或預期的方式，以緩慢、踉蹌的腳步，走向更自由的社會。一九七〇年代末，這個循序漸進的民主化發展起步了。越來越多南韓青年對自己的能力和生活越來越有信心，同時，他們也需要得到越來越多的自由，享受越來越真實的繁榮。天才與野心的結合，勤奮工作的精神，良好的教育，讓他們成為國家的主宰者，這也是一個國家走向繁榮的根本動力。一旦他們感受到新生活的美好，就很難讓他們停止追尋的腳步。

有一段時間，政府試圖鎮壓這些新興社會力量，但都在反抗面前敗下陣來：經濟越成功，南韓公民對自己就越有信心，就越想分享這些成功帶來的經濟和政治成果。政府面臨一場它永遠無法理解的危機，在某種意義上，這是一場因為期望值上升而帶來的抗議。政治自由化的壓力最初主要來自大學生，工會組織和中產階級隨後陸續加入。「到了一九八七年，南韓已經發生不可逆轉的變化，」一九八〇年代末負責亞太事務助卿席格爾（Gaston Sigur）說：「中產階級成為權力階層。這種變化不可忽視。政府對付的不是左派學生力量。左派學生可能衝在前面，但所有的人都很清楚，這些示威運動的背後支持者是強大的中產階級。」南韓轉眼間搖身一變，化為一個充滿活力、富有效率、極為成功的民主國家。南韓第一位民選總統盧泰愚曾對法蘭克・吉布尼（Frank Gibney）說：「我很難想到，近代史上還有哪一個國家能像南韓一樣在這麼短的時間內，依靠自身力量，從一個集權國家轉變為民主國家。」在南韓，經濟成功不僅是政府推動的結果，也是順應社會中低階層民眾需要和期望的結果，儘管這種順應也許是政府不情願的，但它對社會進步的促進作用是無法否認的。

* * *

對於曾在那裡作戰的美國人和其他人來說，不管他們在那裡付出了多少，但在回到故鄉後卻大多缺乏認同，曾經的犧牲沒有換來應得的回報。南韓的成功對於他們曾經的犧牲以及那些不僅犧牲青春而且把生命留在那裡的人來說，無疑是遲來的追認，這個成功帶給他們的認可和榮譽，也許是他們始料未及的。他們當中有很多人一直把這段往事深深埋藏在心裡。剛從南韓回國時，人們都不願聽到與這場戰爭有關的任何事，因此老兵們從來不向家人和老友提起這段殘酷的經歷。或者說，他們想說也沒人能理解；或更糟，根本不理解，因為這無疑是讓他們撕開尚未痊癒的傷疤。他們的孩子也許只知道自己的父親曾經是軍人，其他的恐怕一無所知。至於他們當時隸屬什麼部隊，參加過什麼戰役，對這些孩子來說就如同天方夜譚。孩子們也許會埋怨父親，埋怨他們從不為自己講戰爭故事。他們把和那段經歷有關的全部記憶都深深隱藏起來。

但是，他們在那裡所做的一切，以及他們為什麼要做那些，仍舊是他們人生中最重要的片段。他們引以為榮，更為自己能在那麼艱苦惡劣的條件下沒被打倒而感到自豪。他們為那些沒有回家的人默哀，半個多世紀後，這些死者仍然有資格分享這份榮耀，這仍舊是很多人最難忘、最珍貴的經歷。很多人以自己的方式記述那段往事，並因此成為業餘的歷史學家。在他們的第二代或第三代的鼓勵下，很多遲暮之人最後拿起了筆，記述自己的韓國歲月，有的自費出版、有的是影印後用釘書機裝訂，複印甚至是手寫稿的形式，讓後人了解那段歷史，追憶那段往事。事實上，他們之中有很多人都有自己的韓戰歷史陳列室或小型圖書館，牆上掛著每場戰鬥的大幅地圖。但是，就像他們埋藏在心裡的很多經歷和記憶一樣，這些陳列室不對外開放。除了當年的戰友，他們不會去向別人解釋自己在那裡做了什麼、為什麼那麼做。那段經歷中最關鍵的部分，也是別人看來最寶貴、最準確的部分，似乎已經遺失到某個不為人知的地方。他們一直保持聯繫，透過一種特殊的紐帶，他們還可以交流那段特殊的經歷，因為只有親身經歷這場戰爭的人，才能理解這段奇妙的往事。這些人一直有電話和書信往來，到了晚年，神奇的網路為他們創造了新的生活，讓他們找到原以為隨著時間流逝而永遠失去的老朋友和老戰友。參加過韓戰的老兵組成了戰友會，建立各師及各團的通訊錄，每年還召開年會。老友依舊，新友不斷，很多在韓國隸屬鄰近部隊卻互不認識的人，藉由這些活動成為新朋友。參加過某場戰鬥的戰友們偶爾會小聚一次，共同追憶半個世紀前的往事。第二師第九團的砲兵前進觀測員雷伯德說：「在這些聚會上，你會不由自主地強迫自己去追憶，想起你在過去五十年裡一直想忘卻的東西。」

越來越多人重訪南韓。一開始只是個人，後來有越來越多的人，然後回來把那裡的故事講給自己的戰友聽。因此，開始有人組織老兵旅遊團。他們回到昔日洛東江戰役中曾經戰鬥過的地方，還有砥平里等重要戰場。但還沒有人去參觀曾讓他們面對殺戮的軍隅里和「鐵手套」，因為這兩個地方位於三十八度線以北，是無法參觀的。很多人第一次來到這裡的感覺是憎恨，但是今天這個國家本身的成功，這個國家令人讚歎的現代化程度以及當地人對他們的真摯感激，這些他們在美國本土沒有得到的獎賞，都讓他們留下了深刻印象。另外，讓他們自豪的是，儘管他們在這場戰爭中沒有獲得傳統意義上的勝利，但他們的付出終究得到了回報，因為冷戰結束了，人類已打破意識形態的隔閡。他們向世人祈禱，但願永遠不再有戰爭。

尾聲
Epilogue

韓戰讓民主黨深受其害。它留下的大筆債務首先得由民主黨，然後由全體美國人承擔。在那段時間，杜魯門承受著各方壓力。這種壓力不僅來自韓戰和蔣介石的失敗，更源自於在這個異常艱難、極端痛苦的時代，內憂外患讓民主黨人心力交瘁。一九五二年是戰後民主黨執政的第七個年頭，儘管他們在經濟和政治上取得了巨大成就，但無論是民主黨還是共和黨（乃至整個國家），都不得不接受一種不安多於勝利的新型戰爭。共產黨顯然很可能會成為永恆的敵人。因此，到了一九五二年，美國人需要改變自己、調整自己，這一點毫不奇怪。但是，那個時代的教訓卻揮之不去，就像病毒一樣，滲入民主黨人的血液。共和黨人也找到了自己能做的事。能言善辯的他們一如既往，在嘴上絕不姑息共產黨。他們把共和黨標榜為打擊共產黨的衛士，他們的使命就是堅定不移地對抗赫魯雪夫和他的繼承人。國家安全也有了變化——共產陣營的威脅已近在眼前，但如何準確衡量這種威脅卻越來越難，因為它現在和美國國內政治深深地、盤根錯節地糾纏在一起。

一九五〇年代後，中國一直都是最讓民主黨頭痛的問題。他們不敢直接挑戰，回應指責，更無法解釋這一切是如何發生的，這讓民主黨在政治上倍感煎熬。中國是他們最大的心腹大患。於是，人們馬上忘記韓戰後出現的更大問題：美國是否需要把真正嚴肅的國家安全問題與民主政治運動中日趨激烈的反共潮流區分開來。那麼，美國是否對哪些是真正的國家安全問題，哪些只是少數人別有用心造成的假象，做出了明智的選擇呢？民主黨的固有弱點讓他們在這個問題上左右為難，最終成為促使美國涉足越戰的重要原因之一。二戰之後，民主黨在穩定歐洲政治經濟局勢方面的成功大多被人淡忘，畢竟，他們在中國問題上的失敗顯而易見。

一九五二年大選後的幾年，儘管海外軍事力量的配置基本上就位了，但冷戰氛圍急劇增長，並成為美國的首要政治問題。此外，鬥爭的焦點也不只限於與蘇聯的歐洲主導權之爭，在這個戰場上（越南），蘇聯同樣是美國的頭號敵人——蘇聯已經成為名副其實的超級大國，他們憑藉自身強大的實力，把自己的意志和極權體制強加於他的衛星國。在這些國家，美國與本土的民族主義通常被視為一體，他們唯一的追求就是基督教式的民主資本主義。現在，人們把這些地區看成第三次世界大戰的新戰場。在這裡，對抗西方殖民地或新殖民體系的本土力量不斷強化，為此，他們經常會求助於社會主義的援助和武器。在這些國家，衝突與對立在地緣政治上並沒有什麼意義，更談不上有何重要性，因此不至於改變全球力量的對比。在肯楠看來，他們就屬於那些在政治戰略上毫無價值的國家。他認為，莫斯科和某些共產國家之間的衝突無法避免。英國和法國認為，在這個新的時期，繼續維持他們的殖民統治已毫無意義，因此，他們正逐漸放棄這些殖民地。然而，美國卻開始打著反共的旗幟來到這裡，這讓他們的盟友頗為意外。

為了適應政治環境的變化，即使是民主黨，也開始循序漸進地調整自己的戰略。到了一九六〇年，當代的絕大部分矛盾都在甘迺迪這個或許是民主黨最有魅力的年輕總統候選人身上集中顯現出來。甘迺迪是一個智力超群、持懷疑論、罕見的現代化政治人物。他的政治思維嚴謹而冷靜，這讓他在這個被核武所籠罩的新政治氛圍中得心應手。因為在當時的氛圍裡，一個合格的領袖需要的是冷靜，而不是熱情。從他身上從來就看不到真正的政治激情——但又看不到絕對的理性。很多人以為理性可以解決一切問題，但實際上未必。這就表示甘迺迪和同時代的其他任何民主黨人相比，更能代表「新政」時期民主黨的衝突性力量，因為當時的民主黨已不再是原來的那個民主黨，已經演變為冷戰時期的民主黨。毫無疑問，甘迺迪至少在表面上比他的前任候選人阿德萊．史蒂文生（Adlai Stevenson）更強硬。在甘迺迪之後，再也沒有人指責民主黨候選人對共產黨心慈手軟了。

談到一九六〇年總統大選期間的甘迺迪，強硬派專欄作家約瑟夫．阿爾索普說過：「他太神奇了！他比史蒂文生更有男性魅力！」在一九六〇年的大選中，甘迺迪和民主黨在卡斯楚的問題上，採取了比其競選對手尼克森更強硬的態度。卡斯楚是在艾森豪執政期間成為古巴領導人，也就是說，卡斯楚問題始於共和黨執政期間。這一點很重要，因為這時的古巴已成為美國總統是否「夠男人」的試金石（在一九六〇年大選，副總統候選人詹森曾走遍南方各州，在每次演說中都不會忘記拿卡斯楚來說：「我打算先把他洗乾淨，然後刮掉他的大鬍子，最後再打他的屁股」）。甘迺迪指責共和黨造成美蘇在飛彈數量上的差異——這足以說明，真正對共產黨心慈手軟的是共和黨，他們使整個國家陷入核子恐懼之中。事實馬上就驗證了他的指責，雙方在戰略核武飛彈數量上出現明顯落差——美國有兩千枚，蘇聯只有六十七枚。但共和黨仍採取防禦姿態，自恃強大無比的赫魯雪夫也從來沒有糾正甘迺迪。

甘迺迪私底下或許認為完美的中國政策以及拒絕承認臺灣屬於中國的做法有點非理性，或許更願意向某些思想更趨自由派的幕僚表達這種感受，但他肯定不敢冒著政治風險去改變，至少在他的第一個任期，他還沒有這樣的膽量。他可以私下直言不諱地談論這些，因為為人直率坦誠正是他的個人魅力，也讓他得到現實主義者的美名。但甘迺迪的坦誠大多只是表現於非正式場合，他很少在公開場合顯露這樣的魅力。正因為如此，那些有機會和他私下交往的人會更喜歡他，認為他現實客觀，而不是膽小怕事的人。大選之前，他有可能向自由派幕僚承諾過，一旦當選，他將對中國實施新政策，但是大選之後，他告訴這些人，現在還不是討論中國的時候。他可能會含糊其辭地說些「或許應該在第二個任期」之類的話……很清楚，一定要等到第二個任期才能考慮這件事。

不過，他的執政從一開始就遇到了麻煩，事實上，他們一直處於守勢。甘迺迪僅以區區十萬張選票的微弱優勢戰勝對手尼克森，絕對是名副其實的險勝。之後，中情局制訂的一個讓人無法理解的計畫（幫助古巴反政府力量在古巴海岸登陸，從卡斯楚手中奪取政權）把他推向了火坑。這項由中情局而不是軍方策畫的「豬玀灣入侵」計畫，因甘迺迪未能提供有效的空中支援，而以徹底失敗告終。從政治角度來說，這次事件讓甘迺迪深受其害，讓他處於更不利的處境。兩個月後，他在維也納與赫魯雪夫會晤。蘇聯領導人誤認為「豬玀灣事件」是甘迺迪的巨大弱點，因此決定要欺壓甘迺迪。西方世界與共產世界唯一可以用槍砲一決雌雄的地方就是越南，赫魯雪夫認為這更能顯示他的強壯和勇敢，而甘迺迪不僅決定迎戰，還增加賭注，準備在越南豪賭一場。

但關於越南，有一個重要問題始終沒有得到解答——如果民主黨不能解決中國問題，那麼它怎麼能在越南避免同樣的失敗呢？這個問題始終沒有得到解答，因為根本沒有人提出這個問題。政府裡沒有人談論中國。而越南現在是否會變成另一個中國模式的新問題，對於越南一旦淪為共產黨之地的指責將會是比什麼都緊迫的問題。因此，他們需要在這個問題上劃清界線：對中國的政策可以暫時擱置。然而，不可否認的是，越南和中國是同一個問題的兩面。在這兩個國家中，中國已成定局——任何政策都是徒勞，而越南的問題還在發展中，或者更確切地說，悲劇正在醞釀中。相同的政治力量把它們緊緊拴在一起，相互影響，不可分割：如果你不理解那些曾在中國贏得勝利的民族主義和社會主義力量，自然也就不能因應它們在越南為美國人帶來的真正挑戰。那些不想輸給越南人、不想在另一個從來不是美國盟友的亞洲國家丟臉的美國人，正好是那些對中國政策漠不關心的人。新政府對改革過氣的杜勒斯政策信心百倍，決定徹底拋棄大多數過時的政策，堅決把中國擋在聯合國的大門外。曾在甘迺迪政府任職的著名中國問題專家懷汀（Allen Whiting）指出，在中國問題上，甘迺迪「整體上是謹慎的」。

一九六一年夏天，甘迺迪在海恩尼斯港的家中接待了時任美國駐聯合國大使阿德萊．史蒂文生、負責國際組織事務的助理國務卿哈蘭克李富蘭（Harlan Cleveland）以及總統幕僚及歷史學家史列辛格。談到中國時，甘迺迪說，目前他最大的願望就是在可預見的未來把毛澤東領導的中國排除在聯合國之外。總統意識到讓所有人下定決心的時刻已經來臨了，便大聲對妻子喊道：「賈姬，我們現在需要『血腥瑪麗』。」他告訴滿臉狐疑的史蒂文生，一年後再處理中國問題。但這一年好像遙遙無期。

在幾週之後的一場會議，與會人士再度提出中國問題，當時參加會議的包括史蒂文生、史列辛格、國家安全顧問麥克喬治・邦迪（McGeorge Bundy）以及首席國內事務顧問兼首席演說撰稿人索倫森（Ted Sorensen）。甘迺迪說，史蒂文生的處境很糟，因為他要把新中國擋在聯合國大門之外。他告訴史蒂文生：「你現在要做的事，也許是世界上最難的事，讓臺灣在聯合國裡代表中國，這個想法根本說不通。但是，如果我們輸掉這場鬥爭，讓紅色中國在我們任期的第一年就進入聯合國——這既是你的第一年，也是我的第一年，那麼就相當於把我們趕下台。因此，我們今年不能讓他們加入聯合國。我們真正的機會應該在明年。今年是選舉年，我們可以將中國加入聯合國一事延到選舉年之後。總之，你今年的唯一任務，就是想辦法把中國擋在聯合國外。不管你需要什麼，只要能完成這項任務，我都會不遺餘力地支援你。」史蒂文生問，阻止中國加入聯合國是一年內的任務，還是長期性目標。甘迺迪回答，至少一年。他本人已經親自向蔣介石表態：他絕對不會把中國在聯合國的席位問題當作一個國內政治問題。之後，甘迺迪竟然若無其事地提出，他正在組建一個團隊，成員都是那些主張「中國第一」的人，包括魯斯、周以德和霍華德等人，讓他們專門負責處理中國事務。當時，每人都意識到還有一些人正不遺餘力地幫助蔣介石，而且這件事本身似乎與甘迺迪的選舉毫不相干的與會者，聽到這番話後都迷惑不解地想：他以往對政治形勢冷靜而現實的評價是不是已離他而去。僅僅因為美國總統一個善意的電話就讓他們改變對蔣介石的立場，是不可能的事。這時的甘迺迪依然是世界上最理性的人，卻在執行最不理性的政策。

一九六一年晚秋，甘迺迪決定再一次升級時打時停、連綿不斷的越戰。當時，美國只向南越派出六百名軍事顧問。隨著甘迺迪執行極端危險的升級政策，儘管最初只是以顧問和支援部隊形式有限參與，但到了一九六三年，駐南越的美軍達到一萬七千人。甘迺迪的升級戰略意味著，儘管美國在越戰初期的參與程度相對有限，但星條旗在越南的土地上已無所不在，並被敵人視為交戰者。這是一場美國自己都無法控制最後將走向何方的戰爭，但對抗美國代理人（南越）的力量（越共）也有深刻的歷史動機。強大而富裕的美國認為，自己將是這場戰爭的主宰者，但隨著對戰事涉入程度的加深，他們逐漸發現自己對情勢越來越缺乏控制力；事實上，他們正在重複法國人走過的路。著名記者、史學家伯納德・佛爾（Bernard Fall）說：「美國人正在複製法國人的足跡，卻做著不一樣的夢。」佛爾最後命喪越南。

在甘迺迪涉足越南的諸多因素中，占主要地位的還是源自國內政治因素。由於在第一個任期裡未能在中國問題上有所作為，因此，甘迺迪決不能再失去另一個國家、一個已經發生戰爭的國家（越南）。儘管美國人在戰場上的存在越來越明顯，但把南越從共產黨手中拯救出來仍是可做可不做的事。這更是事關民主黨不想被趕出華盛頓。冷戰思維為美國國內政策帶來的最大影響莫過於越戰的升級。對美國人來說，以反殖民主義為由發動戰爭，顯然毫無號召力，反而是反共思維更具說服力。作為民主黨的外交事務老手、傳統主義者及歐洲事務代言人，蔣介石當年的失敗曾讓艾奇遜顏面掃地。而在當前的新形勢下，艾奇遜在越南這個看似無關緊要的問題上卻成為最鐵腕的強硬派之一。他的強硬甚至讓他在杜魯門執政期間的很多老同事都深感震驚。多年之後，杜魯門的白宮高級顧問艾爾西（George Elsey）說：「對於迪恩，我最難忘的一件事就是他在越南問題上的立場轉變——他應該清楚這麼做不會有什麼結果，可是他現在卻越來越像以前一直在批評他的右派勢力。」相反的，艾奇遜對於他認定的政府溫和派人士，例如史蒂文生、賈斯特・鮑爾斯（Chester Bowles）以及肯楠等人，越來越充滿敵意。他在那段時間把嘲弄自己的老同事肯楠當成日常工作。在甘迺迪任命肯楠擔任駐南斯拉夫大使時，艾奇遜甚至在朋友面前對肯楠展開不尋常的惡毒攻擊：「就憑老喬治的木頭腦袋，狄托每天都會像過節一樣輕鬆愉快。」

此外，提高對越戰的參與程度，無疑是甘迺迪政府最大的冒險，因為它暴露了甘迺迪謀取政治利益的真正目的——以越戰來為一九六四年的大選爭取時間。由於美國人在這個過程中陷得太深，因此，只有取得更有說服力的結果，才能給國內一個好交代。甘迺迪需要向美國人拿出並盡快拿出成果。但這些結果並沒有而且永遠都不會出現。因此，為了彌補戰場上成果的缺失，甘迺迪政府很快就拋出更可怕的工具——製造一台巨大無比的撒謊機器，它的基地在華盛頓，而最主要的輔助設備則設在西貢，這台機器不僅會系統化地拒絕所有來自戰場上的負面消息，而且還能根據需求，製造出他們幻想中的勝利成功，無數個從未存在的勝利成功。它將自欺欺人的伎倆發揮到極致：在那段時間，這台撒謊機器確實物盡所用，讓真實的消息整整延遲了三年才傳到華盛頓，當然，它也開啟了美國政府公信力不斷萎縮的年代。在這三年，美國對真正有效的政策喪失了理性判斷力。一九六三年，甘迺迪總統遇刺身亡。

他原本打算在自己的第二個任期徹底解決越南問題，結果卻未能如願。他的前任把中國政策這個包袱丟給他，而他則替繼任挖了更深的泥淖——越南。甘迺迪從未放棄他特有的幽默感。國家安全委員會曾就前一任政府留下的一些災難性問題進行討論，甘迺迪在會後風趣地說：「沒關係，想想我們以後也會留給下一任政府更多的麻煩，他們也許比我們還可憐。」

這個可憐的繼任者就是林登·詹森，但沒人認為他是可憐的傢伙，尤其是那些以前被他擊敗的人現在至少可以輕鬆下來，並在最後為一件原本不贊成的事（越戰）投贊成票。甘迺迪給他的最大禮物就是越南。到了一九六三年秋天，越共基本上贏了這場戰爭。美國政府花了三年的時間，才把越南變成地緣政治上貌似重要的一環，事實上，即使是華盛頓的權威人士也不知道它的重要性到底展現在什麼地方。到詹森上臺時，美國人跑到越南打仗的重要理由之一就是他們已經在那裡打仗了，如果不繼續打這場仗，即使戰爭不拖垮他們，其他壓力也會讓他們喘不過氣來。過去三年，美國官員講了很多玩世不恭的話，無非是想告訴人們，美國人在那裡打得很漂亮，而且越南很重要，所以把越來越多的美國大兵丟到越南打一場永遠也贏不了的戰爭是合理的。

＊＊＊

詹森與甘迺迪是截然不同的總統。甘迺迪（私底下）一直強調要把歐洲的強硬共產黨和第三世界的共產黨——民族主義區隔開來，詹森很少在共產陣營中區別對待，而且他幾乎不給身邊的人有質疑的空間。在詹森眼裡，世界其他國家與美國的關係並不像甘迺迪想像的那麼親近。如果說詹森的高瞻遠矚讓他在一九六四年的總統大選中脫穎而出，那麼，他更希望能把獲取的權力儘快施展到國內事務上，而不是像甘迺迪那樣，樂於在外交事務上大顯身手。他從不過分關注外交政策，除非它們直接影響到他的國內政策。一九六五年，華盛頓最優秀的外交政策分析家之一菲利浦．蓋林（Philip Geyelin）曾預言詹森與外面世界的衝突：「除非事到臨頭，詹森從不對國際事務產生真正的興趣。」

詹森認為越南屬於世界的四流國家。他不了解這個弱小而勇猛的國家的精明之處，不知道它在過去是如何抵抗強大的中國，在最近又如何打敗法國的。越南的歷史就是一部宿命論的歷史。戰爭的一方是那些把法國人趕出越南的男男女女，那些革命英雄，儘管美國從不把這場革命看成真正的革命；而戰爭的另一方是努力英勇作戰的南越軍隊，他們大多數的高階將領是親西方派，是當年和法國人並肩作戰的人。站在美國人面前的對手，靈活機動、勇敢善戰，有自己的政治和軍事戰術，這一點和毛澤東有異曲同工之妙，或者說，是從毛澤東那裡學到的本事。和他們交過手的人，永遠不會低估他們的能力和表現，只有華盛頓那些自以為無所不能、對這種新型戰爭一無所知的人，才會不識時務地嘲笑他們缺乏傳統的作戰組織。越戰初期，華盛頓的高層爭執不下——一方為河內搖旗吶喊，另一方則為美國擂鼓助威，雙方都各持己見，據理力爭——事實證明，河內擁有比美國更多的選擇，因為他們可以在不付出巨大代價的情況下繼續玩下去。最後，他們還是放棄了這場遊戲，因為他們經常沒有好結果。

一九六四年，正當詹森準備對越戰做出最終決策時，三個因素突然又讓他變得異常強硬。首先是他本人的變化。他對自己的形象有了新的認識，希望自己高人一等，面對挑戰時絕不低頭，讓所有鬥爭帶上個人色彩，以此證明自己的男子氣概。就任之後，詹森告訴甘迺迪政府的首席發言人沙林傑（Pierre Salinger），他的工作就是一定要把詹森描繪成德州的大塊頭，高大威猛，勇敢堅定。談到多明尼加的反美領導人，詹森對麥克喬治．邦迪說：「告訴那些不像男人的王八蛋，我可是什麼事都做得出來。」

第二個因素是隱藏在表面之下、美國人潛意識深處的種族主義。韓戰開始時，這種思維就讓很多美國高層人士困惑不已。這種根深柢固的種族主義認為，亞洲人身材矮小，工業和技術落後，因此，他們天生就是劣等民族，無法抵擋先進的美國技術和強大的美國軍隊。可以確定的是，這種誤判從一開始就站不住腳，所有人都低估了北韓軍隊在戰爭初期乃至其後的戰鬥力。麥克阿瑟不僅誤判了中國人的對策，更沒有意識到他們的軍隊會有多麼強大，這一切都讓美國人在韓戰初期付出了慘痛代價。當詹森在國家安全委員會談到越南時，還狂妄地稱之為「一個破爛的四等國家」。偶爾，他也會像阿爾蒙德一樣，稱那些北越士兵為「洗衣工」。

就在即將做出「是否向越南派兵」這個重大決定時，詹森的種族主義再度現形。他聲稱，越南人和墨西哥人一樣都屬於劣等民族，必須先出兵後治理。只有在他們面前展示你強大的威力，他們才會給你應有的尊重。他總是喜歡說，越南人不可能欺騙他，因為他了解這些人，也曾和像他們一樣的人打交道，例如墨西哥人。現在，只要你讓墨西哥人知道誰是老大，他們就會聽你的話，但是，「如果你不盯著他們，他們就會跑到你的後院，只要你不做聲，他們就會搶奪你的地盤。第二天，這些瘦小孱弱的墨西哥人就會光著腳，跑到你的門口來接收你的地盤。但如果你從一開始就告訴這些傢伙，『等著吧，等我有時間再找你們算帳』，他們就知道，一旦把你惹毛了，你就會給他們顏色瞧瞧。只要讓他們知道你的厲害，你就可以高枕無憂了」。

最後也是最重要的因素是政治因素。身為一個政治家，詹森如果要把美國大兵派到越南打仗，肯定需要一個政治上的理由。這是最重要的事，但這次詹森犯了一個錯誤——他還固守以往的政見，而沒有著眼於未來。他以為歷史可以預見未來。一九六四年的總統大選，面對更強硬的共和黨候選人高德華（他的失敗，部分原因可以歸結為他說他不會讓美國小夥子去做原本應由亞洲小夥子做的事），詹森取得了壓倒性勝利。但是，詹森卻錯誤地解讀了這場勝利背後的政治學。對戰爭政治學的錯誤認識和西貢淪陷的代價，促使他聯想到國民黨在中國的失敗以及強硬的國內政治力量。詹森馬上就對這些政治力量警覺起來，因為它們對自己最了解的兩個地方而言意義非凡：一個是華盛頓，在這裡，他看到反麥卡錫的參議員們被徹底毀掉；另一個是德克薩斯州，在當地石油大亨的支持下，當地的麥卡錫主義勢力仍凶猛可畏。也正是在德州，當詹森由一個「新政」自由派眾議員轉變為參議員時，他在政治上逐漸朝這些支持麥卡錫的右派勢力靠攏，並進而依賴他們。

在制訂最後的越南政策時，中國因素對詹森影響甚大。他一直在談論中國，私底下經常提到中國是如何在五〇年代初毀掉民主黨政府的，以及一旦把越南輸給共產黨，整個美國將淹沒在麥卡錫主義的洪水裡。他經常會說，杜魯門和艾奇遜丟了中國，這就像是一個咒語：當他們丟了中國，他們就丟了國會，因為國會中的共和黨總是能找到攻擊民主黨的理由。詹森私底下和比爾．莫耶斯（Bill Moyers）、喬治．里恩迪（George Reedy）等摯友及幕僚交談時，經常會一抒胸懷，坦言對失去「大社會」的擔憂。[11]「大社會」是他最大的心願，然而，詹森還是因為在越南問題上的軟弱而失去了他最珍愛的「大社會」。

詹森經常說，他會堅持自己的夢想。他還說，杜魯門和艾奇遜竟然被人們指責為姑息主義，誰能相信呢？「你們這些小夥子還很年輕，」詹森對莫耶斯和其他年輕人說，「你們根本就不了解國會和亞洲之間到底有什麼關係。如果胡志明走在西貢的大街上，他們就永遠也不會讓你得到『大社會』和『民權』。」他說，國會不關心這些立法。「他們只是一味拿越南說項，越南，越南，越南，好像除了越南，什麼也沒有，這簡直讓我無法忍受。」莫耶斯認為，詹森似乎比甘迺迪還難以忘記剛剛過去的那段歷史。詹森從不認為美國正在改變，即使當甘迺迪在他生命的最後幾週覺得有可能討論和平時，他也是這麼認為。奇怪的是，詹森並不認為美國人想到越南打仗。他以為自己知道該怎麼逃過華盛頓政治體系的討伐，但實際上他不知道。詹森同樣沒想到的是，緩和冷戰帶來的緊張壓力可能會帶來新的政治回報，他更沒有意識到，美國也在變化：不願意做新一代的冷戰奴隸，正成為美國社會的主流。

詹森沒有且無法看到的是，在一九六五年與北越部隊開戰前夕，美國所有的軍事和政治力量都是表面上的，自以為令人恐懼，而實際上美國人打這場戰爭的弱點被隱藏起來了。其中很大一部分原因在於，詹森的越戰歸根到底是恐嚇。這些缺陷雖然常見，卻極為致命：美國人無力操控這場遙遠的、政治意義大於軍事意義的戰爭；美國人在內心深處並沒有耐心等待勝利，美國大兵也無法讓自己變成「越南人」——這些困難遠非決策者所能意料。相對來說，越南人的劣勢是表面上的，雖然這種劣勢顯而易見——他們缺乏大量現代化的武器裝備，但越南人的優勢令人生畏，只不過是被表面上的劣勢所掩蓋而已。他們會以自己的方式去發揮這些優勢，一旦優勢顯現，就會讓美國人心驚膽戰。道理很簡單：這畢竟是在他們的土地上。

* * *

11 譯註：核心內容是保障民權、向貧窮宣戰，它繼承了羅斯福總統推行的「新政」和「公平施政」的靈魂。

保羅・麥吉中士於一九五二年六月退役。一年多前，他在砥平里南側的「麥吉」山上阻擊中國人。麥吉想繼續留在軍中，因為他喜歡陸軍，而且自認為是不錯的，甚至可以稱得上優秀的軍人，但他還是接受軍方的傷病勸退，回到北卡羅萊納州的家中。父親開了一家小型機械維修廠，他的工作是維修紡織廠的零件。後來，父親的健康狀況急轉直下，麥吉便成為家中唯一的經濟支柱。在韓國作戰時，他從未懷疑自己所做之事的正確性。他自願前往韓國，即使是在砥平里戰役最艱難的時刻，他也沒有懷疑過自己的決定。在隨後的半個世紀也是如此。他認為，那的確不是一場受歡迎的戰爭，大多數美國人早已忘記這場戰爭。但對於他本人以及其他曾在那裡戰鬥過的人來說，韓戰意義非凡，值得他們為此承擔那麼多痛苦，付出那麼多生命。麥吉認為，後來共產陣營沒有再做北韓那樣的嘗試，說明了美國到那裡打仗是正確的。由於回到了北卡羅萊納的貝爾蒙特老家，麥吉錯過了繼續留在陸軍的機會。在韓戰之後幾年，陸軍也忘了他的存在。偶爾還會有徵兵人員去鄉下探望他，看看他過得如何，問他是否還想回到軍中。五〇年代末期，陸軍準備在布拉格堡成立特種部隊。有人看了他的資料，認為他是率領這支特戰部隊的最佳人選，是最理想的「綠色貝雷帽」成員。他們因此想盡辦法讓他回到軍中。儘管麥吉一直認為這是自己最應該做的事，但家庭的責任還是勝過了他的情感追求。麥吉認為，如果回到陸軍，他很有可能會參加自己的第三場戰役，也就是在越南。他懷疑自己還能不能像在韓國那樣，幸運地活著回到美國。

他還未曾聽說哪個去過韓國的人對這場戰爭和他有不同的看法。偶爾想起很多曾與他並肩作戰的人無法回家，他會感到一絲憂傷。在那場戰爭中成為他的摯友的比爾・克魯茲中士，幾年前過世了。他們的友誼延續了一生。此後，麥吉很少參加韓戰老兵的聚會，因為他們都老了，而且人數越來越少。每次看到他們日漸衰老的面容，每次聽到有人離去的消息，都會讓他更加難過。他至今仍與克萊塔斯・因蒙保持聯絡，因蒙當時是第二個登上「麥吉」山的人。他們每個月通話一次，事實上，他們心有靈犀，以致每次拿起電話時，都很清楚對方在想什麼。他們的交流無須以語言為橋樑——他們曾經同戰鬥、共患難，和很多戰友永別。即使沒有語言，他們的心也是相通的，他們的行動永遠是最堅強的連結。麥吉一直認為，無論如何，他絕不曾也不會後悔去過那裡，在那裡作戰。那是他應該做的事，而他最終做到了。

當你回想起那段時光時，你都會感到寬慰——因為這樣的選擇並不多。

作者的話
Author's Note

某種程度上，本書的寫作源自一九六三年我與佛瑞德．拉德中校的多次長談。拉德是一位將軍的兒子，畢業於西點軍校，勇敢善戰，足智多謀，曾獲得多項榮譽。拉德是我最喜歡的軍官之一，是我最好的朋友。他在一九八七年去世，享年六十七歲。越戰期間，拉德擔任南越軍第九師高級顧問，該師駐在湄公河三角洲中部的薄寮市。有一次，他的越南同事、第九師師長向一群美國高階軍官吹噓該師有多出色。拉德聽後把在場駐越美軍司令保羅．哈金斯將軍（Paul Harkins）拉到一旁，告訴他事情跟司令所聽到的有所不同。他的直言不諱反而讓哈金斯將軍嚴厲地駁斥他在中傷一位優秀的南越軍官。從某種意義上來說，越戰是拉德軍旅生涯中最大的障礙，他永遠無法用樂觀的言辭去描述這麼失敗的戰爭。

當然，越南是那時人們談論最多的話題，但隨著我們的交情逐漸加深，我們開始更多地討論韓戰——他親身經歷的那場戰爭，而我對韓戰的興趣也越發濃厚。中國參戰其實不過是十三年前的事，佛瑞德經常會提到那場戰爭的慘烈與恐怖。隨著共軍跨越鴨綠江並出人意料地突襲美軍，戰鬥規模無限升級，戰事變得異常激烈。當時，他是一位將軍的侍從官，而那位將軍就是阿爾蒙德，本書的主要角色之一。諷刺的是，基於對阿爾蒙德將軍的尊重，他在談到將軍的戰時表現時，措辭極為謹慎，有些評論顯然是經過深思熟慮才做出的。這些談話讓我留下的最深刻印象，是征戰韓國的美國軍人在那種極端條件下所受到的折磨與考驗，他們很多人可能只比我大一、兩歲（韓戰開始時，我只有十六歲）。他們要面對冰天雪地的寒冬，再加上敵人的大規模進攻，那很可能是美國軍事史上遭遇最大規模的伏擊。那種艱難與殘酷令人膽戰心驚。在薄寮市的那段時間，以及當他與我在西貢的住宅裡相會時，我們常常一遍又一遍地討論韓戰。

此後，共軍向他們發動進攻的場景不時浮現在我的腦海。從越南回到美國後，我決定研究那段歷史，了解那段時間到底發生了什麼事，為什麼會那樣，並因此寫下了《出類拔萃之一群》（*The Best and the Brightest*）這本書。我經常想像一九五〇年十一月和十二月的韓國，這些幻想一直縈繞在我的腦海裡，我覺得自己一定要寫一本韓戰的書。在我第一次聽到拉德的故事四十四年之後，我終於寫成了這本書。

這麼一本書不可能是簡單的流水帳。作者首先要確認這個話題對自己意義深刻，但這本書應該有自己的脈絡——它引領你回到那段歷史，而你一路學習。它不僅僅是講述中國如何參戰，以及最關鍵的那幾週究竟發生什麼事。戰爭的背後注定會有無數的政治故事，正是這些政治故事決定了雙方在這場戰爭中所有的作為。韓戰期間發生了很多著名的戰役——人們不斷地向我提起戰爭初期戰況異常慘烈的「釜山防禦圈」，所以我必須要了解這場戰役。後來，又有人向我提起砥平里之役，這也是美國指揮官第一次學會如何與中國人打仗。

在一九六九年撰寫《出類拔萃之一群》時，我覺得寫起來很輕鬆。在那七年，越南一直是我工作與生活的重心。因此，我對越戰的始末、戰場上發生的每一件大事都瞭若指掌。但韓國對我來說卻是完全不同的概念。因此，在寫作本書的前兩年，我不僅閱讀了大量的文獻，採訪相關人士，而且還必須形成一種當時發生過什麼的感覺。我有很多優秀的老師——大多是那場戰爭中倖存下來的軍人。我非常感謝我採訪過的那些人和那些家庭對我的支持和熱情款待。我發現韓戰老兵團體中的許多高階軍官，尤其是第二師的軍官，尤其對我有幫助，他們引導我回到砲火硝煙的歲月，重溫那段我最感興趣的歷史，或者他們認為我必須了解的歷史。

在寫作本書的過程中，最大的快樂就是經常能得到意外的收穫——很多人在接受採訪時為我提供了很多意想不到的資訊，讓我對整場戰爭有了更深入的認識。更重要的是，這些認識形成了我在漫長的新聞職業生涯裡最珍惜的東西：尊重平凡人的偉大之處。

有一個小故事能說明這一點。在我寫書的時候，很多人建議我到北卡羅萊納州夏洛特市郊，去採訪一個名叫保羅．麥吉的人。我打了第一通電話給麥吉，只是簡單說明來意，效果應該不算很好。他好像對接受我的採訪並不感到熱情，但我們還是約在星期六見面。在忙碌工作了一個星期後，我原本以為這會是一件輕鬆的事。事實證明，採訪麥吉先生是一項非常艱鉅的任務——花了五天時間，進行了五次採訪，每次都在北卡羅萊納州不同的城市。在我們第一次見面的那個早上，當我抵達夏洛特市時，大雪紛飛——絕對是一個糟糕的天氣。我已經預定了下午三點返回紐約的班機。當時我待在夏洛特機場的一家旅館，取消麥吉的專訪、盡早搭飛機返回紐約的想法強烈地撞擊著我。但我轉念一想，為什麼不見見麥吉呢？自己大老遠從紐約跑到夏洛特，唯有見到他才算沒白跑一趟。於是，我步行離開機場，設法找到麥吉的家。在我們見面的四個小時裡，麥吉滔滔不絕，告訴我當他還是那個年輕的排長時，砥平里那三天究竟發生了什麼事。麥吉好像已經等了我五十五年，他清楚地記得每一件事，似乎這些事就發生在昨天。麥吉為人謙遜坦誠，思緒敏捷，記憶力超群。他向我談起了他如何在砥平里率領全排堅守陣地的情形，情節之詳細讓我吃驚。此外，他還向我提到幾個和他一起順利撤退的戰友，以及他們的姓名和電話，他們可以佐證這些細節。這對我來說真是一個令人激動的早晨，至少提醒我我為什麼要寫這本書。

作者的話——366

謝誌 Acknowledgments

由於本書講述的事件發生在五十多年前，因此，筆者針對本書進行的採訪與筆者創作的其他書籍略有不同。採訪次數不多，但我花了大量的時間確定哪些作戰有意義，然後，再尋找曾參與這些作戰的倖存老兵。也就是說，我必須花很多時間決定應該採訪哪些老兵；在找到合適的採訪對象後，對他們進行多次訪問，向他們了解更多的情況。受訪者名單如下（考慮到軍階有所變動，故本處未列軍階）：George Allen、Jack Baird、Lucius Battle、Lee Beahler、Bin Yu、Martin Blumenson、Ben Boyd、Alan Brinkley、Josiah Bunting Ⅲ、John Carley、Herschel Chapman、Chen Jian、Joe Christopher、Joe Clemons、J. D. Coleman、John Cook、Bruce Cumings、Bob Curtis、Rusty Davidson、James Ditton、Erwin Ehler、John S. D. Eisenhower、George Elsey、Hank Emerson、Larry Farnum、Maurice Fenderson、Leonard Ferrell、Al Fern、Thomas Fergusson、Bill Fiedler、Richard Fockler、Barbara Thompson Foltz、Dorothy Bartholdi Frank、Lynn Freeman、Joe Fromm、Les Gelb、Alex Gibney、Frank Gibney、Andy Goodpaster、Joe Goulden、Steve Gray、Lu Gregg、Dick Gruenther、David Hackworth、Alexander Haig、Dr. Robert Hall、Ken Hamburger、Butch Hammel、John Hart、Jesse Haskins、Charles Hayward、Charley Heath、Virginia Heath、Ken Hechler、Wilson Heefner、Jim Hinton、Carolyn Hockley、Ralph Hockley、Cletus Inmon、Raymond Jennings、Jim Hinton、George Johnson、Alan Jones、Arthur Junot、Robert Kies、Walter Killilae、Bob Kingston、Bill Latham、Jim Lawrence、John Lewis、James Lilley、Malcolm

MacDonald、Sam Mace、Charley Main、Al Makkay、Joe Marez、Brad Martin、John Martin、Filmore McAbee、Bill McCaffrey、David McCullough、Terry McDaniel、Paul McGee、Glenn McGuyer、Anne Sewell Freeman McLeod、Roy McLeod、Tom Mellen、Herbert Miller、Allan Millett、Jack Murphy、Bob Myers、Bob Nehrling、Clemmons Nelson、Paul O'Dowd、Phil Peterson、Gino Piazza、Sherman Pratt、Hewlett Rainier、Dick Raybould、Andrew Reyna、Berry Rhoden、Bill Richardson、Bruce Ritter、Arden Rowley、Ed Rowny、George Russell、Walter Russell、Perry Sager、Arthur Schlesinger、Jr., Bob Shaffer、Edwin Simmons、Jack Singlaub、Bill Steinberg、Joe Stryker、Carleton Swift、Gene Takahashi、Billie Tinkle、Bill Train、Layton (Joe) Tyner、Lester Urban、Sam Walker、Kathryn Weathersby、Bill West、Vaughn West、Allen Whiting、Laron Wilson、Frank Wisner、Jr., Harris Wofford、Hawk Wood、John Yates、Alarich Zacherle。

此外，我在以前創作時進行的一些採訪也為本書提供了大量素材，其中包括Fred Ladd與我的對話，對《先驅論壇報》及《紐約時報》傳奇記者Homer Bigart的採訪和討論，我在越南的幾位前同事及好友Walton Butterworth。其他人還包括：Averell Harriman、Townsend Hoopes、Murray Kempton（我的摯友）、Bill Moyers、George Reedy、James Reston（我在《紐約時報》的第一位擔保人）、Arthur Schlesinger、Jr., John Carter Vincent及Theodore White（我的另一個好友）。此外，在創作《出類拔萃之一群》時，我與李奇威將軍成為朋友。他非常喜歡這本書（很大一部分原因在於，他是這本書中為數不多的幾位英雄人物之一），此後，我們一直保持聯絡。在他的晚年，我記得是在一九八八年，我們還通過幾次電話。在一次通話時，他還提到準備寫另一本回憶韓戰的書。顯然，他對之前寫過的幾本書的某些章節不太滿意。此外，也許是因為艾奇遜的慫恿吧？艾奇遜在一封信中建議李奇威談談他對麥克阿瑟的看法。此外，我認為還有一個原因就是麥克阿瑟後來對李奇威的批評。談到這件事、他有點激動，聲音略顯高亢激昂。李奇威在電話裡暢所欲言，分析了麥克阿瑟貿然北上的原因，以及他為什麼要搞兩頭馬車。他說，是為了削弱華克將軍和參聯會的影響力和獨立性，讓華克與阿爾蒙德競爭，而阿爾蒙德完全是受麥克阿瑟控制的。他說，這件事是針對參聯會而來的。在跨越三十八度線之後，最後的指揮權和控制權就從華盛頓和韓國轉移到東京。李奇威還對東京的遠東司令部與韓國戰場的現實徹底脫節的問題作出了嚴厲批評，說東京司令部根本不知道把美國士兵送到那麼遠是要做什麼。我覺得他的話極為尖酸。他在講話的時候，我一直做速記，然後進行整理。透過這次談話，我覺得他好像有再寫一本書的想法，而且可能會與我合著這本書。幾週之後，我再次打電話問他到底有什麼想法，他說他已經放棄了寫書的念頭。他現在年逾八旬（李奇威出生於一八九五年），已經沒有寫書的精力了。那次談話的部分內容呈現在本書當中。

在這本書的出版過程中，很多人給我非常大的幫助。我在此向他們表達誠摯的謝意：首先是第二師的官兵，尤其是韓戰老兵會中的軍官，包括 Chuck Hayward、Charley Heath 和 Ralph Hockley；還有第一騎兵師的喬·克里斯多夫對我幫助極大，我透過他聯絡到很多曾經參與雲山戰役的倖存老兵。愛德溫·西蒙斯克服了很多困難，幫我聯絡到第一陸戰師，並找到了非常了解史密斯少將的吉姆·勞倫斯。

此外，我還要對下列人士表示感謝：本書的編輯 Tom Engelhart，編輯這本內容繁雜的書絕非輕而易舉之事；Ben Skinner 是一位才華橫溢的年輕作家，在調查和研究美國作出越過三十八度線並繼續北上的決策問題中，他進行了大量的研究，付出了辛勤的汗水；還有我的鄰居 Linda Drogin 主動參與了本書的創作，幫助我完成大量的查閱與核對工作。同時，我還要感謝我的老朋友 Joe Goulden，他本人寫過一本介紹韓戰的書，非常出色，而且極有影響力，更重要的是，他也為我的這本書提供了很多幫助，更給了我很多鼓勵和支持。不能不提的還有華盛頓伍德羅·威爾遜國際中心（Woodrow Wilson Center）的「冷戰國際歷史研究組」，尤其是 Kathryn Weathersby 對本書的支持，該中心保留了很多不為西方世界所知的最新資料。

在本書的創作過程中，我還拜訪了很多知名的圖書館，並得到它們的熱情接待。這本書的面世也離不開以下研究機構及其相關人員的大力支持，其中包括：賓夕法尼亞州卡萊爾市的美國陸軍軍事歷史學會，學會的讀者服務部主任 Richard Sommers 博士及 Michael Monahan、Richard Baker、Randy Hackenburg 和 Pamela Cheney；位於緬因州的美國海軍陸戰隊大學（Marine Corps University）歷史系的 Fred Allison 博士、Danny Crawford 以及 Richard Camp；位於維吉尼亞州諾福克市的道格拉斯・麥克阿瑟檔案館（MacArthur Archives），尤其感謝 James Zobel 的大力協助；哈利・杜魯門圖書館（Harry Truman Library）的館長 Michael Devine、以及 Liz Safly、Amy Williams 和 Randy Sowell；林登・詹森圖書館（Lyndon Johnson Library）的 Betty Sue Flowers；法蘭克林・羅斯福圖書館（Franklin Roosevelt Library）的館員 Alycia Vivona、Robert Clark、Karen Anson、Matt Hanson、Virginia Lewick 和 Mark Renovitch；紐約公共圖書館（New York Public Library）的 Wayne Furman、David Smith 和我的朋友 Jean Strouse。外交關係委員會（Council on Foreign Relations）的 Lee Gusts 也對我慷慨相助。紐約社會圖書館（New York Society Library）一如既往地大力支持我，可以說，那裡為我本人以及紐約的其他作家提供了一片創作的綠洲。

Hyperion 出版社的 Bob Miller 和 Will Schwalbe 一直對本書信心十足，他們從一開始就對這本書寄予厚望。儘管和大多數歷史作品一樣，本書未能按計劃出版，但他們始終堅定地支持我。此外，我還要感謝 Hyperion 出版社其他職員對我本人的支援以及他們為本書出版所作的貢獻，他們包括：Ellen Archer、Jane Comins、Claire McKean、Fritz Metsch、Emily Gould、Brendan Duffy、Beth Gebhard、Katie Wainwright、Charlie Davidson、Vincent Stanley、Rick Willett、Chisomo Kalinga、Sarah Rucker、Maha Khalil 以及 Jane Sansone。同時，我還要感謝我三十多年的老朋友，Harper-Collins 出版社的 Jane

Becker Friedman。一併感謝我的老朋友 Marty Garbus 和 Bob Solomon。感謝我的朋友 Carolyn Parqueth 再一次幫我完成大部分採訪的筆錄工作。當然，還要感謝我的電腦專家 Charles Roos，他一次次幫我維護了電腦裡的檔案。

寫出這麼一本書顯然不是什麼創舉，因為前人已寫過很多同類題材的鉅作。在這個行業裡，我們必須隨時借鑒前人的經驗，更必須感謝他們的嘗試，尤其是對於這個發生在五十多年前的故事。因此，我必須提到對本書產生重要影響的最著名的幾部作品：Clay Blair 的百科全書式的著作《被遺忘的戰爭》（*The Forgotten War*），這本書是有關韓戰最權威、最有說服力的大作；William Manchester 的《美國凱撒：麥克阿瑟傳》（*American Caesar: Douglas MacArthur*）；Roy Appleman 的相關作品；S. L. A. 馬歇爾（S. L. A. Marshall）的《清川江與鐵手套》（*The River and the Gauntlet*）；Joe Goulden 的《韓國》（*Korea*）；Max Hastings 的《韓戰》（*The Korean War*）；Martin Russ 的《突破：長津湖戰役，韓國一九五〇》（*Breakout: Chosin Reservoir Campaign, Korea 1950*）。John Lewis、Sergei Goncharov 和 Xue Litai 合著的《不確定的夥伴：史達林、毛澤東及韓戰》（*Uncertain Partners: Stalin, Mao and the Korean War*）是一本開創性的著作，而我與路易斯教授的長談更是受益匪淺。之前一直擔任外交關係委員會主任的老朋友 Les Gelb 始終是我最信任的顧問和最有想法的合作夥伴。

我的兩位朋友哈爾·穆爾中將（曾在韓戰中擔任連長）和喬瑟夫·蓋洛威一同創作了《越戰忠魂》（*We Were Soldiers Once...And Young*），這是我認為至今為止描述越戰的最佳作品。在本書的創作過程中，他們一如既往地支援我，提供了很多寶貴的建議。此外，在過去十幾年裡，我的朋友Scott Moyers一直勤勤懇懇地幫助我，關懷我，並在手稿撰寫工作之餘給我極大的幫助。最後、我還要感謝我最欽佩的知名攝影師David Douglas Duncan。他曾經和第一陸戰師一起從長津湖突圍，就憑這一點，他足以讓我們尊敬。他拍攝的照片可以提醒我們那些人是怎麼熬過那段日子的。他允許我使用他拍攝的照片作為本書原文的封面，這對我來說是榮譽的象徵。

後記
Afterword

羅素・巴克（Russell Baker）

哈伯斯坦在二〇〇七年春天，也就是他在加州發生意外去世前的五天完成了這本《最寒冷的冬天》。他其實在幾個月前就完成了這本書，但是卻發現有許多地方仍尚待修改，所以又花了幾個月把作品完成了以後再完成。經過數次校閱、再校閱、增刪，再加上一番努力，總算完成並印出了頁數浩瀚的稿件，並在四月份的其中一個星期三將最後修正的稿件交到出版社來。

各位手上拿著的這本書，就是他希望看到的最後成品，他為此深感喜樂。為了這本書，他辛苦奮鬥了十年。一九九七年他提出第一份草稿的時候，這本作品的名字還叫做《韓戰的書》（*The Korea Book*）。然而整個作品的真正源頭，來自於他一九六二年在越戰戰場上與一位參加過韓戰的老兵之間的對話。《最寒冷的冬天》，實際上可以被視為《出類拔萃之一群》姊妹作，一部檢討美國在越南失敗的作品之一。

哈伯斯坦還在讀高中的時候，韓戰以雙方打成平手做為結局。當他為《紐約時報》報導越戰時，他還只是個二十歲的毛頭小伙子，韓戰對他而言似乎毫無意義。除了參與過這場戰爭的美國軍人外，對於大多數的美國人而言也是毫無意義。美國人沒有慶祝，也沒有為這場與敵人不輸不贏的戰爭留下長期的記憶。

哈伯斯坦發現，這場被遺忘的戰爭同時遮掩了美國在第二次世界大戰結束後最重要的一個重點。我們是如何從韓戰的平手走到越戰的災難的？於是他領頭去了解，並且為我們整理出了那一段留在美國人腦海中，最為痛苦的政治歲月。最後，在那個四月的星期三，他完成了這個重要的任務。然而他並不是一個在完成重大任務後會放慢腳步休息的人，因為在那個星期一他又著手準備下一本書。

這本書的題材與美式足球有關，而且會成為他五十年來的第二十二部作品。他的第一本書，是在一九六一年與羅曼（Noblest Roman）共同完成的，是一部關於美國南方政壇腐敗的小說。他唯一寫的另外一本小說，《很熱很熱的一天》（*One Very Hot Day*）就是以越戰為背景，但是他並不是那種靠寫虛構小說就感到自滿的人。

身為報導越戰的記者，他發現流竄在現實世界上存在的溪流，更加的驚人、瘋狂與讓人難以置信。這些驚奇的東西，就連最偉大的小說作家恐怕也都不敢置信。因此他在自己的餘生當中，都致力於當最好的記者。哈伯斯坦始終把記者視為一個高尚，甚至於神聖的事業，所以他對於背叛這個事業的人，往往以最尖酸刻薄與不屑一顧的態度對待之。

其中他最早的一部作品，《走入泥沼》（*The Making of a Quagmire*）就是以越戰為主題。他希望喚回已經變成骨董的名詞，重新向美國大眾介紹自己容易犯錯的國家。在寫自己第六部作品，即《出類拔萃之一群》時，他獨當一面創立了一個名為「新新聞學」的新主張。

此一主張，被認為應該採用小說寫法，來讓讀者對複雜議題產生興趣，以避免他們因為無聊而產生乏味。在方法上，可以設定一個講故事的旁白，但是作者在忠於事實的同時，須避免過度解讀事實發生的來龍去脈。《出類拔萃之一群》就是在這個精神下完成的作品，並且讓許多教條主義者認為他採用的手法有違正統的新聞學。儘管如此，他的作品仍是越戰報導文學中最經典的代表之作。

隨後他大大小小的作品跟著出版，比較有名的作品包括《美國媒體王國》（*The Powers That Be*）、《大清算》（*The Reckoning*）、《五〇年代》（*The Fifties*）以及《和平時代的戰爭》（*War in a Time of Peace*）。另外還有一些介紹世界體壇的書籍，如《業餘愛好者》（*The Amateurs*）、《四九年的夏天》（*Summer of '49*）、《邁可・喬丹傳：為萬世英名而戰》（*Playing for Keeps*）與《隊友情深》（*The Teammates*）。

所有作品無論長短，他都是為了興趣而書寫。比如說《孩子們》（*The Children*）講的就是一群南方長大的黑人孩子，如何在六〇年代成為民權運動的先鋒。《消防局》（*The Firehouse*），講的則是那些當上消防隊員的鄰家大哥（其中十三個人參加了九一一事件後世貿大廈的救援行動，其中十二個人沒有回來）。他為了完成下一本關於美式足球的作品，特地跑到加州進行採訪。

剛開始一切都沒有問題，因為訪問本來就是他寫出精采故事的必要基礎。在他的書裡面，紀錄了許許多多人的言語，想要聽清楚這些言語，就必須要做一個專心的讀者。其中《最寒冷的冬天》，就是以美國軍人開心討論他們戰勝北韓軍隊的同時，數以千計的共軍向他們靠近，準備一舉殲滅他們的內容為開場白。

《隊友情深》則是以著名棒球選手狄馬喬（Dominic DiMaggio）夫人艾蜜莉（Emily）反對丈夫祭悼亡故的隊友威廉斯（Ted Williams）開始的，她在書裡的第三段句子中表示「我只是不希望你單獨開車到佛羅里達州而已」。在介紹胡志明的《胡志明傳》（*Ho*）中，則是在第一頁就以法國陸軍軍官在酒吧裡面討論奠邊府戰役的失敗開始。

他不斷的回憶「這一切都得不償失，我讓我的手下們白白送死」。哈伯斯坦曾經指出，他從哈佛大學畢業後曾故意到南方小鎮的一家報社工作。他在那裡，學會了如何與平凡人溝通，這個技能在常春藤畢業的學生裡面並不受到歡迎，但卻是成功媒體人必須要有的技能。如何讓人講話，是書寫歷史的獨特技能，他向來認為每個人都是瞭解歷史的媒介。

當然如果說哈伯斯坦是托爾泰斯「人類於歷史浪潮的憐憫」觀點的信徒，可能還是值得討論的。在媒體文化越走越荒誕的今天，哈伯斯坦從裡到外都是一個真正的媒體人。他希望能瞭解每個人與事件的連結點，並一直很想瞭解一個有如此崇高理想，並且由傑出人才領導的國家，為什麼一次又一次的讓自己陷入泥沼裡面。

所有他的作品裡面，都強調了人做為歷史連結的重要性。相信人在歷史中發揮的作用，讓他熱衷於學習人的故事。這些人在他的故事裡面，也總是以不同的面貌出現。其中包括像甘迺迪、麥克阿瑟、胡志明與詹森這樣的強人，也包括了麥克喬丹與威廉斯這些著名運動員，還有麥納瑪拉、史考克羅與歐布萊特等國家決策者。

另外還有一些致力於組成奧運國家代表隊，但是卻不為人所關心的年輕人，或者是一群冒著生命危險，爭取投票權以及與別人坐在一起吃聖代的黑人小孩，再加上冒死進入世貿中心救人的十三名消防隊員。為了把他們的靈魂帶回書本上，他必須要聽這些人的談話。於是他的訪談一個接著一個，為了自己的第二十二部作品，他去訪問一位明星級的美式足球健將台陀爾（Y. A. Tittle）。就是在訪談過程中，他遇到了致命的車禍。

318 「在錯誤的時間，錯誤的地點，和錯誤的敵人打一場錯誤的戰爭」: Bradley, Omar with Blair, Clay, *A General's Life*, p. 640.
319 「他們本來就是被共產黨趕走的那批人」: Goulden, Joseph, *Korea*, pp. 534–535.
320 「破壞了杜魯門的團隊」: Acheson, Dean, *Among Friends*, p. 103.

51. 黯淡與輝煌

Page
322 「對自己的傷害也就越大」: author interview with Bill McCaffrey.
323 「他就是不明白美國是怎麼運作的」:Walters, Vernon A., *Silent Missions*, pp. 209–210.
323 散發出「紫色的光輝」: Eisenhower, Dwight D., *At Ease*, p. 227.

52. 可知的結局與不可知的後果

Page
327 「你為什麼一面紅旗也沒撿到？」: Smith, Richard Norton, *Thomas Dewey and His Times*, p. 591.
327 「不要再把我們領上那條路了」:Manchester, William, *The Glory and the Dream*, p. 617.
328 「而不是反對白宮的組織」: Caro, Robert, *Master of the Senate*, p. 525.
330 「幾乎沒什麼影響，甚至可以說毫無影響」: author interview with Harold G. Moore.
331 「這場戰役就足以記入史冊」: Marshall, S. L. A., *Pork Chop Hill*, p. 146.
331 只剩下十四人: author interviews with Joe Clemons, Walter Russell, and Harold G. Moore.

尾聲

Page
351 「他比史蒂文生更有男性魅力！」: Halberstam, David, *The Best and the Brightest, p. 24.*
351 從來沒有糾正甘迺迪: author interview with Leslie H. Gelb.
352 「整體上是謹慎的」: author interview with Allen Whiting.
353 「賈姬，我們現在需要『血腥瑪麗』」: Schlesinger, Arthur M., Jr., *A Thousand Days*, pp. 479–480.
354 「卻做著不一樣的夢」: author interview with Bernard Fall.
354 「一直在批評他的右派勢力」: author interview with George Elsey.
354 「就憑老喬治的木頭腦袋」: Brinkley, Douglas, *Dean Acheson*, p. 91.
355 「他們也許比我們還可憐」: Sorensen, Theodore, *Kennedy*, p. 294.
356 「從不對國際事務產生真正的興趣」: Geyelin, Philip, *Lyndon Johnson and The World*, p. 17.
356 屬於世界的四流國家: Halberstam, David, *The Best and the Brightest*, p. 512.
358 「你就可以高枕無憂了」: Ibid., p. 531.
359 「他們只是一味拿越南說項」: author interviews with Bill Moyers and George Reedy.

295 「讓我徹底忘記了以前的那個麥克阿瑟」: Ibid., p. 616.
295 「唯獨沒有想到的就是勝利」: Manchester, William, *American Caesar*, p. 625.
297 「如果蘇聯不派兵攻打日本關東軍」: Paul Freeman oral history, U.S. Army War College Library.
299 不遵守這些廢話般的政令，並不會損失什麼: Weintraub, Sidney, *MacArthur's War*, p. 307.
301 「不顧傷亡也無濟於事」: Blair, Clay, *The Forgotten War*, pp. 767–768.
301 「無法相信加上極力壓抑的憤怒」: Acheson, Dean, *Present at the Creation*, p. 519
301 「我真想一腳把他踢進黃海」: Truman, Margaret, *Harry S. Truman*, p. 513.

49. 杜魯門痛下決心

Page
303 「這簡直就是叛國」: Goulden, Joseph, *Korea*, pp. 477–78.
304 「我無堅不摧，卻一無所獲」: Truman, Harry S. *Memoirs, Vol. II*, pp. 446–447.
304 稱林肯為「原始大猩猩」: Goodwin, Doris Kearns, *Team of Rivals*, p. 383.
307 「完全是我個人的決定」: author interview with George Elsey; George Elsey interview, Harry S. Truman Library.
307 「我們要讓他們知道我們完全有勇氣這麼做」: Donovan, Robert, *Tumultuous Years*, p. 355.
307 「他想做遠東皇帝」: Truman interviews, Harry S. Truman Library.
307 阿爾蒙德聽後，直呼荒謬: Blair, Clay, *The Forgotten War*, p. 788.
308 「表現出超凡的軍人氣度」: Goldman, Eric, *The Crucial Decode*, pp. 201–202.

50. 麥克阿瑟聽證會

Page
309 「標準的職業小人」: Swanberg, W. A., *Luce and His Empire*, p. 312.
309 「以為以前的那個麥克阿瑟仍然可以在韓國大展雄風」: Hastings, Max, *The Korean War*, p. 207.
310 「確實是南北戰爭以後，絕無僅有」: Rovere, Richard and Schlesinger, Arthur M., Jr., *The General and the President*, p. 5.
310 對他五體投地的群眾就會跟他走: Caro, Robert, *Master of the Senate*, pp. 369–370.
310 「你想趕我下車嗎？」: Halberstam, David, *The Fifties*, p. 114.
310 「這位從東方歸來的偉大將軍是聖保羅的化身」: Goulden, Joseph, *Korea*, p. 507.
312 「空洞無物，一堆廢話」: Halberstam, David, *The Fifties*, p. 115.
312 「謝天謝地，我終於不需要為你操心了」: Acheson, Dean, *Present at the Creation*, p. 524.
313 以此作為自己的最後一擊: Goulden, Joseph, *Korea*, p. 498.
318 「把自己說成是眼界狹隘、缺乏知識的指揮官」: Goulden, Joseph, *Korea*, p. 527.

260 「你真應該待在家裡啊」: Ibid.

265 肯定會想辦法撤換費里曼的職務: author interview with Dr. Robert Hall.

265 「就要把他們帶出去」: Paul Freeman oral history, U.S. Army War College Library.

45. 柯羅姆貝茲救援隊

Page

268 「我知道你可以做到的」: Blumenson, Martin, *Army* Magazine, August 2002; author interview with Martin Blumenson.

269 「無論如何，都要抵達」: Hamburger, Kenneth, *Leadership in the Crucible*, p. 205.

271 「來吧，有沒有車隊都行」: Blair, Clay, *The Forgotten War*, p. 700.

272 各種待售糖果擺放得很不整齊: author interview with Tom Mellen.

273 「等於把戰鬥力最強大的連隊送上天堂」: Hamburger, Kenneth, *Leadership in the Crucible*, p. 200.

273 「我也拒絕執行！」: Ibid., pp. 200–201.

46. 堅守到底

Page

283 想保住因蒙的性命: author interviews with Cletus Inmon and Paul McGee.

287 讓他鎮靜下來: author interview with Dr. Robert Hall.

288 裝屍體幾乎和拼七巧板沒什麼區別: Knox, Donald, *The Korean War, Vol. II*, p. 73.

288 「我一定把他送上軍事法庭」: Hamburger, Kenneth, *Leadership in the Crucible*, p. 215.

47. 轉捩點

Page

289 「很快就能獲得最後的勝利」: author interview with Chen Jian.

290 「我可不能等他睡醒」: Ibid.

48. 麥克阿瑟「逼宮」

Page

293 「而是一個自由的亞洲」: Blair, Clay, *The Forgotten War*, p. 659.

294 當成軍事干預的藉口: Truman, Harry S. *Memoirs, Vol. II*, p. 420.

294 蘇聯人都是透過鐵路來運送物資的: Ibid., p. 416.

294 「因為這超越了他的能力」: Hastings, Max, *The Korean War*, pp. 192–193.

295 「不惜挑起第三次世界大戰，也不惜動用原子彈」: Bradley, Omar with Blair, Clay, *A General's Life*, p. 616.

234 「在隧道區域對抗那樣的襲擊，二十三團能不能撐過那一夜就很難說了」: Hamburger, Kenneth, *Leadership in the Crucible*, p. 111.

236 過了一會兒，法國人熄滅了火堆: Paul Freeman oral history, U.S. Army War College Library.

237 「就盡我們所能殺越多的中國人吧」: Stewart, George, private memoir.

238 「有三次把整個菸斗頭給塞進了嘴裡」: Ibid.

238 「那就像一場好萊塢式的戰役」: Freeman, Paul, *Wonju to Chipyongni*, U.S. Army War College Library.

42. 固守砥平里

Page

241 變成他們的陣地: author interview with Sherman Pratt.

243 「蘇格蘭人命令我們繼續堅守」: Hamburger, Kenneth, *Leadership in the Crucible*, p. 154.

243 「我覺得我們還是應該留下來」: Ibid., p. 176.

244 「速將此請求轉交軍部，並盡快告知結果」: Appleman, Roy, *Ridgway Duels for Korea*, p. 258.

244 「只要守住現在的陣地，我們一樣能打好這一仗」: author interview with Sherman Pratt.

43. 原州之戰

Page

246 「總會讓人不由自主地想到阿爾蒙德」: Blair, Clay, *The Forgotten War*, p. 685.

247 竭盡所能創造一支單獨的黑人部隊: Coleman, J. D., *Wonju*, pp. 93–94.

247 還撤銷了華克爾的連長職務: Ibid. p. 94.

247 彷彿他的一個家庭成員背叛了他似的: author interview with Bill McCaffrey.

248 而且這一次一定要更凶狠: author interview with J. D. Coleman.

249 消耗中國人進攻時的猛烈砲火罷了: Paik, Sun Yup, *From Pusan to Panmunjon*, pp. 125–26.

249 「大家一定會發現我們的行動對於中國人來說再有利不過了」: Coleman, J. D., *Wonju*, p. 95.

250 一個上尉軍醫能了解這麼多情況: Ibid., pp. 103–104.

251 「在這裡複製了一個『鐵手套』」: Blair, Clay, *The Forgotten War*, p. 689.

252 「一路好走，哈利」: Ibid., p. 740.

254 「不惜犧牲士兵的生命」: author interview with Kenneth Hamburger.

255 「但決定操之在你」: Stewart, George, private memoir.

256 「直到彈藥用盡」: Ibid.

44. 麥吉與費里曼

Page

258 守衛整個第三十八團中防禦最薄弱的地段: author interview with Paul McGee.

210 比自己心裡所想的更自信、更勇敢: Spurr, Russell, *Enter the Dragon*, p. 285.

213 大家全趴在地上: Paul Freeman oral history, U.S. Army War College Library; Hamburger, Kenneth, *Leadership in the Crucible*, pp. 92–93.

213 居然還有宿營車和洗手盤: Paul Freeman oral history, U.S. Army War College Library.

40. 雙聯隧道驚魂記（一）

Page

215 被幾座五百公尺左右的高山環抱其中: Hamburger, Kenneth, *Leadership in the Crucible*, p. 98.

219 「這是我們唯一的機會了！」: Ibid., p. 100; Appleman, Roy, *Ridgway Duels for Korea*, pp. 202–203; Gugeler, Russell, *Combat Operations in Korea*, pp. 85–87; author interviews with survivors, including Laron Wilson and Richard Fockler.

220 讓他感到活著有多美好: author interview with Laron Wilson.

223 後來一名乘坐吉普車經過此地的美軍上尉發現了他: author interview with Richard Fockler.

224 應該是二等兵威廉・史特拉頓: Gugeler, Russell, *Combat Operations in Korea*, pp. 87–90.

225 第四次中彈，這一次沒有留給他任何生存的機會: author interview with Laron Wilson; Gugeler, Russell, *Combat Operations in Korea*, pp. 80–90.

225 「馬上抵達」: Hamburger, Kenneth, *Leadership in the Crucible*, p. 103.

226 「南韓戰場上最精采的小部隊作戰行動」: Freeman, Paul, *Wonju to Chipyongni*, U.S. Army War College Library.

41. 雙聯隧道驚魂記（二）

Page

229 「他都會不遺餘力地顯示自己的權威』」: Coleman, J. D., *Wonju*, p. 91.

229 他的上司也不信任他: Ibid., p. 58.

229 「他的殺手鐧就是威脅恫嚇自己的下屬」: Hamburger, Kenneth, *Leadership in the Crucible, pp. 89–90.*

230 「他們是在謀殺第二十三團」: Stewart, George, private memoir.

232 這就是老傢伙的智慧: Knox, Donald, *The Korean War, Vol. II*, p. 25.

232 「敵人沒走進你的射程時不要開火」: Martin, Harold, *Saturday Evening Post*, May 19, 1951.

234 直接返回費里曼的團部: Stewart, George, private memoir.

234 沒有在那裡胡亂放槍: author interview with Kenneth Hamburger, who had interviewed George Stewart at length.

234 餘怒未消的費里曼坐上吉普車揚長而去: author interview with Sherman Pratt; Pratt, Sherman, *Decisive Battles of the Korean War*, p. 154.

187 「經常忘記占據路邊制高點」: Ridgway, Matthew B., *The Korean War*, pp. 88–89.

187 「不是撤退，而是奔逃」: Harold Johnson oral history, U.S. Army War College Library.

187 「你必須對手下的將官鐵面無情」: Toland, John, *In Mortal Combat*, p. 378.

188 「打擊他們！消滅他們！」: Ibid.

37. 重整旗鼓

Page

191 「他只想和中國開戰」: Blair, Clay, *The Forgotten War*, pp. 566–567.

191 「我們打的是二軍」: Hastings, Max, *The Korean War*, p. 186.

191 「所說的『姑息政策』的工具」: Ibid., p. 569.

193 「儘管我們為自己施加了很大的壓力」: Bradley, Omar with Blair, Clay, *A General's Life*, p. 646.

193 「連撒尿的傢伙都看不起德國人」: Blair, Clay, *Ridgway's Paratroopers*, p. 111.

194 但他的羽翼肯定將受到一點損傷: Coleman, J. D., *Wonju*, p. 59.

194 絕對不准再瞞著八軍團司令擅自行動了: author interview with Bill McCaffrey.

195 傑特爾的職務可能有點不公平: Blair, Clay, *The Forgotten War*, p. 574.

196 如此斤斤計較: author interview with George Allen.

38. 彭德懷的憂慮

Page

200 對中國來說都是巨大的挑戰: Xioabing Li, et al., *Mao's Generals Remember Korea*, p. 11.

201 被勝利沖昏了頭: Spurr, Russell, *Enter the Dragon*, p. 252.

201 「你管它是不是，只要不是敵人的就行」: author interview with Walter Killilae, Killilae private memoir.

203 因為這位將軍就是這樣對待他們的: Spurr, Russell, *Enter the Dragon*, pp. 41–42.

203 有意這麼做的: Ibid., p. 167.

204 「朝鮮戰爭將是一場後勤戰」: Ibid., pp. 80–81.

204 「某些自封為深諳戰爭藝術的專家」: Ibid.

205 「嚼一口炒麵，吃一口雪」: Xiaobing Li, et al., *Mao's Generals Remember Korea*, p. 54.

207 「毛澤東制訂的政治目標超越了中國人民志願軍的能力」: Ibid.

207 「拋下了火砲、迫擊砲、機槍等所有武器」: Ridgway, Matthew B., *The Korean War*, pp. 93–94.

39. 從原州到砥平里

Page

210 「大多數人都不喜歡這樣。」: author interview with John Carley.

169 「忽略了某些最基本的事實」: Hastings, Max, *The Korean War*, p. 178.

169 進而招致中國的干預: James, D. Clayton, *Refighting the Last War*, p. 45.

169 救贖自己: Bradley, Omar, with Blair, Clay, *A General's Life*, p. 626.

169 敵人的勝利也不再是真正的勝利: author interview with Matthew B. Ridgway.

169 「上帝令其死亡，必先令其瘋狂」: Acheson, Dean, *Present at the Creation*, p. 518.

170 「某些人一定是瘋了」: author interview with Joe Fromm.

171 「這簡直就是恥辱」: Bradley, Omar, with Blair, Clay, *A General's Life*, p. 603.

171 我們為什麼就做不到呢？: Ibid.

172 把第十軍併入八軍團: Ibid.

173 「走到解放中國的戰爭最前線」: Herzstein, Robert, *Henry Luce and the American Crusade in Asia*, p. 139.

173 「魯斯比以往更堅信，他所設想的亞洲大戰是準確的」: Ibid., p. 147.

173 搬到幾英里外的曼哈頓中央公園: Ibid., p. 136.

176 「別人都是錯的」: Ridgway, Matthew B., *The Korean War*, p. 61.

177 「此後我們再也沒有機會就這個問題與他討論」: Ibid.; author interview with Matthew B. Ridgway.

177 一九四二年的英軍在新加坡: Hastings, Max, *The Korean War*, p. 170.

177 「武器簡陋，行軍全靠徒步」: Ibid., p. 167.

179 「令人顏面掃地的羞恥時刻」: author interview with Sam Mace.

36. 李奇威出場

Page

181 「在這場遊戲中快一步」: author interview with Jack Murphy.

182 「東西方之間的最後大決戰」: Blair, Clay, *The Forgotten War*, p. 69.

182 「我們的損失會更大」: Ibid.

184 都是不折不扣的勇士: author interview with Ken Hamburger; Blair, Clay, *Ridgway's Paratroopers*, pp. 138–141.

185 「而非在日本人」: Matthew B. Ridgway interview, Toland papers, Franklin D. Roosevelt Library.

185 「一種付出一點鮮血」: Ridgway, Matthew B., *The Korean War*, p. 110.

186 最偉大的美國軍人: Ridgway, Matthew B., *The Korean War*, dedication.

186 「寒風刺骨」: Blair, Clay, *The Forgotten War*, p. 569.

186 「你認為怎麼做比較好就怎麼做吧」: Ridgway, Matthew B., *The Korean War*, p. 83.

187 「最被低估的高階軍官」: Allen, George, *None So Blind*, p. 96.

187 「很少有前線指揮官能決定性地改變戰局」: Bradley, Omar, with Blair, Clay, *A General's Life*, p. 608.

32. 向西突圍

Page

146 「我的營全完了」: author interview with Malcolm MacDonald.

147 「你們還能不能做點什麼？」 Marshall, S. L. A., *The River and the Gauntlet*, p. 319.

147 這是充滿死亡的一天: Ibid., p. 320.

148 「在這個鬼地方」: Spurr, Russell, *Enter the Dragon*, p. 193.

150 「中國人越來越多！」: author interview with Paul O'Dowd.

33. 脫險南下

Page

152 「變成讓他們優先享受安全感的俱樂部」: author interview with Gino Piazza.

153 他們只能硬著頭皮撐到現在: Ibid.

153 對手下的感情卻讓他更左右為難: Ibid., author interviews with Larry Farnum and Alarich Zacherle.

155 絕不會因此而記恨: author interview with Alarich Zacherle.

156 幾乎沒有人活著回來: author interview with Bob Nehrling.

159 中國人已近在咫尺: author interview with Hank Emerson.

160 他雖生猶死: author interview with Charley Heath.

34. 逃離長津湖

Page

161 如果他們的通訊設備再先進一點: Alpha Bowser oral history, U.S. Marine Corps History Division.

162 非戰鬥傷員三千六百人，主要是凍傷: Hoffman, Jon T., *Chesty*, p. 410.

163 「我們是朝另一個方向進攻」: Alpha Bowser oral history, U.S. Marine Corps History Division.

164 「消極執行上級的命令」: Simmons, Edwin H., *Frozen Chosin*, p. 35.

164 「沒有哪一場作戰讓我這麼滿意」: D. Clayton James interview with Oliver P. Smith, MacArthur Memorial Library.

166 「你告訴華克將軍」: Marshall, S. L. A., *Bringing Up the Rear,* pp. 181–183.

166 「不要在第十軍服役」: Hoffman, John T., *Chesty*, p. 417.

35. 誰之罪

Page

168 「憑空臆造的癡人夢話」: author interview with Matthew B. Ridgway.

168 「他根本無法接受以全然失敗來結束軍旅生涯的現實」: Manchester, William, *American Caesar,* p. 617.

War Commemorative Series, 2002, p. 34.

122 以便在遭到中國襲擊後: Russ, Martin, *Breakout*, p. 71.

124 帶走更多傷患、病患: Ibid., p. 72.

124 運出了四千五百名傷兵: Frank, Benis, *The Epic of Chosin*, U. S. Marine Corps History Division.

124 「另一側是萬丈深淵」: Ridgway, Matthew B., *The Korean War*, p. 65.

125 「對中國人的作戰能力毫無敬意」: author interview with James Lawrence. Russ, Martin, *Breakout*, p. 82.

125 「陸軍想這麼做」: Russ, Martin, *Breakout*, p. 82.

127 「這就是我們應該做的事」: Simmons, Edwin, *Frozen Chosin*, p. 49.

127 「一個瘋狂的計畫」: Blair, Clay, *The Forgotten War*, p. 456.

127 「最沒腦、最不幸的作戰部署」: Ibid.

127 「就是第十軍軍長」: author interview with James Lawrence.

128 必將帶來悲劇性的結局: Blair, Clay, *The Forgotten War*, p. 418.

128 「將軍說了什麼？」: Gugeler, Russell, *Combat Operations in Korea*, p. 62.

128 「真他媽的胡搞」: Russ, Martin, *Breakout*, pp. 196–197; Blair, Clay, *The Forgotten War*, pp. 462–464.

129 「驕傲、樂觀地走向災難」: Blair, Clay, *The Forgotten War*, p. 464.

131 成為中國人垂手可得的獵物: Heefner, Wilson, *Patton's Bulldog*, p. 295.

31. 軍隅里與「鐵手套」

Page

133 「四處竄逃」: Paul Freeman oral history, U.S. Army War College Library.

133 中國部隊正集結: Marshall, S. L. A., *The River and The Gauntlet*, p. 264.

134 因為共軍離他越來越近: Ibid.; Blair, Clay, *The Forgotten War*, p. 478.

135 「或快速衝出去」: author interview with Alan Jones.

135 他還從來沒聽過這種事: author interview with Malcolm MacDonald; McDonald family memoir.

136 「天哪，先往這裡撤吧。」: Blair, Clay, *The Forgotten War*, p. 477.

137 更是雪上加霜: author interview with Larry Farnum.

138 「而我們往往是失敗的一方」: author interview with Harold G.Moore.

139 被打爛的車輛: Blair, Clay, *The Forgotten War*, pp. 478–81.

139 「所以我覺得今天還能再來一次」: author interview with Jim Hinton.

140 他會對自己說，你真是幸運的查理啊: author interviews with Sam Mace and Charley Heath.

144 就是被打死在這條路上: author interview with Alan Jones.

144 「嘿，你該不會是那個在前往順天的路上，我幫忙包紮腳的人吧，是你嗎？」: Ibid., author interview with Bill Wood.

099 這樣可以讓他們的衣服乾一點: Ibid.

101 撤到山上更高的位置上: author interview with Dick Raybould.

103 嚇得癱軟下去: author interview with Bruce Ritter.

106 才總算救了史密斯和懷特: author interviews with John Ritter, Billie Tinkle, and John Yates.

108 大批的敵人屍體: author interview with Sam Mace.

110 「因為我們認出中國人」: author interview with Charley Heath.

111 被恐懼籠罩: author interview with Sam Mace.

112 在日常談話中，梅斯一直稱他為「大吹牛家」: Ibid.; Spurr, Russell, *Enter the Dragon*, p. 193.

30. 拙劣的指揮

Page

114 同樣岌岌可危: Paul Freeman oral history, U.S. Army War College Library.

115 「我們的失敗是因為我們已經為悲劇搭起了舞臺」: author interview with Dick Raybould.

116 「麥克阿瑟永不犯錯」: Appleman, Roy, *Escaping the Trap*, p. 47.

116 「阿爾蒙德一定會咄咄逼人」: Blair, Clay, *The Forgotten War*, p. 32.

116 「那它能夠浮在水面上嗎？」: Victor Krulak oral history, U.S. Marine Corps History Division.

116 「（陸戰隊）黑名單上的頭號人物」: Russ, Martin, *Breakout*, p. 17.

117 足以編成一個團了: Hoffman, Jon T, *Chesty*, pp. 370–371.

118 「國會榮譽勳章」: author interview with James Lawrence.

118 「如果能再增加一點體重」: Russ, Martin, *Breakout*, p. 186.

119 「也許是兩天」: Sloan, Bill, *Brotherhood of Heroes*, p. 58.

119 日軍人數約為一萬人: Ibid., p. 310.

119 「挽救了整個第一陸戰師」: Alpha Bowser oral history, U.S. Marine Corps History Division.

119 盟軍在歐洲戰場上的主要戰略: Ibid.

120 「即使是成吉思汗在這裡也沒辦法」: Russ, Martin, *Breakout*, p. 64.

120 「他在仁川僥倖地大賺了一筆」: D. Clayton James interview with Oliver P. Smith, MacArthur Memorial Library.

120 也不是他最後一次使用這個詞: Hoffman, Jon T., *Chesty*, p. 378.

120 不屬於任何一個大兵力的中共部隊: author interview with Bill McCaffrey.

121 獲得「海軍十字勳章」: author interview with James Lawrence.

121 「選擇適當的地點設置補給站」: Russ, Martin, *Breakout*, p. 52.

122 共軍負責東線作戰: Lawrence, James, paper on the Choosing fighting he prepared for U.S. Marine Corps Symposium; author interview with James Lawrence.

122 「離我們預定的殺戮區還很遠呢」: Simmons, Edwin, *Frozen Chosin*, U.S. Marine Corps Korean

072 「這個世界怎麼變得這麼快啊！」: Ibid., p. 178.

072 「不但沒有保住在中國的利益」: Blair, Clay, *The Forgotten War*, p. 400.

075 違抗軍令: Ridgway, Matthew B., *The Korean War*, p. 65.

076 「他們能和家人共進聖誕晚餐」: Toland, John, *In Mortal Combat*, p. 281.

076 只說了一句：「放屁！」: Ibid., p 282.

076 「一旦發現中共軍隊，立即撤退」: Ibid., Heefner, Wilson, *Patton's Bulldog*, pp. 281–282; author interview with Layton Tyner; Tyner interviews with Toland, Toland papers, Franklin D. Roosevelt Library.

076 務必奪得頭彩: Weintraub, Stanley, *MacArthur's War,* p. 221.

077 「就像小大角戰役中的卡斯特一樣」: Ridgway, Matthew B., *The Korean War*, p. 63.

077 「最恰當不過的結論就是」: Perret, Geoffrey, *Old Soldiers Never Die*, p. 548.

27. 待君入甕

Page

080 用後面的戰車輕輕推一下前面的戰車: author interview with Jim Hinton.

081 「消失在這茫茫無際的山野中」: Ibid.

083 從地面上消失得無影無蹤: author interview with Paul O'Dowd.

083 「無力支撐我們的重擔」: author interview with John Carley.

084 「沒有任何人採取任何措施」: author interview with Malcolm MacDonald.

087 進攻時間尚未到來: author interview with Sam Mace.

087 似乎沒有人對他的情報感興趣: author interviews with John Eisenhower and Dick Gruenther.

088 「猶如沒有身影的幽靈」: Marshall, S. L. A., *The River and the Gauntlet*, p. 1.

089 共軍在隔天便發起潮水般的攻勢: author interview with John Eisenhower.

28. 謹慎的費里曼

Page

091 全部被裹在毯子裡: author interview with Sherman Pratt; Pratt, Sherman, *Decisive Battles of the Korean War*, pp. 15–20.

092 「我根本就看不到任何出路」: letters of Paul Freeman courtesy of Anne Sewell Freeman McLeod and Roy McLeod.

29. 兵潰清川江

Page

095 戰局已無法控制: author interview with Alan Jones.

096 不要做任何有損高橋家族名譽的事: author interview with Gene Takahashi.

058 「滿腦子意識形態」: author interview with Frank Wisner, Jr.

058 「把英國交給德國人」: Naval Historical Center Colloqium on Contemporary History, June 20, 1990.

058 「美國的好朋友」: Kluckhohn, Frank, the *Reporter*, August 19, 1952.

059 「比東京司令部的人」: author interview with Frank Gibney.

059 「你會突然為東京司令部能收到多少情報感到憂心。」: Ibid.

060 「不知名的暴民」: Cumings, Bruce, *The Origins of the Korean War, Vol. II*, p. 106.

061 「最後他是用自己對共產主義的觀點戰勝了我的觀點」: author interview with Joseph Fromm.

061 「而那個司令部對事實視而不見」: Ibid.

061 「以征服西方世界為目標」: Cumings, Bruce, *The Origins of the Korean War, Vol. II*, p. 112.

062 麥卡錫在調查二戰時的「中國通」時，就採用了他收集的一部分情報: Ibid.

062 「還講過很多關於他的真話」: author interview with Bill McCaffrey.

062 「威洛比就能找到讓將軍對自己的判斷信心百倍的情報」: Blair, Clay, *The Forgotten War*, p. 377.

063 「阻止高層據此採取相應的行動」: author interview with Bill Train.

063 不是那麼要命的話: author interview with Carleton Swift.

064 「戰地情報人員很難讓自己的情報原封不動地傳達給上級司令部」: Ibid.

065 停止將這類情報繼續往上呈: author interview with Robert Myers.

065 「威洛比在整個指揮體系中權力很大」: author interview with Bill Train.

065 「考慮到北韓殘部已基本喪失戰力」: Heefner, Wilson, *Patton's Bulldog*, p. 264.

066 注意到有中國人出現的跡象: Heefner, Wilson, *Patton's Bulldog*, p. 272.

066 「都只能處在威洛比的陰影之下」: author interview with Bill Train.

066 受到威洛比的影響太大: Blair, Clay, *The Forgotten War*, p. 379.

067 並非完整編制的軍團: Ibid.

067 「一步步走進可怕的陷阱」: author interview with Bill Train.

068 「洛杉磯也有很多墨西哥人」: Tom Lambert interview, Toland papers, Franklin D. Roosevelt Library.

26. 麥卡錫主義與衝向鴨綠江

Page

070 「分不清卡爾・馬克思和電影演員格羅克・馬克思是不是同一個人」: Bayley, Edwin, *Joe McCarthy and the Press*, p. 68.

071 「你要不是共匪」: Ibid., p. 73.

071 「他就是共和黨放在地雷區裡的一頭豬」: author interview with Murray Kempton for The Fifties.

071 「只有扒糞者才知道怎麼扒糞」: Oshinsky, David, *A Conspiracy So Immense*, p. 174.

071 「就去做下一件事」: Patterson, James, *Mr. Republican*, p. 455.

071 「最惡毒的政治攻擊」: Oshinsky, David, *A Conspiracy So Immense*, pp. 168–169.

047 在幕僚的壓力下這麼做的: Charles Murphy interview, Harry S. Truman Li-brary.
048 「國王什麼時候會去探望王子呢？」: Matt Connelly interview, Harry S. Truman Library.
048 「有許多外國君主的特徵」: Acheson, Dean, *Present at the Creation*, p. 456.
048 「他還在帶兵打仗嗎？」: John Muccio interview, Harry S. Truman Library.
049 「是所有軍人（無論其軍階高低）的頂頭上司」:Walters, Vernon A., *Silent Missions*, p. 204.
049 「中國可能會出兵」: interview with Vernon A. Walters, *American Masters*, WGBH Television.
049 「宮廷衛士」: author interview with Frank Gibney.
049 「我是這個世界上被煙霧噴得最多的人」: Toland, John, *In Mortal Combat*, p. 241.
051 歷史上從總統那裡得到最多支持的指揮官: Ibid., pp. 241–242; Blair, Clay, *The Forgotten War*, pp. 346–349; Spurr, Russell, Enter the Dragon, p. 159.
051 「在我們陷入麻煩之前」: Dean Rusk interview, Harry S. Truman Library.
052 「他們就像是兩國政府的首腦」: Gunther, John, *The Riddle of MacArthur*, p. 200.
052 「每個人又都有自己的想法」: Acheson, Dean, *Present at the Creation*, p. 455.
052 「讓他的勝利夢想更具誘惑」: Ridgway, Matthew B., *The Korean War*, pp. 37–38; Spurr, Russell, *Enter the Dragon*, p. 158; Blair, Clay, *The Forgotten War*, p. 188.
053 「肯定覺得自己是個愛國者」: *New York World-Telegram*, April 8, 1964.
053 「怎能這麼健忘」: author interview with Matthew B. Ridgway.
054 「百依百順，俯首貼耳，天真爛漫，絕對服從」: Cumings, Bruce, *The Origins of the Korean War, Vol. II*, p. 97.
054 共軍司令員: Weintraub, Stanley, *MacArthur's War*, p. 291.
054 「這樣的老將出馬指揮」: Cumings, Bruce, *The Origins of the Korean War, Vol. II*, p. 103.
055 機械化程度較高但機動能力較差的日本人: Collins, J. Lawton, *War in Peacetime*, p. 215.
055 「了解你的敵人」: Mike Lynch interview, Toland papers, Franklin D. Roosevelt Library.
055 對自己不喜歡的事更是漠不關心: Perret, Geoffrey, *Old Soldiers Never Die*, p. 551.
056 在官方檔案中說明此事: Morris, Carol Petillo, *Douglas MacArthur: The Philippine Years*, pp. 204–213.
056 他接著說：「一個高傲自大的敵人」: Chen Jian, *China's Road to the Korean War*, p. 148.
057 「生怕他再受一點傷害」: Lee, Clark, and Henschel, Richard, *Douglas MacArthur*, p. 166.
057 「你有的是宮廷」: Acheson, Dean, *Present at the Creation*, p. 424.
057 「這些獻媚行為終將絆倒他」: Weintraub, Stanley, *MacArthur's War*, p. 161.
057 「不敢打擾他自導自演、自我欣賞之夢」: Stueck, William, *Rethinking the Korean War*, p. 113.
058 因為他的專權傲慢: author interview with Carleton West.
058 「你覺得我有普魯士人的血統嗎？」: D. Clayton James interview with Roger Egeberg, MacArthur Memorial Library.

030 「所有罪他都有可能犯」: Djilas ,Milovan, *Conversations with Stalin*, p. 190.

031 「革命不是請客吃飯。」: Bloodworth, Dellis, *The Messiah and the Mandarins*, p. 62.

033 不可能把自己的軍事力量投入: Djilas, Milovan, *Conversations with Stalin*, p. 182.

033 「毛主席肯定會重新考慮自己的想法」: Goncharov, Sergie, et al., *Uncertain Partners*, p. 29.

033 「他不需要別人告訴他怎麼做」: Ibid., pp. 29–30.

033 「史達林同志萬歲！」: Ibid., p. 62.

034 史達林的五十歲生日: Laquer, Walter, *Stalin: The Glasnost Revelations*, p. 179.

035 「視為時代的起點」: Ibid., p. 183.

035 反對者的手足: Li Zhisui, Dr., *The Private Life of Chairman Mao*, p. 122.

035 「他恢復了中國早期的榮光」: Ibid., p. 124.

035 「爹親娘親沒有毛主席親」: Laquer, Walter, *Stalin: The Glasnost Revelations*, p. 189.

035 「用針戳他的屁股」: Li Zhisui, Dr., *The Private Life of Chairman Mao*, p. 261.

036 「他似乎和保加利亞的領導人沒什麼差別」: Ulam, Adam B., *Stalin: The Man and His Era*, p. 695.

036 再度遭到拒絕: Goncharov, Sergie, et al., *Uncertain Partners*, p. 85.

036 「你知道的，就是那個中國人」: Talbott, Strobe (editor), *Khrushchev Remembers*, pp. 239–240.

037 表現得互不諒解: Talbott, Strobe (editor), *Khrushchev Remembers*, p. 239.

037 「就像是虎口奪食」: Bloodworth, Dennis, *The Messiah and the Mandarins*, p. 101.

037 「對蘇聯懷有持久的恨意」: Ulam, Adam B., *Stalin: The Man and His Era*, p. 695.

038 提出要中國出兵援助的緊急要求: Chen Jian, *China's Road to the Korean War*, p. 172.

038 前面有巨大的危險: Ibid. pp. 173–175.

038 「沒什麼可怕的」: Li Zhisui, Dr., *The Private Life of Chairman Mao*, p. 125.

039 「我們站在旁邊看，不論怎麼說，心裡也難過」: Chen Jian, *China's Road to the Korean War*, p. 182.

040 「最後是上級」: Peng, Dehuai, *Memoirs of a Chinese Marshall*, p. 7.

040 「唯我彭大將軍！」: Ibid., p. 383.

042 「更不用說養活父母」: Peng, Dehuai, *Memoirs of a Chinese Marshall*, p. 161.

043 約十三萬人: Chen Jian, *China's Road to the Korean War*, pp. 195–196.

044 「他們能派出多少架轟炸機？」: Ibid., p. 201.

045 「不參戰損害更大」: Ibid., p. 202.

046 絕大多數指揮員的心聲: Ibid., p. 207.

25. 威克島會晤與威洛比的誤判

Page

047 「上帝的得力助手」: Nellie Noland interview, Harry S. Truman Library.

012 「那條由測量員劃定的邊界」: Acheson, Dean, *Present at the Creation*, p. 445.

012 「希斯集團成員」: Foot, Rosemary, *The Wrong War*, p. 69–70.

013 「始終立場強硬」: Bradley, Omar, with Blair, Clay, *A General's Life*, p. 558.

014 「這項決定只不過是對既有行動的追認」: papers of James Webb, Harry S.Truman Library.

014 「用漂亮的措辭」: Isaacson, Walter, and Thomas, Evan, *The Wise Men*, p. 532.

015 「就敢和整個參聯會對抗？」: author interview with Lucius Battle.

015 「那時只有超人」: Isaacson, Walter, and Thomas, Evan, *The Wise Men*, p. 540.

015 沒有任何東西能阻擋麥克阿瑟的腳步: Weintraub, Stanley, *MacArthur's War*, p. 163.

015 「徹底的潰敗」: author interview with Frank Gibney.

015 「你是我們民族的救星」: Spurr, Russell, *Enter the Dragon*, p. 428.

015 「你是在浪費自己的寶貴時間」: Weintraub, Stanley, *MacArthur's War*, p. 162.

015 「對黑暗中隱約顯露的危機信號卻視若無睹」: Ridgway, Matthew B., *The Korean War*, p. 45.

016 「應該要有人來試一試」: Ibid., p. 44.

016 「摘下帽子的麥帥出奇的慈祥、衰老，甚至有點可憐」: Thompson, Reginald, *Cry Korea*, p. 87.

23. 中國發出警告

Page

018 即使是買一點點東西: Panikkar, K. M., *In Two Chinas*, p. 23.

018 「效仿女王的言行舉止」: Ibid., p. 25.

018 「美國只是能給中國帶來急需的美元和武器的強大夷狄」: Ibid., p. 27.

019 「原子彈又能發揮多大的威力呢？」: Ibid., p. 108.

020 麥克阿瑟的夢想實現了: Ibid., pp. 109–112.

020 「惶恐不安的潘尼迦說的大話而已」: Isaacson, Walter, and Thomas, Evan, *The Wise Men*, p. 533.

021 六萬人陣亡: Chen Jian, *China's Road to the Korean War*, pp. 153–154.

023 「我就扔手榴彈」: Chen Jian, *China's Road to the Korean War*, pp. 153–154.

025 他更了解人民的心聲: author interview with Chen Jian.

025 他後來開玩笑地說，在中國，只有一個半的人支持出兵韓國: Ibid.

025 「長達一千零五十四頁的粉飾無所作為政策之物」: Foot, Rosemary, *The Wrong War*, p. 44.

028 中國政府能否允許: Shen Zhihua, Cold War International History Project, Winter 2003, Spring 2004.

028 蘇聯表示同意: Chen Jian, *China's Road to the Korean War*, p. 161.

24. 史達林、毛澤東與彭德懷

Page

030 一百九十九名師長中的一百三十九名: Laquer, Walter, Stalin: *The Glasnost Revelations*, p. 91.

335 「我從不考慮撤退」: Shen Zhihua, Cold War International History Project, Winter 2003, Spring 2004.
336 「一言難盡」: Simmons, Edwin H., *Over the Seawall*, p. 23; author interview with Edwin H. Simmons.
336 而且日本人極少投降: author interview with Edwin H. Simmons.
337 「在報紙上看起來平常」: Oliver. P Smith oral history at Columbia University.
338 「由我負責執行這些命令」: Alexander, Joseph, *The Battle of the Barricades*, p. 19.
338 沒有師部的認可: author interview with Edwin H. Simmons.
339 「對付月尾島和仁川一小撮毫無作戰經驗的敵軍」: Toland, John, *In Mortal Combat*, p. 205.
339 「我們已經焦頭爛額了」: Ibid., p. 210.
340 「很少有人經歷過」: Heinl, Robert. *Victory at High Tide*, p. 242.
340 根本就是置將士的安危存亡於不顧: Ibid., p. 294.
341 「公關旅」: Goulden, Joseph, *Korea*, p. 241.
343 「我們願意邀請你加入我們的每一次登陸行動」: Weintraub, Sidney, *MacArthur's War*, p. 204.
343 「最嚴重的一場大規模利益衝突」: author interview with Jack Murphy.
344 不寒而慄: author interview with Jack Murphy.
345 一切都為時已晚: author interview with Matthew B. Ridgway; Ridgway, Matthew B., *The Korean War*, pp. 46–62.

21. 保護臺灣

Page
346 國民黨往往能掌握一些相當重要的情報: author interview with Robert Myers.
347 「還有一個真正總部的話，那麼一定是在華盛頓。在這裡，國民黨的說客及其美國支持者」: Zi Zhongyun, *No Exit?*, pp. 243–244.
349 「能讓這股潮流變得比現在更加友善」: Ibid., pp. 278–279.

【下冊】

22. 止步還是跨越

Page
008 「均勢的變化」: Foot, Rosemary, *The Wrong War*, p. 52.
009 「制訂明確的行動計畫」: Ibid., p. 43.
009 「中國遊說團及其國會內盟友的不負責任做法和頑固的影響力」: Kennan, George F., *Memoirs 1925—1950*, pp. 490–493.
010 「絕望的杜魯門政府」: Ibid., p. 102–103.
011 「不合理性也越大」: Ibid., p. 488.
012 「還有什麼值得猶豫的呢？」: Ibid., p. 73.

322 「仁川全都具備」: Ibid., p. 24.

323 「就像是快要變硬的巧克力軟糖一樣」: Ibid., p. 26.

323 「如果說有一個地方最適合布防水雷的話，那麼這個地方就是仁川」: Ibid., p. 27.

324 「布萊德雷就是一個農民」: Ibid., p. 10.

324 堅持要讓將軍了解具體的細節: Ibid., p. 40.

325 「結合巴里摩（Barrymore）與約翰・德魯（John Drew）式的偉大人物」: White, William Allen. *The Autobiography of William Allen White*, pp. 572–573.

325 「我在華盛頓跟他學了五年的表演藝術，在菲律賓則跟他學了四年」: Lee, Clark, and Henschel, Richard, *Douglas MacArthur*, p. 99.

326 「好了，麥克阿瑟要去見參議員了……」: Eisenhower, Dwight D., *At Ease*, p. 214.

326 「就好像他們多年不見一樣」: Allison, John, *Ambassador from the Plains*, p. 168.

326 「但是如果你問的話」: Heinl, Robert, *Victory at High Tide*, p. 40.

327 「滋養怯戰情緒與失敗主義」: MacArthur, Douglas, *Reminiscences*, p. 349.

327 「誰會為這場悲劇承擔責任？我肯定不會」: author interview with Bill McCaffrey.

328 「一旦我們開始登陸」: Heinl, Robert, *Victory at High Tide*, p. 40.

328 冒天下之大不韙: author conversations with Fred Ladd, 1963.

328 「海軍不會讓你失望的」: Heinl, Robert, *Victory at High Tide*, pp. 40–42; Manchester, William, *American Caesar*, pp. 576–577; Blair, Clay, *The Forgotten War*, pp. 231–232.

328 「這才像約翰韋恩說的話呢」: Smith, Robert, *MacArthur in Korea*, p. 78.

329 「完全是一場天大的騙局」: Blair, Clay, *The Forgotten War*, p. 236.

329 「你最好把握時間進行匯報」: Goulden, Joseph, *Korea*, pp. 209–210.

330 柯林斯差點從椅子上站起來，脫口而出：「什麼？」: Blair, *The Forgotten War*, p. 229.

330 不願聽命於自己的上級: author interview with Matthew B. Ridgway.

331 只比自己小十個月: Oliver P. Smith oral histories at Columbia University and U. S. Marine Corps History Division.

331 指揮這次行動的海軍陸戰隊和陸軍: Oliver P. Smith's personal log at U.S. Marine Corps History Division.

331 「出爾反爾、反覆無常的小人」: Russ, Martin, *Breakout*, p. 17.

331 空中力量的作用究竟知道多少，就另當別論了: Ibid., p. 208.

20. 登陸仁川，攻克漢城

Page

334 思維方式、性格特徵及慣用戰術的備忘錄: author interview with Chen Jian.

334 最有可能遭到攻擊的目標: Goncharov, Sergei, et al., *Uncertain Partners, p. 149.*

286 「弱小到看不見」: author interview with George Russell.

288 設法讓自己的人突破重圍: author interview with Berry Rhoden.

290 但他們仍繼續前進: letter from Master Sergeant Harold Graham to Berry Rhoden.

292 「從來沒有喝過這麼好的啤酒」: Ibid.

292 「不然就送你去C連」: Knox, Donald, *The Korean War, Vol. II*, pp. 62–63; author interview with Joe Stryker.

294 這場戰爭並不適合他: Mike Lynch interviews in the Toland papers, Franklin D. Roosevelt Library.

295 「而我卻不知道該怎麼辦」: Ibid.; Heefner,Wilson, *Patton's Bulldog*, p. 220; author interview with Layton Tyner.

296 可以延長到九月四日以後: Appleman, Roy, *South to the Naktong, North to the Yalu*, pp. 462–463; Blair, Clay, *The Forgotten War*, pp. 250–251.

298 「眼前發生的一切開始讓我驚恐不安」: author interview with Lee Beahler.

300 「是的，長官」: author interviews with Lee Beahler and Gino Piazza.

301 「沒錯，士官長，繼續待著」: Ibid.; author interview with Charles Hammel.

303 「我這輩子從來沒有在戰場上看過這麼勇敢鎮定的人」: Ibid.

304 如果這些工兵沒有被比勒帶到這裡: author interview with Jesse Haskins.

305 這名士兵已經沒救了: author interview with Vaughn West.

305 恐怕都會哭泣: Ibid.

306 花言巧語的騙子: author interview with Lee Beahler.

307 情況的確很糟: author interview with George Russell.

308 「他所做的一切可謂毫無缺失」: author interview with Lieutenant General (Ret.) Harold G. Moore.

309 對中國廣大平民: Paul Freeman oral history at U.S. Army War College Library.

310 「為了一己的私利」: Ibid.

310 就好像董事會成員一樣: Ibid.

312 「不遺餘力做一名優秀的職業軍人」: letters of Paul Freeman, courtesy of Anne Sewell Freeman McLeod.

314 終生難忘的時刻: author interview with Berry Rhoden.

315 獲得銀星勳章: author interview with Jack Murphy.

317 這次小小的奇蹟: Ibid.

19. 登陸前奏

Page

320 「一個軍事奇才」: Perret, Geoffrey, *Old Soldiers Never Die*, p. 548.

321 「這些傢伙會迅速直奔東北邊境」: Cumings, Bruce, *The Origins of the Korean War, Vol. II*, p. 692.

321 這支隊伍中的每一個人: Heinl, Robert, *Victory at High Tide*, p. 30.

17. 是誰搞丟了中國

Page

270 他們所了解的那個中國已經死了: Herzstein, Robert, *Henry Luce and the American Crusade in Asia*, p. 5.

271 「而在五〇年代初他也是這麼談論越南的」: author interview with Professor Alan Brinkley.

272 「馬歇爾還有能力處理他即將面臨的中國問題嗎？」: Swanberg,W. A., *Luce and His Empire*, p. 266.

274 杜魯門稱他們為「畜生」: Halberstam, David, *The Fifties*, p. 56.

274 「簡直就像拿錢填一個無底洞」: papers of Matthew Connelly, Harry S. Truman Library.

275 「我敢打賭，援助資金中的十億美元現在都在紐約銀行裡」: Lilienthal, David E., *The Journals of David E. Lilienthal: Vol. II*, p. 525.

275 「我沒有用英式英語而是用美式英語與他交談」: Wellington Koo oral history, Columbia University.

275 這個事實就是: Ibid.

276 「反攻大陸！」: Kahn, E. J. *The China Hands*, p. 247.

18. 決戰洛東江

Page

278 他們得以稍事喘息: Appleman, Roy, *South to the Naktong, North to the Yalu*, p. 289.

278 不是美軍先用到: author interview with Charles Hammel.

279 「血流成河」: Fehrenbach, T. R., *This Kind of War*, p. 138.

279 「那就等於自討苦吃」: Goncharov, Sergei, et al., *Uncertain Partners*, p. 155.

279 「他是被遺忘的戰爭中被遺忘的指揮官」: Mike Lynch interview in the Toland papers, Franklin D. Roosevelt Library.

280 「我需要你和我待在一起，直到最後一刻」: Mike Lynch interview with Clay and Joan Blair, U.S. Army War College Library.

281 「你為我找了多少的預備隊？」: Appleman, Roy, *South to the Naktong, North to the Yalu*, p. 335; author interview with Layton Tyner.

282 在當天晚上或次日晚上: author interview with George Russell.

283 七個足球場那麼大的地方: author interview with Joe Stryker; letter from Master Sergeant Harold Graham to Berry Rhoden, June 29, 1951.

283 「我們完全沒有概念」: author interview with Erwin Ehler.

283 「晚上就不行了」: Ibid.

284 「就像是有成千上萬隻螞蟻」: author interview with Terry McDaniel.

286 「很快的我們就發現被掃射的不是他們，而是我們」: author interview with Rusty Davidson.

189.

255 中國就是法屬印度支那: Cray, Ed, *General of the Army George C. Marshall*, p. 234; Oshinsky, David, *A Conspiracy So Immense*, p. 36.

256 以上帝之名拯救世界的巨大渴望: Melby, John, *The Mandate of Heaven*, p. 135.

257 「即使沒有蘇聯的援助」: Rovere, Richard, and Schlesinger, Arthur M., Jr., *The General and the President*, p. 195.

259 「試著去統一中國」: Kahn, E. J., *The China Hands*,. p. 184.

259 無異於惡疾纏身: Melby, John, *The Mandate of Heaven*, p. 55.

259 馬歇爾不假思索地回答: Cray, Ed, *General of the Army George C. Marshall*, p. 574.

259 「我要怎麼把他們給撤出來呢？」: author interview with Walton Butterworth for *The Best and the Brightest*.

260 「對付那些笨蛋」: Melby, John, *The Mandate of Heaven*, p. 97.

260 「史上運送部隊人數最多的一次空運」: Zi Zhongyun, *No Exit?*, p. 25.

260 一百二十萬名日軍: Ibid., p. 27.

261 「從來都不聽我的建議」: Cray, Ed, *General of the Army George C. Marshall*,p. 574.

16. 國共兩黨之爭

Page

262 「我們就可以立刻從他們手中奪過來」: Fairbank, John, and Feuerwerker, Albert, *The Cambridge History of China, Vol. 13*, p. 758.

262 「來自喜馬拉雅的傻瓜大叔」: Cray, Ed, *General of the Army George C. Marshall*, p. 758.

263 腐敗沒落的思想: Melby, John, *The Mandate of Heaven*, p. 44.

263 「對國民黨的機動戰」: Fairbank, John, and Feuerwerker, Albert, *The Cambridge History of China, Vol. 13*, p. 764.

264 最荒唐的吹噓: Payne, Robert, *Mao*, p. 227.

264 「聲東擊西和誘敵深入的戰術」: Salisbury, Harrison, *The New Emperors*, p. 6.

264 「從來都不會記取前車之鑒？」: Swanberg,W. A., *Luce and His Empire*, p. 282.

265 「繼續給自己的部隊增添裝備是否明智」: Cray, Ed, *General of the Army George C. Marshall*, p. 634.

265 「他就是我們的補給官」: Salisbury, Harrison, *The New Emperors*, p. 8.

265 「中國共產黨擁有的美製武器裝備已經比國民黨還要多了」: Rovere, Richard, and Schlesinger, Arthur M., Jr., *The General and the President*, pp. 214–215.

265 「戰爭失敗在所難免」: Melby, John, *The Mandate of Heaven*, p. 289.

235 「把我嚇了一跳」: Acheson, Dean, *Present at the Creation*, p. 373.

236 「拯救了我們」: Isaacson, Walter, and Thomas, Evan, *The Wise Men*, p. 504.

14. 杜魯門的總統之路

Page

238 「我對他已經夠體諒了」: McCullough, David, *Truman*, p. 493.

238 「可憐的美國人民」: Ibid., p. 320..

240 「脾氣火爆的奧札克的艾阿斯」: Abels, Jules, *Out of the Jaws of Victory*, p. 95.

240 「候選人竟然是杜魯門，哈利・杜魯門！」: Goldman, Eric, *The Crucial Decode*, p. 83.

240 「一頭密蘇里死驢」: Ibid., p. 19.

241 「華盛頓的名律師和全國名人」: McFarland, Keith D., and Roll, David L., *Louis Johnson and the Arming of America*, p. 133.

242 能當上國防部長的原因: Ibid., pp. 137–139.

242 「我會把他們統統都送進地獄」: Donovan, Robert, *Tumultuous Years*, p. 16.

242 「不會嘲笑而會在一起開懷大笑」: McCullough, David, *Truman*, p. 675.

15. 臺灣問題的政治學

Page

246 可不是什麼好兆頭: *Life* magazine, December 20, 1948.

247 正如布萊德雷所述: Bradley, Omar, with Blair, Clay, *A General's Life*, p. 549.

248 告誡麥克阿瑟避開蔣介石: Goulden, Joseph, *Korea*, p. 155; Donovan, Robert, *Tumultuous Years*, pp. 260–262.

249 「停止對蔣介石的粗暴態度」: Blair, Clay, *The Forgotten War*, pp. 184–185.

249 「更有效地對付中共」: Donovan, Robert, *Tumultuous Years*, p. 261.

250 「只要有堅定的意志力和勇氣」: author interview with Lieutenant General (Ret.) Ed Rowny; Toland interview with Rowny, Franklin D. Roosevelt Library.

250 人數將超過戰爭傷亡: Ridgway, Matthew B., *The Korean War*, p. 36.

251 「國家的最高利益出發」: Blair, Clay, *The Forgotten War*, pp. 188–189.

252 「聯合國的立場」: Goulden, Joseph, *Korea*, pp. 161–162.

252 「可能是杜魯門最差勁的人事任命」: McCullough, David, *Truman*, p. 741.

253 「再也不需要海軍了」: Heinl, Robert, *Victory at High Tide*, pp. 6–7.

253 「用一個精神病患取代了另一個精神病患」: Bradley, Omar, with Blair, Clay, *A General's Life*, p. 503.

254 「我實在想不到，只有馬歇爾才是最好的人選」: Ferrell, Robert (editor), *Off the Record*, p.

12. 兩黨政治

Page

207 「羅斯福的直系後代」: Smith, Richard Norton, *Thomas Dewey and His Times*, p. 35.

208 「共和黨的聖戰」: Oshinsky, David, *A Conspiracy So Immense,* p. 49–50.

209 「美國已經成為共和黨人的國家」: Ibid., p. 53.

209 「美國卻走向右派」: Ibid., p. 53.

210 「戴上眼罩的野馬」: Miller, Merle, *Plain Speaking*, p. 164.

210 每年六十至七十億美元: Ferrell, Robert (editor), *Off the Record*, p. 133.

213 迅速傳播開來: Collins, Lawton, *War in Peacetime*, p. 39.

213 「沒有回國船隻，就沒有選票」: Christensen, Thomas, *Useful Adversaries*, p. 39.

217 「在一九五一年四月十一日被解職」: Acheson, Dean, *Present at the Creation*, pp. 126–127.

217 「維護銀行家利益的內奸」: Cumings, Bruce, *The Origins of the Korean War, Vol. II*, p. 45.

223 「沒有人能像錢伯斯那樣」: Halberstam, David, author interview with Murray Kempton, *The Fifties*, p. 13.

223 希斯的供詞有太多的錯誤: author interview with Homer Bigart, *New York Times*.

223 「完全可以為他們擔保」: Weinstein, Allen, *Perjury*, p. 37.

224 「我不得不這麼做」: Isaacson, Walter, and Thomas, Evan, *The Wise Men*, p. 491.

224 彷彿渴望挑起一場戰爭: author interview with Lucius Battle.

225 這樣就能獲得一般民眾的理解: author interview with James Reston for *The Best and the Brightest*.

225 「豐厚的意外之喜」: Goldman, Eric, *The Crucial Decade*, pp. 134–135.

225 「我希望他們快點絞死他」: Donovan, Robert, *Tumultuous Years*, p. 133.

225 「高層官員中出現了叛國者」: Goldman, Eric, *The Crucial Decode*, pp. 134–135.

226 「眾口鑠金，積毀銷骨」: Ibid., p. 134.

13. 肯楠與尼采

Page

229 「到了最後制訂決策時」: Gellman, Barton, *Contending with Kennan*, p. 14.

230 「但是它的象徵意義卻會產生深遠的影響」: Foot, Rosemary, *The Wrong War*, p. 60.

231 「就算是我，也不會讓她緊張」: Isaacson, Walter, and Thomas, Evan, *The Wise Men*, p. 150.

232 「因為我個人聲名鵲起，因此我的觀點也被廣泛採納」: Kennan, George, *Memoirs 1925–1950*, pp. 294–295.

232 「中國人禮貌性的鞠躬和微笑」: Isaacson, Walter, and Thomas, Evan, *The Wise Men*, p. 477.

234 「還暗示他們變得前所未有的狂妄」: Foot, Rosemary, *The Wrong War*, p. 39.

235 「不要在報告中出現任何相關資料」: Isaacson, Walter, and Thomas, Evan, *The Wise Man*, p. 499.

183 「這個週末我軍一定會拿下漢城」: Warner, Denis, *The Opening Round of the Korean War*, *Military History* magazine, June, 2000.

184 以三十六小時的時間行進了三十六英里: Ibid.

186 犯罪紀錄就會被一筆勾銷: Knox, Donald, *The Korean War*, Vol. I, p. 33.

186 都花在處理部下上軍事法庭的事情上: author interview with William West.

186 「我們就像是吸塵器一樣吸走了所有的年輕人」: Fehrenbach, T. R., *This Kind of War*, p. 122.

186 根本沒有那麼多的時間準備: Appleman, Roy, *South to the Naktong, North to the Yalu*, pp. 214–215.

188 「很可能以有利於美軍的態勢發展下去」: Ibid., p. 187.

189 「為了這個職位一樣」: Ibid., p. 189. Ridgway oral history, U.S. Army War College Library.

189 「你已經捲入了韓戰」: Appleman, Roy, *Ridgway Duels for Korea*, p. 4.

11. 兩將鬥法

Page

190 「兩面夾擊」: letter from Mike Lynch to Wilson Heefner, courtesy of Heefner.

190 「我的部隊不會撤退到洛東江沿線」: Walters, Vernon A., *Silent Missions*, p. 195.

191 派往華克的第八軍團: Heefner,Wilson, *Patton's Bulldog*, pp. 159–160.

191 一個出類拔萃的年輕人: author interview with Sam Wilson Walker.

193 向來不輕易褒獎別人: Blair, Clay, *The Forgotten War*, p. 35.

194 李奇威和柯林斯: Blair, Clay, *The Forgotten War*, p. 35.

196 「救世主」: Appleman, Roy, *Escaping the Trap*, p. 45.

196 「接近王位的人」: Leary, William (editor), *MacArthur and the American Century*, p. 241.

197 在他破口大罵之前阻止了他: author interview with Bill McCaffrey.

197 「就像是一個在荒島上孤立無援的人」: Clay, Blair, interview with John Chiles, U.S. Army War College.

197 還設法接近麥克阿瑟的整個團隊: author interview with Bill McCaffrey.

197 「現在是阿爾蒙德命令我」: Mike Michaelis oral history at U.S. Army War College; author interview with Layton Tyner.

199 挽回了自己的面子: author interview with Layton Tyner.

200 「其他人仍要踏著同伴的屍體繼續作戰」: Heefner, Wilson, *Patton's Bulldog*, p. 185; author interview with Layton Tyner; Hastings, Max, *The Korean War*, p. 84.

200 「我只是個被打敗的盟軍將領」: Goulden, Joseph, *Korea*, p. 201; Lem Shepherd, oral history at Marine Corps History Archive and oral history at Columbia University.

200 「八月必勝」: Shen Zhihua, Cold War International History Project, Winter 2003, Spring 2004.

169 「現在情緒異常低落，脾氣很不好」: Manchester, William, *American Caesar*, p. 524.

169 「卡斯特、巴頓和麥克阿瑟」: Ferrell, Robert (editor), *Off the Record*, p. 47.

170 「那麼我就不必再和麥克阿瑟打交道了」: Ibid., p. 60.

170 但是對麥克阿瑟來說，這些計畫僅供參考: author interview with Bill McCaffrey.

170 「已經厭倦被他耍得團團轉了」: Ayers, Eben, *Truman in the White House*, edited by Robert H. Ferrell, p. 81.

171 先與戰爭部協商: James, D. Clayton, *The Years of MacArthur, Vol. III*, p. 19.

171 「沒空回去述職」: Ibid., p. 22–23.

171 「真想頒給他們一枚勳章……」: Ibid., p. 22.

172 「再等等，還要再等等」: Ibid., p. 19.

172 「視為民族英雄」: Ayers, Eben A., *Truman in the White House*, edited by Robert H. Ferrell, p. 360.

173 「你就會找到答案」: James, D. Clayton, *The Years of MacArthur, Vol. III*, p. 60.; Rovere, Richard, and Schlesinger, Arthur M., Jr., *The General and the President*, p. 92.

173 「一樣把他們打得落花流水」: James, D. Clayton, *The Years of MacArthur, Vol. III*, p. 109.

173 「他還可以」: Leary, William (editor), *MacArthur and the American Century*, p. 243.

10. 初戰失利

Page

175 士兵們上廁所: author interview with Colonel Jim Hinton.

175 由於缺少料件: author interview with Sam Mace.

176 「生理上都沒有做好打硬仗的準備」: Toland, John, interview with Keyes Beech for Mortal Combat, Franklin D. Roosevelt Library.

178 「補給線的最下游」: Knox, Donald, *The Korean War, Vol. I*, p. 10.

178 「裝備陳舊、訓練差勁」: Blair, Clay, *The Forgotten War*, p. 93.

178 「唯獨不是為了打仗而來」: Fehrenbach, T. R., *This Kind of War*, p. 102.

178 這個估計過於樂觀了: Blair, Clay, *The Forgotten War*, p. 88.

178 「無作戰的士兵，它只是個骨架」: James, D. Clayton, *The Years of MacArthur, Vol. III*, p. 84.

179 無法改變這支軍隊的懈怠狀況: Beech, Keyes, *Tokyo and Points East*, pp. 145–146.

179 「在大街上招搖過市」: Hastings, Max, *The Korean War*, p. 95–96.

180 他們對共產主義的信仰有過之而無不及: Ha Jin, *War Trash*.

180 「『就讓那些黃種人自相殘殺吧』」: Knox, Donald, *The Korean War, Vol. I*, p. 6.

181 「可以毫髮無損地一舉擊敗他們」: Fehrenbach, T. R., *This Kind of War*, p. 73..

183 「哪怕給我們一台照相機也好，我們可以拍下這裡的情況」: Knox, Donald, *The Korean War, Vol. I*, pp. 19–21.

150 社會紀律力量的致敬: Manchester, William, *American Caesar*, p. 26.

151 「爸爸，我做得怎麼樣？」: James, D. Clayton, *The Years of MacArthur, Vol. III*, p. 183.

152 「希望您能升任他為將軍」: Manchester, William, *American Caesar*, p. 93.

152 「也非常了解麥克阿瑟」: James, D. Clayton, *The Years of MacArthur, Vol. I*, pp. 169–171.

153 二十六歲時就能運籌帷幄、執掌法軍: Manchester, James, *American Caesar*, p. 134.

09. 麥克阿瑟的政治渴望

Page

155 深信敵方飛行員一定是個白人: Manchester, James, *American Caesar*, pp. 170–171.

155 封鎖日本艦隊: Ibid., p. 186.

156 「情況又不同了」: Ibid., p. 281.

156 「飢餓是我的盟友！」: Ibid., p. 337.

156 「乃是自大流士一世以來」: Gunther, John. *The Riddle of MacArthur*, pp. 41–42.

157 「讓你捲舖蓋回家？」: Manchester, William, *American Caesar*, p. 322.

159 「勒索和侵犯他人人身安全罪」: Ibid., pp. 149–150.

160 「沒問題，我的朋友們，當然可以」: Perret, Geoffrey, *Old Soldiers Never Die*, p. 157.

160 「我告訴那個蠢貨」: D'Este, Carlo, *Eisenhower*, p. 222.

160 「反動革命已經初露端倪」: Eisenhower, Dwight D., *At Ease*, pp. 216–217.

161 「就要身陷險境了」: Manchester, William, *American Caesar*, p. 152.

162 「另一個是道格拉斯・麥克阿瑟」: James, D. Clayton, *The Years of MacArthur, Vol. I*, p. 411.

162 「也是一個最糟糕的政治家」: MacArthur, Douglas, *Reminiscences*, p. 96.

163 「一個能用謊言來粉飾太平而絕不會說真話的人」: Manchester, William, *American Caesar*, p. 240.

164 「為了明日再戰」: Rovere, Richard, and Schlesinger, Arthur M., Jr., *The General and the President*, p. 22.

164 「我國的象徵」: Lee, Clark, and Henschel, Richard, *Douglas MacArthur*, p. 87.

164 「『沒有人膽敢自居第一』」: Gunther, John, *The Riddle of MacArthur*, p. 23.

165 「『共產主義者和英國帝國主義者』」: Ibid., p. 42.

165 「有足夠的證據」: Ferrell, Robert (editor), *The Eisenhower Diaries*, p. 22.

166 「真正的愛國志士們」: Rovere, Richard, and Schlesinger, Arthur M., Jr., *The General and the President*, pp. 23–24; Manchester, William, *American Caesar*, pp. 362–363.

167 麥克阿瑟很有可能參加: James, Clayton, *The Years of MacArthur, Vol. III*, p. 195.

167 這樣的討厭鬼: Ibid., p. 200.

168 「為麥克阿瑟搖旗吶喊的」: Manchester, William, *American Caesar*, p. 357.

168 「無論我應當如何謙遜」: Gunther, John, *The Riddle of MacArthur*, p. 61.

131 「腦袋不通的殯葬業者」: Isaacson, Walter, and Thomas, Evan, *The Wise Men*, p. 494.

131 「制伏那些北韓強盜」: George Elsey memo, June 30, 1950, the Harry S. Truman Library.

132 「但是我們不能保證過了一段時間後，他們依舊一如既往地支持您」: Frank Pace oral history at the Harry S. Truman Library.

132 「這樣如釋重負與萬眾一心的氣氛」: Goldman, Eric, *The Crucial Decode,* p. 157.

133 「要是想和胡佛總統講話，他就得立刻放下手中的任何事！」: D. Clayton James interview with John Chiles, the MacArthur Memorial Library, Norfolk,Virginia.

07. 心比天高

Page

135 「誰也管不了的人」: Soffer, Jonathan, *General Matthew B. Ridgway*, p. 114; Blair, Clay, *The Forgotten War,* p. 79.

135 「也寧願對此置之不理」: Eisenhower, Dwight D., *At Ease*, p. 213.

135 「那些為少數庸人制訂的」: Hastings, Max, *The Korean War*, p. 65.

137 「『他是史上最偉大的人』」: Swanberg, W. A., *Luce and His Empire*, p. 311.

137 「已經當了太久的將軍了」: author interview with John Hart.

139 「在與一個總是充滿敵意、處處杯弓蛇影的外國政府」: Kennan, George F., *Memoirs 1925–1950,* p. 382.

142 在往後二十七年的歲月裡老麥克阿瑟並未真的拿到它: Manchester, William, *American Caesar*, p. 15.

143 「兩千英里外的」: Dower, John, *War without Mercy*, p. 152.

144 「這一切就意味著走向帝國政策」: Karnow, Stanley, *In Our Image*, p. 96.

144 就是這樣一直稱呼……亞洲人: Dower, John, *War without Mercy*, p. 151.

144 「一如那些追隨耶穌為之殉身的同胞」: Karnow, Stanley, *In Our Image*, pp. 127–128.

145 「只有死掉時才是善良的」: Dower, John, *War without Mercy*, p. 152.

145 「如果喬治·杜威在擊毀西班牙艦隊之後旋即離去」: Karnow, Stanley, *In Our Image*, p. 106.

146 「跟我一樣想要」: Zimmerman, Warren, *First Great Triumph*, p. 390.

146 「像個亞洲皇帝般」: Ibid., p. 391.

147 「或者成為像羅伯特·李將軍」:Manchester, William, *American Caesar*, p. 41.

147 「已經成為他最想成為的人」: James, D. Clayton, *The Years of MacArthur, Vol. I*, p. 347.

08. 誓作偉人

Page

149 「一個偉大的惡人」: *Infantry* magazine, Spring 2002.

04. 金日成的成長歷程

Page

111 隨後也來到平壤: Spurr, Russell, *Enter the Dragon*, p. 132.

112 「幾乎讓人民筋疲力盡」: Scalapino, Robert and Chong-sik Lee, *Communism in Korea*, p. 314.

112 「更多權力與自治權似的」:Martin, Bradley K., *Under the Loving Care of the Fatherly Leader*, p. 49.

113 「在朝鮮三千萬人民中」: Armstrong, Charles, *The North Korean Revolution*, p. 228.

113 「你是民主的新朝鮮，偉大的太陽」: Ibid., p. 228.

05.北強南弱

Page

115 「回扣屢見不鮮」: Blair, Clay, *The Forgotten War*, p. 51.

116 「一場像中國曾經遭受的巨大災難」: Goulden, Joseph, *Korea*, p. 34.

116 「這可真令人費解」: Blair, Clay, *The Forgotten War*, p. 57.

06. 杜魯門決定出兵

Page

120 「極有可能引發世界大戰」: Allison, John, *Ambassador from the Plains*, p. 131.

122 「我們必須在武力的基礎上與之打交道」: Truman's writings, the Harry S. Truman Library.

122 「才能產生強大的嚇阻力」: Cumings, Bruce, *The Origins of the Korean War, Volume II*, p. 48 and p. 780.

122 「就像對湯姆・潘德格斯特這些人一樣熟悉」:McCullough, David, *Truman*, p. 451.

122 「我喜歡這狗娘養的傢伙」: Ferrell, Robert (editor), *Off the Record*, p. 349.

123 「天真的理想主義者」: Ibid., p. 452.

123 杜魯門毫無價值: Ibid., p. 452.

124 「如果我們現在不奮起抵抗」: papers of George Elsey, June 26,1950, the Harry S. Truman Library.

124 「一定要讓他們罪有應得！」: Donovan, Robert, *The Tumultous Years*, p. 197.

126 「當時沒有人相信北韓人竟然這麼強大」: Ibid., p. 199.

126 「我會處理好所有的政治問題！」: Paige, Glenn D., *The Korean Decision*, p. 141.

126 「我再也沒有如此不安過了」: letter from Harry Truman to Bess Truman, June 26, 1950, the Harry S. Truman Library.

127 「既無利可圖又名譽掃地的戰爭」: Isaacson,Walter, and Thomas, Evan, *The Wise Men*, p. 512.

130 安排了一次祕密會晤: Wellington Koo oral history, Columbia University Library.

130 把重點放在南韓問題上: McFarland, Keith D., and Roll, David L., *Louis Johnson and the Arming of America*, p. 260, 279–280.

086 「共軍正全面進攻」: Goulden, Joseph, *Korea,* p. 44.

087 「距離漢城西北五十英里處」: Paige, Glenn D., *The Korean Decision*, p. 88.

088 「這種景象可真是讓人啼笑皆非」: Myers, Robert, *Korea in the Cross Currents*, p. 83.

088 「人類的自由事業」: Allison, John, *Ambassador from the Plains*, p. 130.

088 是遠在華盛頓，專門為杜勒斯撰寫的: Paige, Glenn D., *The Korean Decision*, p. 74.

088 「我把一隻手捆在背後都能對付他們」: Allison, John, *Ambassador from the Plains*, p. 129.

089 「不知道東京的情報部門都在幹什麼」: Ibid., p. 131.

089 「他的後院發生了什麼事」: Ibid., p. 135.

090 「那樣灰心喪氣、委靡不振」: Ibid., p. 136–137.

091 「那些為其犧牲的將士的將領」: Hastings, Max, *The Korean War*, p. 65.

03. 李承晚與近代朝鮮

Page

092 麥克阿瑟就顯得越重要: author interview with Alex Gibney.

093 「就讓他們各顧各的吧」: Leary, William (editor), *MacArthur and the American Century*, p. 255.

093 像「保衛加利福尼亞州那樣保衛它」: Cumings, Bruce, *The Origins of the Korean War, Vol. II*, p. 233.

093 「這可真糟」: Tuchman, Barbara, *Stilwell and the American Experience in China*, p. 522.

094 「一定能迅速改變當前的處境」: Myers, Robert, *Korea in the Cross Currents*, p. 8.

095 「就像日本人一樣卑賤」: Blair, Clay, *The Forgotten War*, p. 38.

096 「群鯨相爭，小蝦喪命」: Oliver, Robert T., *Syngman Rhee: The Man Behind the Myth*, p. 9.

096 「這一點無須作出更多的解釋與說明」: Myers, Robert, *Korea in the Cross Currents*, p. 28.

097 「日本人很有意思，我喜歡他們」: Zimmerman,Warren, *First Great Triumph*, p. 465.

097 「完全有資格與文明世界當中的任何一國比肩」: Ibid., p. 465.

097 「在惡狼一般的日本帝國主義面前」:Myers, Robert, *Korea in the Cross Currents*, p. 27.

098 「連對自己都保證不了的事」: Goulden, Joseph, *Korea,* p. 7.

098 「朝鮮獨立的未來救星」: Oliver, Robert T., *Syngman Rhee: The Man Behind the Myth*, p. 111.

100 朝鮮人從來都沒有這樣的希望: Myers, Robert T., *Korea in the Cross Currents*, pp. 36–37.

100 日本的占領使朝鮮人滋生出一種玩世不恭的情緒: Ibid., p. 37.

101 「他們為了自己的基督教信仰而遭受磨難。」: Hoopes, Townsend, *The Devil and John Foster Dulles*, p. 78.

102 「他們不喜歡大動干戈」: Hastings, Max, *The Korean War*, p. 33.

102 「凶殘腐朽、捉摸不定」: Blair, Clay, *The Forgotten War*, p. 44.

050 理查森還以為他精神失常了: author interview with Bill Richardson.

051 很容易成為敵軍首要的攻擊目標: author interview with Fillmore McAbee.

052 這真是令人詫異: author interview with William West.

053 「難道讓這些身經百戰的軍官指揮美軍作戰也稱得上是浪費人才嗎？」 Ibid.

053 「這是我所見過最奇怪的事了」: Appleman, Roy, *South to the Naktong, North to the Yalu*, p. 690.

054 「第八騎兵團被中共軍隊三面包圍，只在東面留有一個缺口」: Ibid., p. 691.

054 「這一帶大概有兩萬名洗衣工」: author interview with Ben Boyd.

059 「威爾斯也死了！」: author interview with Bill Richardson.

061 「中尉，我想我們已經被北韓人包圍了」: author interview with Robert Kies.

063 「是的。主正在尋找。主正在尋找」: author interview with Bill Richardson.

064 「只能自力更生」: author interview with Phil Peterson.

066 只是不知道對手究竟是何許人也: author interview with Ray Davis.

071 對於所做過的這些事，你最後會不會原諒自己？: author interview with Bill Richardson.

072 後來還在越南擔任過兩年軍事顧問: author interview with Robert Kies.

073 卡斯特在小大角戰役: Rovere, Richard, and Schlesinger, Arthur M., Jr., *The General and The President*, p. 136.

074 「從廢墟中撈取好處」: Blair, Clay, *The Forgotten War*, p. 391.

074 「其中有些部隊是中共的軍隊」: Ridgway, Matthew B., *The Korean War*, p. 59.

075 隨著美軍繼續一路北上: Ibid., p. 60.

076 最值得我們警惕的是: Acheson, Dean, *Present at the Creation*, p. 466.

02. 史達林的默許

Page

078 「用刺刀尖碰一碰南方」: Goncharov, Sergei, Lewis, John, and Xue Litai, *Uncertain Partners*, p. 138.

079 「你必須和南方人直接對打」: Ibid., p. 135.

079 「艾奇遜這次恐怕搞砸了」: author interview with Averell Harriman for *The Best and the Brightest*.

080 仍是該地區一個不能輕視的勁敵: Goncharov et al., *Uncertain Partners*, pp. 136–137.

080 「不願直接介入其中」: Ibid., p. 140.

081 「我已經準備好要幫你了」: Weathersby, Kathryn, Cold War International History Project, Numbers 6–7, Winter 1995–96.

081 與史達林見了三次面: Shen Zhihua, Cold War International History Project, Winter 2003, Spring 2004.

081 「你還是得讓毛澤東助你一臂之力」: Goncharov et al., *Uncertain Partners*, pp. 144–145.

082 金日成回答得著實「傲慢」: Chen, Jian, *China's Road to the Korean War*, p. 112.

082 中國一定會出兵相助: Shen Zhihua, Cold War International History Project.

084 開通南北鐵路的任何活動跡象: author interview with Jack Singlaub.

註釋

關於註釋中提到的參考資料，請見參考書目。

【上冊】

自序

Page

029 「二十世紀最令人難以忍受的局部戰爭」: Hastings, Max, *The Korean War*, p. 329.

030 「如果讓全世界最高明的專家」: Goulden, Joseph, *Korea*, p. 3.

030 「這是一場有苦難言的戰爭」: Ibid., p. xv.

030 「警察行動」: Paige, Glenn, *The Korean Decision*, p. 243.

031 「過了一山又一山」: author interview with George Russell.

032 據美國官方粗略估計，這一數字約為一百五十萬人: Hastings, Max, *The Korean War*, p. 329.

01. 雲山伏擊戰

Page

036 那辛辣刺鼻的味道簡直令人作嘔: author interview with Phil Peterson.

037 「老弟，我們終究還是挺過來了！」: author interview with Bill Richardson.

038 「你已經是這個排的第十三任排長了」: author interview with Ben Boyd.

038 「金大牙在哪兒？」: Breuer, William, *Shadow Warriors*, p. 106.

041 「自己也將要戰死沙場了」: author interviews with Barbara Thompson Foltz, John S. D. Eisenhower.

041 「打到鴨綠江邊去」: Paik, Sun Yup, *From Pusan to Panmunjom*, p. 85.

042 「不是，我是漢人」: Ibid., pp. 87–88.

043 「這很可能是外交訛詐」: Spurr, Russell, *Enter the Dragon*, p. 161.

044 「我們要回家了，我們要在耶誕節之前回家了」: author interview with Ralph Hockley.

045 「我們幾乎是在一夜之間被敵人全數殲滅」: author interview with Pappy Miller.

048 「從來沒有人能超越他」: author interview with Lester Urban.

048 對他的建議完全置若罔聞: Blair, Clay, *The Forgotten War,* p. 381; Harold Johnson oral history, U.S. Army War College Library.

048 「說他們怠忽職守還真是太輕了」: author interview with Hewlett (Reb) Rainer.

White, Theodore H. *In Search of History.* Harper & Row, 1978.

_____ (editor). *The Stilwell Papers.* MacFadden, 1948.

_____and Jacoby, Analee. *Thunder Out of China.* William Sloane Associates, 1946.

White, William Allen. *The Autobiography of William Allen White.* Macmillan, 1946.

Whitney, Courtney. *MacArthur: His Rendevous with History.* Alfred A. Knopf, 1956.

Willoughby, Charles. *MacArthur, 1941–51.* McGraw-Hill, 1954.

Wofford, Harris. *Of Kennedys and Kings.* Farrar, Straus and Giroux, 1980.

Xiaobing Li, Millett, Allan Reed, Bin Yu (translators and editors). *Mao's Generals Remember Korea.* University of Kansas Press, 2006.

Zi Zhongyun. *No Exit?* East Bridge, 2003.

Zimmerman, Warren. *First Great Triumph.* Farrar, Straus and Giroux, 2002.

Smith, Richard Norton. *Thomas Dewey and His Times.* Simon & Schuster, 1982.

Smith, Robert. *MacArthur in Korea.* Simon & Schuster, 1982.

Soffer, Jonathan. *General Matthew B. Ridgway.* Praeger, 1998.

Sorensen, Theodore. *Kennedy.* Harper & Row, 1965.

Sorley, Lewis. *Honorable Warrior, General Harold Johnson.* University Press of Kansas, 1998.

Spanier, John. *The Truman-MacArthur Controversy and the Korean War.* Harvard University Press, 1959.

Spurr, Russell. *Enter the Dragon.* Newmarket, 1998.

Stanton, Shelby. *America's Tenth Legion.* Presidio Press, 1989.

Stokesbury, James. *A Short History of the Korean War.* Quill, 1988.

Stone, I. F. *The Hidden History of the Korean War.* Monthly Review Press, 1952.

Stueck, William. *Rethinking the Korean War: A New Diplomatic and Strategic History.* Princeton University Press, 2002.

Swanberg, W. A. *Luce and His Empire.* Scribner's, 1972.

Talbott, Strobe (translator and editor). *Khrushchev Remembers: The Last Testament.* Little Brown, 1974.

Taubman, William. *Khrushchev.* W.W. Norton & Company, 2003.

Terry, Addison. *The Battle for Pusan.* Presidio Press, 2000.

Thomas, Evan. *The Very Best Men.* Simon & Schuster, 1995.

Thompson, Reginald. *Cry Korea.* MacDonald, 1952.

Thornton, Richard. *Odd Man Out.* Brassey's, 2000.

Toland, John. *In Mortal Combat.* Quill, 1991.

Truman, Harry S. *Memoirs, Volume II.* Doubleday, 1956.

Truman, Margaret. *Harry S. Truman.* William Morrow, 1973.

Tuchman, Barbara. *Stilwell and the American Experience in China.* Macmillan, 1971.

Ulam, Adam B. *Stalin: The Man and His Era.* Beacon, 1973.

Walters, Vernon A. *Silent Missions.* Doubleday, 1975.

Warner, Denis. *The Opening Round of the Korean War. Military History* magazine, June 2000. Republished on www.historynet.com.

Weathersby, Kathryn. Cold War International History Project, Winter 1995–96.

Weinstein, Allen. *Perjury.* Alfred A. Knopf, 1978.

Weintraub, Stanley, *MacArthur's War: Korea and the undoing of an American Hero.* Free Press, 2000.

Whalen, Richard. *Drawing the Line.* Little Brown, 1990.

Patterson, James. *Mr. Republican: A Biography of Robert A. Taft.* Houghton Mifflin, 1972.
Payne, Robert. *Mao.* Talley and Weybright, 1969.
Peng, Dehuai. *Memoirs of a Chinese Marshall.* University Press of the Pacific, 2005.
Perret, Geoffrey. *Old Soldiers Never Die: The Life and Legend of Douglas MacArthur.* Random House, 1996.
Peters, Richard, and Xiaobing, Li. *Voices from the Korean War: Personal Stories of American, Korean, and Chinese Soldiers.* University of Kentucky Press, 2004.
Phillips, Cabell. *The Truman Presidency.* Macmillan, 1966.
Pratt, Sherman. *Decisive Battles of the Korean War.* Vantage, 1992.

Quick, Rory. *Wars and Peace.* Presidio Press, 1999.
Ridgway, Matthew B. *The Korean War.* Doubleday, 1967.
______and Martin, *Harold H. Soldier: The Memoirs of Matthew B. Ridgway.* Harper &
Brothers, 1956.

Rovere, Richard and Schlesinger, Arthur M., Jr. *The General and the President and the Future of American Foreign Policy.* Farrar, Straus and Giroux, 1951.
Russ, Martin. *Breakout: The Chosin Reservoir Campaign, Korea 1950.* Fromm, 1999.
______. *The Last Parallel: A Marine's War Journal.* Rinehart and Co., 1957.

Salisbury, Harrison. *The Long March.* McGraw-Hill, 1985.
______. *The New Emperors.* Harper Collins, 1993.
Sandler, Stanley (editor). *The Korean War: An Encyclopedia.* Garland Publishing, 1995.
Scalapino, Robert, and Chong-Sik Lee., *Communism in Korea.* University of California Press, 1972.
Schlesinger, Arthur M., Jr. *A Thousand Days.* Houghton Mifflin, 1965.
Schnabel, James. *Policy and Direction.* U.S. Army Center of Military History, 1972.
Sebald, William. *With MacArthur in Japan.* Cresset, 1965.
Shen Zhihua, *Cold War International History Project.* Winter 2003, Spring 2004.
Shu, Guang Zhang. *Mao's Military Romanticism.* University Press of Kansas, 1995.
Simmons, Edwin H. *Over the Seawall; U.S. Marines at Inchon.* Marine Corps Historical Center.
______. *Frozen Chosin.* Marine Korean War Series, 2002.
Singlaub, John. *Hazardous Duty.* Summit, 1991.
Sloan, Bill. *Brotherhood of Heroes: The Marines at Peleliu, 1944—the Bloodiest Battle of the Pacific War.* Simon & Schuster, 2005.

Maihafer, Harry. *From the Hudson to the Yalu.* Texas A&M University Press, 1993.

Manchester, William. *American Caesar.* Little Brown, 1978.

_____. *The Glory and the Dream: A Narrative History of America, 1932–1972.* Little Brown, 1974.

Marshall, S. L. A. *Pork Chop Hill.* William Morrow, 1956; Berkley Press, 2000.

_____. *Bringing Up the Rear.* Presidio Press, 1979.

_____. *The River and the Gauntlet.* Battery Press, 1987.

Martin, Bradley K. *Under the Loving Care of the Fatherly Leader: North Korea and the Kim Dynasty.* St. Martin's Press, 2004.

McCullough, David. *Truman.* Simon & Schuster, 1992.

McFarland, Keith D. and Roll, *David L. Louis Johnson and the Arming of America: The Roosevelt and Truman Years.* Indiana University Press, 2005.

McLellan, David S. *Dean Acheson: The State Department Years.* Dodd, Mead, 1976.

Melby, John. *The Mandate of Heaven.* University of Toronto Press, 1968.

Miller, Merle. *Plain Speaking.* Berkley Press, 1973.

Millett, Allan. *Their War in Korea.* Brassey's, 2002.

Moore, Lt. General Harold G. and Galloway, Joseph L. *We Were Soldiers Once . . . and Young.* Random House, 1992.

Morris, Carol Petillo. *Douglas MacArthur, The Philippine Years.* Indiana University Press, 1981.

Mossman, Billy. *Ebb and Flow, November 1950–July 1951: United States Army in the Korean War.* University Press of the Pacific, 2005.

Myers, Robert. *Korea in the Cross Currents.* Palgrave Macmillan, 2001.

Novak, Robert, and Evans, Rowland. *Lyndon Johnson: The Exercises of Power.* New American Library, 1966.

Oberdorfer, Don. *The Two Koreas: A Contemporary History.* Addison-Wesley, 1997.

Offner, Arnold A. *Another Such Victory: President Truman and the Cold War, 1945–1953.* Stanford University Press, 2002.

Oliver, Robert T. *Syngman Rhee: The Man Behind the Myth.* Dodd, Mead, 1954.

Oshinsky, David. *A Conspiracy So Immense: The World of Joe McCarthy.* Free Press, 1983.

Paige, Glenn D. *The Korean Decision, June 24–30, 1950.* Free Press, 1968.

Paik, Sun Yup. *From Pusan to Panmunjom.* Brassey's, 1992.

Panikkar, K.M. *In Two Chinas.* George Allen, 1953.

Paschal, Rod. *Witness to War.* Perigree, 1995.

Hoopes, Townsend. *The Devil and John Foster Dulles.* Little Brown, 1973.

Hughes, Emmet John. *The Ordeal of Power: A Political Memoir of the Eisenhower Years.* Atheneum, 1963.

Isaacson, Walter, and Thomas, Evan. *The Wise Men: Six Friends and the World They Made.* Touchstone, 1986.

Isenberg, George. *Korea: Tales from the Front Line.* Worldpro Press, 2001.

James, D. Clayton. *The Years of MacArthur, Volumes I–III.* Houghton Mifflin, 1970.

_____. *Refighting the Last War.* Free Press, 1993.

Jones, Alex S. and Tifft, Susan E. *The Trust: The Private and Powerful Family Behind The New York Times.* Little Brown, 1999.

Jung, Chang and Halliday, Jon. *Mao: The Unknown Story.* Alfred A. Knopf, 2005.

Kahn, E. J. *The China Hands.* Viking, 1975.

Karnow, Stanley. *In Our Image: America's Empire in the Philippines.* Random House, 1989.

Kennan, George F. *Memoirs 1925–1950.* Atlantic Monthly Press, 1967.

_____. *Memoirs 1950–1963.* Pantheon, 1971.

Kenney, George. *The MacArthur I Know.* Duell, Sloan, 1951.

Klingon, Greta. *The Soldier and General Herbert Powell.* Privately printed.

Knox, Donald. *The Korean War, Volume I.* Harcourt Brace & Company, 1985.

_____. *The Korean War, Volume II.* Harvest, 1988.

Koen, Ross Y. *The China Lobby in American Politics.* Harper & Row, 1974.

Laquer, Walter. *Stalin: The Glasnost Revelations.* Scribner, 1990.

Leary, William (editor). *MacArthur and the American Century.* University of Nebraska Press, 2001.

Leckie, Robert. *Conflict: The History of the Korean War, 1950–53.* G. P. Putnam, 1962.

Lee, Clark, and Henschel, Richard. *Douglas MacArthur.* Henry Holt and Co., 1952.

Li Zhisui, Dr. *The Private Life of Chairman Mao.* Random House, 1994.

Lilienthal, David E. *The Journals of David E. Lilienthal: Volume II: The Atomic Energy Years, 1945–1950.* Harper & Row, 1964.

Linn, Brian. *The Philippine War.* University of Kansas Press, 2002.

MacArthur, Douglas. *Reminiscences.* McGraw-Hill, 1964.

Maher, William. *A Shepherd in Combat Boots.* Burd Street Press, 1997.

Mahoney, Kevin. *Formidable Enemies.* Presidio Press, 2001.

______, ed. *Truman in the White House: The Diary of Eben A. Ayers*. Columbia: University Of Missouri Press, 1991.

Foot, Rosemary. *The Wrong War*. Cornell University Press, 1985.

Fromkin, David. *In the Time of the Americans*. Vintage, 1995.

Gaddis, John Lewis. *We Now Know*. Oxford University Press, 1998.

Gellman, Barton. *Contending with Kennan*. Praeger, 1984.

Geyelin, Philip. *Lyndon Johnson and the World*. Praeger, 1966.

Gibney, Frank. *Korea: A Quiet Revolution*. Walker, 1992.

Goldman, Eric. *The Crucial Decade*. Alfred A. Knopf, 1956.

Goncharov, Sergei, Lewis, John, and Xue Litai. *Uncertain Partners*. Stanford University Press, 1993.

Goodwin, Doris Kearns. *Team of Rivals*. Simon & Schuster, 2005.

Goulden, Joseph. *Korea*. McGraw-Hill, 1982.

Gugeler, Russell. *Combat Operations in Korea*. Office of the Chief of Military History, 1970.

Gunther, John. *The Riddle of MacArthur*. Harper & Row, 1951.

Ha Jin. *War Trash*. Pantheon, 2004.

Haas, Michael. *The Devil's Shadow*. Naval Institute Press, 2002.

Halberstam, David. *The Best and the Brightest*. Random House, 1972.

______. *The Fifties*. Villard, 1993.

______. *The Powers That Be*. Alfred A. Knopf, 1979.

Hamburger, Kenneth. *Leadership in the Crucible*. Texas A&M University Press, 2003.

Hammel, Eric. *Chosin*. Presidio Press, 1981.

Hart, John. *The Making of an Army Old China Hand*. Institute of East Asian Affairs, Berkeley, 1985.

Harvey, Robert. *American Shogun*. Murray, 2006.

Hastings, Max. *The Korean War*. Simon & Schuster, 1987.

Hechler, Ken. *Working with Truman*. University of Missouri Press, 1996.

Heefner, Wilson. *Patton's Bulldog*. White Mane Books, 2001.

Heinl, Robert. *Victory at High Tide*. Lippincott, 1968.

Herzstein, Robert. *Henry Luce and the American Crusade in Asia*. Cambridge University Press, 2005.

Hickey, Michael. *The Korean War*. Overlook, 2000.

Higgins, Trumbull. *Korea and the Fall of MacArthur: A Precis in Limited War*. Oxford University Press, 1960.

Hockley, Ralph M. *Freedom Is Not Free*. Brockton, 2000.

Hoffman, Jon T. *Chesty*. Random House, 2001.

Breuer, William. *Shadow Warriors.* John Wiley & Sons, 1996.
Brinkley, Douglas. *Dean Acheson.* Yale University Press, 1992.

Caro, Robert. *Means of Ascent.* Alfred A. Knopf, 1990.
______. *Master of the Senate.* Alfred A. Knopf, 2003.
Caute, David. *The Great Fear.* Simon & Schuster, 1978.
Chase, James. *Acheson.* Simon & Schuster, 1998.
Chen Jian. *China's Road to the Korean War.* Columbia University Press, 1994.
Christensen, Thomas. *Useful Adversaries.* Princeton University Press, 1996.
Clark, Eugene. *The Secrets of Inchon.* Putnam, 2002.
Coleman, J. D. *Wonju.* Brassey's, 2000.
Collins, J. Lawton. *Lightning Joe.* Louisiana State University Press, 1979.
______. *War in Peacetime.* Houghton Mifflin, 1969.
Cooke, Alistair. *A Generation on Trial.* Alfred A. Knopf, 1982.
Cray, Ed. *General of the Army: George C. Marshall.* Touchstone, 1990.
Cumings, Bruce. *The Origins of the Korean War, Volumes I and II.* Princeton University Press, 1981 (Vol. I) and 1990 (Vol. II).

Dae-Sook, Suh. *Kim Il Sung.* Columbia University Press, 1988.
Davis, Nuell Pharr. *Lawrence and Oppenheimer.* DeCapo Press, 1986.
Dawidoff, Nicholas. *The Fly Swatter.* Pantheon, 2002.
Dean, William. *General Dean's Story.* Viking, 1954.
D'Este, Carlo. *Eisenhower: A Soldier's Life.* Henry Holt and Co., 2002.
Djilas, Milovan. *Conversations with Stalin.* Harcourt Brace & Company, 1962.
Donovan, Robert. *Tumultuous Years.* W.W. Norton, 1982.
Dower, John. *War without Mercy.* Pantheon, 1987.

Eisenhower, Dwight D. *At Ease: Stories I Tell to Friends.* Doubleday, 1967.

Fairbank, John, and Feuerwerker, Albert. *The Cambridge History of China, Volume 13.* Cambridge University Press, 1980.
Fehrenbach, T. R. *This Kind of War.* Brassey's, 1994.
Ferrell, Robert (editor). *The Eisenhower Diaries.* W.W. Norton & Company, 1981.
______. *Off the Record: The Private Papers of Harry S. Truman.* Harper & Row, 1980.

參考書目

Abels, Jules. *Out of the Jaws of Victory*. Henry Holt & Co., 1959.

Abramson, Rudy. *Spanning the Century: The Life of W. Averell Harriman 1891–1986*. William Morrow, 1992.

Acheson, Dean. *Among Friends*. Dodd, Mead, 1980.

______. *Present at the Creation*. W.W. Norton & Company, 1969.

Alexander, Bevin. *Korea*. Hippocrene, 1956.

Alexander, Joseph. *The Battle of the Barricades*. Korean War Commemorative Series, Marine Historical Center, 2000.

Allen, George, *None So Blind*. Ivan R. Dee, 2001.

Allison, John, *Ambassador from the Plains*. Houghton Mifflin, 1973.

Appleman, Roy. *Disaster in Korea*. Texas A&M University Press, 1989.

______. *Escaping the Trap*. Texas A&M University Press, 1990.

______. *Ridgway Duels for Korea*. Texas A&M University Press, 1990.

______. *South to the Naktong, North to the Yalu*. U.S. Army Center of Military History, 1961.

Armstrong, Charles. *The North Korean Revolution*. Columbia University Press, 2003.

Ayers, Eben A. *Truman in the White House*, edited by Robert H. Ferrell. University of Missouri Press, 1991.

Bain, David. *Sitting in Darkness*. Houghton Mifflin, 1984.

Bardos, Phil. *Cold War Warriors*. Xlibris, 2000.

Bayley, Edwin. *Joe McCarthy and the Press*. University of Wisconsin Press, 1981.

Beech, Keyes. *Tokyo and Points East*. Doubleday, 1954.

Blair, Clay. *The Forgotten War*. Anchor, 1987.

______. *Ridgway's Paratroopers*. Dial, 1985.

Bloodworth, Dennis. *The Messiah and the Mandarins*. Atheneum, 1982.

Bradley, Omar, with Blair, Clay. *A General's Life*. Simon & Schuster, 1983.

Brady, James. *The Coldest War*. St. Martin's Press, 1990.

最寒冷的冬天（下冊）

韓戰啟示錄（普立茲獎得主——大衛・哈伯斯坦——傳世經典紀念版）

The Coldest Winter: America and the Korean War

作者 大衛・哈伯斯坦（David Halberstam）
譯者 王祖寧、劉寅龍
校審 謝仲平、許劍虹（二版）

主編 洪源鴻
責任編輯 洪源鴻（三版）、區肇威（二版）
行銷企劃總監 蔡慧華
行銷企劃專員 張意婷
封面設計 薛偉成
內頁排版 宸遠彩藝

出版 八旗文化，遠足文化事業股份有限公司
發行 遠足文化事業股份有限公司（讀書共和國出版集團）
地址 新北市（二三一）新店區民權路一〇八—二號九樓
電話 （〇二）二二一八—一四一七
傳真 （〇二）二二一八—八〇五七
客服專線 〇八〇〇—二二一—〇二九
信箱 gusa0601@gmail.com
Facebook facebook.com/gusapublishing
Blog gusapublishing.blogspot.com
法律顧問 華洋法律事務所 蘇文生律師
印刷 成陽印刷股份有限公司

出版 二〇二三年十月（三版1刷）
定價 九六〇元（上、下冊不分售）
ISBN 978-626-7234-64-8（平裝）
978-626-7234-63-1（EPUB）
978-626-7234-62-4（PDF）

國家圖書館出版品預行編目(CIP)資料

最寒冷的冬天：韓戰啟示錄
（普立茲獎得主——大衛．哈伯斯坦——傳世經典紀念版）
大衛．哈伯斯坦（David Halberstam）著／王祖寧、劉寅龍
譯／三版／新北市／八旗文化／遠足文化事業股份有限公司
／ 2023.10

譯自 : The coldest winter: America and the Korean War
ISBN 978-626-7234-64-8 (平裝)

1. 韓戰　2. 戰史

732.2723　112013200